幸福心理拓展

张文勇　陈亚维　轩信飞　张　烨　任小瑞　著

河南科学技术出版社

·郑州·

图书在版编目（CIP）数据

幸福心理拓展/张文勇等著．—郑州：河南科学技术出版社，2015.3（2024.7重印）

ISBN 978-7-5349-7481-6

Ⅰ．①幸…　Ⅱ．①张…　Ⅲ．①幸福-应用心理学　Ⅳ．①B82

中国版本图书馆CIP数据核字（2014）第265325号

出版发行：河南科学技术出版社

地址：郑州市经五路66号　　邮编：450002

电话：（0371）65737028

网址：www.hnstp.cn

策划编辑：李肖胜　姚翔宇

责任编辑：姚翔宇

责任校对：柯　姣

封面设计：张　伟

版式设计：栾亚平

责任印制：张艳芳

印　　刷：三河市腾飞印务有限公司

经　　销：全国新华书店

幅面尺寸：170 mm×240 mm　　印张：29　　字数：470千字

版　　次：2015年3月第1版　　2024年7月第2次印刷

定　　价：98.00元

序　　言

什么是幸福?

怎么才能获得更多的幸福?

为什么一些看起来应该很幸福的人却总是那么痛苦?

带着对这些及其他有关幸福的思考与探索，通过长时间观察幸福群体的生活状态、总结幸福群体共同的心理特征，我有所感悟，深刻地意识到幸福最根本的来源在每个人的心里：一个人的心理状态在很大程度上决定了他的人生幸福与否。

基于此，我和同事们一起进行了深入的研究探索，提炼了一些能够促进幸福的心理拓展方法，并在一定的群体中进行了心理拓展的实践验证，获得了意想不到的良好效果：每一个参与幸福心理拓展的人都不同程度地向幸福迈进了一大步，而且随着时间的延续，幸福心理拓展的影响持续扩大，延伸到了个人生活、学习、职业发展及健康活动的方方面面，甚至开始影响自己身边的人。

我很欣慰，同时又在思考如何才能使更多的人生活得更幸福。我想到：一个人的活动空间是有限的，但是幸福美好的传播却可以是无限的，如果把幸福心理拓展的理论及方法总结成书，使更多的人受益，就能够使更多的人收获更多的幸福。当我把编书的想法与河南科学技术出版社沟通后，得到了河南科学技术出版社的大力支持，于是有了《幸福心理拓展》这本书。

使每个人都能够自主驾驶人生列车不断拓展幸福，是本书的基本立足点。《幸福心理拓展》以收获更多的人生幸福为目标，通过介绍心理的基本概念推出了心理拓展的基本模型，在利用模型分析个人目前心理状态形成原因的同时，唤醒利用幸福心理拓展理论及方法拓展幸福心理的自主意识，确定了衡量幸福心理拓展的定性及定量标准，点燃在生活、学习、工作、健康四类基本活动中不断提升心态、收获更多幸福的发动机的引擎，给出了需要及时加油、充电的关键节点，使每一个人都能够具备自主驾驶人生幸福列车的必要技能。根据心理学的基本理论创新性地构建幸福心理拓展的理论与实践操作体系，是本书的主要创新点。《幸福心理拓展》紧紧围绕幸福心理拓展，构建了幸福心态的测评及提升体系，从个人感知意行品质的差异，探寻引发差异形成的成长成熟过程中个人感知意行循环的特点，构建了认知个人性格、人格、自我意识基本特征的理论体系及测评方法，建立了个人个性特征与幸福心态之间的联系，通过建立“知己、为己、克己、成己”模型（“知为克成”模型）模型，在确定幸福心态层级（知己）的基础上，确定个人幸福拓展的目标（为己），给出了通过生活、学习、工作、健身四类活动不断进行幸福心理拓展的全方位的途径及方法（克己），同时提醒不同个性的人可能产生的人格塌陷及人生痛苦的原因及有效的预防方法（克己），进而收获人生幸福与事业成功（成己）。

注重拓展实践是本书的一大特色。每一个重要理论都有相应的拓展应用模型，都有检验实践应用效果的基本依据，为个人或团队进行幸福心理拓展提供了可操作的方法。

《幸福心理拓展》共有 19 章内容。1～3 章由张文勇、陈亚维执笔，4～6 章由张文勇、张烨执笔，7～10 章由张文勇、轩信飞执笔，11～19 章由张文勇、任小瑞、陈亚维、张烨执笔。本书的 1～3 章是“基本功”篇，构建了幸福心理拓展的基础，从认识幸福开始，阐述了幸福的一个基本概念、两个显著标志、三个主要来源及幸福与痛苦的对应关系，建立了拓展幸福的基本模型，构建了幸福与心理健康、心态层级的基本关系。在感知心理的过程中，这部分内容从心理的基本概念出发，提出了心理拓展的感知意行模型，提供了分析心理现象的动态过程特点及心理品质静态沉淀特征的基础；通过学用六段功模型强调了运用心理拓展理论及方法进行幸福拓展的重要性；通过对走向成熟的规律阐述，建立了成熟模型、需要层级模型，为测评、分析个人的发展成熟状况及心态层级提供了依据。4～10 章是“知己·为己”篇，建立了通过自我认知、自我发展收获幸福的基本测评分析理论及工具。自我意识、性格、人格、心态的概念及测评分析方法是知己的基础，围绕幸福设置个人性格修养、人格完善、心态提升的目标是为己的体现，情绪管理、压力调控、挫折应对是战胜困难、走向健康、走向幸福的基础，是幸福拓展的前提，这部分内容强调了幸福与人生挫折、磨砺的关系，提出了在困境中收获幸福的方法。11～19 章是“克己·成己”篇，分别提出了在学习、工作、人际交往、团队合作、恋爱及婚姻家庭、休闲健身、创富理财等不同的活动中走向成熟、走向成功、收获更

多人生幸福的基本观念及方法。

本书是所有希望拓展幸福的人的有益读物，可以作为大学生心理健康教育课程改革的适用教材。

《幸福心理拓展》是一个新生事物，必然存在一些不完善之处，同时限于作者水平，错误及疏漏在所难免，敬请批评指正。

张文勇

2014. 10. 31　郑州

目　　录

上篇

基本功

1　认知幸福

1.1　什么是幸福

一个大学生，为了解什么是幸福，采访了一些周边经常接触的人：宿管阿姨、食堂大妈、冰淇淋店店员、学姐、门卫大爷等，他们关于幸福的回答如下：

宿管阿姨："幸福是家庭和睦，身体健康。"

食堂大妈："幸福是一家人在一起。"

冰淇淋店店员："幸福是营业额上涨。"

学姐："幸福是靠自己的努力让愿望实现，和大家一起分享快乐。"

门卫大爷："幸福是心愿实现。"

幸福对不同的人有着不同的意思。幸福是一个微笑、一个拥抱，是一件新衣、一栋新房，是一次战胜疾病的欣慰、一次获得成功的喜悦……幸福的表现是如此丰富多彩，幸福究竟是什么？幸福的核心特征是什么？幸福为什么会有这么多的意思？

在对数百名大学生进行的关于幸福核心特征词汇的征集活动中，能够代表幸福核心特征的前五个词分别是：快乐、满意、心愿实现、兴奋、舒服。

1.1.1　幸福及相关概念

幸福

幸福的核心特征是快乐、满意，这种快乐、满意与某种心愿的实现相联系。由此可以形成如下的幸福定义：幸福是需要得到满足之后产生的快乐感受和满意认知。

需要的满足就是心愿的实现，心愿实现可以引起身体与精神方面的开心，身体感觉方面的开心称为快乐感受，精神或思想方面的开心称为满意认知。因此，幸福可以定义为需要得到满足之后产生的快乐感受与满意认知。

幸福定义的基本内涵如图 1-1 所示。

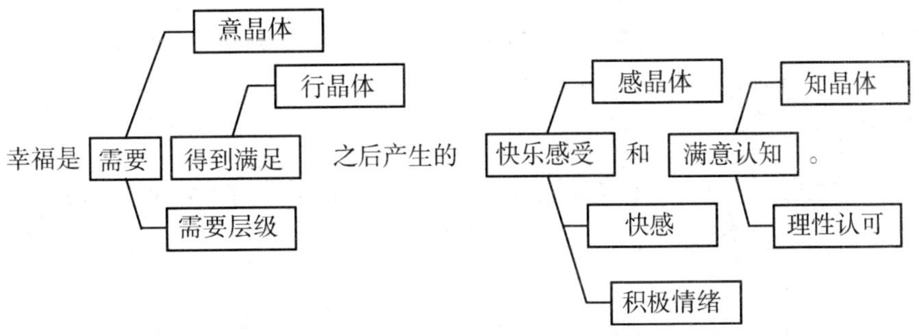

图 1-1　幸福定义的基本内涵

由图 1-1 可知，幸福的产生必须具备四个基本条件：

一是具有需要，也就是有心愿。每个人的需要或心愿不同，从而使幸福的内容不同，用意晶体（意愿晶体）表示每个人需要或心愿的现实状态。处在不同的人生阶段及生存状态的人，具有不同的需要，用需要层级表示不同的需要。

二是采取行动使需要得到满足，也就是采取行动实现心愿。每个人采取的行动不同，需要满足的状态不同，用行晶体（行为习惯晶体）表示个人采取行动或行为习惯的差异。

三是获得快乐感受。快乐感受是生理及身体方面感性的开心状态，主要是由根据感觉器官及感觉神经系统获得的感受，每个人的感受方式及程度存在很大差异，用感晶体（感觉与情感晶体）表示个人感觉的差异。快乐感受可以细分为快感和积极情绪两个基本类型。

四是获得满意认知。满意认知是精神及思想方面理性的开心状态，用知晶体（理性认知晶体）表示个体在精神及思想方面认知程度的差异。满意认知是对需要满足行为的理性认可。

需要与幸福

幸福的前提是需要得到满足，需要是幸福的基石。处于什么样的需要层次，就会有什么样的幸福感受。

对幸福理解的差别根源于不同的需要层次。一个温饱难以解决的人，能够美美饱餐一顿就会感到很幸福；已经较好地满足了生存需要的企业家、学者、明星、政府官员等，幸福可能意味着事业的成功、自我价值的实现。

合理的、不断更新提高的需要是幸福的源泉。没有需要，就不会收获需要满足时的快乐感受与满意认知，就没有幸福。需要得不到满足，会很纠结难受甚至痛苦。拥有超过自己能力范围的强烈需要，必然要承受需要难以满足的强烈痛苦。知足常乐，是收获幸福的法宝。

富贵与幸福

富贵包含了“富”与“贵”，也就是财富与权贵两方面内容。对富贵的追求是需要的重要内容。合理地谋求金钱与权力是许多人奋斗的动力，也是许多人职业发展的目标。

很多人把拥有大量金钱或身处高位作为人生成功的标准。然而，对金钱与权力的过分追求，也是许多人不合理需要的主要内容。巨富、高官往往生活得并不像一般人想象的那么幸福。

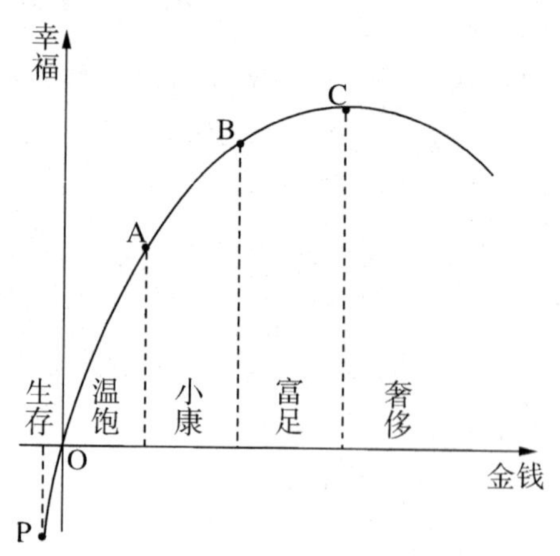

图 1-2　金钱-幸福关系曲线

金钱对幸福的促进作用总体上呈现先升后减的规律，如图 1-2 所示。一个人如果不是继承了万贯家财，那么在刚开始学习、工作时，金钱往往是比较缺乏的。随着金钱的不断增加，个人及家庭的生活大致经历生存、温饱、小康、富足、奢侈五个阶段。金钱的微小增加，可以极大地增加贫困者的幸福；金钱的大量增加，只能微

小增加富足者的幸福；超过个人富足生活所需的金钱增加，不仅不会增加幸福，还会增加烦恼。

富足生活

富足生活=充裕的物质生活+丰富的精神生活。

充裕的物质生活是能够满足个人及家庭各种合理的物质需要的生活。在现代社会几乎所有的物质需要都可以用金钱获得，因此，充裕的金钱或财富是充裕物质生活的可靠保证。没有金钱的人生可能伴随着贫困和疾病，只为金钱的人生则会伴随着罪恶与灾难。

缺乏必要的金钱，人的生存、自由、尊严、权力都将受到一定程度的伤害，挣钱谋生无可非议。君子爱财，取之有道，通过职业获取正当合理的职业报酬是人的基本权利之一。

丰富的精神生活是能够满足各种精神需要的生活。精神生活需要包含了思想、伦理、品德、交往、知识、探索、创造等方面的各种需要。

1.1.2　幸福的标志

快乐感受和满意认知是幸福的两个明显标志，如图 1-3 所示。幸福的人，一定是同时具有快乐感受和满意认知的人。有些人追求过多的事业成功牺牲了快乐感受，有些人沉溺于感官刺激放弃了个人理想。有些人有快乐感受，但却是不幸福的，如吸毒、暴饮暴食等；有些人虽然对自己的事业发展很满意，但也是不幸福的，因为在成功的道路上牺牲了太多的快乐感受及天伦之乐。

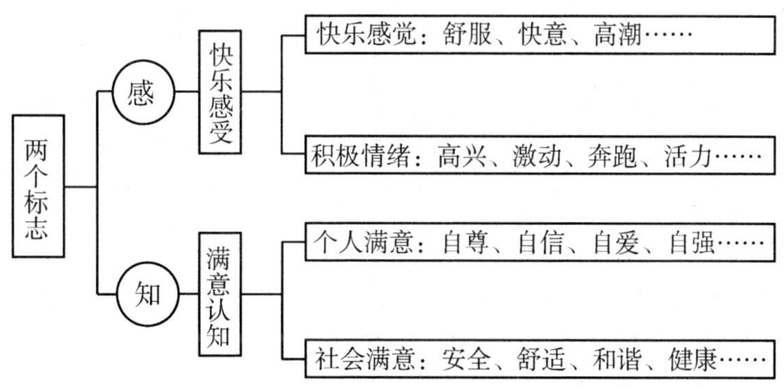

图 1-3　幸福的两个标志

快乐感受

快乐感受源自本我原始欲望的满足。

奥地利精神病学家弗洛伊德认为个人发展的动力来自追求本我原始欲望满足的快乐感受。在口腔期（oral stage，0～1 岁），原始欲望的满足主要靠口腔部位的吸吮、咀嚼、吞咽等活动获得满足。在肛门期（anal stage，1～3 岁），原始欲望的满足主要靠大小便排泄时紧张消除产生的刺激快感获得满足。在性器期（phallic stage，3～6 岁），原始欲望的满足主要靠性器官的部位获得满足。在生殖期（reproductive stage，青春期以后）个体性器官成熟，性的需求转向相似年龄的异性[1]。

其实，人类有意识的性意识是在童年以后逐渐发展清晰的，婴幼儿不论性别，原始欲望及其满足的快感基本一致，与性意识或性满足没有必然联系，仅仅是个人的原始欲望通过人体的一些感觉器官得到满足时产生快乐感受。

快乐感受分为快感与积极情绪两个方面。快感是生理的快乐感觉，积极情绪是精神的愉悦。

快感是生理的快乐感觉。

广义的快感是所有生理欲望得到满足产生的快感。美食、美景、沁人心脾的芳香、柔软的缎子等能够诱发味觉、视觉、嗅觉、触觉的快感，一个人的感觉系统远远不止这些。狭义的快感主要指性快感（亦称性愉悦），是性行为或刺激性器官产生的快感。

快感具有令人着迷甚至欲罢不能的诱惑力。有人做过这样的实验[2]：在小白鼠大脑的快乐中枢上接上电极（刺激该区域可以使小白鼠获得快感，因而得名），小白鼠会不停地按动电极来刺激自己，甚至直到体力衰竭昏迷过去。从这个意义上来说，快感是无穷的。现实生活中的快乐感觉，来源于对相关的生理器官或“感受器”的刺激，比如吃饭刺激味蕾产生味觉快感等。

人体生理感受器的快感不是无穷的，而是有极限的。无限地刺激感受器，会极大地损害人的身体，比如酒喝多了伤肝脏、食物吃多了可能得急性胃扩张、性生活多了容易早衰，所以感受器为了保护身体会在快感到达一定程度后屏蔽快乐感觉的通道，使身体感觉不到快乐。

快感具有促进幸福与损害幸福的双重作用。

快感通常与欲望的满足相联系，欲望满足的强烈快感能够提升幸福的感受，但由于欲望具有冲动的特点，由冲动引发的欲望满足之后常常是痛苦。快

感及对快感的追求可以给人带来快乐，但不一定带来幸福，甚至还会带来痛苦。例如，吸烟、酗酒、网瘾等都可以获得暂时的快感，可是长期下来可能导致身心疾病，带来痛苦。再如，仇杀、强暴、偷窃、吸毒等可能产生一时的快感，但是会引发社会及个人身心的种种问题，给别人带来痛苦甚至绝望，也会导致自己的身心产生严重的扭曲。欲望有着令人着迷的诱惑力，痴迷上瘾损害幸福。

合理合法地增加快感是拓展幸福的有效途径。日常生活中，品尝美食、欣赏美景、促进夫妻生活和谐都是拓展幸福的有效途径。

积极情绪是精神的愉悦。积极情绪是具有开心、快乐、开放、活力等感情色彩的情绪。积极情绪越多，人生越幸福。

满意认知

满意认知是对需要及其满足行为的理性认可与赞赏。

需要是产生满意认知的前提。需要具有不同的层次，有些需要是原始的、感性的、较低级的，如性欲等，可以称为欲望，欲望的满足往往产生快乐感受；有些需要是理性的、较高级的需要，如社交、尊重等，可以称为需要，需要的满足可以产生满意认知；有些需要是高尚的、美好的、理想的，如共同富裕、探索未知、人生价值实现等，可以称为理想，理想类的需要的满足，能够产生强烈的满意认知。

需要的层级在“3.3.4”中探讨。实现益人利己的人生价值是最高层级的需要，是自我实现的需要。价值追求与幸福的关系如图1-4所示。

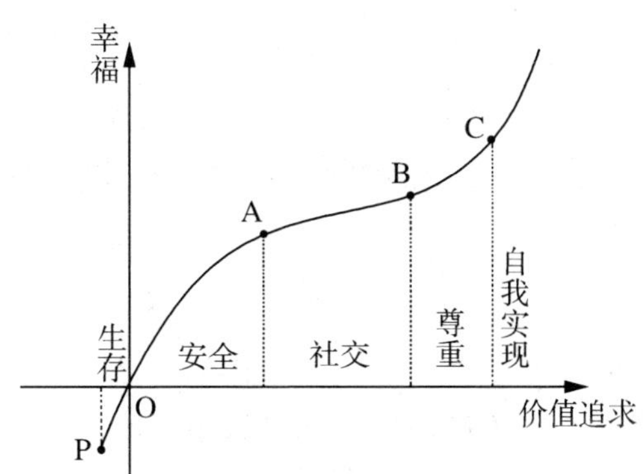

图1-4　价值追求与幸福关系曲线

由图1-4可知，幸福一直随着价值追求实现程度的提高而不断提高，达到尊重及自我实现层级的价值追求程度时，幸福的增加明显加快。与图 1-2 金钱-幸福关系曲线相比，金钱达到富足程度之后，金钱的增加导致幸福降低，而价值追求实现程度的增加，不会导致幸福的降低，反而会使幸福倍增。

1.1.3 幸福的度量

快乐感受与满意认知只是说明获得了幸福，但是人生幸福究竟获得了多少快乐感受与满意认知？获得了什么样的快乐感受与满意认知？并没有答案。

幸福的度量包含两方面内容：一方面是从时间维度对每天甚至每时每刻的快乐感受与满意认知进行度量；另一方面是从强度维度对幸福进行度量。

幸福长度

幸福长度是幸福时间占到所有时间的比例，是度量幸福的简单有效的方法。当一个人一生三分之二的时间都是幸福的，人生一定是幸福的。

与幸福长度相对应的是痛苦长度。减少痛苦长度是提升幸福长度的前提。

幸福强度

幸福强度是幸福的快乐感受与满意认知达到的强度。快乐感受与满意认知越强烈，幸福强度越高。

与幸福强度相对应的是痛苦强度。减小痛苦强度是增添幸福的开始。

幸福的长度及强度都与需要有关。需要枯竭，需要的满足就少，幸福的长度就短；需要过多，得不到满足的需要就多，可能产生的痛苦长度就多，幸福会减少。一个人有着远大的人生理想目标，经过艰苦奋斗实现了目标，获得的幸福强度就很高。

1.2 幸福的来源

心态、持续性活动及事件是幸福的三个重要来源。

心态是幸福涌入的大门。当一个人心态良好时，身边点点滴滴的幸福都能够涌入心坎；当一个人心态不健康时，狂风暴雨般的幸福也难以进入封闭的心。

持续性活动是不断生长的幸福之树及森林。每一项持续性活动都是一颗幸福之树，持续性活动越长久，幸福之树越粗壮茂盛。但是树的生长常常使每天

相见的人熟视无睹，一旦分离了一段时间，回头望去，才能感受到那一片绿荫的珍贵。

事件是幸福之树的鲜花和果实。鲜花及果实总是令人印象深刻，是许多人奋斗的目标，但好花不会一直开放。正是由于鲜花及果实具有漫长的积累过程，绽放及收获的时间相对很短，才成就了鲜花与果实的可贵。

有人认为幸福的原因有三个[3]，分别是幸福设定点（50%）、目的性活动（40%）、境况（10%）。幸福设定点主要取决于遗传，境况包含了地理、文化、宗教、财富、婚姻、工作等。幸福的原因及来源很多，能够有效地拓展幸福之源是收获幸福的根本。

1.2.1　心态

心态是较为稳定的心理状态，是性格、人格等较为本质的个性特质的反映。

心态是幸福涌入的大门，衡量着一个人获得幸福的容易程度。当一个人比其他人更容易获得幸福的时候，这个人收获的幸福就多，这说明他具有良好的心态。日常生活带给人的感受相差悬殊：有些人感受到愉悦、满足、幸福，而另一些人却感受到痛苦、失望。这一切与个人的心态有关。同一件事，有的人感到快乐，有的人感到痛苦；有的人满意，有的人失望。除了相互竞争的对手会对一个结果有两种截然不同的感觉及认知之外，在相同的环境及条件下，人们产生不同的感觉与认知，是由于个人心态不同。

每个人的心态与个人的遗传天性关系密切，同时受到后天习性的部分影响。心态一旦形成，就基本上贴上了悲观、乐观的标签。可以根据心态的健康程度把心态分为幸福心态、健康心态、不健康心态三个层次，每个层次再分三个级别，形成相应的心态层级。心态层级越高，幸福的大门越大，能够涌入的幸福越多。

每个人都有一个“幸福基准线”，幸福感总是围绕这个基准线上下波动，就像我们所知道的“价格围绕着价值上下波动”一样[4]。每个人的心态层级就是自己的幸福基准线。幸福心理拓展的目的，就是提升心态层级，在有限的生命当中收获更多的幸福。

1.2.2 持续性活动

持续性活动是能够延续较长时间的、具有一定目的性的同质类活动。准备高考是一个持续性活动，每一个准备高考的人都会感受到这一活动的刺激而产生相应的身心反应及应对行为。

持续性活动的三个基本特点是目的性、维持性和长期性。

人类的持续性活动是人类进化与发展的重要举措。在原始部落形成之后，以部落为核心的打猎、捕鱼、耕种、放牧等一系列持续性活动，使人类与其他动物渐行渐远。有了语言文字以后，学校等举办的以学习知识与技能为主的各种形式的持续性活动，是人类能够在有限的生命当中继承与超越前人，走向更高、更好的发展阶段的重大举措。

持续性活动分类

学习是一种持续性活动，工作是一种持续性活动，使身体保持健康是一种持续性活动，维持好个人及家人的生活是一种持续性活动，生活、学习、工作、健身构成了人类主要的四类持续性活动。

每一类持续性活动都可进一步细分为很多细小的持续性活动。例如，生活类持续性活动可以分为衣、食、住、行等活动，也可以分为个人生活、家庭生活、社会生活等。

持续性活动的基本分类如表 1-1 所示。

表 1-1 持续性活动的基本类型

一级分类	二级分类	三级分类
生活类持续性活动	衣食住行，个人、家庭、社会生活	购置、维修、保养房屋、汽车等
学习类持续性活动	小学、中学、大学学习，职业培训	专业学习、课程学习、实习等
工作类持续性活动	就业、创业、晋级、退休	生产、销售、管理等
健康类持续性活动	健身、运动、治病、美体等	练习羽毛球、篮球、健身操、太极拳等

持续性活动的分类是相对的，许多持续性活动是综合的、复合的。例如，在学习类持续性活动中，生产实习、撰写毕业论文等就是包含了学习类及工作类特征的持续性活动；而大学中的体育课程、运动比赛等是包含了学习类与健

康类的持续性活动。

持续性活动中的幸福与痛苦

幸福的持续性活动是能够带来快乐感受与满意认知的持续性活动，是幸福之树及森林。

持续性活动也会带来一些不愉快的感受及认知。例如，一门课程的学习一般要经历一个学期的时间，一般的教学模式是教师在课堂上讲授、学生在教室被动的听课，学生进入教室、听课，如果碰到教学内容超出了个人的理解能力范围，就会产生一系列的不良情绪，一个学期下来，这门课程的学习带来的可能是不愉快的学习经历，在这门课程学习的持续性活动中较少获得幸福。在对数百名大学生进行的幸福心态调查中，学习心态的幸福是层次最低的，如表1-2所示，说明大学生在学习活动中获得的幸福需要提高。

表1-2　大学生不同心态均分

心态类别	生活	学习	工作	健康	目标	效能	智慧	坚毅	乐观	满意	感恩	积极	合计
平均分	8.06	5.64	7.23	7.28	7.77	7.64	8.37	8.68	8.88	7.81	11.2	9.59	98.15

持续性活动产生的快乐感受与满意认知较为平淡持久，许多人常常忽视持续性活动带来的幸福。一个人在上大学期间常常感觉不到大学的幸福美好，当毕业走向社会，经历了许多的人生历练之后，才能够回味到大学学习的持续性活动给自己的人生所带来的幸福。一个人在工作岗位常常感觉不到幸福，劳累、辛苦、挣钱不易可能是经常伴随工作的感受，一旦退休，离开了岗位，才知道同事及工作的可爱，才知道人生的许多幸福是与同事及工作相伴的，虽然工作中有烦恼、压力甚至痛苦，但是没有工作的烦恼、压力、痛苦远远超过了工作中的负面感受。有些人在离开工作岗位之后身心失衡，导致疾病缠身、健康状况迅速恶化，正是因为失去了工作带来的平淡却持久的快乐与满意。

在持续性活动之中，采取措施彰显其快乐感受及满意认知，是收获更多幸福的重要途径之一。例如，在大学学习的持续性活动中，教师设计一些惠及全体学生的各类学习竞赛活动，学生在竞赛中全身心投入，克服困难，不断取得进步，获得的学习快乐及满意认知明显增多。又如，在讲授人际交往的课程内容时，教师将人际交往的知识应用在大学生交往活动中，使学生在人际交往活动的实践中领悟知识、提升技能、实实在在地建立一些良好的人际关系，学生学习中的快乐感受及满意认知明显提高，学习持续性活动收获了更多幸福。

持续性活动的幸福长度决定了人生幸福长度。

1.2.3 事件

事件是在较短时间内发生的具有特定意义及较大影响的事项。金榜题名是一个事件，听到被心仪的高校录取的信息，每个人都会感到高兴，不过高兴的反应及行为表现却因人而异：有的人欣喜若狂，兴高采烈；有的人内心高兴，表面不动声色，这是性格、气质不同的缘故。

在学习的过程当中，高中阶段的学习是一个持续性活动。高中阶段结束，参加高考、考上大学，高考就是一个事件。上大学学习专业知识、提高综合素质、谈恋爱、找工作是一系列的持续性活动，随着大学毕业，就业就是一个事件。

在生活类的持续性活动当中，年轻人生长发育到一定的年龄，对异性产生好感开始恋爱，恋爱过程是一个持续性活动，随着相恋的双方走入婚姻的殿堂，结婚就是一个事件。结婚之后的家庭生活，则是更漫长的持续性活动。

幸福事件

能够带来强烈快乐感受与满意认知的事件就是幸福事件，幸福事件是幸福之树的鲜花与果实。

中国传统文化当中经常提到的“金榜题名时、洞房花烛夜、他乡遇故知、久旱逢甘霖”等，都是产生快乐感受与满意认知的幸福事件。在学习过程当中，拿到了比较高级别的奖学金就是一个幸福事件，在各种竞赛中一路过关斩将获得了优异成绩也是一个幸福事件。在家庭生活当中，夫妻两人辛勤奋斗，科学理财，买到了中意的房子、车子等是一个个幸福事件。

幸福事件产生的快乐感受与满意认知浓烈而短暂。所有幸福事件都能够带来强烈的快乐感受和满意认知，但是，事件结束后，随着时间的流逝，幸福事件所带来的快乐感受和满意认知会渐渐淡化，人们的幸福水平又会回到个人的幸福基本点附近。

幸福事件决定了幸福的高度。

1.3　幸福与痛苦

1.3.1　幸福与痛苦是同一事物的两面

乐观者与悲观者

任何事物都有阴与阳、白与黑、好与坏两个方面，两个方面同时存在于一个事物之中，主观对事物某一方面特性的选择性感知是产生幸福与痛苦感受的根源。

客观事物是一个现实存在。主观对任何一个客观存在的感知都可能有很大差别，这种差别如果是情感与认知方面的，可能会形成快乐与难受的感觉差别及满意与失望的认知差别，这种差别就是主观对客观存在的幸福与痛苦的感知差别。

同在一片蓝天，同在一个校园，同在一个教室，有些人总是乐观满足，有些人总是悲观失望，前者称为乐观者，后者称为悲观者，介于二者之间的是普通人。

积极情绪与消极情绪

积极情绪是产生那些具有开心、快乐、开放、有活力等感情色彩及行为表现的情绪。有人统计，当一个人的积极情绪能够在日常的所有情绪当中占到三分之二以上的时候，他的人生就是幸福的。因此，努力提高一个人的积极情绪，是幸福心理拓展的重要内容。

消极情绪是在刺激作用下产生失望、沮丧、封闭、逃离、孤寂、落寞、焦虑、愤怒等感情色彩及行为表现的情绪。

大多数时候消极情绪起着破坏、瓦解或阻断作用，会使个体对外界事物的接纳程度下降、攻击性增强。

消极情绪产生保护作用。在遭遇危险、失去亲人的情况下，产生一定的逃离、悲伤等消极情绪是正常的，能够起到保护身心的作用。但是如果悲伤情绪超出正常的范围，就可能导致心理问题的出现。

焦虑、抑郁、愤怒、妒忌是四个常见的、影响较大的消极情绪。

关于情绪的探讨在“7”中进行。

1.3.2 痛苦

与幸福相对应的必然是痛苦。

痛苦是由痛苦刺激源产生的悲伤感受与失望认知。

痛苦刺激源主要来自以下几个方面：

（1）失去。个人所拥有的较为珍贵的事物，不情愿地失去或被剥夺。

（2）伤害。身心受到了侵害、侮辱，或天灾人祸导致的伤害、疾病等。

（3）未得。个人认为能够得到的东西却一直未得到。

痛苦的两个标志是悲伤感受与失望认知。

痛苦的三个来源是痛苦心态、痛苦事件和一些导致痛苦的持续性活动。

悲观色彩浓厚的人是具有痛苦心态的人，任何一个对大多数人看来都不足以引起痛苦的刺激，都会导致他产生痛苦的感受或失望的认知。

受到伤害等不痛快的事件，给人的刺激更深重、影响更久远。对于悲观的人而言，导致痛苦的事件非常难以忘怀，常常使人处于痛苦、自责、懊恼、后悔之中，不断地使痛苦的感受更浓、更深。

一些导致痛苦的持续性活动，可能对痛苦的贡献仅有10%。痛苦事件带来的刺激远远大于一个人长期处在不开心的某一活动之中。例如，一个认为自己成绩非常优秀的高中生，由于高考的失误，进入一个自己不太理想的大学及专业学习，那么进入大学、到不喜欢的专业学习构成了一个导致个人痛苦的持续性活动，但是随着环境条件的改变，大学的专业学习并不像想象得那么痛苦，他所感受到新环境带来的新变化冲淡了上了不理想的大学及专业的苦恼。

1.3.3 幸福与痛苦的来源比较

心态、持续性活动、事件对于乐观者、普通人和悲观者的作用不尽相同。它们对这三类人的幸福与否的影响程度如表1-3所示。

表 1-3　三类人的幸福与痛苦来源构成

三种类型的人	心　态	持续性活动	事　件
乐观者	50%	40%	10%
普通人	50%	25%	25%
悲观者	50%	10%	40%

由表 1-3 可知：

(1) 乐观幸福的人，心态贡献了幸福或痛苦的 50%，持续性活动为幸福贡献了 40%，幸福事件仅仅贡献了 10%。这体现了一个具有良好的幸福心态的人始终是比较乐观的，不会因为太多的身外事件影响自己的幸福心态，达到了“不以物喜、不以己悲”的境界。

(2) 普通人的心态贡献了幸福或痛苦的 50%，持续性活动及现实事件平分了另外 50%，各自贡献了 25%。

(3) 悲观痛苦的人，持续性活动带来了 10% 的痛苦，痛苦事件产生了 40% 的痛苦，这是因为痛苦的人对痛苦事件难以释怀，长期处于痛苦之中。

使痛苦悲观的人的心态、对痛苦事件的反应方式及应对行为有所改变，是减少痛苦、避免心理障碍的主要途径。痛苦的人首先要努力使自己转变为一个普通人，然后再由一个普通人转变成为一个幸福的人。

1.3.4　销蚀幸福的四种心态

比较常见的四种销蚀幸福的心态分别是标高上移、消极比较、苦重乐轻、痛境再现，其主要特点如表 1-4 所示。

表 1-4　销蚀幸福的四种常见心态

名称	特　点	应对措施
标高上移	满足水平不断攀升	知足常乐
消极比较	常与比自己状况好的人比较	积极比较
苦重乐轻	一点儿痛苦比很多快乐影响大	减苦增乐
痛境再现	痛苦事件常常会不由自主地浮现	遗忘或战胜痛苦

（1）标高上移。即人类的满足水平是不断攀升的，低层次的需要得到满足之后，就不再是快乐的来源。例如，当温饱还没有解决的时候，能够吃饱饭、穿好衣服就会感觉到很快乐，温饱问题解决之后，有一套自己满意的房子就是自己奋斗和快乐的源泉，但是当拥有了这套房子之后，这种快乐的感受与满意的认知会逐渐淡化，会被新的更高的欲望或需求替代。

（2）消极比较，即常与比自己状况好的人比较而产生消极情绪。一个人希望买一件新衣服，经过努力实现了，感到很高兴；穿了这件新衣服来到学校与同学聊天、向同学展示，当遇到其他同学买了更多更好的新衣服的时候，自己的幸福感受就会立即化为乌有，转而产生一种不满、失望的感受。消极比较会极大地损害人们的幸福感。

（3）苦重乐轻，即遭遇一点点痛苦常常比一大片快乐的影响更大。人们往往“身在福中不知福”，常常将快乐的、正面的、成功的事件看得比较轻，而小小的挫折、失败、失意或别人的恶言恶行就会导致很强烈的不满和痛苦。这种乐轻苦重的现象在每个人的身上都时有发生，会影响快乐感受与满意认知。一个人获得 1 000 元额外收入的时候，开心感受可能就是几个小时，但当不小心丢失了 100 元钱的时候，他可能伤心好几天，这就是典型的苦重乐轻现象。

（4）痛境再现，即曾经经历过的痛苦事件常常会不由自主地浮现并带来痛苦。人们对于经历过的痛苦体验与苦难感受往往具有比较深刻的记忆，常会不由自主地在脑海中重现一些使自己痛苦或不开心的情景。尤其是一个人在年龄幼小的时候受到了其他人的恐吓或过分严厉的斥责，一般都会产生一些胆怯、回避的心理，有时会经常浮现使自己感到恐惧不安的景象。有些人经常把一些不开心的事挂在嘴边，有的时候有利于个人情绪的释放，但是也会不断地强化个人对这些痛苦事件的记忆。一些曾经遭遇痛苦而又难以向别人倾诉的人，痛苦的经历、痛苦的情景如果常常在自己的脑海再现，可能会导致一个人产生一系列的精神问题，甚至最终导致精神崩溃。

对于影响快乐感受与满意认知的四种心态，我们不仅要有清醒的认识，也要注意采取一些有效的措施，防止损害自己的快乐感受与满意认知。

1.4　幸福的拓展

幸福是可以通过学习和练习获得的[5]。幸福拓展就是采取措施收获更多幸福。幸福心理拓展就是从心理角度采取措施收获更多幸福。

1.4.1　幸福心理拓展的“5-10”模型

由幸福的定义可知，幸福拓展要从需要、满足行动、快乐感受与满意认知四个方面开展。由幸福的来源可知，幸福拓展要从心态、持续性活动、事件三个方面进行。由此可以得到如图 1-5 所示幸福心理拓展的“5-10”模型。

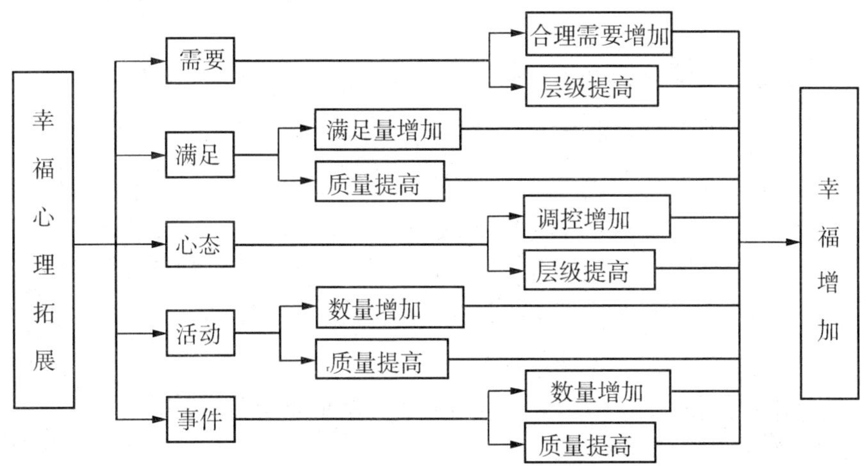

图 1-5　幸福心理拓展的“5-10”模型

由图 1-5 可知，幸福心理拓展有五个维度：需要维度、满足维度、心态维度、活动维度、事件维度，每个维度分别分为质与量两个方面，共十个方面。五个维度十方面是“5-10”名称的由来。

心态在幸福拓展中起着重要的作用。需要的层级与心态有关，需要的满足与心态有关，需要满足之后的快乐感受及满意认知与心态有关，心态影响持续性活动的过程及结果，心态影响事件的感受及认知。

心态是心理状态的简称，可见幸福在很大程度上受到心理的影响：为什么具有现在的心态？能否提升心态的层级？如何有效提升心态层级？所有这些问题必须通过对心理的感知及心理基本规律的应用才能获得正确的答案。“2”中将探讨心理的基本概念及幸福心理拓展的一些基本心理规律。

幸福不是静止的，是在生活、学习、工作、健康四类人生的持续性活动中不断发展变化的。一个人从出生到去世，生活、学习、工作、健康的需要不断发生变化，需要的满足在变化，产生的感受及认知也在变化，是一个由不成熟到成熟的发展变化过程。迈向独立和成功的过程会遵照每个人自己的节奏，自己才是创造和寻找自己幸福的人[6]。

1.4.2 提升心态

心态是个人较为稳定的心理状态，受自我意识、性格、人格、压力、情绪等的影响，促进良好心态的形成需要从自我意识、性格、人格、情绪管理、压力调控等方面开展。

心态层级实际上就像是一个盛满人生幸福的木桶。痛苦层级的心态构成了木桶底部，正常层级与幸福层级的心态是木桶的围板。

心态层级是自我意识水平、性格品质、人格品质的综合反映。

提升心态层级就是促进良好心态的形成。

通过判别处于什么样的心态层级，找到形成这种心态层级的原因，进而根据其形成路径有针对性地采取措施，促进心理层级不断提升，就能够不断拓展、提升幸福心理，收获更多的人生幸福。

对于处于痛苦心态层级的人，提升心态层级最主要的是要找到形成这种痛苦层级的核心原因，根据形成这种心态的个人经历及社会环境的影响，采取与之相反的、能够促进幸福感受的拓展方式，使之跃升到正常的心态层级。

对于处于正常心态层级的人，要找到一些阻碍或限制个人人生幸福及事业成功的影响因素，有针对性地采取措施进行心理拓展，进而使自己提升到幸福的心态层级。

对于处于幸福心态层级的人，要找到产生幸福心态层级的主要因素，进一步强化产生幸福心态的体验与认知，使幸福层级进一步提升；同时要特别注意，尤其对于一个年轻人而言，是否伴有一些不思上进、沉溺于享乐、满足于目前已拥有的一切的心态，这种心态虽然可以使个人目前的幸福指数很高，但是却会限制个人事业的长远发展，从而使以后的人生产生不良感受。

1.4.3　升华需要

不断升华并满足更多的合理需要，是收获幸福的源泉。升华需要主要通过以下四种途径：

（1）提升需要层级，即促进以核心价值追求为中心的需要体系的形成，产生更多能够同时带来快乐感受与满意认知的需要。提升需要层级是最容易忽略或轻视的，但却是最重要的，人生幸福的高度及事业发展的高度皆源于此。

（2）在持续性活动中将需要目标化。感知持续性活动的意义、形成相关的目标体系、积极参与活动、促进目标的高质量实现是增加持续性活动的幸福感受的关键。生活、学习、工作、健身四类持续性活动是幸福心理拓展的重要内容，通过明确一系列目标，积极参与具体的拓展活动（如优化学习、健身、婚姻家庭等），能够有效促进人格完善、心态提升，促进人生幸福。

（3）采取行动实现目标、满足需要。需要再合理，目标再明确，如果没有切实可行的行动或执行力，一切都是泡影。最有效的行动是没有意识的行动——习惯。当一个人习惯于实现目标时，在路上收获的不仅是幸福，必然还有成功。

因此，形成良好的行为习惯是最有效的行动、是最可靠的执行力。

（4）增加幸福事件、减少痛苦事件。增加幸福事件就是增益，减少痛苦事件就是减损。增益采用强化刺激。减损采用反向刺激。

增加幸福事件有两个途径：一是努力使事件的结果更符合期望值；二是主观挖掘各种事件的幸福内容。

■ 拓展练习

1. 填空。

持续性活动是满意认知的土壤。对生活、学习、工作、健康四类人生必须经历的持续性活动，我将通过理性认知这些活动的意义，逐渐更多的获得满意认知。

我认为生活活动是____________的活动，我的生活的烦恼主要有____________等。其实所有的生活烦恼都来源于自己对生活的态度，即使遭遇生活的挫折，只要对生活充满信心，无非是多了一次生活的历练。我自己就经历了一件生活态度变化引起生活满意认知增加的故事：____。

我认为学习活动是____________的活动，我的学习的烦恼主要有____________等。其实所有的学习烦恼都来源于自己对学习的态度，即使遭遇学习的挫折，只要对学习充满信心，无非是多了一次学习的历练。我自己就经历了一件学习态度变化引起学习满意认知增加的故事：____。

我认为职业活动是____________的活动，我的职业的烦恼主要有____________等。其实所有的职业烦恼都来源于自己对职业的态度，即使遭遇职业的挫折，只要对职业充满信心，无非是多了一次职业的历练。我自己就经历了一件职业态度变化引起职业满意认知增加的故事：____。

我认为健康活动是____________的活动，我的健康的烦恼主要有____________等。其实所有的健康烦恼都来源于自己对健康的态度，即使遭遇健康的挫折，只要对健康充满信心，无非是多了一次健康的历练。我自己就经历了一件健康态度变化引起健康满意认知增加的故事：____。

我的家庭生活中的美好事项有____________，将采用的庆祝方式有____________；我的人际交往中美好事项有____________，将采用的庆祝方式有____________；我的衣食住行中的美好事项有____________，将采用的庆祝方式有____________。

我的学习活动中的美好事项有____________，将采用的庆祝方式有____________；我的职业发展中美好事项有____________，将采用的庆祝方式有____________；我的健康健美中的美好事项有____________，将采用的庆祝方式有____________。

幸福是需要得到满足产生的快乐感受与满意认知，可以用幸福长度及幸福强度衡量幸福。心态是幸福的大门，持续性活动是幸福之树，事件是幸福果实。

我平均每天感觉幸福的时间大约为____小时，在熟悉的人中处于______（较高、中间、较低）水平。幸福的内容主要是____________需要得到了较好满足。

我到目前为止最强烈的幸福事件是＿＿＿＿＿＿，常常获得较强的快乐感受的事件主要有＿＿＿＿＿＿等，常常获得满意认知的事件有＿＿＿＿＿＿等；能够同时获得快乐感受与满意认知的幸福事件主要有＿＿＿＿＿＿等。

我最喜欢的持续性活动是＿＿＿＿＿＿等，在这些持续性活动中，我的良好感觉主要有＿＿＿＿＿＿等。我不太喜欢的持续性活动是＿＿＿＿＿＿等，这些持续性活动中我的不快主要来自＿＿＿＿＿＿等。

经常与我分享快乐或幸福的有＿＿＿＿＿＿等，曾经帮我分担痛苦的有＿＿＿＿＿＿等，我的家庭总是给我带来＿＿＿＿＿＿的感觉，我的同学/同事总是让我感到＿＿＿＿＿＿（比较开心、不安、嫉妒、疏远、友好……）等。

需要是幸福的前提。

我对自己的需要状况是＿＿＿＿＿＿（清楚、模糊、迷茫）的，我人生最大的需要或梦想是＿＿＿＿＿＿，我目前最迫切的需要是＿＿＿＿＿＿。我的需要数量总体＿＿＿＿＿＿（过多、较多、合理、较少、很少）。我将通过不断积累丰富的人生经验，在生活、学习、工作、健康方面保持成熟的、合理的需要。

需要得到满足是幸福的必要条件。

我是一个执行力＿＿＿＿＿＿（很强、较强、一般、较弱、很弱）的人，我的得到满足的需要大约占到所有需要的百分之＿＿＿。我的行动具有＿＿＿＿＿＿等特点，我认为自己需要进一步提高的行动能力是＿＿＿＿＿＿等。

2. 写一则100字左右的个人亲身经历的幸福体验，然后用幸福定义讲述。

3. 淡化痛苦，战胜恐惧。

人生总会遭遇挫折，产生痛苦感受，长期沉浸在痛苦之中会对身心带来极大的伤害，彻底遗忘痛苦、淡化痛苦是走向幸福的开始。观察记录身边的人淡化痛苦的一些方法：①＿＿＿＿＿＿；②＿＿＿＿＿＿；③＿＿＿＿＿＿；④＿＿＿＿＿＿。

恐惧有时比欲望或需要更能够控制人的行为。战胜恐惧是开发潜能、走向幸福的必由之路。回忆自己一桩战胜恐惧的小故事，恐惧可以是害怕昆虫或小动物、害怕在大庭广众之下讲话等。

【注释】

［1］弗洛伊德．性学三论　爱情心理学［M］．林克明，译．西安：太白文艺出版社，2004：50-80.

[2] 朗斯塔夫．神经科学［M］．韩济生，王韵，王晓民，等，译．北京：科学出版社，2006：338-353.

[3] CARR A. 积极心理学［M］．丁丹，译．2 版．北京：中国轻工业出版社，2014：16-35.

[4] 王滟明．在哈佛听积极心理学［M］．北京：中国华侨出版社，2012：27.

[5] 王滟明．在哈佛听积极心理学［M］．北京：中国华侨出版社，2012：4.

[6] 伯恩斯．积极心理治疗案例　幸福、治愈与提升［M］．高隽，译．北京：中国轻工业出版社，2012：37.

2 感知心理

2.1 什么是心理

在同一个时刻、同一个地点，请 213 名大一学生在 2 分钟之内分别写出三个关于白天与黑夜的词汇，结果如下：

关于白天的词汇总数是 169，主要分布在对自然现象的描述（阳光、蓝天、光明、亮等）、情感体验（温暖、舒畅、开心、幸福、激情、活力、累、紧张、无聊等）、活动（学习、工作、足球等）三个方面，其中情感体验的词汇最多（达到 106 个）、差别最大（开心—无聊、轻松—严肃、活力—疲劳等）。

关于黑夜的词汇总数是 133，主要分布在对自然现象的描述（月亮、黑暗、星空、华灯初上等）、情感体验（安静、浪漫、寒冷、孤寂、幸福、害怕、轻松、无助等）、活动（睡觉、休息、做梦等）三个方面，其中情感体验的词汇最多（达到 99 个），差别最大（悠然—凶险、快乐—悲伤、浪漫—孤寂等）。

在关于白天与黑夜的情感体验词汇中，白天的积极词汇占到 80%左右，消极词汇约为 20%；黑夜的词汇与此相反：消极词汇约为 80%，积极词汇约为 20%。

为什么在同一时刻、同一地点，不同的人对同样事物的情感体验有如此大的差异？心理的差别引起了情感体验的差别。

什么是心理？心理是如何形成的？如何形成更健康、更幸福的心理？

心理是脑的机能，是对客观现实的反映[1]。个体心理具有复杂的生理基础。生命体的长期进化，形成了心理的生理物质基础，到目前为止，心理现象的生理基础研究仍是冰山一角。一般人都知道快乐中枢是产生快乐的主要系统，实际上快乐等积极情绪的产生的生理基础仍有许多未解之谜。英国伦敦大学的 Tali Sharot 博士及其同事（2007）用功能性核磁共振成像扫描了 15 个年轻人大脑得出结论：积极情绪产生时杏仁核和前扣带皮质更活跃[2]。借助于科学技术的不断进步，人类可以逐渐揭开许多心理之谜，可以治愈一些心理疾病，但是就像人类不可能借助科学技术实现生命的永远存活一样，科学技术不可能构建一个使人永远幸福的生理心理系统。

心理具有一定的统计规律。所有人类的活动都建立在一定的心理基础之上，个体的心理千差万别，但是众多的个体形成的群体心理却有着一些统计规律。例如在关于白天与黑夜的词汇统计中，大多数人对白天的总体情感体验较为积极，对黑夜的情感体验带有更多的消极成分。心理对客观现实的反映是个性化、社会化、能动的反映，是个体在一定的自然及社会环境中生存、适应、发展的结果。

人类可以有意识地改善自己的心理状态。人类社会的文明进步过程同样是一个不断提高并改善人类心理状态的过程，但是人类在远离动物的兽性的同时，也促生了许多人类特有的一些复杂的心理现象，毒瘾、酒瘾、网瘾是人类特有的损害幸福及健康的心理问题。

以增加人生的幸福长度及强度为目的，改善个人的心理状态，是本书的主要任务，因此关于心理的定义侧重幸福心理的拓展方面。

2.1.1 心理及其相关概念

心理

心理是生命体感知刺激源的作用并产生身心反应及应对行为的生命现象。本书讨论的所有生命体如不特别说明都指个体的人，因此心理的定义可以简化为：心理是对刺激产生身心反应及应对行为的生命现象。刺激是能够引起心理反应的所有事物。心理的基本含义如图 2-1 所示。

心理作为一种生命现象，有时能够产生清晰的意识，例如感觉到爱或恨；有时意识并不明显，甚至是下意识或无意识的，例如遇到危险时的应激反应。

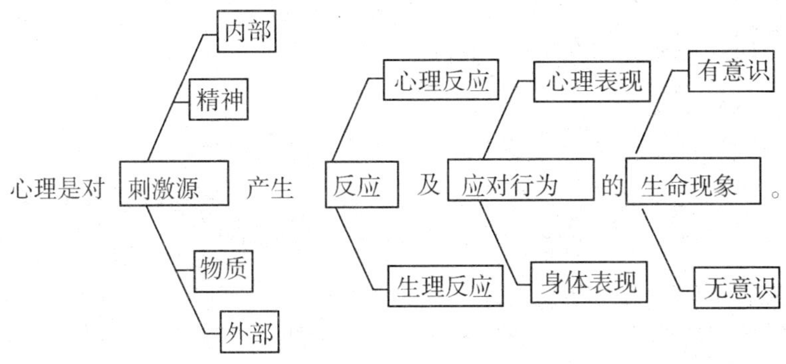

图 2-1　心理的基本含义

因此，心理作为一种特殊的意识活动，实际上包含了有意识活动与无意识活动两个方面。

心理过程

对刺激感知并产生反应的过程称为心理反应过程，简称心理过程。组成心理反应过程的各种具体反应活动称为心理活动。心理活动是感知刺激、产生相应身心反应及应对行为的各种生命现象。心理过程是心理活动的过程。

刺激出现后，感受刺激、处理信息、做出决定、付诸行动是一个基本的心理活动过程。例如，一个人散步时突然下雨了，基本的心理活动过程如下：天阴了（刺激 1，眼睛看到），雨滴飘落在脸上（刺激 2，皮肤感觉到），天阴得不是很厉害、雨滴不大下得也不是很急（分析、处理信息），淋点儿雨没关系（做出决定）。于是，他继续悠然地在雨中漫步（应对行为）。

心理过程的环节是感知刺激及产生反应的主要步骤。心理过程的主要环节由感受刺激（感）、处理信息（知）、做出决定（意）、付诸行动（行）四个基本步骤组成。感、知、意、行四个环节相互依存，称为“感知意行循环”，如图 2-2 所示。

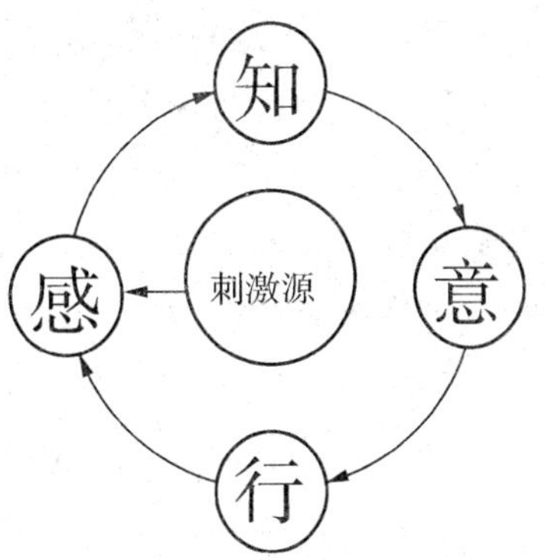

图 2-2　心理过程的感知意行循环

由图 2-2 可知，当一个刺激出现时，能够感受或接受到刺激是产生心理反应的第一步，感受或接受刺激的环节简称“感”。接受刺激信息之后分析处理环节称为“知”，分析处理之后形成决定或意愿的环节称为“意”，按照意愿或决定采取行动的环节称为“行”。

心理状态

心理状态是对刺激产生反应以及应对行为的较为稳定的表现或习惯状态，简称心态。心态是某一类较为稳定的心理表现，是对同类刺激产生类似反应的行为表现。例如，学习心态就是一个人对待学习活动及学习事件的比较稳定的心理表现，有些人喜欢学习，读书、上课时精神饱满，有些人讨厌上课，经常逃课或上课时无精打采；有些人惧怕考试，有些人考试兴奋、会超常发挥。

心理表现

心理表现是对刺激产生的具体身心反应的行为表现。心理表现是各种心理活动、心理现象的具体行为表现，心理表现通常包含心理与生理变化，有些可以看到，有些不能看到但可以通过仪器检测到。

心理表现可以通过脸色、姿态、语气、行为等不同的方式或多种方式展现。心理表现可以通过姿态展现，平时大大咧咧的朋友，突然特别安静地蜷缩着，一定是由于身体不适或其他不愉快的刺激产生了难受或紧张的反应；心理表现可以通过语言、语气反映，如生气的时候大声吼叫，害羞的时候不敢说话；心理表现可以通过行为展现，如高兴的时候欢呼雀跃，忧伤的时候低头不语，等等。

情绪是心理表现的一种[3]，喜、怒、哀、乐、惊讶、害怕、焦虑，羡慕等都代表着不同的心理状况。

稳定的心态是心理表现的基础，心态较为稳定，心理表现比较随机。心态是枝干，心理表现是枝干生出的树叶、果实。同一种心态产生的心理表现也是变化多样的。如不喜欢上课的心态，产生的不喜欢上课的具体表现是变化多样的：逃课、玩游戏、睡觉、看小说等。

心理现象

心理现象是心理活动的表现形式。

一些规律性的心理活动会产生规律性的表现，应激反应、首因效应、条件反射等是常见的规律性的心理现象。应激反应是对危机刺激产生的反应及应对行为，首因效应对第一印象刺激产生反应留下的痕迹，条件反射是对条件刺激产生的反应。

广义的心理现象常常包含心理活动及个性特征，也就是包含了心理过程及

心理表现两个方面。性格、气质、人格、心态都是心理现象某些方面特征的体现，都对应一定的心理活动规律。

2.1.2　刺激源

刺激源是刺激的集合。

刺激

刺激是能够引起心理反应的所有事物。

引起心理现象产生的刺激常常是一个组合的刺激源，产生的心理反应常常是组合的反应。例如，上述大学生关于白天与黑夜的词汇书写，就是一个组合的刺激源及组合的心理反应：刺激1——书写的请求，刺激2——白天，刺激3——黑夜，刺激4——白天的印象回忆，刺激5——黑夜的印象回忆，刺激6——书写时的天气，等等；反应1——对书写请求的反应，反应2——对白天的多种反应，反应3——对黑夜的多种反应，等等。书写的结果实际上是上述组合刺激源及组合反应的记录，通过对结果的分析可以了解个体之间心理状态的相同与不同之处。

刺激的分类

刺激有物质方面的，有精神方面的，有来自身体内部的，也有来自身体外部的。香喷喷的饭菜，是来自外部的物质方面的刺激。肚子疼痛，是来自内部的生理方面的刺激。希望得到老师的表扬，是来自内部的精神刺激。老师的表扬，是来自外部的精神方面的刺激。

刺激可以是一个持续性活动，也可以是一个事件。

刺激可以分为无条件刺激与条件刺激。吃饭是无条件刺激，能够产生一系列的吃饭反应。如果长期将吃饭与号声联系在一起，号声就是条件刺激，即使没有饭吃，听到号声也会产生相应的吃饭反应。

刺激有主次之分。比较主要的或者是产生较大刺激作用的刺激是主刺激，其他刺激是亚刺激。

在个人幸福心理拓展的研究中，较为重要的刺激有以下几类：

（1）个体的人：自我、父母、老师、同学、朋友、陌生人、领导、下属、恋人、爱人、孩子等。

（2）群体：国家、民族、集体、组织、班级等。

（3）持续性活动：生活、学习、工作、健康等。

(4) 事件：幸福事件、灾难事件、必然事件、偶然事件等。

(6) 信息：知识、语言、文字、图片、广播、传媒、网络舆情、电视、小说、电影等。

刺激作用的产生

只有被感觉到的刺激才是有效刺激。上海下雨，北京人感觉不到；台湾的风，河南人感觉不到。刺激虽然存在，只有感觉到的人才会产生明显的身心反应及应对行为。

刺激虽然存在，如果屏蔽刺激，就不会产生心理反应。但是一旦屏蔽失效，引起的反应可能更强烈。人们常常对一些人屏蔽一些严重疾病或重大灾难事件，对身心不成熟的少年儿童常常需要屏蔽一些不良刺激。

2.2 心理品质：感、知、意、行

2.2.1 感知意行循环

感知意行循环是心理过程的基本循环，由感受刺激（感）、处理信息（知）、做出决定（意）、付诸行动（行）四个基本环节组成。感知意行循环的基本内容如表 2-1 所示。

表 2-1 感知意行循环的基本内容

名称	主要器官	基本任务	具体事例（下雨反应）
感	感觉器官	感受、接受刺激信息	天阴了、落雨了
知	认知、思维器官，（主要是大脑）	记忆、处理、储存信息	雨不会下得太大/雨马上会下得很大
意	思维器官	做出决定，指挥行动	不影响散步/尽快躲雨
行	行动系统	用行动获得结果	继续散步/躲雨

感知意行循环是人类意识活动的基本过程，是人类认识自然、适应自然、改造自然的基本循环。

感觉环

感觉环是感觉、感知、接受等与感知、发现及接受信息有关的整体生物系

统的感觉功能的体现。感知环主要由感觉与知觉组成。感觉是以感觉器官为主的神经系统对事物个别属性的反应，人的感觉主要有视觉、听觉、嗅觉、味觉、皮肤觉、平衡觉、运动觉、内脏觉、痛觉[4]。知觉是各种感觉的结合，是对事物较为整体的感知，空间、时间、运动是基本的知觉，错觉也是常见的知觉[5]。

感觉环是感知意行循环的起点。刺激被感知才能产生反应，感觉不到刺激，不会产生任何反应。因此，感觉刺激是一切心理活动的起点，是感知意行循环的起点。只有能够有效感觉、接受刺激信息的生命体，才有可能进化发展出心理活动。感觉环的功能对感知意行循环的结果有着重要影响。

认知环

认知环是认知、分析、判断、推理等与认知、分析及处理信息有关的生物系统的认知功能的表现。认知环主要体现回忆、思考、想象的品质。思考是人脑对事物的本质和内在联系的认识，具有间接性与概括性的特征[6]，是最重要的认知品质之一。

认知紧随感觉。在感觉刺激之后，需要对刺激进行认知，对各种可能的反应进行分析判断，提供可供选择的方案。认知环的功能直接影响决策的正确与否。

意愿环

意愿环是意愿、追求、需要、选择等与意愿、选择及做出决定有关的整体生物系统的意愿功能的表现。意愿跟随认知。在认知的基础上，意愿要做出决定，选择确定产生何种身心反应及应对行为。有些选择是无意识的或下意识的，如应激反应、条件反射的行为选择等；有些选择是有意识的，如胜不骄、败不馁等。意愿环的功能直接决定结果的好坏。

行动环

行动环是与行动、行为及执行决定有关的整体生物系统的行为功能的表示。行动服从意愿，按照意愿的指挥，针对刺激采取一系列身心反应及应对行为，以使个体在刺激的影响及作用之下趋利避害，满足生存与发展的需要。行动环的功能直接影响决定执行（或完成）的质量。

进化的感知意行循环

经过长期的进化，生命体的某些感知意行循环品质已经转变为遗传基因，成为生命体的一部分。例如，不同生命体在感知危险信息刺激情况下产生应激反应，看起来与生俱来，实际上是经历漫长的感知意行循环进化过程逐渐固化并遗传下来的。

感知意行再循环

一个刺激通常会引起若干次感知意行循环，第一次感知意行循环之后的循环，称为感知意行再循环。

刺激的影响如果没能通过应对行为消除或减小，那么会产生新一轮的感知意行循环。例如口渴喝水，消除了口渴刺激，就会停止循环，如果没能解除口渴的感觉，就会继续循环。口渴刺激产生的感知意行循环过程如图 2-3 所示。

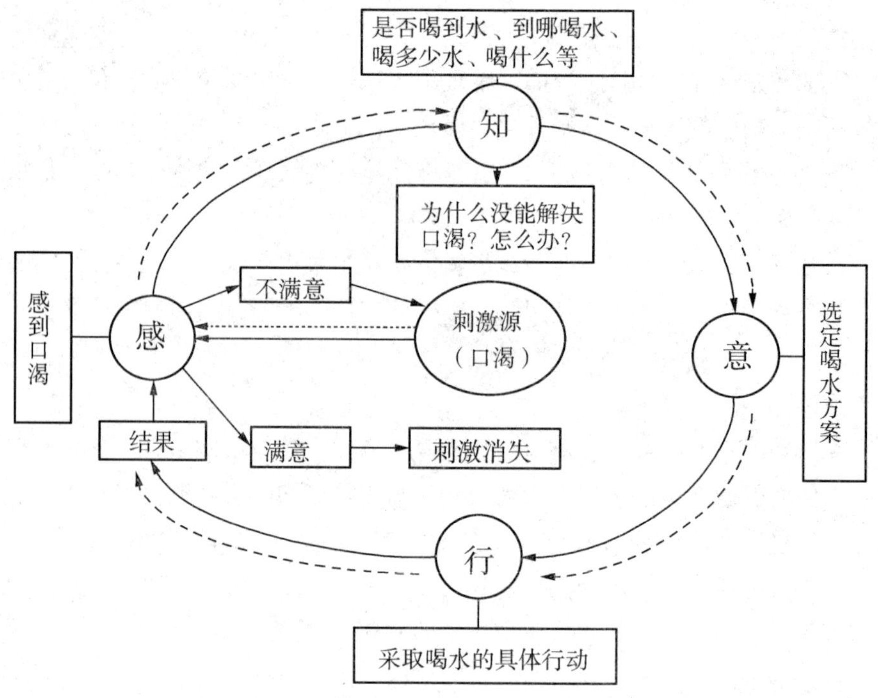

图 2-3　口渴刺激的感知意行循环

感知意行循环的规律

感知意行循环是感、知、意、行四种不同的意识活动的功能的反映，具有动态、过程性的特点，是心理活动过程的四个基本环节。四个环节按照顺时针形成一个完整循环，每个环节具有独立性，又相互联系，如图 2-4 所示。

按照顺时针的方向循环，心理活动过程是顺畅、正常的，产生的心理表现

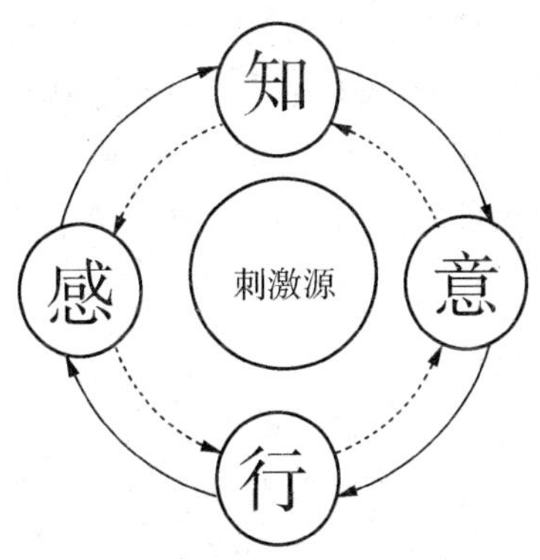

图 2-4　感知意行循环的规律

是正常、合理的，不同的刺激经历不同的感知意行循环，能够产生不同的心理表现。如果某些特殊刺激导致逆时针循环，则是非正常的情况，产生的心理表现常常是突发的、冲动的。感知意行循环的基本规律可以简述如下：

感知意行，顺时而动。演化万象，无始无终；

刺激生感，感悟生知，知合生意，意定正行；

行成入感，再升循环。相邻易染，相对难牵；

倒行逆驶，万象紊乱。顺势循行，意定神闲。

每个人感知意行循环的基本特征是不同的，循环的结果也因人而异，感知意行循环是形成丰富多彩的个体化心理差异的基本来源。感知意行循环的差异，决定心理表现的差异，这种差异除了与个体所处环境及刺激源的不同之外，与个体已经形成的人格、心态及价值追求等密切相关。

2.2.2　感知意行晶体

定义

感知意行晶体是刺激作用时赖以感觉及产生反应的已有的感知意行凝固品质。

感知意行晶体是感知意行凝固品质的体现，感知意行循环是感知意行动态品质的体现，感知意行循环通常整体出现或协同作用，感知意行晶体则各自具有不同的特征。

同一个刺激作用时，为什么不同的人会产生不同的反应及应对行为？

不同的心理及行为表现是由不同的个人感知意行晶体品质引起的。例如，同一个足球队的队员，在比赛胜利或失利的刺激作用时，每个队员的反应明显不同。这些不同不是刺激及环境差异造成的，因为刺激及环境完全相同。队员个体的已经存在于自身的感知意行凝固品质，对刺激进行了不同的感觉，产生了不同的认知，做出了不同的判断及决定，出现了不同的行为表现。又如，前述关于白天与黑夜的词汇，在完全相同的环境及条件下，产生的反应却有很大差别：关于白天，有人感到活力、工作、热情，有人感到忙碌、无聊、累；关于黑夜，有人感觉寂静、沉稳、优雅，有人感觉恐惧、神秘、疯狂。

所有的差别，都是个人现在已经具有的感知意行晶体品质的不同决定的，个人现有的感知意行晶体品质是个人遗传基因与以往感知意行循环积累的结果。

分类

感知意行晶体由感晶体、知晶体、意晶体、行晶体四个晶体组合而成。

围绕感觉沉淀凝固形成感晶体，围绕认知沉淀凝固形成知晶体，围绕意愿沉淀凝固形成意晶体，围绕行为沉淀凝固形成行晶体。

（1）感晶体：所有与感觉相关的感知意行凝固品质的集合。

感知意行循环围绕着感觉沉淀凝固形成了感晶体，感觉刺激、产生不同的情感取向、情绪特征是感晶体的三个主要内容。感觉刺激的品质是感晶体动态特征的反映，用感觉环表示。感晶体的静态品质主要由情感取向与情绪特征两方面组成，情感与情绪是感晶体的主要内容。

感晶体是个人已经储备的信息探测器及触发器。探测器是探测刺激信息的系统。人类可以借助望远镜看得更远，借助放大镜看得更细，可以借助声波探测仪听到更多、更广、更微弱的声音，其实每个人同样可以通过积累提升个人探测器的水平。经常从事医疗工作的对疾病很敏感，经常从事人力资源管理的对知人善任有较强的感觉。触发器是根据刺激信息产生相应情感的系统。遇到亲人开心高兴，遇到敌人怒火满腔，都是一些简单的情感反应。一些复杂的情感反应需要较高水平的触发器，如果情感触发得不合时宜，可能导致不良结果。尴尬的反应相对较为复杂，面对尴尬，有的人触发了幽默反应，化解了尴尬，有的人触发了愤怒，有的人触发了无地自容，结果自然不同。个人情感触发器的水平是长期积累的结果，是感晶体的重要组成部分。

（2）知晶体：所有与认知相关的感知意行凝固品质的集合。

感知意行循环围绕着认知沉淀凝固形成了知晶体，分为动态与静态知晶体

品质。知晶体的动态特征是对信息加工处理品质的反映，用认知环表示。思考、记忆、想象等是知晶体动态品质的反映。知晶体的静态品质包括知识结构、学历水平、经验积累、阅历见识等内容。知晶体通常与智慧相关。

知晶体是个人已经储备的仓库及处理器。知晶体仓库相当于图书馆、加油站、弹药库、粮仓等，处理器是根据刺激信息的需要调用仓库合适物品的指挥系统。

（3）意晶体：所有与意愿相关的感知意行凝固品质的集合。

感知意行循环围绕着意愿沉淀凝固形成了意晶体，意晶体可以分为动态与静态两个方面。意晶体动态特征是做出决定、决策、确定目标等品质的反映，用意愿环表示。意晶体的静态品质主要包含需要、价值追求、目标、意愿、信仰、理想、梦想等内容。

（4）行晶体：所有与行为相关的感知意行凝固品质的集合。

感知意行循环围绕着行为沉淀凝固形成了行晶体，行晶体可以分为动态品质与静态品质两个方面。行晶体的动态特征是各种行动品质的反映，用行动环表示。行晶体的静态品质主要包含行为、习惯、技能、动手能力、实践能力等内容。

感知意行晶体是性格、人格、心态、智慧、能力等形成发展的基础。

感知意行循环与感知意行晶体

感知意行循环是感知意行晶体产生的基础，感知意行晶体决定感知意行循环的本质特征。感知意行循环是一个动态的过程，是对刺激源信息的接收、处理、决定、行动的连贯的运行机制。感知意行晶体由相对独立的四个单元组成：感晶体、知晶体、意晶体、行晶体，每个单元都有独特的内容及特征。

例如，听到“否极泰来”一词，在中国传统文化方面具有不同感知意行晶体的人，会有不同程度的理解及反应，有些人可能不理解其含义；一般人知道是糟糕的事情发展到了极点总会慢慢好起来；一些熟读《易经》的人，能够清晰地阐述否卦及泰卦的发展转化，并应用其规律调整自己的心态及行为。

感知意行循环与感知意行晶体的主要特点如表 2-2 所示。

表 2-2　感知意行循环与感知意行晶体的主要特点

项类	感知意行循环	感知意行晶体
感	感觉环：接收信息	感晶体：感情、情绪、兴趣爱好，接收的方式及特点
知	认知环：处理信息	知晶体：思维、知识、灵感等，分析的方式及特点
意	意愿环：做出决定	意晶体：意念、信仰、理想、价值追求等，决定的模式及依据
行	行动环：采取行动	行晶体：行为、习惯、技能、生理机能等，行动的模式

感知意行循环及感知意行晶体统称感知意行品质，简称感知意行，是感知及掌握心理基本规律的四字经。

感知意行是个体先天遗传品质与后天习性品质的综合。

2.2.3　感知意行与常见心理概念

幸福与感知意行

幸福是需要得到满足之后产生的快乐感受与满意认知。从图 1-1 可以看出感知意行与幸福的关系：需要是意晶体的反映，满足是行晶体的作用，快乐感受是感晶体的感觉，满意认知是知晶体的认知。

意晶体是幸福的源泉，行晶体是幸福的保证，感晶体与知晶体是幸福的两个必要条件。

感知意行圆图

感知意行圆图揭示了感知意行品质与性格、人格、心态之间的关系，如图 2-5 所示。

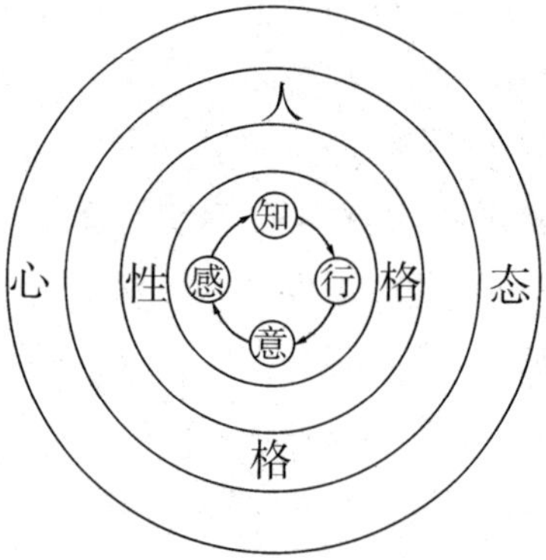

性格、人格、心态等是确定个人心理特征的基本心理参数，这些心理参数与感知意行有着密切关系，是感知意行晶体在一些具体方向不断生长发展的结果。

感知意行晶体是个人所有心理现象的核心，处于感知意行圆图的中心；性格是感知意行循环特征的体现，性格圆环位于感知意行晶体之外；人格是个人较为稳定的心理特征的综合，人格圆环位于性格圆

图 2-5　感知意行圆图

环之外；心态圆环、心理表现圆环处于感知意行圆图的最外层。

性格与感知意行循环

在为人处事的过程中，每个人感知事物、观察事物、分析事物、做出决策、采取行动的方式有很大差别，有些人感觉细微、敏感，有些人感觉宏观、粗线条；有些人偏好理性分析，有些人相信直观感觉；有些人行动敏捷，有些人动作缓慢……这些为人处世过程中表现出来的个人本质的、稳定的行为习惯方式就是性格。

性格是感知意行循环的晶体特征的反映，是感觉环、认知环、意愿环、行动环的特点及其组成的感知意行循环特点的集合，这种集合是遗传天性与后天习性的集合。

人格与感知意行晶体

人格是个体在先天生理素质的基础上，在一定社会历史条件下，通过社会交往而逐渐形成和发展起来的稳定的心理特征总和。

人格是感知意行晶芽沿着与人相关的方向，由感知意行遗传品质与个人生长成熟的经历与社会环境的影响共同作用，经历无数次的感知意行循环，生长凝固的与人相关的感知意行晶体形态及其组合方式的总和，是目前已经形成的人的情感、知识、意愿、行为状态及组合方式的体现。

与人格相关形成的感知意行晶体及其组合方式称为人格晶体。人格晶体是自我意识晶体的组成部分，是其核心枝晶。

心态与感知意行

心态是人格的发展，人格是心态的基础，心态是感知意行品质的外显。

心态是习以为常的、比较稳定的心理状态的简称，是人格在具体为人处世的过程中进一步形成的对刺激的较为稳定的心理反应及应对行为的表现。人格是心态的基础，心态是人格的发展。人格是心态发展的晶干，心态是人格晶干生长的枝晶。心态更具体，对快乐感受与满意认知的影响更直接。

心态只能经历感知意行循环进行调整、改善。现在个人所拥有的心态，是过去个人感知意行循环在心理方面积累、形成的感知意行晶体品质的结果。良好的心态是良好的感知意行循环的结果，体现良好的感知意行晶体品质；不良的心态是感知意行循环某一环节出现问题的结果，体现有问题的感知意行晶体品质。心态只能经历感知意行循环进行调整、改善。一个形成了自卑心理的人，如果在现实的感知意行循环中，不断获得成功、赞扬的感知，会逐渐变得自信、自强。

情绪与感知意行

情绪是对刺激源产生的具有明显情感色彩及身体行为特征的反应。情绪产生时，感知意行中的“感”与“行”的特征较为突出，体现理性成分的“知”与“意”处于较为次要或被忽视的地位，因此，情绪常常具有强烈的感性色彩而缺少理性表现。例如，愤怒、抑郁、兴奋、消沉的情绪反应都具有强烈的感性色彩。

持续性活动与感知意行

在生活、学习、工作、健康等各类持续性活动中，感知意行具有不同的特点，根据活动内容及主体的不同，感知意行会有不同的表现方式。一般而言，在个体生理机能正常或健康的基础上，可以从不同角度区分各类持续性活动中感知意行的作用，比较常见的是从个体及时间两个方面区分。

从个人角度区分，感知意行的表现主要分为两个方面：自适应（或自调节）、他适应。自适应是自我状态的体现，他适应是自我与周边人与事交往状态的体现。在自适应中，感知意行指向自我，例如个人的生活起居、饮食、健身等的感知意行状态。在他适应中，感知意行指向他人及身外之物。

从时间角度区分，感知意行品质分为过去、现在、未来三个方面。现在是过去的积累，未来是现在的发展。

2.2.4 感知意行的作用

对人类社会的作用

人类在感、知、意、行方面与其他动物种群的差别是成就人类自身的根本。感知意行循环是个人认识自我、调整自我、走向幸福与成功的基本循环。人类感知意行晶体的积累，奠定了人类不断发展进步、超越其他动物种群傲立于世的基础。人类的一切科学技术的进步都是在已有的科学技术基础上，进一步继续感知意行循环、促进感知意行晶体进一步发展的结果。其他动物种群也有简单的感知意行活动过程，但是人类在天体运行、思想传授、语言交流等方面感知意行晶体的品质远远超越了其他动物种群。

在前人关于力、质量、运动、时间的基础上，牛顿从苹果落地感受到了万有引力，运用自己特有的天才的感知意行心理活动，总结出牛顿三定律。后人通过对三大定律的感知意行心理活动，极大地提高了人类认识自然、适应自

然、改造自然的能力。

对个人的作用

感知意行是个人意识活动的基础，是演化一切个人心理意识活动及行为表现的基础。个人的感知意行循环，是个人区别于他人、不断发展进步、实现人生价值的基础。个人感知意行晶体的差异，决定了生命质量及人生价值的差异。

一个乐观的人，在成长的过程中，其感知意行循环逐渐强化了乐观的感知：世界是彩色的，人类是善良的，未来是充满希望的。一个悲观的人，在成长的过程中，其感知意行循环逐渐强化了悲观的感知：世界是灰色的，人类是丑恶的，未来是悲惨凄凉的……

心理表现的差异是感知意行循环及感知意行晶体差异的体现。

感知意行循环每一个环节的具体表现不同，是个体感知意行晶体品质不同决定的。感知意行循环与感知意行晶体组成个体的基本心理状态，心理状态不同，对刺激的反应及应对行为不同，心理表现千差万别。

条件反射的感知意行过程

条件反射与非条件反射最主要的区别在于，条件反射是由于条件刺激引起的反射，一般建立在非条件反射的基础上；而非条件反射是与生俱来、恒久不变的，是生物的基本生存能力。

条件反射要经过大脑皮层，而非条件反射一般只经过大脑皮层以下的中枢。

为了计量狗在实验期间分泌唾液的量，巴甫洛夫为每一只实验的狗做了一个小手术，改变了一条唾腺导管的路线。唾液通常是通过一条唾腺经过导管流入狗的口腔的，巴甫洛夫将这条导管通到体外，这样就可以接取和计量由导管滴出的唾液。

狗的手术创口愈合后，巴甫洛夫便开始实验。他每次给狗吃肉的时候，狗即流口水，而且看到肉就流口水，这说明狗是健康的，具有流涎反应。

此后，巴甫洛夫给狗吃肉之前总是按蜂鸣器。于是，这声音就如同让狗看到肉一样，也会使它们流下口水，即使蜂鸣器响过后没有食物亦如此。

不过，巴甫洛夫发现，他不能无休止地欺骗这些狗。如果蜂鸣器响过后不给食物，狗对该声音的反应就会越来越弱，分泌的唾液一次比一次少。但是，假如不是连续数天的试验，它们还会对蜂鸣器的声音做出流涎的反应，然而已经不像先前流得那么多了[7]。

非条件反射与条件反射的主要区别与联系如表2-3所示。

表2-3　非条件反射与条件反射的区别与联系

类　型	区　别	联　系	示　例
非条件反射	生来就有；低级的：不需大脑皮层的参与	非条件反射是条件反射的基础	婴儿吮奶；膝跳反射
条件反射	后天学习逐渐形成的；高级的；需大脑皮层的参与	条件反射在非条件反射基础上形成	看到梅子分泌唾液；听到“梅子”分泌唾液

非条件反射的感知意行循环的要素与过程（以巴甫洛夫实验为例）：

刺激——肉；

感——接收刺激信息：嗅到肉香；

知——分析、处理信息：肉可以吃、充饥；

意——做出决定：希望吃肉；

行——流口水，吃肉。

非条件反射中发挥作用的感知意行晶体主要是感晶体与行晶体，感晶体是与生俱来的、恒久不变的对食物的嗅觉，行晶体是与生俱来的、感觉到食物存在时的应对行为（如流口水等）。

条件反射的“感知意行”循环的要素与过程（以巴甫洛夫实验为例）：

刺激——蜂鸣声；

感——接收刺激信息：听到蜂鸣声；

知——分析、处理信息：蜂鸣声表示有肉吃、充饥；

意——做出决定：希望吃肉；

行——流口水。

条件反射中发挥作用的感知意行晶体主要是感晶体、知晶体与行晶体，感晶体是听觉，知晶体是铃声与肉相伴，行晶体是产生感觉到食物存在时的应对行为（如流口水等）。

人的条件反射是出生以后在生活过程中逐渐形成的后天性反射，是在非条件反射的基础上，经过一定的过程，在大脑皮层参与下完成的，是一种高级的神经活动。条件反射是高级神经活动的基本方式，是知晶体不断发展强化的结

果。多次吃过梅子的人（味觉），看到（视觉）或想到（知晶体）梅子的时候，也会流口水。这种条件反射是在曾经吃过梅子流口水的非条件反射基础上形成的。

2.3　心理拓展

拓展是在原有基础上的开拓、扩展。心理拓展，是在原有心理基础上的开拓、扩展。对“原有心理基础”可以从不同角度进行评价：从心理发展的角度评价，原有心理状态可以区分为发展中（尚不成熟）的心态和较为成熟的心态；从心理健康的角度评价，原有心理状态可以区分为不健康心理、健康心理、超健康心理（幸福心理）。

心理拓展应该以现有心理状态为基础、以希望获得的心理状态为目标。处于发展阶段，促进心理全面发展成熟是心理拓展的主要目的；心理存在一些不健康的方面，消除不健康心理是心理拓展的重要内容；心理处于健康状态，但是向幸福敞开的大门较小，提升幸福心态就是心理拓展的主要任务。

幸福心理拓展是以提升幸福心态为主要目的的心理拓展，包含了促进成熟的心理拓展、不健康心理的改善和幸福心态的提升三方面内容。

2.3.1　心理拓展

定义

心理拓展是围绕明确的心理发展目标精心计划、可以由个人或团体实施并对实施结果进行客观评价的组合活动。

目标

心理拓展的目标主要有三类：促进心理全面成熟、改善不良心理、提升心理素质及状态。

根据三大类心理拓展的目标，可以进一步进行目标细分或细化，拓展的目标越具体、越细化，拓展的效果越明显。

一般而言，心理拓展活动的目标都不是单一的，常常是融合了三个方面的组合目标，其中一个是主要目标，其他是辅助目标。

计划

心理拓展活动的计划与实施是心理拓展的关键。

良好的心理拓展活动的计划应该同时符合以下条件：紧紧围绕心理拓展的目的；符合活动实施主体的特点；以正确的心理理论为指导，符合心理发展的规律；具有外化于行与形、内化于心的活动方式；具有可以定量的评估指标，能够对活动效果进行客观评价。

分类

心理拓展可以根据目标进行分类：幸福心理拓展、心理成熟拓展、改善或纠正不健康心理的拓展等。关于不健康心理改善或纠正的心理拓展，有些必须通过医疗机构开展，有些可以通过社会帮扶进行。例如口吃矫正、社交恐惧症改善等可以在社会帮扶中改善，而吸毒等心理必须采取一些包含医疗手段在内的强制措施。

心理拓展可以根据实施主体进行分类：自我拓展、团队合作拓展等。

心理拓展可以根据自主性的不同分类：自主拓展、指导拓展、辅导拓展、强制拓展等。

自我拓展

自我拓展是在自觉基础上进行的自主拓展，是最常见的拓展，经常以“修身、养性”的面目出现。

中国传统文化中强调的“格物、致知、诚意、正心、修身、齐家、治国、平天下”就是一个由浅入深的自我拓展过程。

自我拓展需要个人成熟到一定的程度才能够有效进行。

团队拓展

团队拓展是团队合作拓展的简称，是一个以上的个体集中在一起围绕共同目标实施的心理拓展活动。

团队拓展一般包含两方面的基本内容，一方面是以个体的某些心理特征的调整为目标的拓展，另一方面是以团队合作的心理特征的形成及提高为目标的拓展。

团队合作的心理素质拓展训练对个体的意义为：

(1) 释放生活、学习、工作压力，调节心理平衡；

(2) 认识自身潜能，增强自信心；

(3) 提高自我控制能力，从容应对压力与挑战；

（4）强化探索精神与创新意识，培养进取心；

（5）学会更好地与他人进行沟通与协调，优化人际环境；

（6）完善人格，培养勇气、毅力、责任心、荣誉感及积极的价值观。

团队拓展训练模块

（1）融冰模块。融冰又称破冰，融冰模块可帮助队员顺利进入角色，打破陌生人之间的隔阂，消除队员间的积怨，激发队员热情，挑战队员自我心理极限，并跨越极限，提高队员的参与兴趣，从而形成良好的团队氛围。

（2）信任模块。信任模块是拓展训练必不可少的组成部分，信任模块所有项目均针对不信任的原因而设计，并侧重发掘信任源及建立信任的微妙细节，从而训练队员勇于负责、相互信任的意识。

（3）沟通模块。沟通是每个人在工作中、生活中最重要的环节，是避免积怨与矛盾最好的盾牌，同时也是积极心态的最佳表现。沟通模块的项目设计将为队员设置各类沟通障碍及任务，令队员在非正常的沟通环境里寻找沟通渠道，从而领悟沟通的重要性。

在沟通模块的训练中，队员充分学习换位思考的交流方法，以培养优秀的沟通意识。

（4）挑战模块。挑战模块重点培养队员的自信心及坚韧不拔、积极向上的优良品质，并充分挖掘队员的潜能，令队员面对压力和挑战时从容镇定、积极开拓，取得最终胜利。

（5）协作模块 。协作训练是团队合作训练最重要的一部分，一个团队的能量聚集重在合作，协作训练侧重队员在团队中的自我定位和角色扮演，并使其领会合作在团队中的巨大作用。

（6）士气模块。高涨的士气在团队前进的道路上起着不可磨灭的作用，然而任何的团队士气都具有时效性，不能持久，士气模块通过精心的设计，力保团队持久而高涨的士气。

（7）分享模块。分享能够产生共鸣，引起共振，使效果倍增。在每个训练项目完成后，队员总结在参训项目中全员的协作、沟通、信任等情况的利好，分享每个人在活动中不同的心理感受，通过总结和分享，活动本身会反馈给每位队员坚定不移的信念及真理，将使其所有感悟与收获反馈应用到工作和生活中，达到提高和改进生活、学习、工作的目的。

2.3.2 心理拓展的基本理论依据

经典条件反射理论

经典条件反射理论在心理拓展中的应用，主要体现在把新的条件刺激与无条件刺激或已有特定反应的刺激结合，形成组合刺激，使人对新的条件刺激产生特定的反应。生日歌、国歌响起时产生的反应是经典条件反射的例子。经典条件反射是被动的。一个学生描述听到下课铃走向食堂的反应是典型的条件反射："叮叮当当，比铃声更动听的乐曲在12时的校园不约而同地交响四起。我们来自四面八方，目标，永远是那么坚定不可阻挡：冲，食堂！在门口，就已经嗅到那馋人的饭香，待人来齐，哦，终于可以开饭啦！碗里的饭菜似乎上涨了许多，同桌的碗里似乎少了许多，来不及思索前因后果，顾不得是否会留下'后遗症'，为了下午的能量支出，吃！……"

操作性条件反射理论

哈佛大学心理学家斯金纳指出，在具体行为出现之后，如果能够出现满意的结果，就会增加这种行为出现的频率[7]。行为得到积极强化，最有可能重复这种令人满意的行为，奖励紧跟在恰当行为之后更明显。行为不被奖励或受到处罚，则不大可能继续被重复。操作性条件反射理论说明通过激励或惩罚可以强化或终止行为。

行为塑造

通过循序渐进的方式指导个体的学习、塑造个体的行为的过程称为行为塑造[8]。行为塑造有四种方法：积极强化、消极强化、惩罚、忽视。积极强化可以增加行为出现的频率，消极强化是终止或逃离不愉快的行为，惩罚能够减少不良行为，忽视是取消维持某一行为所有强化物的办法。

过程改变的ABC理论

该理论认为[9]：认知（cognition）、情感（affect）、行为（behavior）是构成人类心理结构的三个最重要的系统，三个系统互相影响、互相制约，共同决定了一个人的生活是否幸福。三个系统的首字母是a、b、c，据此有关人员提出了过程改变的ABC理论：认知影响人的情感与行为，行为也可以影响人的认知。理论中对认知的定义是"对事物的看法"，实际包含了知晶体与意晶体的内容。

本书提出了过程改变的感知意行理论，认为感知意行循环与感知意行晶体的共同作用是促进改变的有效机制，这种机制可以根据希望发生改变的目标，通过设置相应刺激的方式，激发个体内在的改变发生，又可以称为心理拓展的感知意行模型。

2.3.3　心理拓展模型

感知意行与心理拓展

心理拓展的本质是设置刺激或定向感知刺激，经历感知意行循环，促进现有感知意行晶体品质发生可控的改变，这种改变向着成熟、健康、幸福的方向进行。感知意行晶体是心理拓展的起点和落脚点。

心理拓展的感知意行基本模型

心理拓展的感知意行基本模型如图 2-6 所示。

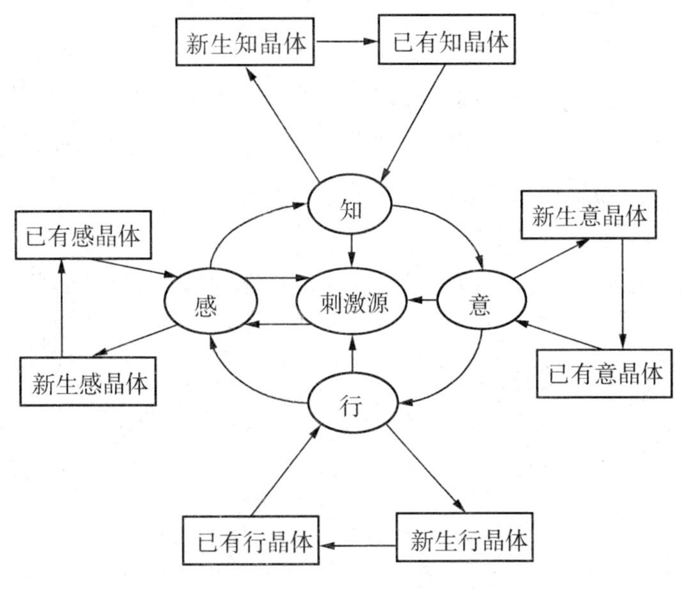

图 2-6　心理拓展基本模型

由图 2-6 可知三个层面的内容：

（1）拓展设置的刺激首先被感知，经历感知意行循环，产生身心反应及应对行为，但是首次的感知意行循环及反应是个人现有感知意行晶体品质的体现。

（2）对设定刺激反应及应对行为的结果作为新的刺激反馈到感觉环。

（3）经历新的感知意行循环，强化现有的良好反应机制，调整不良的反应机制，促进新的感晶体、知晶体、意晶体、行晶体的生长。

这一基本过程可以描述为：刺激源产生刺激→经过感知意行循环产生反应→反应体现目前感知意行晶体品质→反应的结果反馈到刺激源→刺激源根据结果产生新的刺激→新的感知意行循环产生反应→强化或调整感知意行晶体品质→结果再次反馈到刺激源……如此循环进行，直到感知意行晶体品质不断提高，刺激消失。

如果以前的感知意行品质中没有热水烫人的感觉与知识，第一次接触热水的刺激，感觉到热水烫人甚至被烫伤，会在个人的知晶体中沉淀凝固热水烫人的知识，以后看到或感觉到热水存在的时候，就会躲开或采取隔热措施。

如果个人不具备热水烫人的知识，每次被烫伤之后才能产生热水烫人的知识，代价就比较高。采取有效的心理拓展方法，可以很容易就形成热水烫人的知识。例如，家长或老师用不同温度的热水让不具备热水烫人知识的孩子接触感觉，当温度超出孩子的容忍范围，孩子就会产生逃避的意愿及行动，形成热水烫人的知识。如果再用金属、木制品等不同材质的容器盛热水进行感觉，又会形成一些传热的知识。有了温度过高能够伤人的知识之后，通过介绍并调动内心体验，很容易形成过低温度同样可以伤人的知识，并在遇到相关情况时做出正确决定，采取合理措施。

以上事例按照心理拓展模型可以表述为：在刺激源热水的作用下，已有的相关感知意行晶体品质如温度感、疼痛感等，保证了感知意行循环过程产生新的体验，新的体验转化为新生的感知意行晶体，成为已有感知意行晶体，在遇到其他热水刺激源的情况下能够妥加防范，实现了关于热水烫人的心理拓展。这一拓展可以简要总结如表 2-4 所示。

表 2-4　热水烫人的心理拓展

刺激源：热水	感	知	意	行
已有晶体	温度感、疼痛感	伤痛及逃避知识	逃避伤痛	远离或隔离伤痛源
循环过程	感觉热水温度升高，逐渐疼痛难忍	热水烫人，疼痛，会受伤	做出离开热水的决定	采取离开热水的行动
新生晶体	警觉热水	热水烫人	防范热水烫人	形成防范热水烫人习惯

在此基础上，可以通过调动相关已有晶体品质，生成关于传热及低温的感知意行新的晶体品质，不断拓展心理拓展的广度及深度。

心理拓展模型的扩展

从心理拓展的基本模型出发，根据具体的心理拓展目的及内容，可以扩展出许多心理拓展的具体模型。例如学习心理拓展模型、人际交往心理拓展模型、职业发展心理拓展模型、团队合作心理拓展模型等，每一种具体模型都需要在感知意行基本模型的基础上进行必要的创新。

需要拓展的晶体内容不同，心理拓展的具体模型也就不同，它是基本模型的具体化。例如，学习心态的提高，刺激源是持续性的学习活动或学习事件，感知意行循环及晶体的内容均要具体化。

学用六段功模型是以提高学以致用水平创新提出的一个学习心理拓展的模型。

心理素质拓展训练模型是以提升某些心理素质为目标的一个具体特征模型。

心理素质拓展训练模型

心理素质拓展训练的理论依据主要是："努力/放弃"（积极/消极）的心理力学模型、"体验（感）、了解（知）、控制（意、行）、超越（意、感）"的心理适应规律。

心理素质特征训练的基本原理为：通过户外体验项目中的情景设置，使参加者充分体验所经历的各种情绪，尤其是负面情绪，从而深入了解自身（或团队）面临某一外界刺激时的心理反应与后果，进而学会控制、实现超越。

这一过程主要是通过体验式学习得来：体验式学习由既独立又密切关联的五个环节组成，五个环节如下：

体验——分享——交流——整合——应用（循环往复）。

（1）体验：体验是拓展训练的开端。参加者投入一项活动，并以观察、表达和行动的形式进行。这种初始的体验是整个过程的基础。

（2）分享：有了体验以后，参加者要与其他体验过或观察过相同活动的人分享他们的感受或观察结果。

（3）交流：分享个人的感受只是第一步。循环的关键部分则是把这些分享的东西融合起来，与其他参加者探讨、交流及反映自己的内在生活模式。

（4）整合：按逻辑和程序，这一步是要从经历中总结出原则或归纳提取出精华，并用某种方式去整合，以帮助参加者进一步定义和认清体验中得出的成果。

（5）应用：最后一步是策划如何将这些体验应用在工作及生活中。而应用本身也成为一种体验，有了新的体验，循环又开始了。因此参加者可以不断进步。

从以上模型可以看出感知意行基本模型的存在：体验—感，分享、交流—知，整合—意，应用—行。能够根据具体拓展目标、内容及实施需要，进行心理拓展基本模型的创新，是获得良好拓展效果的基本功。

2.4　心理健康

心理健康是一个相对的统计学的概念及指标。完美的人是不存在的，完美的心理同样不存在。每个人的心理都有非常美好、非常健康的东西，也会存在一些不健康的方面。个人总体的健康的表现较多，就是健康的；不健康的表现较多，就是不健康的。一些潜在的可能导致不健康的因素，如果能够得到较好的控制及削减，可能永远不会产生不健康的表现。

幸福心理拓展的目的是以健康的心态为平衡点，促使健康的人走向幸福，促使健康平衡点以下的心理状态上升到健康状态。因此，了解心理健康的基本概念及内容是幸福心理拓展的起点，是认知个人现有心理状态的基本依据。

2.4.1　健康与心理健康

1977 年恩格尔在《科学》杂志上发表了一篇著名的论文，在该论文中他提出了一个基本的假设：健康和疾病是生物、心理、社会因素相互作用的结果，即生物—心理—社会模式[10]。这在医学和健康领域产生了广泛的影响，促使单纯生物医学模式转向了当代生物—心理—社会医学模式。

与此相一致，1989 年世界卫生组织将健康的定义修改为：“健康不仅仅是身体没有缺陷和疾病，而是身体上、精神上和社会适应上的完好状态。”世界卫生组织还提出了健康的十条标准：

第一，有充沛的精力，能从容不迫地担负日常工作和生活而不感到疲劳和紧张；

第二，态度积极，勇于承担责任，不论事情大小都不挑剔；

第三，精神饱满，情绪稳定，善于休息，睡眠良好；

第四，能适应外界环境的各种变化，应变能力强；

第五，能够抵挡一般性感冒和传染病；

第六，体重适当，身体匀称，站立时头、肩、臂的位置协调；

第七，眼睛炯炯有神，善于观察，眼睑不易发炎；

第八，牙齿清洁，无龋齿，无痛感，无出血现象，牙齿和牙龈颜色正常；

第九，头发有光泽，无头屑；

第十，肌肉和皮肤富有弹性，走路轻松协调。

国内外许多学者从各自关注的不同角度对心理健康进行论述，迄今为止，对于什么是心理健康还没有一个统一、公认的定义。1946 年第三届国际心理卫生大会指出，心理健康是指："身体、智力、情绪十分协调；适应环境，在人际交往中能彼此谦让；有幸福感；在工作和职业中能充分发挥自己的能力，过有效率的生活。"《简明不列颠百科全书》将心理健康解释为："个体心理在本身及环境条件许可范围内所能达到的最佳状态，但不是十全十美的绝对状态。"我国研究者王书荃认为[11]，心理健康指人的一种较稳定、持久的心理机能状态，主要表现为在人际交往中能使自己的心态保持平衡，使情绪、需要、认知保持一种稳定状态，并表现出一个真实自我的相对稳定的人格特征。如果用简单的一个词来定义心理健康，就是"和谐"。个体不仅自我感觉良好，与社会发展和谐，发挥最佳的心理效能，而且能进行自我保健，自觉减少行为问题和精神疾病。

2.4.2　心理健康的标准

人本主义心理学家马斯洛等提出了心理健康的十条标准[12]：①充分的安全感；②充分了解自己，并对自己的能力做适当的评价；③生活的目标能切合实际；④能与现实环境保持接触；⑤能保持人格的完整与和谐；⑥具有从经验中学习的能力；⑦能保持良好的人际关系；⑧适当的情绪表达及控制；⑨在不违背集体要求的前提下，能做有限度的个性发挥；⑩在不违背社会规范的前提下，对个人的需要能恰如其分地满足。

人格心理学家奥尔波特对心理健康提出了七条标准[13]：①自我意识广延；

②良好的人际关系；③情绪上的安全性；④知觉客观；⑤具有各种技能，并专注于工作；⑥现实的自我形象；⑦内在统一的人生观。

俞国良提出了心理健康的八项标准[14]：①智力正常；②人际关系和谐；③心理与行为符合年龄特征；④了解自我，悦纳自我；⑤面对和接受现实；⑥能协调与控制情绪，心境良好；⑦人格完整独立；⑧热爱生活，乐于工作。

郭念锋在其所著《临床心理学概论》中提出从十个方面判断心理健康水平的观点[15]：

（1）心理活动强度——对于精神刺激的抵抗能力。

抵抗力低的人往往容易遗留下后患，可以因为一次精神刺激而导致反应性精神病或癔症，而抵抗力强的人虽有反应但不致病。这种抵抗力主要和人的认识水平有关，一个人对外部事件有充分理智的认识时，就可以相对地减弱刺激的强度。另外，人的生活经验以及固有的性格特征和先天神经系统的素质也都会影响这种抵抗能力。

（2）心理活动耐受力——对突发的强大精神刺激的抵抗能力。

现实生活中有一类精神刺激，长期反复地在生活中出现，久久不消失，几乎每日每时都缠绕着人的心灵。这种慢性的、长期的精神刺激可以折磨一个人整整一生，也可以使一个人痛苦很久。有的人在这种慢性精神折磨下出现心理异常，人格改变，精神不振，甚至产生严重躯体疾病。但是也有人虽然被这些不良刺激缠绕，最终不会在精神上出现严重问题，甚至把不断克服这种精神刺激当作生活的乐趣，当作自己是一个强者的象征。他们可以在别人无法忍受的逆境中做出成绩。可以把对长期精神刺激的抵抗能力看作一个人的心理健康水平的指标，称它为耐受力。

（3）周期节律性——人的心理活动在形式和效率上都有着自己内在的节律性。

人的所有心理过程都有节律性。一般可以用心理活动的效率作为指标去探查这种客观节律的变化。有的人白天工作效率不高，但一到晚上就很有效率，有的人则相反。如果一个人的心理活动的固有节律经常处在紊乱状态，不管是什么原因造成的，都可以说他的心理健康水平下降了。

（4）意识水平——意识水平的高低往往以注意力水平为客观指标。

如果一个人不能专注于某种工作，不能专注于思考问题，思想经常开小差或者因注意力分散而出现工作上的差错，就要警惕心理健康问题了。因为注意

力水平的降低会影响意识活动的有效水平。思想不能集中的程度越高，心理健康水平就越低，由此而造成其他后果，如记忆力下降等也越严重。

（5）受暗示性——意志力的体现。

易受暗示的人往往容易被周围环境的无关因素干扰，引起情绪的波动和思维的紊乱，有时表现为意志力薄弱。他们的情绪和思维很容易随环境而变化，给精神活动带来不稳定的特点。当然，受暗示这种特点在每个人身上都或多或少存在着，但水平和程度差别较大，女性比男性较易受暗示。

（6）康复能力——自恢复能力的体现。

人的一生不可避免会遭受精神创伤，在精神创伤之后，情绪的波动、行为的暂时改变，甚至某些躯体症状都可能出现。但是，由于人们各自的认识能力不同、经验不同，从一次打击中恢复过来所需要的时间也会有所不同，恢复的程度也有差别。这种从创伤刺激中恢复到往常水平的能力，称为心埋康复能力。康复能力强的人恢复得较快，而且不留什么严重痕迹，每当再次回忆起创伤时，他们表现得较为平静，原有的情绪色彩也很平淡。

（7）心理自控力——自制力的表现。

对情绪、思维和行为的自控程度与人的心理健康水平密切相关。当一个人身心十分健康时，他的心理活动十分自如，情绪的表达恰如其分，仪态大方，既不拘谨也不放肆。因此，精神活动的自控能力不失为心理健康的一个指标。

（8）自信心——能力及其自我评估的反映。

一个人是否有恰当的自信是衡量心理健康的一个标准。自信心反映的是一种自我认知和思维的分析综合能力，这种能力可以在生活实践中逐步提高。

（9）社会交往——人际适应的反映。

人类的精神活动得以产生和维持，其重要的支柱是充分的社会交往。社会交往的剥夺必然导致精神崩溃，出现种种异常心理。因此，一个人与社会中其他人的交往也往往标志着一个人的心理健康水平。一个人毫无理由地与亲友和社会中其他成员断绝来往，或者变得十分冷漠，这就构成了精神病症状，叫作接触不良。如果过分地进行社会交往，与素不相识的人也可以“一见如故”，这可能是一种躁狂状态。现实生活中比较多见的是心情抑郁，人处在抑郁状态下，社会交往困难较为常见。

（10）环境适应能力——自然适应的反映。

在某种意义上说，心理是适应环境的工具，人类为了保存个体和延续种族，为了自我发展和完善，就必须适应环境。因为，一个人从生到死，始终不能脱离自己的生存环境。环境条件是不断变化的，有时变动很大，这就需要采取主动性的或被动性的措施，使自身与环境达到新的平衡，这一过程就叫作适应。当生活环境突然变化时，一个人能否很快地采取各种办法去适应，并保持心理平衡，往往反映了一个人的心理健康水平。

2.4.3 心理健康状态

所有关于心理健康的定义及标准主要集中在三个方面：生理机能正常、自适应正常、他适应正常。生理机能正常是心理健康的基础，主要是指不存在大脑、神经系统等与心理相关的器质性的疾病或不正常状态。自适应正常是以自我为中心的感知意行反应及行为处于正常状态，他适应正常是对自我之外的感知意行反应及行为处于正常状态。

生理机能正常、自适应正常、他适应正常三个方面处于正常状态就是心理健康状态。

心理健康状态是在幸福心理拓展中确定的一个健康基本状态，是与心理不健康及幸福心理状态相对应的一种心理存在状态。

心理状态可以根据健康及幸福程度分为三个层次：幸福心理状态、健康心理状态、不健康心理状态。

健康心理状态的基本特点有：

(1) 不存在心理疾病，没有明显的心理不健康反应及行为，感知意行晶体品质不存在明显的缺陷。

(2) 具有正常的刺激反应及应对行为，感知意行晶体品质处于正常状态，尚没有达到较高的心理状态水平，具有进一步提升的心理状态空间。

低于健康心理状态的就是不健康心理状态，高于健康状态的就是幸福状态。可以用数字表示三个心理层次的关系，如表 2-5 所示。

表 2-5 心态的三个层次

心态层次	心态级别	心态属性
幸福心理	6 级	积极心态
	5 级	
	4 级	

续表

心态层次	心态级别	心态属性
健康心理	3 级	正常心态
	2 级	
	1 级	
不健康心理	-1 级	消极心态
	-2 级	
	-3 级	

由表2-5可知，三个心态层次又进一步分为三个级别，形成了三层次9级别的心态层级，心态层级越高，获得快乐感受与满意认知越多，幸福越多。

幸福心理拓展的目的就是不断提高心态层级。

心态以正常的生理机能为基础，通过在生活、学习、工作、健康四类活动中衡量自适应与他适应正常及良好程度，可以确定相应的心态层级。通过采取目标明确的心理拓展活动，进一步提升心态层级。

2.5　学用六段功

学习就是行为的改变[16]。

学用六段功是提高学习应用技能的一个心理拓展具体模型，是把知识转变为能量的模型。人们相信“知识就是力量”，但是有些人上了大学、学习了许多知识，却并没有产生改变命运的力量，其根本原因是缺乏将知识转变为能量的技能。

2.5.1　概念

学用六段功基本内容

学用六段功的目的是提高学以致用水平。

学用六段功是将感知意行循环应用于学习知识的目的性活动，对于理解应用所学知识具有非常实际的功效。

刺激源为所学知识，“感、记、说、用、验、创”是学以致用的六个循序渐进的发展步骤，每个步骤的完成就是攀登了一层台阶，用段位表示，就是六个段位。从第一段逐步上升，循序渐进，达到的最高段位就是第六段。六个段位的基本特点如表 2-6 所示。

表 2-6　学用六段功的基本特征

段位	名称	基本标准	主要特征
六段	创	创新应用知识	可以开始于任意环节的感知意行循环，创新应用知识
五段	验	评估检验知识	由行的结果开始，经历感、知，结束于意，对知识的正确性进行检验
四段	用	实践应用知识	以行为主，应用知识
三段	说	融汇表述知识	融合以往知识、经验之意为主，理解、展示、讲述知识信息
二段	记	提炼记忆知识	以记忆之知为主，记忆知识信息
一段	感	全面感知知识	以全方位之感为主，接收信息、知识

学用六段功揭示了学习应用知识的基本规律。只有循序渐进，从全面正确感知开始，记忆、理解、应用、检验、创新，才能够真正把知识转化为改变命运的力量，收获幸福与成功的人生。

学用六段功的心理基础

学用六段功的每一阶段都有一定的心理活动基础：

（1）感：全面感知阶段的心理基础是感觉、知觉、注意。感觉是人脑对直接作用于感觉器官的客观事物的个别属性的反映[17]，每个人的感觉能力有差别，超过了感觉阈限的刺激是无法被感觉到的，非常相近的刺激难以感觉到差别，如色盲测试是对颜色差异性的感觉。知觉不同于感觉，它不仅是各种感觉的结合，还是运用知识和经验对外界事物进行解释的过程[18]，知觉具有整体性、选择性、恒常性和理解性。注意是心理活动或意识活动对一定对象的指向和集中，注意能使所选对象处于心理活动的中心，并加以维持，从而能够对其进行有效的加工[19]。

（2）记：提炼记忆的心理基础是回忆。回忆是过去经验在大脑中的反映，回忆是人类智慧的根源、是心理发展的奠基石，识记、保持、回忆三个环节组成一个完整的回忆过程[20]。

（3）说：融汇表述的主要心理基础是思考。思考是大脑对信息进行复杂加工的过程，分析、综合、抽象、概括是思考操作的基本形式。

（4）用：实践应用的主要心理基础是能力，是以能力为核心个人知识与技能的综合。能力是顺利、有效地完成某种活动所必须具备的心理条件[21]。知识是人类生活历史经验的总结和概括，技能是通过练习而获得巩固下来的、完成活动的操作系统，能力不是知识与技能，但却是掌握知识与技能的前提。通过能力与技能的应用，把知识转变为创造价值的能量，是学用六段功的关键，也是最困难、最容易被忽视的环节。

（5）验：评估检验的主要心理基础是观察、归纳、判断、推理。

（6）创：创新应用的主要心理基础是想象、创造力。创造力作为一种心理品质，如同智力一样是由多种因素建构而成的，因而任何具有正常生理和心理能力的人，都会拥有一定程度的创造力[22]。

2.5.2　基本图形

学用六段功分为上下两个部分，下部是“感记说”部分，上部是“用验创”部分。从下部发展到上部需要经历较大的努力及心理强化拓展。因为一般的学校教育过于强化学习与记忆的作用，知识的实践应用较为缺乏。

学用六段功可以用一个类似于太极图的圆图表示，它形象地表示了上下两部分的关系，称为学用六段功圆图，如图2-7所示。下部的核心是知识，从全面感知知识信息的刺激，到记忆、提炼知识的精华，完成下部的学习任务。沿着上下部的分界线转到应用段位，开始上部以能量为核心的创发。

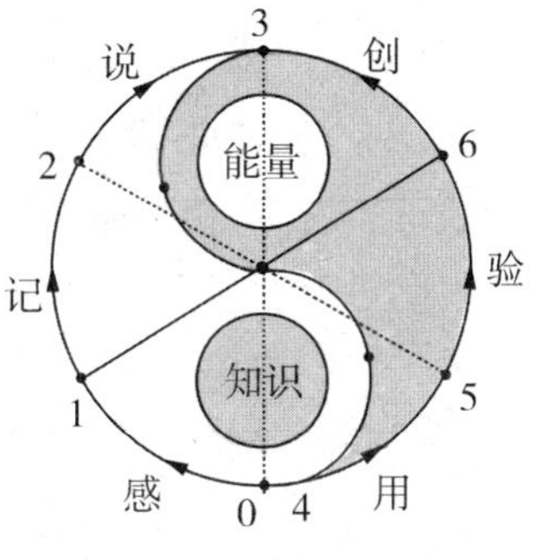

图2-7　学用六段功圆图

学用六段功可以简要归纳如下：

学用之山，知行携攀，六段登顶，知易行难；

看听触感，接受全面；记忆存储，取用方便；

融会贯通，讲述己言；学用关键，应用实践；

正确与否，效果检验；真知笃行，创新致远。

学用六段功既可以对一个具体的知识点或一个理论进行学习应用，也可以

对一门课程或一个专业的系列知识及技能进行学习应用。

2.5.3 应用举例

首因效应的学用举例

首因效应是一个非常常见的心理学现象。首因效应也叫首次效应、优先效应或“第一印象”效应，是指个体在社会认知过程中，通过“第一印象”最先输入的信息对客体以后的认知产生的影响作用。首因效应是由美国心理学家洛钦斯首先提出的。心理学研究发现，与一个人初次会面，45 秒钟内就能产生第一印象。这一最先的印象对人的社会知觉产生较强的影响，并且在头脑中形成并占据着主导地位。

（1）感：全面感知。感知体验：自己有没有关注过第一印象？自己对别人的第一印象有什么特点、规律，印象是否深刻？别人对自己的第一印象如何？怎么知道别人对自己的第一印象？

（2）记：提炼记忆。提炼精要：第一印象能够产生非常深刻及强烈的影响，能够在较大程度上影响继续交往的成效，形成良好的第一印象非常重要。第一印象是主观、片面、表象的印象，可能与真实情况不一致，需要提防第一印象可能具有的欺骗性，这种欺骗包含了产生过低或过高评价两个方面。第一印象常常通过刚开始接触第一分钟的信息尤其是个人的言行举止获得。

记忆要点：第一印象影响大、产生快、不全面。

（3）说：融汇表述。融汇：围绕第一印象影响大、产生快、不全面的三个特点，调动已有相关体验及知识积累，最好是正反两个方面的案例。

表述：用自己的语言及实例阐述首因效应。

（4）用：实践应用。在交往中，尝试给别人留下良好第一印象，用好交往的第一分钟，如提升个人形象、掌握一些具有吸引力的技能（如唱歌、跳舞、魔术）等；消除第一印象的主观片面性；防止一些人通过第一印象设计的欺骗。

（5）验：评估检验。通过提出以下问题检验在实践中对首因效应的观察和应用：

1）良好的第一印象是否促进了持续交往、提高了交往的成效？

2）不好的第一印象是否影响或阻滞了持续交往、降低了交往的成效？

3）第一印象的误差到底有多大？

4）哪一类人常常会“制造”超出实际水平的第一印象？

5）哪一类人常常会“制造”低于实际水平的第一印象？

6）对一个人、一个班级、一个企业、一个城市的第一印象是怎么形成的，有什么影响？

（6）创：创新应用。从全方位的感知或感知组合留下良好第一印象。用好第一印象推销自己、利用第一印象宣传产品、避免第一印象的误差。

在个人交往中，从对方全面感知的看、听、嗅、触等方面全面注意，通过良好的仪容仪表留下美好的视觉印象，提高动听的语言及声音留下美好的听觉印象，通过清新淡雅的自然香味留下美好的嗅觉印象，通过得体的握手、拥抱传递美好的触觉印象，等等。创新应用还可以推广到班级交往、城市名片打造中。

课程学习的学用六段功

任何一门课程的学习，都是学用六段功发挥作用的实践活动。

达到几段功力的水平，课程知识应用的程度便停留在相应的段位上。课程学习的段位水平主要特征如表 2-7 所示。

表 2-7 课程学习的学用六段功的主要特征

段位	名称	基本标准	主要特征
六段	创	创新应用	创新应用课程知识，能够与已有知识产生共振、强化、创新
五段	验	评估检验	根据实践应用效果对知识的真伪或个人学习应用的正确性进行检验
四段	用	实践应用	实践应用课程核心理论知识，掌握技能，产生效果
三段	说	融汇表述	融合以往知识、经验，融会贯通地理解、讲述课程核心理论知识信息
二段	记	提炼记忆	系统记忆了课程理论知识信息，考试成绩较好
一段	感	全面感知	系统接收了课程的理论知识信息
准段	-	-	只是学了这门课程

■ 拓展练习

1. 感知心理填空。

心理是对刺激产生反应及应对行为的意识活动及现象。心理产生的物质基础是以大脑为核心的神经系统，心理是大脑及整个生命体感知意行系统的机能。心理产生及发展的精神基础是在一定的社会文化环境中形成的思想意识及行为习惯。

刺激源是刺激的组合，刺激可以分为____________________等不同类别。需要是一种 ________的刺激，引发各种满足需要的行为。

感知意行循环是____________，感知意行晶体是____________。感知意行品质与性格、人格、心态密切相关。心理拓展的感知意行基本模型的主要特点可以概括为________________________________。

学用六段功是____________，是心理拓展的感知意行基本模型在知识学习应用方面的具体创新，主要用于把“知识”转变为改变命运的“能量”。我目前的学用六段功的段位主要处于_______段水平。

心理健康主要是生理机能正常、自适应正常与他适应正常的表现。心理健康的各种标准是从不同方面对健康心理的日常行为表现特征的确定，因此心理健康的标准各不相同。生理机能正常主要通过个人、他人及科学仪器的测评确定，自适应正常与他适应正常主要通过个人及他人的评估确定。心理状态可以分为幸福、健康、不健康三个层次，我目前的心理状态处于_______层次。目前个人的各种生理机能指标处于_______状态，自适应处于_______状态，他适应处于_______状态，我个人认为自己目前比较有优势的心理状态体现在__________________________________等方面，需要进一步强化或改善的心理状态有___________________等。

2. 学用六段功的应用。

利用学用六段功学习应用“心理”概念，在下表中填入相应内容。

“心理”概念学用六段功的内容

段位	名称	基本要求	个人实际掌握内容
六段	创	创新应用“心理”概念	
五段	验	评估检验“心理”概念	
四段	用	实践应用“心理”概念	
三段	说	融汇表述“心理”概念	
二段	记	提炼记忆“心理”概念	
一段	感	全面感知“心理”概念	
准段	-	了解“心理”概念	

3. 感知意行应用。

利用感知意行知识，分析一些心理现象的感知意行特点。利用感知意行知识对它们进行分析归类，将分析结果填入下表中的相应空格内。

一些心理现象的感知意行特点

心理现象	刺激源	感知意行特点				
		感	知	意	行	备注
从众心理（效应）						
暗示效应						
应激反应						
光环效应						
皮格马利翁效应						
门槛效应						
奖惩效应						
超限效应						

【注释】

[1] 中国就业培训指导中心，中国心理卫生协会．心理咨询师　基础知识［M］．北京：民族出版社，2012：4-6.

[2] CARR A．积极心理学［M］．丁丹，译．2 版．北京：中国轻工业出版社，2014：116-118.

[3] 中国就业培训指导中心，中国心理卫生协会．心理咨询师　基础知识

[M]. 北京：民族出版社，2012：68.

[4] 中国就业培训指导中心，中国心理卫生协会. 心理咨询师 基础知识 [M]. 北京：民族出版社，2012：29-34.

[5] 中国就业培训指导中心，中国心理卫生协会. 心理咨询师 基础知识 [M]. 北京：民族出版社，2012：34-42.

[6] 中国就业培训指导中心，中国心理卫生协会. 心理咨询师 基础知识 [M]. 北京：民族出版社，2012：47.

[7] PAVLOV, The Work of the Digestive Glands, trans. Thompson (London: Charles Griffin, 1902). [J]. The special issue of American Psychologist 1997 (September) 933-972.

[8] 罗宾斯. 组织行为学 [M]. 孙健敏，李原，付亚和，等，译. 北京：中国人民大学出版社，2010：50.

[9] 罗宾斯. 组织行为学 [M]. 孙健敏，李原，付亚和，等，译. 北京：中国人民大学出版社，2010：52.

[10] 王滟明. 在哈佛听积极心理学 [M]. 北京：中国华侨出版社，2012：33-36.

[11] 王书荃. 学校心理健康教育概论 [M]. 北京：华夏出版社，2005：2-3.

[12] ENEEL G L. The need for a new medical model: A challenge for biomedicine [J]. Science, 1977, 196: 129-136.

[13] 段鑫星，赵玲. 大学生心理健康教育 [M]. 北京：科学出版社，2005：5-30.

[14] 俞国良. 心理健康教育（教师用书）[M]. 北京：高等教育出版社，2005：4-7.

[15] 中国就业培训技术指导中心，中国心理卫生协会. 心理咨询师国家职业资格培训教材 [M]. 北京：民族出版社，2012：319-321.

[16] 罗宾斯. 组织行为学 [M]. 孙健敏，李原，付亚和，等，译. 北京：中国人民大学出版社，2010：49.

[17] 中国就业培训指导中心，中国心理卫生协会. 心理咨询师 基础知识 [M]. 北京：民族出版社，2012：25.

[18] 中国就业培训指导中心，中国心理卫生协会. 心理咨询师 基础知

识［M］. 北京：民族出版社，2012：35.

［19］中国就业培训指导中心，中国心理卫生协会 . 心理咨询师　基础知识［M］. 北京：民族出版社，2012：60.

［20］中国就业培训指导中心，中国心理卫生协会 . 心理咨询师　基础知识［M］. 北京：民族出版社，2012：42-44.

［21］中国就业培训指导中心，中国心理卫生协会 . 心理咨询师　基础知识［M］. 北京：民族出版社，2012：77-80.

［22］傅世侠，罗玲玲 . 科学创造方法论［M］. 北京：中国经济出版社，2000：80.

3 走向成熟

3.1 成　熟

成熟泛指生物体发育到完备的阶段，或事物、行为发展到完善的程度。生命过程是在需要不断产生、不断满足的体验中从幼小走向成熟、走向衰亡的过程。

一个新生命在人类社会中成长成熟，并不必然会获得人类社会所有的物质与精神财富，只有在其成长成熟的过程当中，不断地经历人类社会所面临的永恒的生存课题与创新发展课题，才能不断地继承人类已有的物质与精神财富，创造新的文明与进步。

生命过程经历了家庭生活、学习生活、职业生活、休闲生活等丰富多彩的活动，生命在经历生活的过程中心理逐渐生长成熟。

3.1.1 成熟阶段

成熟的过程，就如攀登一座高山，从山脚到顶峰，虽然踏过无数的岩石累积而成，但是总有一些奇峰异石使人印象深刻。这些奇峰异石构成了成熟长路中一个个明显的里程标志。成熟可以大致分为依赖期、独立期、合作期、创发期、完善期、超然期六个阶段。六个阶段的基本特点如表 3-1 所示。

表 3-1　成熟六阶段的基本特点

阶　段	基本判据	主要表现
依赖期	听话、规矩、服从	主要依靠别人完成自己生存发展所需要的事物，习惯于听取别人的意见，习惯于按照别人的指示办事，习惯于把责任归于别人
独立期	叛逆、无畏、担当	主要由自己独立完成个人生存发展所需的事物，勇于承担责任，敢于按照自己的意志行事，敢于对自己不认同的人和事说“不”
合作期	宽容、共赢、存异	能够主动把个人的发展融入组织、社会的发展之中，能够比较妥善地处理矛盾，求同存异，找到并维护合作点，实现共赢合作，依靠合作获得更大发展
创发期	进取、创新、发展	能够在已有知识的基础上进行独特的创新，很好地适应社会的发展
完善期	调整、固化、传承	能够进行必要的调整，使个人发展与社会发展和谐友好，并达到一种完美的良性循环状态
超然期	从心所欲、不逾矩	接近实现人与自然、人与社会的高度和谐相处，接近“天人合一”的境界

在完善阶段之后，生命的里程还要经历衰退及消亡两个阶段。然而，人的生命只要完美绽放过，在走向衰退与消亡的终点时，就不会因为碌碌无为而懊悔，会为自己生命之花的完美绽放及播撒传续而欣慰。超然的人，会感知并坦然面对个人肉体生命的衰退及消亡。

孔子对于人生的成长成熟有着经典的论述：吾十有五而志于学，三十而立，四十而不惑，五十而知天命，六十而耳顺，七十而从心所欲，不逾矩。

生命过程、学习过程、工作过程、家庭生活过程对心理成熟及感知意行晶体品质的生长有着重要影响。

3.1.2　身心智富的成熟

全面的成熟，是个人身、心、智、富四方面协调的成熟。

成熟与身体的生长发育有关，随着身体的生长发育不断提升，但却不一定与身体的成熟同步，以身体（身）为主的生理成熟是所有成熟的基础。

生理成熟（身体成熟）

生理成熟过程是一个与年龄增长紧密相关的过程，伴随着身体的发育成长，身体逐渐从依赖走向独立，通过了解个人身体运动的局限学会合作，在

20~30 岁达到个人身体运动的巅峰状态。

心理成熟

心理成熟是心理发育成长到完善的程度。心理成熟是以先天遗传天性为基础、经过后天的熏陶培养形成的完善心理品质。先天遗传天性即为先天素质，后天的熏陶培养逐渐形成的稳定的特质即为后天素质。先天素质是感知意行晶体赖以生长的晶胞，后天素质是感知意行晶体生长形成的晶核、晶干、枝晶。

心理成熟过程是需要经历感知意行循环发展升华到完善程度的过程。人的生命的诞生、成长、发展、成熟、衰亡的生理变化过程，始终伴随着心理与精神的发展升华过程。欲望发展为需要、需要升华为理想，是心理成熟的显著特征。

智慧成熟

智慧成熟是指知识的积累及智慧提高达到合作以上水平，知识与智慧（智）能够消除愚昧、促进事业发展及人生幸福。

财富成熟

个人能够支配的财富资源从依赖提高到独立及合作以上程度是财富成熟的标志。获取财富是人生的重要活动，如何获取财富、是否能够获取所需的财富，是衡量成熟与否的重要标志。个人的成熟与利益的分配及财富的获得息息相关，利益与财富（富）是促进心理成熟的催化剂。

身心智富的相互关系

个人成熟的过程一般是从身体（身）的成熟开始，逐步完成思想情感（心）、知识技能（智）、财富收入（富）的成熟。个人成熟程度，可以从身（生理、身体发育）、心（心理、情感）、智（知识、技能）、富（财富、利益）四个方面衡量，身是基础，心是灵魂，智是工具，富是保障。一个完全成熟的人，是四个方面都成熟的人。大多数人可以完成从依赖期到独立期的过渡，有不少人一生也难以完成从独立期到合作期的转变，能够达到超然境界的人并不多。

身、心、智、富四方面的成熟过程与价值追求、兴趣爱好、性格气质、知识技能密切相关：价值追求决定身心智富成熟达到的高度；兴趣爱好决定身心智富成熟愉悦的方向；性格气质决定成熟过程为人处世的模式；知识技能决定身心智富成熟的快慢及质量。

成熟各阶段的主要特征如表 3-2 所示。

表 3-2　成熟各阶段的主要特征

项类		依赖期	独立期	合作期	创发期	完善期	超然期
身（生理）		生长、发育、学习	个人技能、技巧形成	合作竞技	身体潜能激发	体用协调	身心和谐
心	性格	性格生长	个性张扬	修身养性	性格扬长	性格协调	随性而为
	人格	人格生长	人格张扬	人格魅力	人格扬长	人格完善	人和顺天
	心态	心态生长	心态初定	心态调适	心态扬长	心态至臻	随心而为
智	价值	听话幻想	自我价值	团体价值	社会价值	人生价值	价值实现
	兴趣	安排着迷	自主爱好	志趣相投	兴趣创发	兴趣收获	随兴而为
	知识	学习体验	学以致用	合作学用	知识创发	改变命运	大智若愚
	技能	训练实习	一技之长	取长补短	技能创发	改变生活	大巧若拙
富		要钱花	挣钱够花	财富链条	创造财富	能挣会花	共同富裕

身、心、智、富四方面的成熟，分别受到个人现有身体素质、心理素质与精神素质、智力素质、经营与理财素质的影响，并会进一步影响在这些方面形成新的素质。

3.1.3　成熟的催化剂

经历刺激、经历人生的风雨，是心理成熟的催化剂。经历刺激、产生相应的反应及应对行为，是心理发展成熟的必要条件。心理成熟的过程，是由无数引起心理发生一点一点变化的刺激及感知意行循环组成的。刺激可以是单一的，也可以是复合的，可能来自生命周期、家庭周期、工作周期中的一点，也可能是一个组合的重大事件。

经历自己从未遇见过的刺激是心理成熟的前提。当一个人具备了一些心理潜质的时候，如果不经历一些导致心理变化的事件，心理是不能够变得成熟和坚强的。不断经历没有经历过的事情，是一步步走向成熟的必然之举。刺激源对成熟的催化影响如图 3-1 所示。

个体成熟一般总是随着年龄增长而提高，但个人经历的事件是影响成熟的最主要因素，与年龄的相关性较弱。一个生理成熟或是身体强壮的人，虽然身体不再依赖他人，但他的情感、思想可能依然非常不成熟，依然依赖他人。一个身体尚未发育成熟的孩子，由于家庭或社会的原因，可能早早的已经达到心

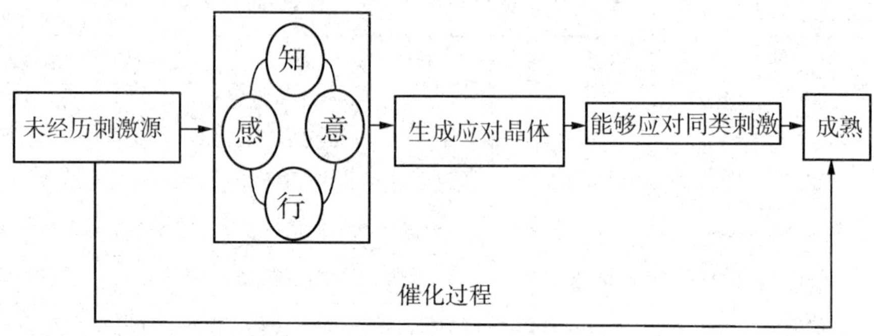

图 3-1　刺激源对成熟的催化

理及财富成熟的程度了，即人们常说的“穷人的孩子早当家”。

了解人生的基本过程，了解生命、家庭、工作周期的规律，可以洞察可能经历的人生风雨，未雨绸缪，促进个人的健康成熟。

3.2　生　命

每个人的生命都是一个奇迹，每个人的生命都有属于自己的精彩。生命是欲望的产物，是一个奇迹，生命从诞生到消亡的过程，始终上演着自己特有的剧目，每一个人都应该了解自己，珍爱自己，按照上天赋予的使命充实地度过一生。

3.2.1　生命周期

一个人从出生到正常死亡的生命变化过程，就是人的生命周期。

每个人的生命都是有限的，随着生活条件的改善、医疗水平的提高及其他的种种原因，人的正常寿命，从以往的“七十古来稀”发展到现在的百岁老人不稀奇。但是不论寿命如何延长，人的生命过程的基本规律却没有太大的改变。

人的生理发育、成长、衰退的过程与年龄之间有着一定的联系。人的生命周期可以按照年龄划分为六个阶段：婴幼儿期、少年儿童期、青少年期、青壮年期、中老年期、老年期，每个阶段的生理与心理发展变化有着不同的特点如

表 3-3 所示。

表 3-3 生命周期的六个阶段

阶 段	年 龄	主要特点
婴幼儿期	0~6 岁	发育遵循“头尾发展律”，即人体的生长发育首先从头部开始，然后逐渐延伸到尾部（下肢）
少年儿童期	7~14 岁	呈现自下而上、自肢体远端向中心躯干的规律性变化
青少年期	15~24 岁	身体各方面大部分发育成熟
青壮年期	25~40 岁	身体机能各方面达到高峰期
中老年期	41~65 岁	身体各方面机能衰退，出现“老年斑“等微小变化
老年期	65 岁以后	身体机能全面衰退

虽然从生理的角度看，每个人的生命周期都是相似的，正常的生命周期都要经历六个阶段，但是每个人的人生旅程都是唯一的、不可重复的。在人生的旅程中，母亲的乳汁是唯一的，父亲的慈爱或责骂是唯一的，儿时的伙伴、学校的同学是唯一的，每个人所生活的时代也是唯一的。

一个刚出生的婴儿，如果外界给予他（她）较充分、较全面的感官刺激，他（她）的感觉器官的发育就比较完善、比较全面。在有了基础的感觉（感）之后，从咿呀学语、蹒跚学步开始，孩子认知（知）、意愿（意）、行为（行）以爆发的方式迅速生长、发育，几乎很快就达到了成年人的智力水平，所不同的只是缺乏成年人的阅历、经验与知识储备。

婴幼儿期的心智开发十分关键。婴幼儿从主体自我发展到客体自我，跨出人有别于低等动物认知的最重要的一步。以记忆、思维、想象等心理现象为标志的“知”的发展，是人生心理发展的重要方面。正常情况下，婴幼儿的记忆只有经过训练后才会得到提升，以模仿为特征的感知意行循环在婴幼儿时期具有特别重要的作用。一个人经历了较多的逻辑思维训练或形象思维训练，在逻辑思维和形象思维上就可能超越大多数人。

青春期是个体由儿童期向成年期转变的一个独特的心理生理发展阶段。在此阶段，激素及生理方面的变化、认知的发展、自我的觉醒、社会期望的转变、性意识的萌发对个体的心理适应提出了极大的挑战。联合国教科文组织亚太地区总部编发的有关人口教育资料显示，女孩青春期从 8 岁（最晚为 12 岁）

开始，男孩青春期从 10 岁（最晚为 14 岁）开始。青春期儿童更多受到情绪和心理问题的困扰[1]，儿童更容易表现出各种行为问题[2]，青春期个体在心理应对策略上存在阶段性差异和性别差异[3]。国内以初中生为对象的有关研究发现[4]：不同年级中占主导的应激性生活事件不同，初中生在心理健康上存在显著的年级差异，初二女生的人际关系敏感、抑郁、焦虑、恐怖症状明显高于同年级男生，负性事件对女生的影响要强于男生等。这些研究暗示：处于青春期不同阶段的学生，其心理健康、心理适应会呈现不同的特点。青春期的成长成熟具有生理机能、自适应及他适应均剧烈变化的特点，是身心发展成熟的重要阶段，是人生最迷茫的阶段，也是心理问题多发的阶段。

父母的作用对孩子的成长至关重要。一个人现有的心理发展水平以及能力结构，都与其生长发育过程中受到的择优培育与选择性打击有关。父母希望孩子成为什么样的人，就为孩子树立一个相应的榜样，不断促进孩子按照榜样的学习成长规律择优生长，不断选择性地处罚孩子违背榜样成长规律的行为。长此以往，孩子的心理及行为模式可能会逐渐与榜样接近。

中年期是人生需要特别注意的时期。中年期的压力最大，强健的身体外表掩盖了身体内部机能的衰退，仍然像青年人一样工作、生活可能导致身体的突然垮掉甚至生命的终结。

3.2.2 家庭周期

家庭是人类文明发展到一定程度的产物，家庭出现之后，始终是人类社会的基本组织单元，以血缘为纽带的亲情在人类历史的舞台上一直书写着血浓于水的诗篇。

家庭生命周期是一个家庭从诞生、发展直至消亡的整个过程。家庭随着家庭组织者的年龄增长表现出明显的阶段性，并随着家庭组织者寿命的终止而消亡。

格利克家庭生命周期

家庭生命周期理论中被普遍接受的是美国人类学学者 P. C. 格利克的理论，他将家庭生命周期划分为形成、扩展、稳定、收缩、空巢与解体等 6 个阶段[5]，各阶段的起始和结束的标志如表 3-4 所示。

表 3-4 家庭生命周期的阶段划分

阶段名称	起 始	结 束
形成阶段	结 婚	第一个孩子的出生
扩展阶段	第一个孩子的出生	最后一个孩子的出生
稳定阶段	最后一个孩子的出生	第一个孩子离开父母亲
收缩阶段	第一个孩子离开父母亲	最后一个孩子离开父母亲
空巢阶段	最后一个孩子离开父母亲	配偶一方死亡
解体阶段	配偶一方死亡	配偶另一方死亡

中国的家庭周期

中国家庭注重延续性，以个人自然生命为周期的个人家庭生活只是家族延续的一个组成部分。因此中国的家庭生活远远超越了一个自然家庭的范畴。中国的家庭周期是经历家庭生活整个生命过程，贯穿人的一生。小时候，从父母及祖辈身上感受家的温暖，学习、继承家庭生活的规律；到了婚嫁年龄，父母一般比子女本人更操心婚姻大事；当子女有了孩子，作为祖辈开始关心孙辈的成长；在中国传统观念中，四世同堂是人生的最大幸福之一。

“修身、齐家、治国、平天下”一直是中华民族主流的思想意识。实现人生价值，要从修身、齐家开始。修身、齐家意味着认识自己、塑造自己、承担起应负的家庭责任，使自己成为一个有益于社会的人，提高家庭物质和精神生活水平的人，促进家庭和睦、社会和谐的人。

中国家庭生活一般经历六个阶段：学承期、组建期、满巢期、空巢期、传续期、依托期，如表 3-5 所示。

表 3-5 中国家庭周期的阶段划分

阶段名称	起 始	结 束
学承期	从出生开始	到准备恋爱结婚结束
组建期	恋爱结婚	初步适应
满巢期	第一个孩子出生	所有孩子出生、在父母身边
空巢期	第一个孩子离家	所有孩子离家
传续期	第一个孙辈诞生	所有孙辈长大
依托期	难以独立生活	老两口相继去世

血脉是联系家庭成员的纽带，亲情是维系家庭生活的核心。家庭生活影响一个人的事业发展与人生幸福。人的一生所承担的家庭角色依次是新生婴儿、未成年子女、婚恋男女、父母、祖父母、鳏寡老人。在家庭周期的不同阶段扮演好自己的角色、完成相应的家庭任务、维护家庭的稳定与和谐，是一生幸福的基础。

家庭生活有着一些不同于一般社会生活的规则，比如俗语所说的“清官难断家务事”。家庭是教育的摇篮。启蒙教育、特色教育、大学学习、出国留学等，不论一个家庭的经济状况如何，只要需要，父母都会尽力满足。

中国传统家庭教育容易养成子女较强的依赖性。

3.2.3 职业周期

一个人从接触、进入职业岗位到退休的整个过程就是个人的职业周期。

人生的意义和价值是通过在有限生命中所做的事情来体现的。人生的大多数时间都在工作，或者在为工作做准备。

美国职业学家舒伯把人的职业周期划分为五个阶段[6]，如表 3-6 所示。

表 3-6 舒伯职业周期的划分

阶段名称	年 龄	亚阶段或特点
成长期	0~14 岁	幻想期（10 岁之前）、兴趣期（10~12 岁）、能力期（13~14 岁）
探索期	15~24 岁	试验期（15~17 岁）、过渡期（18~21 岁）、尝试期（21~24 岁）
立业期	25~44 岁	尝试期（25~30 岁）、稳定期（31~44 岁）
维持期	45~64 岁	“功成名就”，力求维持已取得的成就和社会地位
衰退期	65 岁以上	退出工作，结束职业生涯

职业生涯贯穿一生，是一个漫长的过程。明确每个阶段的特征和任务，做好规划，在职业发展的不同时期完成这一时期的主要任务，对更好地从事自己的职业、实现确立的人生目标非常重要。处于探索期的大学生，职业发展的核心任务就是找到适合自己的职业发展方向。

3.2.4 人性

人性是人区别于其他动物的基本属性的体现。就其本质而言，人性是人的

生物属性、精神属性、社会属性的集合。

生物属性

人性中的生物属性具有与动物较为接近的特征。生存及生命繁衍是最基本的生物属性，“食、色，性也”就是这种基本属性的描述。过于强调或过于忽视人的生存（食欲等）及生命繁衍（性欲）的生物属性都是不合理的观点。人性中的生物属性在人生的不同年龄、不同状态会有不同的表现方式及表现强度，受到个体的精神属性及社会环境的制约。

精神属性

人性中的精神属性是人类个体精神升华的本质需要、动机及结果的体现。个体的精神属性与文明程度有关，人生观、价值观、世界观是精神属性的体现，其中对于利益的追求被许多人认为是人的基本属性，“天下熙熙，皆为利来，天下攘攘，皆为利往”。

社会属性

人性中的社会属性是人类社会作为一个整体对个体发展及整体社会形态影响的体现，是个体受社会制约、同时影响或改变社会的需要及结果的体现。

性善与性恶

人性是能够决定或左右人的感知意行活动的本质属性，是决定对刺激源产生反应及应对行为的根本因素。人性是本能的体现，本能是人的遗传基因及意识深处的具有很强生命力的东西，平时未必出现，一旦遇到合适的土壤及气候，就会顽强生长。

人性有善恶之分，正是由于人性的潜在性及适宜生长性，才有了“性本善”与“性本恶”两种截然不同的观点及社会行为准则：持“性本善”者强调仁治，持“性本恶”者强调法治。个人及社会需要共同采取抑恶扬善的措施，才能促进人生幸福及和谐社会的构建。

幸福心理拓展就是从个体角度抑恶扬善，促进真善美的需要及动机发展，抑制假恶丑的需要及动机出现及发展。

3.3　从欲望到需要

3.3.1　欲望

欲望的概念

欲望是对维持生命生存、繁衍的基本需要的本能追逐。本能追逐的基本特征是原始、肉体、冲动、感性。欲望像一个发光体，充满神秘和迷惑性，吸引人们追逐，是快乐与痛苦的共同根源。欲望的基本含义如图 3-2 所示。

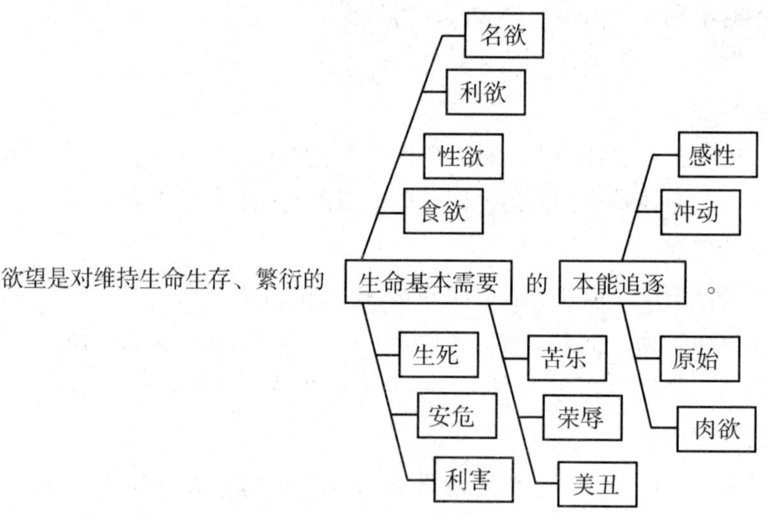

图 3-2　欲望的基本含义

生命基本需要可以从生理与情感两个方面来区分。最核心的生理需要是食欲和性欲，最核心的情感需要是利欲和名欲。生命基本需要可以从喜好与恐惧两个角度来衡量。对恐惧的担忧往往超越对喜好的追逐，更能够决定本能追逐的方向。最基础的生命基本需要有对生存、安全、利好、欢乐、荣誉、美丽的喜好，也有对死亡、危险、伤害、劳苦、耻辱、丑陋的恐惧，这些恐惧能够极大地激发远离或克服导致恐惧事项的动力。

欲望的发展与升华

欲望作为生命基本需要的体现，是伴随生命诞生的本能的需要。随着生命

的成长，欲望不断发展，逐渐从维持生命生存的基本需要，扩展到维持生命生存质量的多方面的需要，欲望得到了发展、升华。

欲望的发展与升华的基本规律是从原始的、生理的、物质的维持生命生存繁衍的基本需要，逐步发展到中级的、物质与精神并重的提高生存质量的需要，最终升华到高级的、以精神为主的实现人生价值的需要。

欲望发展升华的三个层级分别用欲望、需要、理想三个词进行区分。其中需要是应用最广泛、处于中心阶段的词汇，所以把欲望、需要、理想称为需要三层次。

3.3.2　需要

需要的概念

需要是对缺乏的求获。这里的缺乏是自己感到的缺乏，并不是绝对意义上的缺乏。

需要是欲望的发展，是最广泛、变化最多的对缺乏的获取。需要的三个层次如图 3-3 所示。

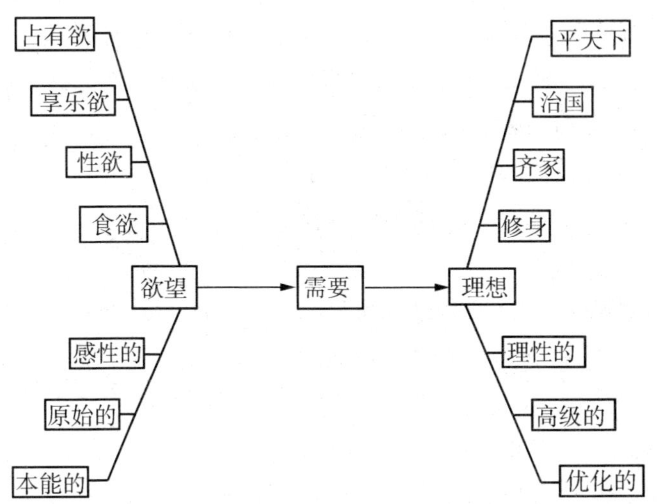

图 3-3　需要三层次的发展关系

需要三层次的基本特征如表 3-7 所示。

表 3-7　需要三层次的基本特征

项　目	欲　望	需　要	理　想
需要层次	初级	中级	高级
需要主导	原始、物质、肉体	物质与精神并重	以精神为主
需要性质	生命基本需要	提高生存质量	人生价值追求
满足方式	一切手段	合理、合法手段	克己、创新
满足表现	快感	快乐、满意，成功	满意认知，成就
欲望升华举例			
性欲	纵欲、滥交、强奸	性伴侣、恋人、夫妻	志同道合爱侣
利欲	采取一切手段获利	取之有道	创富共赢
名欲	采取一切手段出名	宣传、营销、包装、推广	名至实归

需要停留在欲望层级，人生的痛苦较多，可能对社会的负面作用较大。对欲望的过度限制，会导致人格分裂及人性变异。

需要与年龄关系曲线

社会发展的需要，是建立在千千万万的个人新需要的基础之上的，是对个人合理需要的汇集，是对个人不合理需要的裁减与淘汰。人类的文明进步，是一代代人薪火相传的结果，是每一代人知识、技能积累的结果，是后人不断超越前人的结果，是新的需要不断取代旧的需要的过程。

个人的需要随着年龄的增长呈现先增后减的规律，可以用需要与年龄关系曲线表示，如图 3-4 所示。

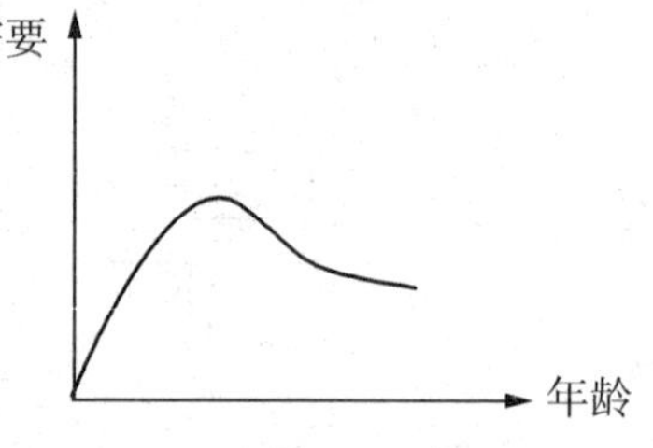

图 3-4　需要与年龄关系曲线

每个人的需要随着年龄的增加量有很大差别，因为个人生活成长的环境不同，接触的事物不同，刺激源不同，刺激产生的需要必然不同。成长过程中的刺激源对需要有很重要的影响，可以用需要增殖模型说明。

3.3.3 需要增殖模型

需要的增殖是感知意行晶体中意晶体的生长发展。

需要增殖模型是以已有需要作为刺激源，经历感知意行循环，产生需要未能满足的结果，找到原因，进而产生消除各种原因的新需要的模型，如图 3-5 所示。

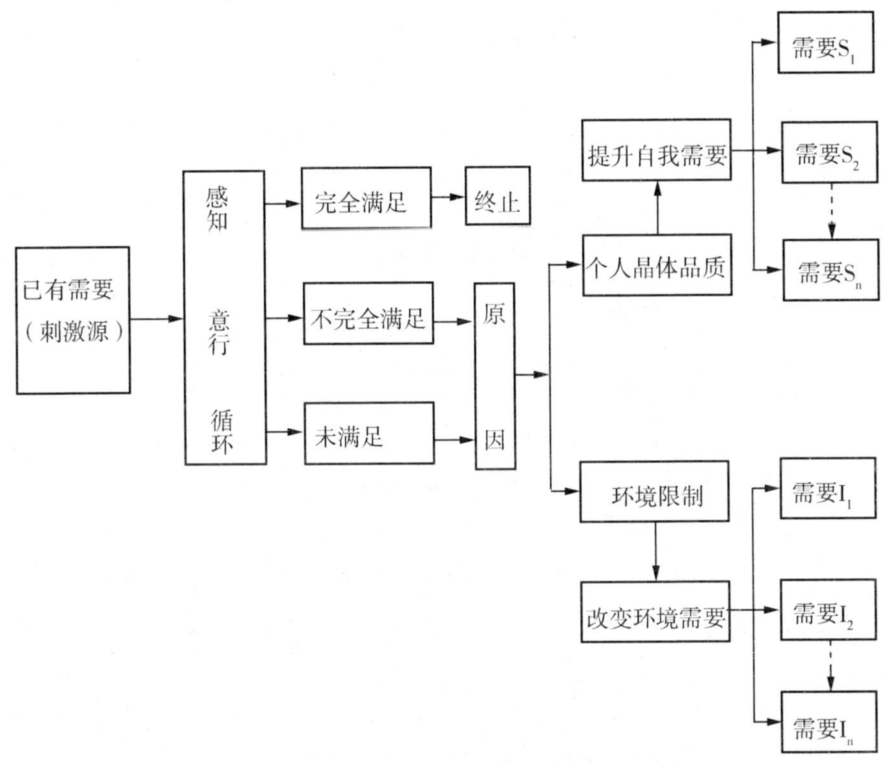

图 3-5 需要增殖模型

新需要作为刺激源按照增殖模型又产生许多新的需要，循环往复，可以增殖出庞大的需要体系。

缺乏合理的需要，就缺乏进步的动力。一个人的需要如果远远低于个人潜能，或者需要枯竭，就缺乏进步的动力，只能囿于落后和贫困，不会拥有一个有价值的幸福人生，这也是对生命的不尊重，是人生及人类社会资源的浪费。适度的需要是能够适度激发个人潜能的需要。过多的需要难以满足会产生痛苦。

3.3.4 需要层级

需要层级是对需要属性及强度的区分。

需要强度是对需要多少及强烈程度的衡量。如果用坐标表示，原点表示需要强度为零，越离开原点，需要的强度越高。需要的属性是对需要益人利己性质的衡量。需要可以根据对个人有利或有害分为有利、无利无害、有害三个层级，可以根据是否对人类社会有益分为益人、无益无损、损人三个层级，以此为坐标可以构成九个方格，称为需要属性方格，如图 3-6 所示。

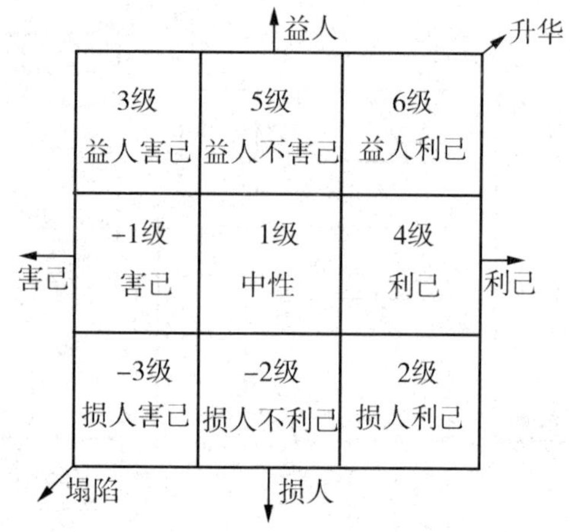

图 3-6 需要属性方格

需要层次按照对人对己的利害、损益分为九个层级，最高层级是 6 级，6 级需要的特点是益人利己。各层级的基本特征如表 3-8 所示。

表 3-8 需要各层级的基本特征

层　级	需要层级冠名	基本特征
6	共赢	益人利己
5	益世	益人，不利己、不害己
4	利己	利己，不益人、不损人
3	利他	益人害己
2	自私	利己损人

续表

层　级	需要层级冠名	基本特征
1	枯萎	中性，需要枯竭
-1	害己	害己不益人
-2	损人	损人不利己
-3	同毁	损人害己

需要的升华是需要层级的提升。维护并不断产生新的、合理的需要，是个人不断发展进步的动力。过度的、不合理的、变态的需要都是需要的异化。需要的异化可以使人迷失，使人游离于人类主流社会的边缘，使人陷入灾难的深渊。

需要的升华是真善美的需要得到增殖发展及强化。价值追求、兴趣爱好是需要的具体体现，知识技能、性格气质是满足需要的利器及适宜模式。

马斯洛需要层次[7]

马斯洛把人的需要从低到高分为生理、安全、情感与归属、尊重、自我实现五个层次，这五种需要分为两级，其中生理上的需要、安全上的需要和情感与归属上的需要属于低一级的需要，这些需要通过外部条件就可以满足；尊重的需要和自我实现的需要是高级需要，通过内部因素才能满足，一个人对尊重和自我实现的需要是无止境的。

马斯洛认为，同一时期，一个人可能有几种需要，但每一时期总有一种需要占支配地位，对行为起决定作用。任何一种需要都不会因为更高层次需要的发展而消失。各层次的需要相互依赖和重叠，高层次的需要发展后，低层次的需要仍然存在，只是对行为影响的程度大大减小。

3.4　动　机

3.4.1　动机及相关概念

动机的定义

动机是采取有效行动满足需要的心理活动，是激发个体朝着一定的目标采取行动、维持行动、实现目标的心理活动。动机难以进行直接观察，可以通过

外在的行为表现进行推测。

动机与需要

动机与需要密切相关，需要是动机产生的基础，动机是需要满足的条件。

动机与行为

动机是行为出现的动力，是行为产生的发动机。但是一个动机可以产生不同的行为，一个行为可以具有不同的动机，行为与动机之间不是一一对应的简单关系，而是一种受到个人心理品质及环境因素影响的复杂关系。

动机与效果

良好的动机产生积极的效果，消极的动机带来消极的效果，恶劣的动机产生恶劣的效果。但是，“好心办坏事”的情况也存在。

3.4.2　动机的分类

动机可以分为生理性动机与社会性动机。吃饭、穿衣、休息、性欲等是生理性动机，兴趣、爱好、交往、权力欲等是社会性动机。

动机可以是有意识的也可以是无意识的。准备考试、应聘、参加活动都是有意识动机，看到讨厌或害怕的动物惊叫、躲避等是无意识动机。无意识动机常常是由一些思维惯性或思维定势产生的。

动机可以分为内在动机与外在动机。例如学习动机，自己认为学习的内容对自己非常有益而努力学习就是内在动机，如果只是为了拿到奖学金而努力学习就是外在动机的作用。

3.4.3　动机的体现

价值追求、兴趣爱好、知识技能的追求、性格完善等都是动机的体现。

价值追求

价值追求是较为根本的对一定物质和精神境界的长时间、稳定的总体需求。价值追求常以目标、理想、信仰、梦想的面目出现，是意晶体品质的反映。价值追求是实现事业发展和人生幸福的动力源泉，是一切目的性活动的根本动力。

价值追求的强度决定着行为动力的强度。价值追求越是达到理想与信仰的程度，自觉行动的目的性、坚定性、顽强性、抗干扰性就越大。价值追求应始终保持合理的强度，与个人健康状况、能力水平、资源条件相适应。过高的价

值追求强度，可能造成过劳而损害健康，可能导致目标需求难以实现，可能分散精力而留下遗憾。过低的价值追求强度，会造成行为动力不足、止步不前、发展滞后或被淘汰落伍。

价值追求随着个人的发育成长和生活环境的熏陶逐步形成，随着个人的社会角色和生活环境的变化而变化。价值追求的形成与发展变化总体符合马斯洛的需要层次理论，总是先从物质需求逐步发展、升华到精神需求。

兴趣爱好

兴趣爱好是被吸引于、专注于、执着于某一事物的倾向。兴趣爱好常常以喜爱、关注、着迷、吸引、痴迷、上瘾等方式体现，是感晶体品质的反映。了解、接触是产生兴趣的前提，爱好是兴趣选择与发展的结果。

广泛而正常的兴趣爱好是事业发展、人生幸福的基础，过少或不正常的兴趣爱好可能阻滞事业发展、损害人生幸福。兴趣爱好可以发展成为良好的习惯，也可以形成不良的习惯，甚至可能导致成瘾而不能自拔。

性格气质

性格完善、人格完善都是求得自我完美的需要得到满足的动机。

性格是本质的、稳定的做人做事的方式，不是一般的、随机的做人做事的方式。本质意味着有一定的先天遗传因素，稳定意味着不会轻易改变。性格是由天性与习性两个部分组成的，天性是与生俱来的，习性是后天养成的。与生俱来的天性具有先天的生理物质基础，例如某种体液的多少，大脑的结构差异，筋、骨、血、气、肌的不同，等等。习性则与后天教育及生活环境熏陶密切相关。个性、气质、秉性、人格等是性格特征的不同表现形式。性格是做人做事的方式，而做人做事正是事业发展与人生幸福的关键，性格与事业发展、人生幸福的关系一目了然：性格决定命运。

知识积累

知识是指人类在实践中认识客观世界（包括人类自身）的成果。知识常常以理论、学识、专业、学科、经验、学术、科学、技术等形式出现，是知晶体品质的反映。知识是构成人类智慧的最根本的因素。知识积累动机是求得个体探索需要得到满足的动机。

技能

技能是将知识、能力付诸行动、经过实践检验而掌握的做人做事的本事，是一种在不断的实践应用过程中逐步形成并稳定下来的可重复操作的动作系统，这种动作系统包含体力和脑力的动作。实践应用是技能形成的必要条件，系统的培训、训练是形成技能的有效途径，考核检验是确定技能等级水平的常见方法。

技技能提升动机是求得生存发展能力不断提高的需要得到满足的动机。

技能是事业发展的立身之本。技能体现一个人做人做事的本事（本领），体现做人做事的技艺（技术）和能量（能力）。一项技能反映一个人做好一项特定事情的实际能力与水平，个人已有的知识、经验、能力、个性甚至新了解的观念、原则和已有的技能等，都可以在进一步的实践应用中转化为相应的、更高水平的技能或形成新的技能。

特长

特长是技能的一种，通常是指一个人在某些方面具有的超出一般人的特殊技能。特长通常与个人特有的禀赋的开发使用有关，个人的天赋异禀可能是身高体形、容貌声音，也可能是美术、计算等各个方面超常潜质的发挥。

大学中专业培养的主要任务，就是根据社会发展的需要及学科专业建设的需要，培养大学生具有从事某个行业领域中特定方向工作的专业知识与技能。专业学习主要是专业技能的学习，专业技能水平决定其在相关专业技术领域职业发展的水平。

3.5 心理咨询

心理咨询是心理咨询师协助求助者解决心理问题的过程[8]。罗杰斯将心理咨询解释为：通过与个体的持续、直接的接触，向其提供心理帮助并力图促使其行为、态度方式变化的过程。

1956年美国心理学会咨询心理学分会的“定义委员会”，发表了题为《作为一个专业分支的咨询心理学》的报告书，提出了咨询心理学的三个作用：第一，通过关心人的动机、情绪的调节，促进个体内在精神世界的发展；第二，通过发展人们必要的能力、动机，促进个人与环境的协调；第三，正确利用个体差异，充分考虑所有人的发展，加深社会对心理咨询的理解。

心理咨询的作用是了解个人目前的心理状况，采取针对性措施，提高心理

健康水平、治疗心理疾病，促进心理健康发展。

心理成熟与素质提升的过程，必然经历刺激、经历人生的许多无法预测的事件，在刺激及事件的作用下，心理渐渐成熟，素质渐渐提升。一些突然而至的强烈刺激或重大事件可能超出了心理承受的范围，导致心理问题的出现。在问题出现之前，进行未雨绸缪的咨询，是提高心理承受能力、预防心理问题出现的有效方法；在问题出现之后，进行解决心理问题的咨询，是促进心理健康发展的有效方法。

心理咨询分为心理发展咨询与心理健康咨询。通过咨访双方的面谈、书信、网络和电话等手段，心理咨询师向来访者提供咨询帮助或心理救助。

心理咨询的任务是：

(1) 认识自己的内外世界；

(2) 了解、调整不合理的观念；

(3) 学会面对现实、适应现实、改变现实；

(4) 学会理解他人；

(5) 正确认识自我；

(6) 构建合理的行为模式。

心理咨询的方法有：

(1) 精神分析法；

(2) 行为调整法；

(3) 其他方法，如认知法、人性分析法等。

3.5.1　心理发展咨询

心理发展咨询可以帮助人们挖掘心理潜力，提高自我认识的能力。学会在适当的时刻咨询适当的问题能够促进更好的成长成熟。在个人成长成熟的过程中，一个人应该首先感知人生成长成熟的规律，以心中仰慕的人物的成长成熟过程为榜样，了解他们所经历的人生磨难与创造的人生辉煌，并以此为例，循例而行。

每个人的人生都必须靠自己一步一步慢慢走过，当遇到一些人生重要选择或处在人生的十字路口的时候，能够明白自己的问题、困惑，从而找到真正能够正确帮助自己的人进行咨询，是少走弯路、更好成长成熟的很好方法。

每一个人在一生当中都必然遇到许多心理咨询的问题，会不会、能不能进行有效的心理咨询也是检验一个人是否成熟的标志之一。

心理发展咨询主要涉及以下几个方面：

（1）成长咨询，如儿童早期智力开发、儿童发展中的心理问题、青春期身心发展的不平衡、性心理知识、男女社交与早恋、青年独立性和依赖性的矛盾等。

（2）生活类咨询，如孕妇的心理状态、行为活动和生活环境对胎儿的影响，社会适应问题，友谊与恋爱，成就动机与自我实现，择偶与新婚，人际关系，中年及更年期人际冲突、情绪失调、工作及家庭负荷的适应，家庭结构调整，老年社会角色再适应，夫妻、两代、祖孙等家庭关系等。

（3）学习类咨询，如考大学、选专业，厌学、考试恐惧症等。

（4）工作类咨询，如择业、失业与再就业，创业等。

（5）健身类咨询，如运动选择、形体训练咨询、美容美体咨询等。

3.5.2 心理健康咨询

心理健康咨询的对象是那些觉得自己或被认为心理不够健康的人群。凡是因为某些心理社会刺激而引起心理状态紧张的人，并且明确体验到躯体或情绪上的困扰，都可以是健康心理咨询的对象。

凡是生活、工作、学习、家庭、疾病、康复、婚姻、育儿等方面所出现的心理问题，一旦求助者体验到不适或痛苦体验，都属于健康心理咨询的工作范围。其内容大致如下：

（1）各种情绪障碍，如焦虑恐惧、抑郁悲观等；

（2）各种不可控制的思维、意向、行为、动作；

（3）各类心身疾病，如冠心病、高血压病、支气管哮喘、溃疡病等，以及性功能障碍；

（4）长期慢性躯体疾病，久治不愈，既对治疗不满意、又丧失信心，因而需进行心理上的指导；

（5）精神病康复期求助者的心理指导；

（6）对有心理问题成员的家庭中的求助者应如何进行处理、护理问题等。

3.5.3　心理调节及康复治疗

心理调节

心理调节是对心理状态有目的的自主干预，心理调节的目的主要有三个：消除心理困扰、心理障碍，促进心理发展成熟，提高心态层级。

心理困扰、心理障碍和心理疾病是不健康心理的三个主要的构成部分。人生的成长发展的关键阶段，也就是心理变化巨大的阶段，一个人的感、知、意、行出了问题，就会产生各种各样的心理困扰。心理困扰得不到及时解决，进一步发展，就可能形成心理障碍。还没有做好应对巨大变化所产生的强烈冲击的时候，强烈刺激或重大事件有可能导致一个人的心理崩溃，也会产生心理障碍。心理障碍得不到疏导，就可能形成心理疾病，而心理疾病一旦产生，就必须借助于一些治疗手段进行治疗。

心理康复

心理康复是恢复受损的心理品质。

心理治疗

心理治疗是医治已经存在的心理疾患或精神疾患。

3.6　走向成熟的阶段任务

3.6.1　走向成熟与心理拓展

走向成熟就是走向完备、完美的过程，是从依赖走向独立、从独立走向合作、从合作走向创发、从创发走向完善、从完善走向超然的过程。走向成熟有两种方式，一种方式是原生态的自然成熟，一种方式是条件成熟。植物完全原生态的自然成熟还存在，现代社会人类的原生态自然成熟几乎不存在，个人的成熟是在一定的社会环境的熏陶及影响下的条件成熟。

走向成熟的过程，是婴幼儿发育成长为成年人的过程，是经历家庭周期的过程，是经历职业周期的过程，是感知意行晶体从遗传晶胞生长为丰富多彩的晶体的过程，是价值追求从幻想走向现实的过程，是兴趣爱好发展稳定的过程，是知识技能突飞猛进的过程，是性格气质发展完善的过程。通过心理拓展促进身心智富的全面成熟是走向成熟的一个有效途径。在成熟的过程中，通过一些有目的的持续性活动，使个人的身心智富得到发展强化，实际上就是心理拓展的过程。

心理拓展能够促进成熟的良性发展、促进心理升华，因为可以在人生不同的成熟阶段、针对不同的成熟内容，通过心理拓展，控制成熟的方向及效果。

心理拓展的基本过程如下：

（1）创设心理拓展的情境：根据拓展目的营造活动情境，这种情境可以是真实的自然情境，也可以是虚拟的情境。将思维和情感都聚焦在一个共同点上，以便进行相互交流和学习。情境创设成功与否主要看能否激发参与热情。

（2）情感体验：通过参与活动，激发不同的情绪体验，把平时压抑在心中的情感释放出来。通过不同的活动，将隐蔽的内心世界拿出来进行交流，产生情感的共鸣。

（3）交流分享：面对相同情境，不同的人可能会产生不同的情感体验。通过交流分享，可以增加彼此的了解和相互学习的机会，在交流中获得心灵的成长。

（4）重新调整：经过交流分享，在对自己的情感和行为特征有了深入的了解后，重新为自己的心理发展定位，使自己的情感和行为向着良好的方向发展。

（5）行为实践：将体验和感悟化为行动，将活动向外延伸，进行行为实践，促进真正的行为改变和心理成长。

自我拓展与合作拓展都可以在成熟的过程中进行，由于成熟阶段及内容的复杂性、多样性，在专业人士的指导下的合作拓展效果更好。学校的教学内容都是身心智富成熟的拓展活动，这些拓展活动促进了心理的良性发展及人格升华。

3.6.2 成熟的阶段任务

按照人生阶段的主要任务划分的人生阶段及每个阶段成熟的阶段任务如表3–9所示。

表3–9 人生阶段及核心任务

人生阶段	年龄范围	核心任务	优化发展	常见问题
学习	0~22岁	全面成长成熟，学会生存、学会交往、学会学习	目标明确、学以致用、身心智富和谐	见识促狭、动力缺乏、高分低能

续表

人生阶段	年龄范围	核心任务	优化发展	常见问题
就业	16~25 岁	提升就业竞争力，实现人职和谐的高质量就业	有明确的创业方向及实践	无专业技能、无职业素养、学用分离
婚嫁	20~30 岁	甜蜜恋爱、美满婚姻、幸福家庭、身心和谐	个性、学识、品性匹配、家族融合	以情废理，无情强聚，家族不容
立业	25~40 岁	事业取得良好发展	清晰目标不断实现	目标缺乏
强身	40~50 岁	强化意志品质，协调身心机能，身心智富全面完善	事业、家庭、学习、休闲健身和谐高效	因事忘家，因家误事，身心不调
跃升	45~55 岁	跃上更高的事业平台	把握机会创造机会	未能把握好机会
成功	50~65 岁	实现人生事业发展目标	贡献社会成就自己	以权谋私以富欺贫
知足	60 岁以后	教化传承、静心简行，收获快乐感受与满意认知	收获幸福	放不下

表 3-9 中列出了优化发展及常见发展问题，优化发展是升华的体现，常见问题是没有很好把握阶段发展规律所致。

在成熟的过程中，一个人经历一些心理事件之后，可能会出现心理升华或心理塌陷两种情况：心理升华是经历巨大成功事件的强烈刺激产生的使自信心、荣誉感等显著增加的状态；心理塌陷是经历巨大挫折的强烈刺激产生的心理崩溃及恶性发展状态。心理升华通常与快乐感受及满意认知相联系，与积极情绪相联系，与爱、善一类的情感相联系。心理塌陷通常与痛苦感受及失望认知相联系，与消极情绪相联系，与恨、愤怒一类的情感相联系。

3.6.3　艾里克森的心理发展阶段

艾里克森认为人生可以分为既有联系又各不相同的八个阶段，每个阶段都有核心的发展任务及需要形成的良好人格品质[9]。艾里克森的心理发展阶段如表 3-10 所示。

表 3-10　艾里克森心理发展阶段

序号	阶段名称	心理发展主要任务		需要形成的良好心理品质	影响最大的人
		形成项	克服项		
1	婴儿前期	信任感	怀疑感	希望	母亲
2	婴儿后期	自主感	羞耻感	意志	父亲
3	幼儿期	主动感	内疚感	目标	异性父母
4	童年期	勤奋感	自卑感	能力	老师
5	青少年期	角色同一性	角色混乱	诚实	偶像、榜样
6	成年早期	亲密感	孤独感	爱	挚友、伴侣
7	成年中期	繁衍感	停滞感	关心	孩子
8	成年晚期	完善感	失望或厌恶感	智慧、贤明	自己

安全感、亲密感、成就感、规则感的形成，是成熟早期最重要的阶段发展任务。安全感发展良好的人，具有积极、乐观、平和、阳光的心态；安全感出现问题，容易产生自闭、恐惧、紧张等为特征的一系列心理问题。亲密感决定了人际交往、人际关系的发展，成就感是产生自信、向上、努力等积极行为的基础，规则感是自制、自律、遵纪守法的基础。

3.6.4　自强不息

《易经》是“六经”之一，强调对立统一与发展变化，“一阴一阳之谓道”，《易经》用简易的符号揭示了事物发展变化的规律，用直观的卦象表明了事物发展变化的特性，包含了许多人生道理与智慧。

“天行健，君子以自强不息”出自《易经·乾卦》，表示君子以“天”的“自强不息”的精神，知天时、任时命，顺应天道自然的规律发展进步。乾卦的图形如图 3-7 所示。乾卦把人一生的发展分为潜龙、见龙、惕龙、跃龙、飞龙、亢龙六个阶段，如表 3-11 所示。

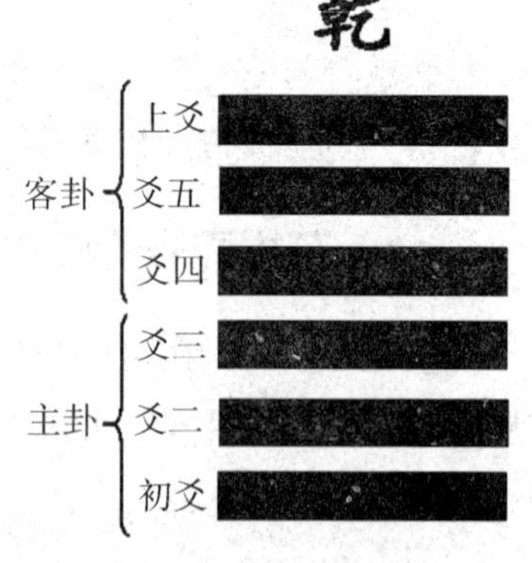

图 3-7　乾卦和注解

表 3-11　《易经》中的人生发展六阶段

序号	名称	易经爻辞	基本解释
第六阶段（上九）	亢龙	亢龙有悔	超越人生最高点，会有遗憾，应顺时退休
第五阶段（九五）	飞龙	飞龙在天，利见大人	达到人生最高境界或某一阶段的顶峰，若想进一步发展，仍需关键人物赏识
第四阶段（九四）	跃龙	或跃在渊，无咎	个人努力遇到良好机遇可以跃上人生台阶；没有时机，保持原位亦无害处
第三阶段（九三）	惕龙	君子终日乾乾，夕惕若、厉无咎	小有成就，易遭人妒，白天勤奋工作，晚上总结反省，不会有灾难
第二阶段（九二）	见龙	见龙在田，利见大人	学以致用，施展才干，做出成绩，得到认可，尤其要得到关键人物的赏识
第一阶段（初九）	潜龙	潜龙勿用	职业发展初期阶段，潜心学习、提高，不能在不具备条件时急于求成

■ 拓展练习

1. 填空。

（1）成熟。

成熟分为六个阶段，分别是：________________。成熟的内容可以从________四个方面衡量。

每个人都要经历生命周期、家庭周期和工作周期，都要从出生走向强壮，从强壮走向衰老；都要在生活、学习、工作、健康活动中成熟。我目前经历的人生历练是________，主要集中在________方面，需要在________强化人生历练。

一生当中会不会、能不能进行有效的心理咨询是检验一个人是否成熟的标志之一。每当遇到一些人生重要选择，能够明白自己的问题、找到真正能够正确帮助自己的人进行咨询，是少走弯路、更好成长成熟的方法。从高中进入大

学，曾经给过我咨询帮助的人主要有________，我目前的困惑有__________，能够给我有效帮助的人可能会是______________。我现在对就业的态度是____________，我目前关于恋爱的态度是________________，我对财富的感觉是_________，我对同学的态度是_________，我对成为学生干部感到__________，我对获得奖学金感到__________。

（2）学习。

我将努力形成终身学习的习惯，根据社会及个人发展的需要，不断学习新的知识、新的技能。学历方面，我希望在_________获得_________学位。知识方面：我希望在_________阶段学习_________知识，在_________阶段学习_____________知识，在大学阶段初步形成________________的知识结构。能力方面：我希望在_________阶段掌握_________技能，在__________阶段掌握_________技能，在大学阶段初步形成________________的能力结构。我希望不断提高自己的学习效率，培养良好的思维模式，提高发现问题、分析问题、解决问题的能力及创新能力，通过对自己所学知识的运用，不断检验、积累能够改变命运的活的知识。

我的大学阶段学习任务是高质量地完成以专业知识技能为主的工作、交往、学习等方面的知识技能的学习积累。在围绕职业发展进行的专业知识技能学习方面，以获得_________学位证书和与职业相关的_________证书为主要标志，以获得_________专业实践经验以及获得_________企业工作实习经历为必要体验，我力争通过获得_________奖学金以及参加各种专业相关的__________大赛的良好成绩，证明个人较强的专业发展能力；在交往方面，注重人际交往的_________知识技能的积累，建立与同学之间的_________关系，与老师之间的_________师生关系、与亲人之间的_________关系、与朋友之间的_________关系、与有利益来往的人之间的_________关系；在学习方面，我要熟练应用学用六段功，找到适合自己的学习模式，通过________________进一步提高感知信息的质量，通过_________进一步提高思维及知识结构质量水平，通过_________进一步提高决策判断水平，形成良好的知行合一习惯。

（3）生活健身。

我的生活健身任务是，围绕提高生活质量及健康水平，形成衣食住行的良好行为习惯及有益于身心健康的运动健身习惯。我要在衣食住行方面主要形成________________等习惯，在身心健康方面主要形成________________等习

惯。

（4）职业生涯发展。

我将根据自己的价值追求、兴趣爱好、性格气质及知识技能特长确定人职和谐的职业发展方向，实现高质量就业，在工作岗位努力做出出色的工作业绩，贡献社会、服务企业、幸福家庭、实现自我。我要用自己的思想智慧和学术知识为社会创造更多的价值。

我实现高质量就业的主要标准是____________________，我的事业顺利发展的基本要求是____________________。具体而言，我希望能够在______________行业领域为社会贡献更多的价值，提高人类社会________方面的生活质量水平。我希望能够为社会公益事业做出________等方面的具体贡献。现阶段，我的职业发展任务主要是：①明确自己的职业晶体类型：我的职业晶体类型前三位分别是______、______、______；②找到适合的职业发展方向目标：我的职业发展目标是________________；③围绕发展目标学习掌握有用的专业知识技能，提高就业核心竞争力。

（5）贡献组织（工作集体）的追求。

我会通过参加与自己价值追求相同的企业或创建企业的方式，为企业做出自己的贡献。具体而言，我要为企业做出_______等方面的贡献，在技术方面，我尽自己所能发挥自己所长促进企业产品______；在管理方面，做好______的工作；在企业需要的__________方面，做出贡献；在自己喜欢而又擅长的__________方面为企业做出超值的贡献。我会团结他人，分工合作，分享成果，互惠互利，把集体的利益和荣誉放在首要位置。

（6）贡献家庭的追求。

我将为家庭幸福做出应有的贡献。在亲情方面，我将做到______________，注重事业与家庭的和谐，在浓浓的亲情中促进事业发展；在物质方面，我将通过事业的发展为家庭带来合理合法的丰厚收入，使家庭过上__________________的生活；在孝敬老人方面，我将做到___________，在教育子女方面，我将做到___________。我会尽自己所能为家人提供好的物质环境，并且努力教育好子女，让他们有良好的成长环境，在实现自己价值的基础上让家人过上幸福的生活。

（7）实现自我价值的追求。

高尚的价值追求源于需要的升华。我的精彩人生具有自己独一无二的特点，这种特点来自遗传天性的需要及后天习性的需要，是个人的需要与社会进步的需要完美结合的产物。我内心深处的欲望及需要主要有＿＿＿＿＿＿＿＿＿＿＿＿＿＿＿＿＿＿＿＿＿等几个方面，处于较为原始或较低层级的需要具体体现在＿＿＿＿＿＿＿＿＿＿方面，处于较高层级的需要具体体现在＿＿＿＿＿＿＿＿＿＿＿＿方面，我个人目前总体的需要层级为＿＿＿＿＿＿＿＿层级。当前社会进步的需要体现在＿＿＿＿＿＿＿＿＿＿＿等方面，与自己的＿＿＿＿＿＿＿＿需要是一致的，与自己的＿＿＿＿＿＿＿＿＿需要不太一致，我必须弘扬＿＿＿＿＿＿＿＿＿的需要，克制＿＿＿＿＿＿＿＿的欲望或需要，不断提高自己的需要层级，实现人生价值追求。

我将很好地满足自己生存、安全、社交的基本需要，使自己和亲人过上富足的生活，我将努力通过＿＿＿＿＿＿＿＿＿＿＿＿实现自己的人生价值。

2. 根据艾里克森心理发展阶段的知识，写一篇回忆录。

基本要求：

（1）包含四个阶段：学前、小学、中学、大学。

（2）包含四项活动：生活、学习、做事、健康。

（3）包含十个左右的人物：自己、父母、老师、同学、朋友、亲人、影响大或难忘的人。

（4）人物有明显的性格特征、人格魅力、心态特点。

【注释】

[1] HEAVEN P C. Adolescent health：The role of individual differences [M]. London，Routledge，1996：1-17.

[2] Irwin C E，Burg S J. America's adolescents：Where have we been，are we going? [J] . Journal of Adolescent Health，2002，31 ALFON：91-121.

[3] PLANCHEREL B，BOLOGNIN M，HALFON，O. Coping strategies in early and mid-adolescence：Differences according to age and gender in a community sample [J]. European Psychologist，1998，3（3）：192-201.

[4] 刘惠军．中学生自我概念与心理健康的关系研究 [J]．中国临床心理学，2000 年第 1 期，48-50.

[5] 中国就业培训指导中心，中国心理卫生协会，心理咨询师　基础知识）[M]．北京：民族出版社，2012：186.

[6] 张文勇．你的职业在哪里 [M]．上海：东华大学出版社，2004：1-

2.

［7］马斯洛．动机与人格［M］．许金声，程朝翔，译．北京：华夏出版社，1987：176-204.

［8］中国就业培训指导中心，中国心理卫生协会．心理咨询师　基础知识［M］．北京：民族出版社，2012：418.

［9］中国就业培训指导中心，中国心理卫生协会．心理咨询师　基础知识［M］．北京：民族出版社，2012：200-201.

中篇

知己 · 为己

4 自我意识

4.1 什么是自我意识

有人认为自我意识是“潘多拉魔盒，从那里面什么东西都能取出来”[1]，黑格尔认为自我意识是意识的发展[2]，是自我确认，是通过他物对自我的确认[3]。从哲学角度探讨自我意识的确是一个很有意义、很深奥的命题，从幸福心理拓展的角度探讨自我意识相对简单明了。

4.1.1 自我意识及相关概念

自我意识

自我意识是对自我的自觉、能动的反映。“自我”包含了生理自我、心理自我、社会自我，“自觉、能动的反映”，就是自己主动采取有效方法了解自我、调节自我。

自我意识是一种心理现象，这种心理现象的刺激源是自我。自我意识可以定义为：自我意识是围绕自我经历感知意行对自我特征的洞知与塑造。自我意识的基本含义及相关概念可以用图 4–1 简要说明。

“围绕自我”限定了刺激源的范围，在自我意识讨论中的刺激源是自我及相关环境。

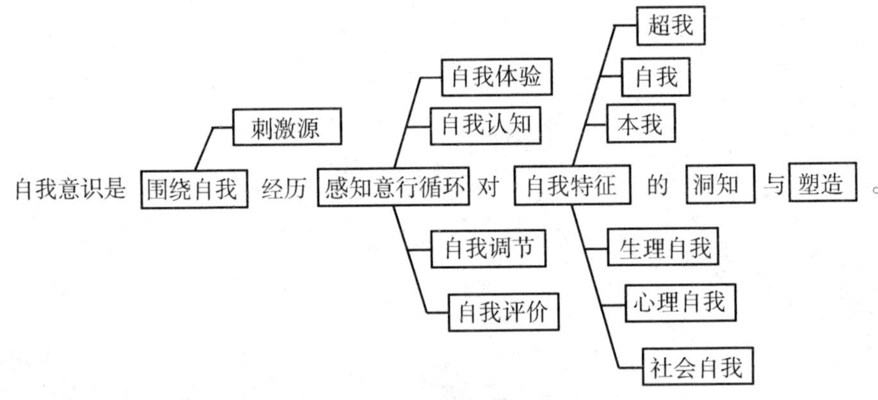

图 4-1 自我意识的含义

围绕自我的感知意行循环就是自我意识过程，自我意识过程包含自我体验、自我认知、自我评价、自我调节四个相互联系的基本环节。自我特征包含生理自我、心理自我、社会自我的特征，包含本我、自我、超我的特征。心理自我的特征是围绕自我形成的感知意行晶体的特征，主要包含性格、人格、心态三个组成部分。由于自我意识主要探讨心理自我的特征，因此可以用自我意识晶体特征表示心理自我。社会自我的特征主要体现在个人的价值追求、兴趣爱好、知识技能及性格气质四个方面。

自我

自我意识主要是对自我的意识，实际也包含了对本我及超我的意识。自我的概念固化于奥地利精神分析学家弗洛伊德关于本我、自我与超我的区分[4]。

本我就是原始我，遵循本能原则（快乐原则），按照人类与生俱来的、原始的欲望行动做事。人类的原始欲望有善、恶两种基本特性，善、恶多大程度地释放取决于自身及社会的认知。自我是现实我，是实实在在的现实生活当中展现的我，自我遵循现实原则，在现实允许的条件下做出符合现实要求的各种行为。当一个人的思想与精神达到了某种境界的时候，就会超越自身及社会现实的束缚构建一个理想的完美的世界，超我就是这种理想的完美世界当中的我，超我遵循理想原则。

实现自我价值的过程是本我与超我博弈的过程，自我则是两者之间的均衡器。只有本我与超我协调发展，才能使自我真正感到幸福。弗洛伊德曾经用马车比喻本我与自我的关系：本我是马，自我是马车夫，马是动力，马车夫控制

前进的方向，自我要驾驭本我，但本我可能不听话，二者就会僵持，直到一方屈服[5]。一些从小经历过巨大变故的孩子，尤其是经历了一些可能产生不良影响如父母离婚、家庭暴力、寄人篱下、亲人亡故等变故的孩子，本我会受到抑制而停止生长，或者向非适宜的方向发展。本我停止生长后，自我和超我为了保护本我，会快速生长，变得很强大，想象力、创造力、感受力等都比普通人强大许多。自我的强大是为了压抑变形发展的本我，而超我的发展则是为了保护自身，许多问题由此而生。当本我畸形发展时，若有自我与超我压制，那么一切都如常人一样，但是当受到剧烈刺激或者酒后自我弱化，本我失去控制，本我的负面作用会凸显出来，做出与自身意愿相反的事，烦恼陡升。很多艺术家才华横溢却任性自私，就是本我和超我的分别呈现。本我、自我、超我的基本特点如表4-1所示。

表4-1　本我、自我、超我

类别	基本角色	遵从原则	相互关系	人格完善的状态
本我	本能、原始我	快乐原则	与超我对立	本我与超我达到平衡
自我	现实我	现实原则	协调本我与超我	
超我	管制者	完美原则	与本我对立	

4.1.2　自我意识晶体

自我意识晶体是以自我为核心的感知意行晶体。感知意行晶芽围绕着自我，不断地经历感知意行循环，形成自我意识晶体。自我意识晶体是自我意识的核心内容，包含性格、人格、心态三项基本内容。

性格

感知意行循环的遗传天性、后天习性及其组合方式是感知意行循环晶体的主要内容，体现个人感知意行循环本身的运动特点及规律，表现了个人在感觉信息、加工处理信息、评估决策、执行操作机制方面的本质不同，通常用性格一词表示。因此，性格主要反映感知意行循环的晶体特征，是习惯化的为人处世基本模式的体现。

（1）感觉环。个人感觉及接收信息的机制及方式存在本质不同，有些人敏感，有些人直觉；有些人反应快，有些人反应慢；有些人接收信息全面、感受深刻，有些人对信息的感知较为浅显、表面……

（2）认知环。个人加工处理信息的机制及方式存在本质差异，有些人善于逻辑思维、有些人善于形象思维；有些人凭经验，有些人重数据……

（3）决策环。个人做出决定或判断的机制及方式存在很大差别，有些人当机立断，但可能鲁莽冒失；有些人三思后行，但可能优柔寡断……

（4）行动环。个人采取行动的机制及方式存在巨大差异，有些人风风火火，有些人安安静静；有些人暴烈刚猛，有些人温柔体贴；有些人麻利迅速，有些人慢工出细活……

人格

人格是指个人与社会环境相互作用时表现出的独特的行为模式、思想方式和情绪反应，是个体在先天生理素质的基础和一定社会历史条件下，通过社会交往而逐渐形成和发展起来的稳定的心理特征总和。

“先天生理素质”就是感知意行晶芽的遗传品质；“通过社会交往而逐渐形成和发展”就是经历无数的感知意行循环；“独特的行为模式、思想方式和情绪反应”就是自我意识晶体的主体内容，是组成自我意识晶体的主要晶干。

人格反映自我意识晶体主干的内容。感知意行的感觉晶芽围绕自我生长、形成的自我意识可能表现为感情、情绪、爱好等，由认知晶芽生长发展的自我意识晶干可能表现为知识、智慧、经验等，因此感知意行晶芽在感知意行四个方面形成的一些自我意识的晶干，组成了一个人格圆环，处于性格圆环的外围，反映了人格的基本内容与感知意行的对应关系。性格圆环、人格圆环如图4-2所示。

在进行人格分析时，从不同的角度可以有许多分类方法，在幸福心理拓展的探讨中，按照性格与人性结合的特点将其分为12种人格类型，将在“6.2”中探讨分析。

心态

心态是以性格及人格等个性特征为基础形成的对同类刺激做出较为稳定的、具有一定重复性的反应及应对行为的状态。

心态对人生幸福与事业成功有重要影响。良好的心态就像装满幸福的木桶，不断用快乐感受与满意认知滋润人生。不良的心态就像是有漏洞或裂缝的木桶，快乐感受与满意认知不断减少，直至荡然无存。

心态是性格晶核与人格晶干进一步生长发展的结果，现有心态的调整应该

图 4-2　性格圆环与人格圆环

从人格晶体与性格晶体的调整入手。人格晶体与性格晶体的调整，是在接受新的刺激、经历新的感知意行循环的基础上进行的，因此心态调整需要重新经历有目的的感知意行循环才能完成。

心态枝晶进一步生长为枝叶与果实就是心理表现。心理表现是以心态为基础产生的，对各种刺激做出不同反应及应对行为的具体表现，这种表现具有较大的随机性，受影响的因素更多。

总之，自我意识晶体是在遗传核心的基础上，逐渐生长的性格晶核、人格晶干、心态枝晶及行为表现枝叶组成的，它们可以用图 4-3 表示。

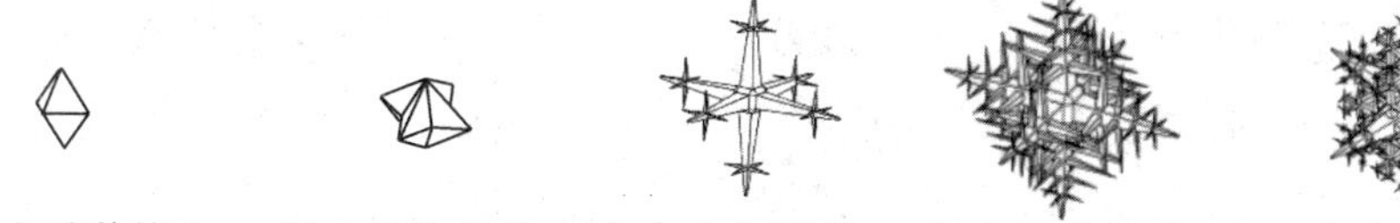

（a）遗传核心　（b）性格晶核　（c）人格晶干　（d）心态枝晶　（e）行为表现枝叶

图 4-3　自我意识晶体的生长及组成

4.1.3　自我意识的构成

生理自我、心理自我、社会自我是自我意识的三个主要内容。

生理自我

生理自我是个人生理物质特性的反映。生理自我是对自身生理器官、生理状态（如身高、体重、容貌）、生理作用机制及原理三个方面的认识。

心理自我

心理自我是自我感知意行品质的反映。心理自我是自我心理表现、心理过程、心理状态的特征体现，是自我感知意行晶体品质的体现。遗传天性、性格、人格、心态、心理表现是心理自我不同特性的具体体现。

社会自我

社会自我是个体对自身与外界客观事物关系的认识、体验与调节。

社会自我是对在社会环境中发展、形成的个人价值追求、兴趣爱好、性格气质、知识技能的自我意识，是对自己所拥有的社会角色、位置、责任、义务等的自我意识。

（1）价值追求是自我意识晶体的核心内容。价值追求影响自我意识晶体的形成，已经形成固化的价值追求对心态有重要影响，可以对人格及性格进行部分改造。

（2）兴趣爱好是自我意识晶体选择性的体现。已经形成的自我意识具有明显的选择性，对某些事物明显的偏好就是兴趣爱好。例如，虚荣心较强的人对奢侈品往往产生较大的兴趣爱好。兴趣爱好可理解为对于某种事情的沉浸状态，短时间的沉浸能起到放松身心，减缓或加快时间体验等对于身体有益的情况。

（3）知识水平影响自我意识晶体的质量品质。知识结构、知识内容是自我意识的重要内容，也是自我意识晶体的重要组成部分。知识水平决定自我意识的高度，对人格及心态的形成及调整产生重大影响。

（4）技能体现自我意识晶体主要的行动及行为积累。技能体现一个人做人做事的本事（本领），体现做人做事的技艺（技术）和能量（能力）。发现个人的遗传天赋在哪些方面有特长，围绕特长进一步形成优势，是自我意识的重要内容，是能够经常获得成就感与满意认知的重要来源。意识到自己能够做好什么、不适合做什么是自我意识的重要内容，是自我意识晶体的重要组成部分。

4.2 自我意识过程

4.2.1 自我体验

自我体验是伴随自我认知产生的内心体验，是自我意识在情感上的表现，反映主我对客我所持有的态度。概括地说，自我体验是关于自我的内心体验及情感表现。

客我满足了主我的要求，就会产生积极肯定的自我体验，即自我满足；客我没有满足主我的要求，则会产生消极否定的自我体验，即自我责备。客我能否满足主我的要求，与个体的自我认知、自我评价和个体对社会规范、价值标准的认识有关。自我体验的结果影响自我意识的发展走向。

自我体验的结果对自我意识的发展走向可能产生四种影响：

（1）强化作用，例如由自信到更加自信；

（2）转化作用，例如知耻而后勇；

（3）恶化作用，例如自卑而更加自卑；

（4）停滞作用，例如骄傲使人落后。

自我体验的结果通常以心态的方式出现。通常所说的自尊心与自信心、成功感与失败感、自豪感与羞耻感等不同的心态，反映了自我体验的不同结果。恰当地处理自我体验，对个体的身心发展具有重大的意义。

自尊心与自信心

自尊心是一种内驱力，激励着个体尽可能努力获得别人的尊重，尽可能维护自己的荣誉和社会地位。

自信心是对自己智能与精力的坚信，使个体遇难而进，走向成功。

但是，如果自尊心和自信心把握不当，就会产生脱离集体、追求虚荣的个人英雄主义，稍有点成绩就趾高气扬，瞧不起他人，而一旦遇到点挫折，则会自卑、自贬，一蹶不振。

成功感与失败感

成功感与失败感一般与是否取得成功有关，但它们还决定于个体对自我的期望水平，也就是说，客我所取得的成绩虽然已达到了社会的水准，但能否产生成功体验，还要看主我对客我的要求。比如当个体在完成某项工作时，他人认为他未获成功，而个体可以认为自己取得了成功，或者是他人认为他已取得成功了，而个体自己却认为是失败的。

由于个体的自我期望水平受社会期望标准的影响，因而，决定个体成功与失败的情绪体验的内部标准在一定程度上要与社会的共同标准相适应。

当个体体验到成功感时，就会产生积极的自我肯定，向更高的目标进取；反之，当个体体验到失败感时，则常会产生消极的自我否定，闷闷不乐，甚至放弃努力。

自我价值感

自我价值感是个体在关于自己价值的判断、评价基础上，形成对自己的态度与情感，即自尊、自卑等自我情绪体验。

自豪感与羞愧感

一般来说，自豪感的体验是个体意识到自己的行为与理想自我形象相符合时产生的。羞愧感的体验是个体意识到自己的行为未能达到自己的理想形象的要求而产生的。

内疚

内疚与羞愧不同，羞愧是感到自己比不上他人，认为自己努力不够，对社会贡献少于他人；而内疚是由于自己的行为违反社会道德准则，侵犯了他人利益而受到良心上的责备，个体意识到自己的行为与社会要求背道而驰，感到“对不起”父母、师长和领导等。

4.2.2 自我认知

自我认知是对自我的洞察与辨识，包括自我观察和自我辨识。自我观察是指对自己的感知、思维和意向等方面的觉察；自我辨识是指对自己的想法、期望、行为及人格特征的区分与确认。自我认知是自我调节的前提条件。自我认知产生“我存在、我占有、我需要、我想”的自我意识。

个体对于自我的存在、行为和心理的认知有一个发展过程。一般来说，只有一个人的思维和想象力达到一定程度后才会具备察觉自我心理变化的能力。个体开始区分个人身体行为和心理行为的差异是自我心理认知的开始。人的自我意识刚开始比较模糊，小孩子由于自我意识比较朦胧，经常出于好奇心做一些危险的事情，在经过不断地试错、加深记忆及思考学习后，对于自我身体存

在的认识就渐渐成熟，随后才会对自己的行为有意识，会区分危险和安全的行为然后决定是否要做，最后才是对于自我心理的认知。

如果一个人不能正确认识自我，看不到自我的优点，觉得处处不如别人，就会自卑，丧失信心，做事畏缩不前……相反，如果一个人过高地估计自己，就会骄傲自大、盲目乐观，导致失误。因此，恰当地认识自我、实事求是地评价自己，是自我调节和人格完善的重要前提。

自我认知包含了对生理自我、心理自我、社会自我的认知，主要包含对自己性格、人格、心态及行为习惯的认知。

自我认知的方法根据人的不同主要分为自我内省、他人反映两种，根据采用的方式可以分为问卷分析、行为分析、效果分析、仪器分析等。

自我认知的不完全性

自我认知的不完全性是指自己及他人对自我的认知都有一定的局限性，不可能完全、彻底、准确地完成对自我的认知。自我处在不断的发展变化之中，本我具有很多难以为人所知的潜意识内容，只有展示出来的时候才可能被认知，因此，自我认知具有不完全性。

根据自己与他人对自我的认知情况，可以把自我分为隐私我、公开我、脊背我、潜在我四种类型，如表 4-2 所示。

表 4-2　自己与他人对自我认知的四种类型

	自己清楚	自己不清楚
他人清楚	公开我	脊背我
他人不清楚	隐私我	潜在我

4.2.3　自我评价

自我评价是指对自己的想法、期望、行为及人格特征的判断与评估，自我评价常常作为自我认知的一项内容存在，是自我调节的重要条件。自我评价在自我体验、自我认知的基础上形成结论。

自我评价的结论主要通过比较产生。比较一方面来自对自己的纵向比较，把现在的自己和过去的自己进行比较或与设想中未来的自己进行比较；另一方面来自自己与他人的纵向、横向比较，与他人的横向比较来自与周边的人的比较，纵向比较是与过去的他人或者设想中未来的他人相比。通过比较，能对自我产生一种评价或基本的定位，决定了自己在现实社会当中的发展定位。

自我评价的结果

自我评价与情感结合，可以得出对自身快乐感受、中性感受或不快乐感受三种结果。自我评价与认知结合，可以得出对自身总体的满意认知、中性认知或失望不满认知三种结果。快乐感受与满意认知是自信、快乐、活力、感恩、友爱等幸福成功品质的基础，不快乐、不满认知是自卑、自暴自弃、自怜等不良自我意识的根源。

自我评价与意愿结合，可以得出对自身总体思想、精神状态的三种基本结果：好高骛远，个体在意愿方面评价高于正常水平；求真务实，个体在意愿方面评价与事实相符；胆怯、萎靡不振，个体在意愿方面评价低于自身实际情况。

自我评价与行为结合，可以得出对自身总体技能、活动水平的三种基本结果：眼高手低，对个人能力评价高于实际水平；知行合一，对个人能力评价符合实际水平；潜能浪费，对个人能力评价低于实际水平。自大、狂妄、纸上谈兵是过高评价自身实际能力的结果。

4.2.4 自我调节

自我调节，是给自己制定行为标准，用自己能够控制的奖赏或惩罚来加强、维护或改变自己行为的过程。自我调节实际上是一种有目的的自我强化。

根据自己的生存定位与发展定位，采取一系列有效行动保证自己的发展不断推向前进，消除自身一些阻碍个人生存发展的不利因素，不断扩大能够有效促进个人生存发展的有利因素，是自我调节的主要内容。

自我调节是自我意识能动性的体现，是在自我评价的基础上，按照个人偏好的模式做出反应及行动。

自我调节的四个环节

自我调节包含四个基本环节：制定标准、明确奖罚、实施调节、评估反馈。

制定标准及明确奖罚是指根据不同的活动中存在的不同衡量标准，为自己的行为确立某个目标，确定对行为表现与目标间差距及其引起肯定的或否定的结果的奖罚内容。

实施调节是依照标准目标及可控奖罚采取具体行动的过程。

评估反馈是在评价自我行为后产生自我满足、自豪、自怨和自我批评等内

心体验，进而确定是否实现调整目标的过程。

自我调节的方法

自我调节的方法可以根据感知意行的特点分为四个基本类型，感知意行四个基本类型可以组合形成复合型的方法，每一类方法可以衍生出许多具体方法，常见的几种方法如表 4-3 所示。

表 4-3　自我调节的常见方法

类　别	方法名称	特　点
感	注意转移	把注意力从自己的消极情绪上转移到其他方面上去
知	释放法	把有意见的、不公平的、义愤的事情坦率地说出来，以消怒气，或者面对着沙包猛击几拳，可达到松弛神经功能的目的
	语言调节	语言是影响人的情绪体验与表现的强有力工具，通过语言可以引起或抑制情绪反应
意	意识调节	人的意识能够调节情绪的发生和强度，一般来说，思想修养水平较高的人，能更有效地调节自己的情绪，因为他们在遇到问题时善于明理与宽容
行	自我控制	人们可以用自我调控法控制情绪，即按一套特定的程序，以身体的一些随意反应去改善身体的另一些非随意反应，用心理过程来影响生理过程，从而达到松弛入静的效果，以解除紧张和焦虑等不良情绪
	行动转移	把情绪转化为行动的力量，即把怒气转变为从事科学、文化、学习、工作、艺术、体育的力量

4.3　不良自我意识与良好自我意识

4.3.1　心态展现自我意识的品质

自我意识中本我及性格的基本特征通过具体的人与事展现出来，较为本质的展现形成人格特征，较为具体的展现就是心态，非常具体、细小的展现形成各种各样的心理表现。心态是自我意识较为具体的体现。

心态通常以“心”或“感”的形式出现，例如上进心、虚荣心、成就感等。

通过对具体心态的分析可以判断自我意识的品质。自信心、上进心、自尊心、荣誉感、幸福感、成就感等都是良好自我意识的表现，分析心态体现的自我意识特点，要对性格、人格、心态层级、价值追求、兴趣爱好、知识技能等方面的特点进行逐一分析。

上进心与荣誉感的简要分析如表 4-4 所示。

表 4-4 几种具体心态的简要分析

具体心态名称	上进心	虚荣心	荣誉感
性格特点	主动	外向、主动	主动、严谨
人格特征	成就型	享乐型	完美型
心态层级	健康	轻度不健康	健康
价值追求	成就	超出合理范围	荣誉
兴趣爱好	取得成就的事物	奢侈品	获得赞美的事物
知识程度	较高	不太高	良好
技能特长	进取、务实	吹嘘、炫耀、欺骗	认真、负责
自我意识特点	良好	轻度不良	良好

4.3.2 不良自我意识

不正确的自我意识，是经历感知意行循环得到了与个人实际情况不相符的自我体验与自我评价的自我意识。不正确的自我意识称为有偏差的自我意识，简称为偏差自我意识。自我意识的偏差往往导致不良自我意识形成。

任何一种偏差自我意识，都可以从自我体验、自我认知、自我评价、自我调节几个方面找到原因。自大，可能是对自己的能力（行）评价过高，可能是对自己的感觉（感）过于自信，也可能是对自己的认知水平（知）估计过高所致；自卑则与其相反，是对自己某一方面或多方面的水平估计过低所致。

不良自我意识损害幸福。不良自我意识可以是违背性格特征的自我意识，性格相逆，必然经常有性格方面的不适感觉，因而必然损害幸福、增添苦恼。不良自我意识可以是违背人格特征的自我意识，人格相逆，人格魅力难以展示，必然经常有人格方面的不适感觉及失望认知，因而必然损害幸福、增添痛苦。不良自我意识是具有较低心态层级的自我意识，较低的心态层级是不符合个人所求、所爱、所适、所能的心态，必然从个人所求、所爱、所适、所能的

方面经常获得难受感觉及失望认知，因而必然损害幸福、增添痛苦。

分析不良自我意识的特点，要对性格、人格、心态、价值追求、兴趣爱好、知识技能等方面的特点逐一分析。虚荣心的简要分析如表4-4所示。

对不良自我意识的正确分析是纠正不良自我的前提。常见的不良自我意识有：

（1）扭曲的自尊——虚荣。

虚荣是一种追求表面荣誉、希望获得大家尊重的心理。根据马斯洛需要理论，作为社会的一分子，都有被他人尊重的需要，都希望得到社会的认可。而虚荣者不是通过自己实实在在的努力，而是利用吹牛、造假、撒谎、投机等非正常手段来沽名钓誉。“空带不能直立”，追求虚假的荣誉，只能自欺欺人，不仅会使个体失去他人的尊重和友谊，而且会失去实在的追求，留下空虚苍白的人生。

（2）极端的自信——自负。

自负是一种自我膨胀，即过度的自信。有强烈的自尊心、好胜、好强、不甘落后是好事，但如果不把握好“度”，就会物极必反，导致骄傲、自大、自我膨胀，缺乏自我批评、自省，而且不允许别人批评。唯我独尊，盛气凌人，把自己的意志强加在别人身上，不能与人和睦相处，自己也容易受伤害。由于缺乏自知之明，对现实的自我认识和评价过高，虚假的理想自我占优势，在不自量力的情况下所追求的目标、事业、友谊、爱情，都会因自己的主观条件远逊于客观现实，失败概率较大。

（3）消极的自觉——过度自卑。

自卑，即一个人对自己的能力、品质等做出偏低的评价，总觉得自己低人一等，并因此悲观失望、惭愧、羞涩甚至畏缩不前。这种意识还能不断扩散到其他方面，并逐渐形成否定自我的倾向。如果这种意识长时间存在，就会逐渐形成自卑心理。自卑心理的表现形式有显性的，也有隐性的。显性表现是把自卑心理表现得直观、明显，也是我们经常看见的，而隐性表现是把自卑心理掩藏起来，表现为孤傲、桀骜不驯。

大多数人都会有自卑的情绪，适度自卑是对自己有高要求的表现，可以促进个人不断追求进步。而过度自卑就容易让人遇事心虚胆怯、逃避、退缩或过分补偿；拒绝接纳自我，缺乏主见，遇事从众，其结果捍卫的是虚假的、脆弱的、不健康的自我。

(4) 退缩的自主——从众。

从众是一种普遍存在的心理现象，是在群体舆论的压力下，放弃个人意见而采取与大多数人一致的自我保护行为。从众心理人皆有之，但有过强从众心理的人缺乏主见，易受暗示，容易不加分析地接受别人意见并付诸实施。

(5) 迷失的意愿——盲目。

有的人，社会上流行什么他就热衷什么，看别人干什么，他就跟着学什么。一个人的精力是有限的，如果主次不分、眉毛胡子一把抓，就容易失去自己既定的目标，失去理想的自我。盲目是一种缺乏目标意识的盲从心理，什么都抓，也就什么也抓不着，枉费了时间与精力，平添了无数的烦恼。

(6) 行动的缺失——懒惰。

消极懒惰混日子，不能形成积极的理想自我，影响个人心理潜能的发挥和心理发展，是一种不健康的心理状态。常觉得“干什么都没兴趣”“干什么都没劲”，似乎在这个世界上就没有值得自己努力去做的事情。也有些人虽然有追求上进的愿望，但遇到困难、挫折就消极退缩、放任自流。

4.3.3 良好自我意识

正确、良好的自我意识是经历感知意行循环得到的、与个人特点符合的自我体验与自我评价的自我意识。

良好的自我意识促进幸福。幸福是需要得到满足之后产生的快乐感受和满意认知，良好的自我意识是顺应性格特征的自我意识，性格相适，必然经常获得性格方面的舒适感觉及满意认知，必然增添幸福。良好的自我意识是舒展人格特征的自我意识，人格舒展、人格魅力得以充分展示，必然经常获得人格方面的舒适感觉及满意认知，因而必然增添幸福。良好的自我意识是具有较高心态层级的自我意识，较高的心态层级是符合个人所求、所爱、所适、所能的心态，必然从个人所求、所爱、所适、所能的方面经常获得快乐感觉及满意认知，必然增添幸福。

追求高尚和高水平能够有效促进良好自我意识形成发展。高尚的价值追求、高尚的兴趣爱好、高水平的知识技能对良好自我意识的形成发展具有巨大的促进作用，对良好心态的形成发展具有巨大的推动作用，能够有效地减少痛苦、增添幸福。

发现自我人生价值、实现自我人生价值是自我意识的重要任务。

4.3.4 “知为克成”模型

知己、为己、克己、成己组成了实现自我价值的“知为克成”模型，如图 4-4 所示。

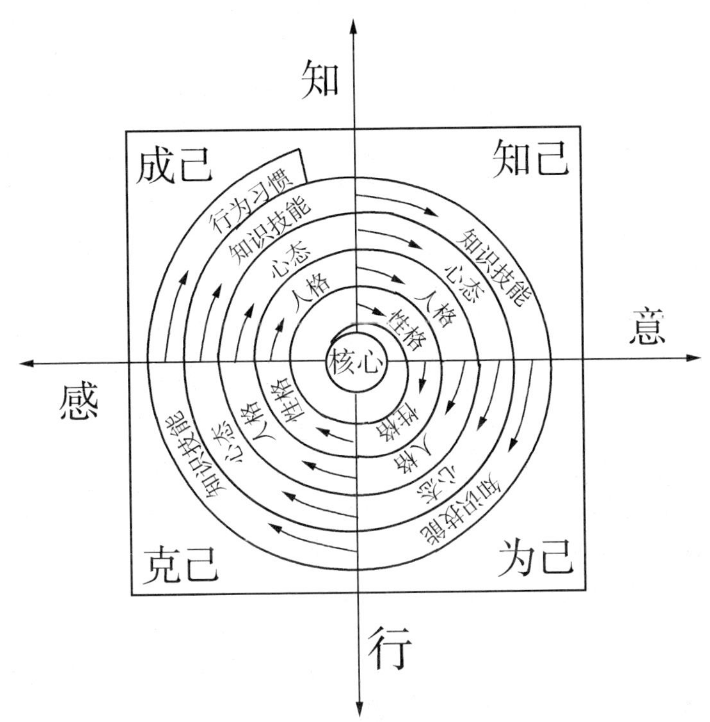

图 4-4　实现自我价值的“知为克成”模型

感知意行以自我为中心组成了四个维度的坐标轴，由中心向外表示个人感知意行循环及晶体品质水平的发展提高。

知己、为己、克己、成己分别从知、意、行、感四个坐标轴开始，止于下一个坐标轴，由内向外发展，形成一圈圈知为克成的螺旋线，螺旋线包围的面积表示知为克成的内容。知轴与意轴之间的面积是知己，意轴与行轴之间的面积是为己，行轴与感轴之间的面积是克己，感轴与知轴之间的面积是成己。

自我价值的实现以从圆心向外扩散的圆环大小表示，圆心是自我，最内环是自我遗传天性品质，一个个由圆心向外逐渐发展扩散的圆环，依次分别是性格圆环、人格圆环、心态圆环、知识技能圆环及日常行为习惯圆环。

知己是实现自我价值的前提，为己是实现自我价值主体，克己是实现自我价值的关键，成己是自我价值实现的快乐感受与满意认知。

知己是对自己的全面认知。自我价值的实现，体现在生命天性品质的展示，体现在性格、人格的完善，体现在良好心态的形成，体现在人生意义或使命的完成，体现在学习、生活、工作及保持身心健康的方方面面，知己是对以上所有方面的认知。没有对自己的正确认知，就不会了解自我的价值追求，就不可能有目的地推动自我价值的实现，因此，知己是实现自我价值的前提。

为己是实现自我价值的主体。为己是形成并维护自己的核心价值追求。每个人的生命都是一个奇迹，只有尊重自己的生命价值，发现自己的核心价值所在，才可能活出属于自己的精彩。

克己是实现自我价值的关键。克己是有方向、有目标的提升、磨砺自己。

成己是自我价值实现的快乐感受与满意认知。成己是成就自己，是事业成功与人生幸福的实现。事业成功与人生幸福的实现必然伴随着快乐感受与满意认知。

■ 拓展练习

1. 填空。

自我意识是围绕自我经历感知意行循环对自我特征的洞知与塑造。自我意识包含了自我体验、自我认知、自我评价、自我调节四个方面。

我采取了____________________等方法进行了自我认知与自我评价，在自我意识方面自己的突出优势有________________________，自己的不足有________等几点，自己的成熟阶段处于________阶段，由于存在许多未经历的人生体验，尚不能明确在____________________等方面的自我意识状况。

2. 将个人自我意识基本情况在下表中汇总。

个人自我意识基本状况

姓名：________　　　性别：________

<table>
<tr><th colspan="2">自我意识项目</th><th>主要内容</th><th>备注</th></tr>
<tr><td colspan="2">姓名含义</td><td></td><td>（取名人是谁?）</td></tr>
<tr><td colspan="2">生日（农历）</td><td></td><td>（生辰八字）</td></tr>
<tr><td colspan="2">生日（阳历）</td><td></td><td>（星座是什么）</td></tr>
<tr><td colspan="2">生理自我</td><td></td><td></td></tr>
<tr><td colspan="2">心理自我</td><td></td><td></td></tr>
<tr><td colspan="2">社会自我</td><td></td><td></td></tr>
<tr><td rowspan="3">精神自我</td><td>本我</td><td></td><td></td></tr>
<tr><td>自我</td><td></td><td></td></tr>
<tr><td>超我</td><td></td><td></td></tr>
<tr><td rowspan="6">自我意识</td><td>自信</td><td>A. 过强　B. 略强　C. 较强　D. 较弱　E. 很弱</td><td>（行为能力）</td></tr>
<tr><td>自尊</td><td>A. 过强　B. 略强　C. 较强　D. 较弱　E. 很弱</td><td>（人格）</td></tr>
<tr><td>自爱</td><td>A. 过强　B. 略强　C. 较强　D. 较弱　E. 很弱</td><td>（情感）</td></tr>
<tr><td>自制</td><td>A. 过强　B. 略强　C. 较强　D. 较弱　E. 很弱</td><td>（意志）</td></tr>
<tr><td>自主</td><td>A. 过强　B. 略强　C. 较强　D. 较弱　E. 很弱</td><td>（独立成熟）</td></tr>
<tr><td>自知</td><td>A. 过强　B. 略强　C. 较强　D. 较弱　E. 很弱</td><td>（认知）</td></tr>
<tr><td colspan="2">我的个人价值追求</td><td></td><td></td></tr>
<tr><td colspan="2">我的个人兴趣爱好</td><td></td><td></td></tr>
<tr><td colspan="2">我的个人知识技能</td><td></td><td></td></tr>
</table>

3. 运用学用六段功学习自我意识知识，在下表中填入相应内容。

“自我意识”知识六段功学用表格

段位	名称	基本要求	填入个人实际掌握内容
六段	创	创新应用“自我意识”知识	
五段	验	检验“自我意识”知识真伪	
四段	用	实践应用“自我意识”知识	
三段	说	正确理解“自我意识”知识	
二段	记	牢固记忆“自我意识”知识	
一段	感	全面感知“自我意识”知识	
准段	-	知道的“自我意识”知识	

【注释】

[1]麦克莱伦．青年黑格尔派与马克思［M］．夏威仪，译．北京：商务印书馆，1982：61.

[2]黑格尔．精神现象学　上［M］．贺麟，王玖兴，译．北京：商务印书馆，1983：115-117.

[3]司退斯．黑格尔［M］．廖惠和，宋祖良，译．北京：中国社会科学出版社，1989：320.

[4]弗洛伊德．文明及其缺憾［M］．傅雅芳，郝冬瑾，译．合肥：安徽文艺出版社，1987：3-4.

[5]龙燕．弗洛伊德的人格理论［J］．科教文汇，2006，(1)：127-128.

5 性格修养

5.1 什么是性格

性格是一个描述心理特征的常用词汇，具有不同的含义。性格常常与人格、气质的概念等混合使用[1]，有些用法把性格直接等同于人格[2]。许多心理概念的名称都是从外文翻译而来，性格与人格的英文名称有时是相同的，如“Personality”，有时又有区别，如性格对应“Nature”“Disposition”，人格对应“Personality”。性格的定义有许多，从中文的本义来看，性格中的“性”是人的个性，“格”是按规律区分，性格是个性的基本类型。本书对性格、气质、人格、心态有着明确的定义与区分。

5.1.1 性格

每个人感知事物、观察事物、分析事物、做出决策、采取行动的方式有很大差别：有些人感觉细微、敏感，有些人感觉比较宏观、粗线条；有些人偏好理性分析，有些人相信直观感觉；有些人行动敏捷，有些人动作缓慢……这些为人处世过程中表现出来的个人本质的、稳定的行为习惯特点就是性格。

性格是感知意行循环的晶体特征的反映，表现出了个人在感知意行循环过程中的稳定的、本质的差异，也就是个人接收信息、加工信息、做出决策、采取行动的行为习惯方面的本质区别。

性格=天性+习性

性格由遗传天性品质与后天习性品质组成。遗传天性品质体现性格中本质的部分，后天习性品质在天性品质的基础上发展固化为性格稳定的部分。

5.1.2 气质

性格中的天性部分就是气质。气质是与生俱来的性格特质，是性格中具有遗传特性的本质的内容。气质的类型主要分为四类：胆汁质、多血质、黏液质、抑郁质[3]。胆汁质的人兴奋、冲动、感性，张飞、李逵是典型的胆汁质的人；多血质的人灵活、主动，孙悟空具有典型的多血质的气质类型；黏液质的人稳重、理性，沙僧具有典型的黏液质的气质类型；抑郁质的人敏感、内向，林黛玉具有明显的抑郁质气质。

顺应天性是性格晶体良好发展的基础。天性难以彻底改变，只有顺势而为，才能形成良好的性格晶体。一些人在现实生活中不断扩大了优势，取得了人生的成功，一些人却在现实中迷失了方向，成为人生的落魄者。一个遗传基因优良、资质聪颖、天性可爱的人具有先天的竞争优势，有利于收获幸福成功的人生。许多天生资质普通甚至有缺憾的人，经过后天的努力，逐步形成了优良的性格，取得了人生的成功。

一个成熟理性的人，可以通过后天的努力，将天性的优势发挥到极致，将劣势缩减到不足以影响个人发展的程度。

5.1.3 性格的形成

气质是与生俱来的遗传天性品质，具有先天的生理物质基础，称为个人的遗传晶核。个人的遗传晶核与人类的遗传基因延续的历程有关，与血型等生理物质特性有关，受到各种各样的自然因素如地域、季节、温度的影响。遗传晶核向着感知意行循环生长、发展形成个人的性格晶体。

性格形成与年龄

性格形成的重要时期，主要是婴幼儿期、少年儿童期、青年期和中年期这四个阶段。

婴幼儿期是性格雏形出现期。3~6岁，人脑发育旺盛，外界刺激会在大脑留下痕迹，刺激反复出现，就会转化为内在信息，促进大脑潜力的开发，并形

成最初的性格倾向。这一阶段，婴幼儿主要生活在家庭及周围环境中，可以说，在性格培养上，家庭是孩子的第一所学校，父母是孩子的第一任教师。

少年儿童期是性格初步形成期。7~17 岁，少年儿童进入学校，扩大了生活范围，并参加一定的社会活动。他们对各种新奇的事物都有强烈的好奇心，模仿力强，但分辨是非的能力相对较弱。因此，正确巧妙的引导和健康和谐的环境，对其性格发展十分重要。

青年期是性格定型期。18~25 岁，青年开始跨入社会或进入大学，在生理和心理上都日益接近成人。世界观逐渐形成，性格也逐渐定型，对周围的现实世界有一个比较稳定的态度和与之相适应的稳定行为方式。

青年后期和中年期是性格成熟期。25 岁以后，个人性格已经成熟定型，但是个人许多重大事件及持续性活动尚未开始或刚刚开始，这些持续性活动与事件对性格具有一定程度的重塑作用。

性格形成与持续性活动

积习成性，即习惯形成性格。性格是在感知意行循环实践中一点一点积累而成的，是由众多的习惯汇集而成的。性格修养从良好习惯开始。工作、学习、运动、家庭生活中形成的行为习惯对性格形成具有重要影响。

职业可以在一定程度上改变一些性格特征。性格有适合的职业，职业能够塑造性格。教师、工程师、设计师、消防员等职业的磨砺，使个人形成了一些具有职业特点的性格特征。教师外向、细心，工程师相对严谨、内向，设计师感性、直觉，消防员主动、果断。

知识可以影响甚至改变性格。学习知识的过程本身就是一个磨砺性格的过程，知识的内容对人的行为习惯有着巨大的影响，必然对性格产生巨大影响。长期从事理论研究的人与长期从事具体操作的人之间的性格差异是非常明显的。

性格特点决定合适的运动方式及运动项目。长期从事某项运动能够形成与该项运动相适应的行为习惯及性格特征。从事象棋、围棋运动的人与从事足球、篮球运动的人行为习惯及性格特征的区别是十分明显的。

性格是否相辅相成影响家庭的组成。组成小家庭的两个人性格会互相影响，老人、孩子的存在及繁琐的家务事对性格的调整产生很大作用。

性格形成与事件

重大事件对性格走向可能产生重大影响。家庭剧变、经历一些痛苦的或不公平的重大事件可能影响性格的走向，使性格走向内向、孤僻或者双重性格。

5.1.4 性格的分类

性格具有千姿百态的表现形式，形容性格的词汇成百上千，找到性格核心特征的不同是分类的关键。

性格体现本质的、稳定的为人处世的方式，为人处世的方式必然要通过具体的活动表现出来，根据感知意行的特点，选择行动、判断、方向、习惯、感知、态度六个维度衡量为人处世方式的不同，称为性格维度。同时，性格表现具有对称互补性特征，内向与外向、主动与被动、严谨与随意、理性与感性等都是性格对称互补性的体现。6 个性格维度分别有两个对称互补的性格，用一个维度的两个方向表示，可以区分出 12 种性格类型。

需要指出的是，性格还具有相似性。性格是一个人主要特征的体现，人与人具有许多相似性，性格也必然具有相似性。性格类型之间实际上并没有清晰的界限，是连续变化的、渐进的，只有隔开了一段距离，方能明显看到差别。因此，性格类型是对一定范围内性格特征的提炼，区分只是为了便于理解分析。

性格被分为 6 个维度具有对称互补性的 12 种性格类型。为反映出不同性格之间的对称互补性与相似性的联系，按照性格的相似性进行排列，6 维度 12 型性格组成了如图 5-1 所示的性格圆图。

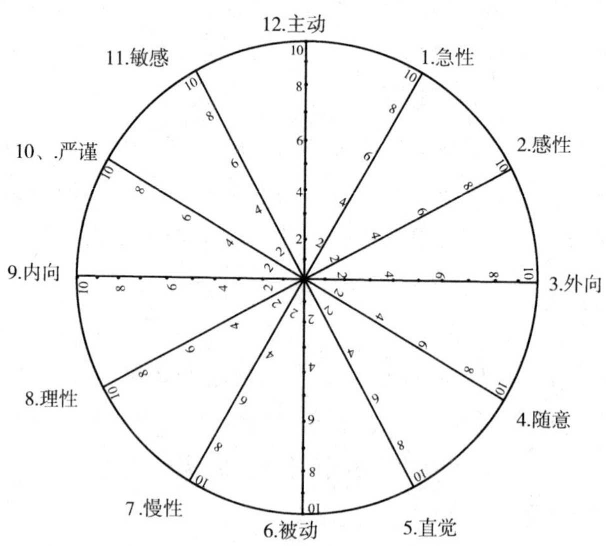

图 5-1 性格圆图

性格圆图像钟表一样分为12个时点，每个时点代表一种性格类型，相邻的时点表示对应的性格类型具有较为接近的特征，相对时点的两种性格具有同一个感知意行组合作用方式（即同一维度）但却有着相反的、互补的表现。

在性格圆图中，主动与被动、外向与内向是确定性格类型的最重要的坐标，作为性格圆图的垂直轴与水平轴，即12（0）-6点轴和3-9点轴。各轴的含义分别为：

（1）主动—被动（12-6轴）：态度模式轴，总揽感知意行的态度。

（2）急性—慢性（1-7轴）：行动模式轴。

（3）感性—理性（2-8轴）：判断模式轴。

（4）外向—内向（3-9轴）：方向模式轴，总揽感知意行的作用方向。

（5）随意—严谨（4-10轴）：行为模式轴。

（6）直觉—敏感（5-11轴）：感知模式轴。

气质与12型性格的关系为：胆汁质是急性、外向、感性三种性格的组合；多血质是主动、随意、直觉三种性格的组合；黏液质是理性、慢性、严谨三种性格的组合；抑郁质是内向、敏感、被动三种性格的组合。

5.1.5　性格强度

性格强度表示性格的明显及强烈程度。性格强度用0~10的数字表示，数字越大，性格强度越大，性格特征越明显，图5-1各轴上的刻度即为此意。$10 \geqslant X > 9$为最强级别（6级强度），为性格特征特别明显，处于人群中的前10%。$9 \geqslant X > 7$为很强级别（5级强度）。$7 \geqslant X > 5$为较强级别（4级强度）。$5 \geqslant X > 3$为普通级别（3级强度）。$3 \geqslant X > 1.5$为较弱级别（2级强度）。$1.5 \geqslant X > 0$为很弱级别（1级强度）。

5.2　“6-12”性格类型

“6-12”性格类型中的6表示性格的6个维度，每个维度有两种对称或互补的性格，12表示共有12种性格类型。

5.2.1 行动特征的缓急之分：急性性格与慢性性格

急性型（1 型）与慢性型（7 型）性格的主要特征如表 5-1 所示。

表 5-1 急性型（1 型）与慢性型（7 型）性格

内容类别	急性型（1 型）性格	慢性型（7 型）性格
性格描述	雷厉风行，果断，坦率、直接、爽快、争强好胜，情绪波动较大	缓慢、不急不躁、平静、随和、沉稳，情绪波动较小
感觉机制	快而敏捷、直接、急切	缓而迟、平静、优雅
加工机制	感性	理性
决策机制	果断	犹豫、慎重
执行机制	快节奏、不拖拉，有时间紧迫感	慢节拍、稳重
优化发展	坦率、果断、高效、直接	沉稳、严谨、周到
恶化预防	冒失、丢三落四、顾此失彼	拖拉、犹豫

行动特征的自我评估

根据以上对急性型与慢性型性格特征的分析，对自己的行动模式特点进行主观评估。

（1）评估自我主要行动特征更偏向于急性型还是慢性型，或者是该急的时候会着急、该慢的时候会慢下来。

（2）与熟悉的同学、朋友、同事比较自己的急性或慢性特征的明显程度如何。

（3）按照满分 10 分的标准，分别给出自己急性与慢性的得分，填在表 5-2 中。

表 5-2 行动维度的自我评估得分

总体特征（打“√”）	急性得分	慢性得分	分差（慢性—急性）
1. 急性 7. 慢性			

5.2.2 判断决策的情理之别：感性性格与理性性格

感性与理性主要是指判断决策的方式，感性型（2 型）与理性型（8 型）

性格的主要特征如表5-3所示。

表5-3　感性型（2型）与理性型（8型）性格

内容类别	感性型（2型）性格	理性型（8型）性格
性格描述	喜欢凭直觉做事，形象思维较强，直接、爽快、热情	崇尚逻辑、公正，习惯于通过分析数据、权衡事实来做出符合逻辑的、客观的结论和选择
感觉机制	直接、热情	细心、冷静
加工机制	跟着感觉走	逻辑分析
决策机制	果断、轻率	犹豫、慎重
执行机制	情感牵引	条理清晰
优化发展	热情、坦率、高效，富有同情心和人情味，善于发现生活的美	公正、严谨、周到、有自知之明，冷静、稳重，居安思危，能主宰自己命运
恶化预防	轻信、太过情绪化、顾影自怜，太过冲动，鲁莽，缺乏客观性	冷酷、严厉、表情木讷、不苟言笑，生活缺少情趣

判断决策的自我评估

根据以上对感性型与理性型性格特征的分析，对自己的判断模式特点进行主观评估。

（1）评估自我主要判断决策特征更偏向于感性型还是理性型，或者是二者兼有、某一方面更突出。

（2）与熟悉的同学、朋友、同事比较自己的感性或理性特征的明显程度如何。

（3）按照满分10分的标准，分别给出自己感性与理性的得分，填在表5-4中。

表5-4　判断维度的自我评估得分

总体特征（打“√”）	感性得分	理性得分	分差（理性—感性）
2. 感性　8. 理性			

5.2.3　方向特征的内外之别：外向性格与内向性格

外向与内向性格是指个人与世界相互作用的方向和能量的疏导方向模式，

是方向模式维度上的两个不同取向的性格类型，它们的主要特征如表 5-5 所示。

表 5-5　外向型（3 型）与内向型（9 型）性格

内容类别	外向型（3 型）性格	内向型（9 型）性格
性格描述	乐观、开朗、热情，好活动、好交往，思维发散、直接，热情、爽快，兴趣广泛，在公共场合举止大方	思想深沉、不外露，安静、离群内省、喜欢独处而不喜欢接触人，保守、与人保持一定距离（除非挚友），对少数几个知己忠诚
感觉机制	开放、发散、全面	收敛、集中
加工机制	记忆、处理信息的方式外向，接触、了解信息的速度较快，喜欢边思考边表达，常将自己的想法不加考虑地说出来	知识分析，认知事物较慢热，执着，一旦决定做某事，往往会比较有毅力
决策机制	当机立断，不拘小节，有奉献精神，但不善于自我分析和自我批评，易产生轻率行为	倾向于做事有计划，瞻前顾后，不凭一时冲动
执行机制	动作快，善于与人交往	相对有些孤僻，拘泥于规矩、遇事退缩、爱自我责备
优化发展	热情、坦率、高效，富有同情心和人情味，善于发现生活的美	独立思考，思想深刻，内置的力量强大，富于创意
恶化预防	从众、失去自我，见异思迁、粗浅、不愿按章程办事，做事没有坚持性	太过保守、压抑、自我，偏执固执，自卑、胆小、退缩

方向特征的自我评估

根据以上对外向型与内向型性格特征的分析，对自己的方向模式进行主观评估。

（1）评估自我主要方向特征更偏向于外向型还是内向型，或者是二者兼有、某一方面更突出。

（2）与熟悉的同学、朋友、同事比较自己的外向或内向特征的明显程度如何。

（3）按照满分 10 分的标准，分别给出自己外向与内向的得分，填在表 5-6 中。

表 5-6　方向维度的自我评估得分

总体特征（打“√”）	外向得分	内向得分	分差（内向—外向）
3. 外向　9. 内向			

5.2.4　随意与严谨的行为习惯之别：随意性格与严谨性格

严谨与随意是习惯性格维度上的两个性格类型。随意型（4 型）与严谨型（10 型）性格的主要特征如表 5-7 所示。

表 5-7　随意型（4 型）与严谨型（10 型）性格

内容类别	随意型（4 型）性格	严谨型（10 型）性格
性格描述	做事灵活，喜欢凭感觉和直觉对待问题，有独特的想法，不固执、对人宽容豁达	生活井井有条，善于自制，善思稳重、考虑问题周全，不骄不躁
感觉机制	自由、开放、发散	专心、收敛、集中
加工机制	灵感、直觉、顿悟	逻辑分析
决策机制	不拘小节，轻率、任性	有计划，有条理、有规矩
执行机制	随心而为	依照规矩
优化发展	灵活善思，对事有自己独特的想法，懂得随遇而安	足智多谋，深谋远虑
恶化预防	太过自我、不考虑他人的感受，凭着自己的性子做事，缺乏责任心	心机过重，身心疲惫，缺少灵活性，错失良机

行为习惯的自我评估

根据以上对随意型与严谨型性格特征的分析，对自己的行为习惯特点进行主观评估。

（1）评估自我主要行为习惯更偏向于随意型还是严谨型，或者是二者兼有、某一方面更突出。

（2）与熟悉的同学、朋友、同事比较自己的随意或严谨特征的明显程度如何。

（3）按照满分 10 分的标准，分别给出自己随意与严谨的得分，填在表 5-8 中。

表 5-8　习惯维度的自我评估得分

总体特征（打“√”）	随意得分	严谨得分	分差（严谨—随意）
4. 随意　10. 严谨			

5.2.5　直觉与敏感的感知模式之别：直觉性格与敏感性格

直觉型与敏感型性格是感知维度上的两个具有不同特点的性格类型，体现个体感知世界、接受信息方式的差异。直觉（5 型）与敏感（11 型）性格的主要特征如表 5-9 所示。

表 5-9　直觉型（5 型）与敏感型（11 型）性格

内容类别	直觉型（5 型）性格	敏感型（11 型）性格
性格描述	相信灵感、想象、无意识等方式，注重事情的象征意义和潜在意义，对热爱的事沉浸于计划却不善于实施	感觉灵敏，注意和留心事物的细节，实际
感觉机制	宏观、深刻、全面	微观、细节、敏捷
加工机制	形象思维	逻辑思维
决策机制	不拘小节，宏观控制	注重细节
执行机制	无为而治	细节决定成败
优化发展	形象思维、宏观控制、大智若愚	逻辑思维、细节决定成败
恶化预防	虚无缥缈、不踏实	因小失大

感知模式的自我评估

根据以上对直觉型与敏感型性格特征的分析，对自己的感知模式特点进行主观评估。

（1）评估自我主要感知特征更偏向于直觉型还是敏感型，或者是二者兼有、某一方面更突出。

（2）与熟悉的同学、朋友、同事比较自己的直觉或敏感特征的明显程度如何。

（3）按照满分 10 分的标准，分别给出自己直觉与敏感的得分，填在表 5-10 中。

表 5-10　感知维度的自我评估得分

总体特征（打“√”）	直觉得分	敏感得分	分差（敏感—直觉）
5. 直觉　11. 敏感			

5.2.6　被动与主动的态度之别：主动性格与被动性格

主动与被动性格是态度维度上的两个性格类型。被动型（6 型）与主动型（12 型）性格的主要特征如表 5-11 所示。

表 5-11　被动型（6 型）与主动型（12 型）性格

内容类别	被动型（6 型）性格	主动型（12 型）性格
性格描述	善于协助、配合，顺从、温和、谦逊，易通融	积极、向上、有活力，主导
感觉机制	偏慢热，喜欢熟悉的领域，有同情心，较含蓄、腼腆、温和	主动、开拓、敏捷、奔放，能够适应环境的变化
加工机制	内敛，思考的时候多、表达的时候较少	开放、联想、发现、改进、创新
决策机制	因人而动	依靠自己的意志行动，决断，独立
执行机制	配合、热心助人，被指挥	积极、热情、敢做敢当，先行一步，赢得主动
优化发展	自信谦虚，助人成功亦是自己成功	有胆有识，善于捉住机遇
恶化预防	过分依赖他人，失去自我，胆小怕事	太过好强，唯我独尊，粗心大意，刚愎自用

态度维度的自我评估

根据以上对主动型与被动型性格特征的分析，对自己的态度模式特点进行主观评估。

（1）评估自我的主要态度特征更偏向于主动型还是被动型，或者是二者兼有，某一方面更突出。

（2）与熟悉的同学、朋友、同事比较自己的主动或被动特征的明显程度如何。

（3）按照满分 10 分的标准，分别给出自己急性与慢性的得分，填在表 5-12 中。

表 5-12　态度维度的自我评估得分

总体特征（打“√”）	被动得分	主动得分	分差（主动—被动）
6. 被动　12. 主动			

5.2.7　“6-12 性格测评”

“6-12 性格测评”是通过测评问卷对性格类型及性格地图的测评及绘制。

将自我评估中以上 6 个维度 12 种性格类型所得的分数，在图 5-2 中对应的每一类性格类型中标出，将标出的点依次相连接，形成一个封闭的图形，就是自己的性格地图。性格地图的形状体现个人总体的性格特征，每一性格类型中的数值代表个人的性格强度，体现性格偏向。

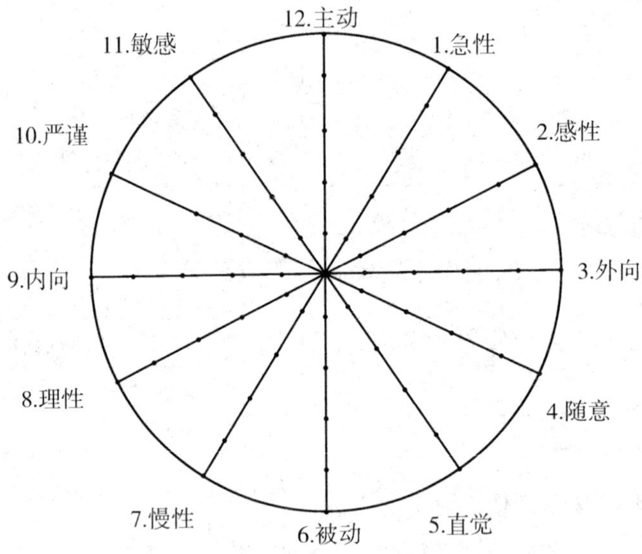

图 5-2　个人的性格地图

性格类型的测评数值越高，性格强度就越高，性格特征就越明显。同一个维度的两种性格强度数值相加后的数值越大，该维度性格强度就越大；两种性格强度的数值差值越大，说明性格调和性越小；差值越小，性格调和性越大。同一个维度的两种性格强度都比较高，而且差值很小，说明个人在这个维度的性格能够比较自如地根据需要进行转换，性格的调和性较强。性格调和性很强的人，可能看不出明显的性格特征。

5.3　性格修养指导

性格的发展成熟符合成熟的一般规律，经历六个发展阶段，每种性格成熟阶段的特征如表 5-13 所示。

表 5-13　性格成熟各阶段的主要特征

成熟阶段	依赖期	独立期	合作期	创发期	完善期	超然期
性格表现	生长	张扬	修养	扬长	协调	随性
主要特点	类型渐现	类型凸显	类型融合	优势创发	内外和谐	随性自然
修养任务	促进形成	知其所适	优化组合	扩大影响	益人利己	无为而成

性格修养的任务是促进性格的发展与成熟。

5.3.1　性格修养的步骤

性格修养的主要步骤为：①熟知自己的性格特点；②明了性格发展的阶段；③按照阶段特点完成修养任务；④提高性格成熟层级；⑤在现实生活中找到性格所适；⑥根据现实生活需要调和性格；⑦在现实生活中创造性格所适；⑧收获与性格相适的事业成功；⑨收获与性格相适的人生幸福。

5.3.2　性格修养要点

（1）强化提升对个人全面发展有益的性格。

每种性格都存在有利于生存发展的土壤，同样也都存在不利于生存发展的局限。一个人性格的优点与缺点往往是紧密相连的，享受性格好处的同时，也要承受性格之弊。在相同性格类型的人里，都有成功者，也有一事无成的人。

主动、外向、理性是对个人全面发展有益的良好性格组合，称为良好性格三角。三个性格类型的性格强度值分别处于 5 以上、且相差不超过 2 为佳。

主动与外向的性格能够促进个人获得较多的人生感悟及知识，每个人都应该具有一定强度的主动与外向的性格特征。但是过于主动及外向，往往会有较多的冲动行为，因此，应该用较强的理性来限定主动及外向的方向及程度。

（2）尊重并顺应个人的性格偏好。

急性子的人做事雷厉风行，慢性子的人做事稳重踏实；主动的人待人处事积极向上，充满活力，善于在团队激起大家的意志力；被动的人善于合作，与他人相处和谐；感性的人情感丰富，富有同情心；理性的人勤于独立思考，善于出谋划策，善于务实，面对问题可以妥善解决。外向的人活泼开朗，善于交际；内向的人安静善思，独立性强，效率高但喜欢独处。随意的人善于灵活机智地完成任务，做事不计较，如能更具沉稳气质，就具备成大事者的要求；严谨的人做事认真，有条理，办事比较精明，小心谨慎，也很谦虚，对自己能掌握的、能力范围内的事情往往轻车熟路，能够很好地完成，如果能够减少疑虑就会更益于成事。敏感的人善于捕捉信息，直觉的人有奇幻的灵感。

努力找到自己性格的优势，发挥自身性格优势，不是勉强做自己不喜欢做的事情，而是顺性而为。如果喜欢安静、喜欢独处，就尽情享受安静的生活，不要在意别人的目光。

（3）促进性格和谐。

在性格的发展中，性格强度较高且具有较大的调和性，性格就趋于和谐完善。

一个外向的人往往会比较容易感知、接受外界信息，会比较容易与他人相处、打成一片，但也比较容易受到欺骗、诱惑。因此，一个外向的人如果要使自己更有内涵，就需要兼备一些内向性格的特点。

与之相反，一个内向的人可能会经常沉醉于自己的世界，钻研、学习自己感兴趣的知识、技能，做出一些非常好的发明创造。但是一个内向的人如果过于把自己封闭在小圈子或内心世界，就容易形成自卑或者闭门造车的现象，很多时候得不到社会认可。因此，一个内向的人如果希望自己生活得更快乐、更有价值，就必须兼备一些外向性格的特点，使自己有限度地融入社会，这一过程就是性格的磨砺调节过程。

一个自我完善的人，是能够成为根据生存发展的需要自如地调控自己性格的人，这种调控并不是与生俱来的，是在漫长的成长成熟过程中经历各种各样的磨砺之后才渐渐具备的。

（4）心理暗示是调节性格的有效方法之一。

当发现自己的性格过于偏向一端时，就需要加以调节，促进性格和谐。

大家可能都有这样的体会，当了解了自己是某种星座或某种特点的人之

后，会不由自主地选择一些自己特别在意的词汇，暗示自己、激励自己，时间长了，自己果然就成了这样的人。这种现象叫作心理暗示。

心理暗示需要适度。由于每个人的情况都不一样，发展的方式、成长的过程、周围的环境会有或多或少的差别，成功是无法完全复制的，差距过大或者说是过于急切的心理暗示会造成过大的心理压力，当暗示无法完成时会对自身造成巨大挫折感，很可能会使人产生自卑等负面情绪，负面情绪的大量积累会对性格产生不良影响。

（5）通过持续性活动修养性格。

漫长的学习过程实际上是进行性格修养的过程。虽然每个人修养的结果并不相同，但是个人的性格都在一定程度上发生了明显的变化。参加篮球或足球训练及比赛等运动类的持续性活动，对性格的磨砺及调节能够产生明显的作用。参加这类运动的人与其他人相比，合作、竞争的特点比较突出。

5.3.3 性格修养的影响

性格与工作

性格影响职业选择和工作的积极性。

主动、外向的人能够获得更多的就业信息，能够积极地投入工作。敏感、直觉的人发现就业机会的方式不同，喜欢的工作内容及环境也不同。

适应性格特征的工作能够发挥个人感知意行的特长，做出明显的工作成绩，能够不断获得满意认知。另外，心情由于性格的舒适而愉悦，能够经常获得快乐感受。

有些工作需要外向的人。主持人、销售人员、公关人员、律师、专业培训师、公司行政人员、人力资源经理、市场部经理、导游（个别细心内向的导游也能得一些客人的认可，但大部分还是喜欢导游能说、能玩）、教师职业，外向性格者工作成绩会比较出色。另外，社区服务与客服人员也应该外向些，为人民服务要“心到口到”。

有些职业适合内向的人。与外界打交道少或敏感部门的职业，比如研发人员、图纸与机械设计人员、系统分析师、会计等。一些需要“少说多做”的职业比如掌握国家机密的人员、公司机密的人员等需要内向性格的人。

每种性格都有适合的职业岗位及工作内容，每一种工作也可以采用不同的方式使性格的优势得以舒展。找到所适的职业，在工作中找到所适的工作方式，是促进性格与职业和谐的两个重要方面。

性格与人际交往

性格相近、相辅相成皆能促进人际交往。

人际交往时，双方性格一致，能够产生吸引力，促进双方进一步交往。不同角色（如领导与被领导、夫与妻、教师与同学）可能更需要性格的相辅相成，性格互补，能产生补偿的吸引力。

性格与家庭

性格相近、相辅相成皆能促进家庭和睦。

俗话说“性格决定命运”，这句话在婚姻、家庭上也同样适用，夫妻性格相投是婚姻、家庭和谐发展的基础。

性格有差异的夫妻可以通过后天的磨合逐渐形成相辅相成的性格匹配，促进家庭和睦。每一种性格都有它最基本的特质，与性格强度高且调和性小的人相处会出现比较大的问题。如急性子的人生活节奏会比较快，而慢性子的人却喜欢沉稳。在日常生活中，夫妻在长时间的相处后，彼此迁就、彼此宽容，久而久之便会形成性格的默契，收获家庭幸福。

性格相近的夫妻能够引起更多共鸣，产生更多共同的兴趣爱好，促进家庭和睦。如果在某些事情上“针尖对麦芒”，性格相近可能出现难以调和的困境，损害家庭幸福。性格相近只有建立在具有共同的价值追求的牢固基础之上，才能有效地促进家庭幸福。

性格与身体健康

性格对身体健康产生双重影响。

不良性格对身体健康的影响是多方面的，可以对人的大脑、内脏及其他器官产生影响。例如，忧郁时，大脑过度抑郁，会造成免疫功能失调，从而引起营养性功能紊乱，导致人体虚弱早衰；发怒导致胃肠功能紊乱，甚至造成器质性损伤；好生气的人易患胃病；好怒的人易患高血压、肝病；性急的人易患心血管疾病；等等。

在长寿老人中，性格开朗、乐观和平静、温和的各占30%左右，急躁易怒的仅占极少数，而孤僻、抑郁的更罕见。

性格与学习

性格对学习方式有很大影响。不同性格的感知意行循环有不同特点，对知识的接受、理解、掌握、应用的方式及快慢都会有所不同。找到适合自己性格

特征的学习模式是提高学习效率、学习成绩的关键。

性格与幸福

顺应性格可以经常获得快乐感受。每一种性格都是中性的，没有好坏之分，只有运用是否得当的差别。要多发挥自身好的一面，发挥性格具有优势的一面，能够经常获得快乐感受。如性格外向的人，拥有热情、乐观等特点，而内向的人并不都是悲观、冷漠的。一个性格内向的人蕴藏着能量，能否发掘性格中的能量，运用在自己的生活中，是顺应性格、收获快乐感觉的要点。

挖掘优良性格的潜能促进事业发展。性格是复杂的，不同的性格类型通过组合可以形成新的性格特征。通过后天的努力，有目标地挖掘个人的性格潜能，形成一些优良性格特质，如意志刚强、意志坚韧、胸襟开阔、热情、勇敢、乐观等，会使人经常产生美好的心理体验，促进事业发展，获得满意认知，收获幸福。具有优良性格特质的人，特别是具有坚强意志、坚韧毅力、乐观、热情、勇敢等优良性格品质的人，更容易获得成功，成为一个优秀人才，从而更易获得快乐感受与满意认知。

■ 拓展练习

1. 性格知己练习。

准确获知自己的性格类型及性格地图。

（1）采用正确的方法进行自我反省、测评、他人认知。

（2）客观记录，避免主观好恶，一个维度两个相反的方面同时分析记录，与他人比较。

（3）按照附中的“6-12 性格测评”问卷绘制自己的性格地图。

（4）分析个人的性格主要特征。

2. 性格为己练习。

明白自己的核心价值追求及深层恐惧，找到实现人生价值的优良性格组合。

存在必然有着合理的理由。每一型性格都有存在的理由，每一个人形成目前的性格特征必然有其发展、存在的合理性。

（1）问问自己的内心深处：确实希望改变目前的状态吗？

如果答案是否定的，就不需要对个人现有性格特征进行调整。

如果答案是肯定的，就必须明白真正希望的改变是什么。

改变的愿望可能源于内心深处的恐惧。害怕死亡、害怕贫困、害怕疾病是基本人性的体现。不同性格类型的人内心深处可能有着相反的恐惧：害怕改变与害怕一直不变，害怕孤独与害怕交往等。改变的愿望也可能源于核心价值追求与内心恐惧的双重作用。一个人只有搞清楚自己人生最重要的核心价值追求及目前最迫切的追求，才能有效地发挥性格优势，促进愿望的实现。

（2）源于价值追求的改变希望拥有的性格特征是什么？

（3）源于内心恐惧的改变希望拥有的性格特征是什么？

（4）个人的现有性格特征与希望拥有的性格特征主要差别是什么？

（5）怎样实现性格特征的修养或调整？

3. 性格克己练习。

在持续性活动中修养性格。

（1）在学习活动中修养性格。

（2）在健身运动中修养性格。

（3）在职业发展中修养性格。

（4）在家庭生活中修养性格。

（5）在艺术修养中修养性格。

（6）在挣钱理财中修养性格。

4. 性格成己练习。

获得性格修养的快乐感受与满意认知。

（1）在性格修养过程中不断获得满意认知。

（2）在性格修养过程中不断获得快乐感受。

（3）在性格修养的效果中获得满意认知。

（4）在性格修养的效果中获得快乐感受。

（5）收获性格修养促进的事业发展及人生幸福。

【注释】

[1] 中国就业培训指导中心，中国心理卫生协会．心理咨询师　基础知识[M]．北京：民族出版社，2012：88.

[2] 帕尔默．九型人格[M]．徐扬，译．北京：华夏出版社，2013：13-18.

[3] 中国就业培训指导中心，中国心理卫生协会．心理咨询师　基础知识

[M]. 北京：民族出版社，2012：86.

附："6-12 性格测评"

一、"6-12 性格测评"问卷

根据自己的实际情况选择一个最符合自己的答案，在相应的字母上打"√"。

（一）行动模式问卷（急性型—慢性型性格问卷）

1. 做事情时，我总是________。

a. 麻利迅速　b. 比较快　c. 比较认真　d. 慢条斯理

2. 突然接受一项工作任务时，我会________。

a. 立即开始行动

b. 稍加思考，马上着手安排

c. 充分思考之后再行动

d. 反复考虑各种方案及可能出现的情况

3. 与熟悉的朋友、同学相比，我讲话的语速________。

a. 很快　b. 较快　c. 较慢　d. 很慢

4. 别人迟到时，我常常________。

a. 感到急不可耐　b. 有点不耐烦　c. 比较淡定　d. 十分淡定

5. 与朋友一起谈话聊天时，我总是________。

a. 抢着说　b. 会说很多话　c. 很少说话　d. 常常不说话

6. 听到别人讲话词不达意时，我总是能够耐心听完。

a. 非常不符合　b. 不太符合　c. 比较符合　d. 非常符合

7. 以下情况最符合我的是________。

a. 爆发力很强　b. 有爆发力　c. 有耐久力　d. 耐久力很强

8. 对他人不满时，我总是会立即表达出来。

a. 非常符合　b. 比较符合　c. 不太符合　d. 非常不符合

9. 平时走路，我总是________。

a. 比大多数人要快　b. 比较快

c. 比较慢　d. 比大多数人要慢

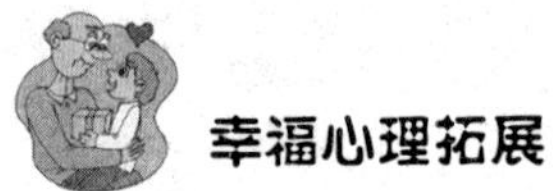

10. 大家一起做事时，我总是抢在最前面。
  a. 非常符合　b. 比较符合　c. 不太符合　d. 非常不符合

（二）判断模式问卷（感性型—理性型性格问卷）

1. 看到或听到一些感人或气愤的事情，我的情感反应总是________。
  a. 比大多数人都强烈　b. 比较强烈
  c. 不太强烈　d. 比大多数人都冷静
2. 我常常不由自主地触景生情、陷入沉思遐想。
  a. 非常符合　b. 比较符合　c. 不太符合　d. 非常不符合
3. 在处理与他人的矛盾时，我会________。
  a. 经常顾及感情　b. 偶尔顾及感情
  c. 就事说事　d. 只讲道理不讲情面
4. 当与人交往时，我常常会相信别人说的话。
  a. 非常符合　b. 比较符合　c. 不太符合　d. 非常不符合
5. 我从来不相信别人的话，只看行动结果。
  a. 非常不符合　b. 不太符合　c. 比较符合　d. 非常符合
6. 观看各种各样的演出、展示，我习惯于________。
  a. 一起热闹　b. 看热闹
  c. 感受一些有益的事物　d. 看门道
7. 作为裁判，裁决有自己系部队伍参加的比赛，我会________。
  a. 多多照顾　b. 适度照顾　c. 尽量保持公平　d. 严守公平原则
8. 我常常会对一些虽然坚持原则但却不近情理的人感到________。
  a. 气愤　b. 不舒服　c. 理解　d. 敬佩
9. 受到不公平的待遇时，我常常会________。
  a. 非常气愤　b. 产生较大的情绪波动
  c. 平静地要求解释　d. 找到解决办法
10. 我总是能够处理好学习工作与休闲娱乐的关系，从没有因玩乐影响学习与工作。
  a. 非常不符合　b. 不太符合　c. 比较符合　d. 非常符合

（三）方向模式问卷（外向型—内向型性格问卷）

1. 我总是热情主动与他人打招呼。
  a. 非常符合　b. 比较符合　c. 不太符合　d. 非常不符合

2. 我更喜欢________。

a. 大家一起热闹　b. 与人交谈　c. 做事　d. 一个人独处

3. 我非常喜欢一个人思考、阅读。

a. 非常不符合　b. 不太符合　c. 比较符合　d. 非常符合

4. 我非常喜欢热闹，经常参加各种聚会。

a. 非常符合　b. 比较符合　c. 不太符合　d. 非常不符合

5. 几个人一起外出活动时，总是我来问路或张罗事情。

a. 非常符合　b. 比较符合　c. 不太符合　d. 非常不符合

6. 对于新的环境，我总是能够很快融入、较好适应。

a. 非常符合　b. 比较符合　c. 不太符合　d. 非常不符合

7. 在与人接触时，我给人的印象是________。

a. 热情　b. 坦率　c. 沉稳　d. 害羞

8. 我总是非常在意自己的________。

a. 个人魅力　b. 行为表现　c. 知识内涵　d. 内心感受

9. 在任何场合我都不会主动讲话。

a. 非常不符合　b. 不太符合　c. 比较符合　d. 非常符合

10. 我更喜欢________。

a. 与人交往　b. 关注各种信息

c. 钻研技术　d. 进行研究思考

（四）行为模式问卷（随意型—严谨型性格问卷）

1. 我的生活、学习、工作物品，总是整理得井井有条。

a. 非常不符合　b. 不太符合　c. 比较符合　d. 非常符合

2. 以下情况更符合我的是________。

a. 随遇而安　b. 做喜欢的事

c. 有目标地做事　d. 严格按计划做事

3. 我从来不会严厉地批评人。

a. 非常符合　b. 比较符合　c. 不太符合　d. 非常不符合

4. 当我和朋友约定见面时，常出现的情况是________。

a. 常常迟到　b. 偶尔迟到

c. 尽量准时到达　d. 一定会准时到达

5. 我经常遇到什么事做什么，没有相应的计划。

a. 非常符合　b. 比较符合　c. 不太符合　d. 非常不符合

6. 大家一起讨论事情时，我总是________。

a. 想到啥就说啥　b. 较为轻松

c. 比较认真　d. 非常严肃认真

7. 对身边的事物，我总是________。

a. 习惯自由自在　b. 比较随意

c. 整理得很有条理　d. 规规矩矩、干干净净

8. 我常常随意改变计划或行程。

a. 非常符合　b. 比较符合　c. 不太符合　d. 非常不符合

9. 对身边人的缺点，我会毫不留情地严厉批评。

a. 非常不符合　b. 不太符合　c. 比较符合　d. 非常符合

10. 我对自己要求很严格，没有完成任务不会放松自己。

a. 非常不符合　b. 不太符合　c. 比较符合　d. 非常符合

（五）感知模式问卷（直觉型—敏感型性格问卷）

1. 晚上休息时，我常常会被一点儿噪声、灯光影响。

a. 非常不符合　b. 不太符合　c. 比较符合　d. 非常符合

2. 在社交场合新认识的人，我常常会________。

a. 莫名其妙地产生好感或不喜欢的感觉

b. 有个整体判断

c. 留意衣着长相

d. 注意到一些体现个人特点的细节

3. 对于周围的生活环境，我总是________。

a. 能够对其宏观布局有所感悟　b. 大致清楚道路设施情况

c. 熟悉具体人与环境的特点　d. 能够察觉一些细微的变化

4. 我给别人的感觉是大智若愚或小事糊涂大事不糊涂。

a. 非常符合　b. 比较符合　c. 不太符合　d. 非常不符合

5. 我总是能够察觉到一些别人不易知道的微妙变化。

a. 非常不符合　b. 不太符合　c. 比较符合　d. 非常符合

6. 为人处世的过程中，我常常________。

a. 对事物进行宏观把握　b. 对事情发展走向捕捉较快

c. 对细小处谨慎　d. 更容易捕捉到事情的细节

7. 我总是习惯于从大局看问题，不拘小节。

a. 非常符合　b. 比较符合　c. 不太符合　d. 非常不符合

8. 我擅长于感知事物的________。

a. 神秘之处　b. 总体特质　c. 变化规律　d. 细微改变

9. 我认为自己具有________。

a. 较高的创造才能　b. 较强的思维能力

c. 较强的应用能力　d. 娴熟的技巧

10. 我善于通过语气、眼神、细小动作等捕捉到他人的真实想法或情绪变化。

a. 非常不符合　b. 不太符合　c. 比较符合　d. 非常符合

（六）态度模式问卷（主动型—被动型性格问卷）

1. 我常常会主动张罗一些活动。

a. 非常符合　b. 比较符合　c. 不太符合　d. 非常不符合

2. 休闲假期，我会________。

a. 主动召集一些朋友聚会　b. 出去找点事做

c. 跟随邀请我的朋友一起出去玩　d. 随意地在家里待着

3. 对于工作机会，我会________。

a. 创造并把握机会　b. 主动寻找

c. 准备好等待机会的来临　d. 听天由命

4. 我常常会自己主动打扫卫生。

a. 非常符合　b. 比较符合　c. 不太符合　d. 非常不符

5. 我总是有着清晰而长远的奋斗目标。

a. 非常符合　b. 比较符合　c. 不太符合　d. 非常不符合

6. 和大家一同讨论问题时，如果没人询问，我不会说出意见。

a. 非常不符合　b. 不太符合　c. 比较符合　d. 非常符合

7. 在已经有过的学习、工作经历中，我从来没有领导过别人。

a. 非常不符合　b. 不太符合　c. 比较符合　d. 非常符合

8. 在团队中，我会常常做一些分外的事。

a. 非常符合　b. 比较符合　c. 不太符合　d. 非常不符合

9. 我希望日后的工作________。

a. 充满变化与挑战　b. 有适度拼搏

c. 舒适安稳　　　　　　　　　　d. 服从安排

10. 我的积极主动性，在熟悉的同学朋友中处于________。

a. 最积极的一部分人（最积极的五分之一）

b. 较积极的一部分人

c. 较不积极的一部分人

d. 最不积极的一部分人（最不积极的三分之一）

二、“6-12 性格测评”结果统计

把各题目选择结果在相应问卷计分表中的对应字母上打“√”标出，查出选择同一个字母的数量，将数字写在“选题数”一列相应位置，按照 a、b、c、d 的分值分别是 1、0.5、0.5、1 分的标准计算相应得分填在“得分”一列相应位置，将 a 与 b、c 与 d 的合计得分写在“性格强度”一栏，即得到个人各种性格类型及性格强度数字。

问卷（一）计分表

题号	1	2	3	4	5	6	7	8	9	10	选题数	得分	性格强度
急性型（1型）性格	a	a	a	a	a	a	a	a	a	a	（ ）×1		
	b	b	b	b	b	b	b	b	b	b	（ ）×0.5		
慢性型（7型）性格	c	c	c	c	c	c	c	c	c	c	（ ）×0.5		
	d	d	d	d	d	d	d	d	d	d	（ ）×1		

问卷（二）计分表

题号	1	2	3	4	5	6	7	8	9	10	选题数	得分	性格强度
感性型（2型）性格	a	a	a	a	a	a	a	a	a	a	（ ）×1		
	b	b	b	b	b	b	b	b	b	b	（ ）×0.5		
理性型（8型）性格	c	c	c	c	c	c	c	c	c	c	（ ）×0.5		
	d	d	d	d	d	d	d	d	d	d	（ ）×1		

问卷（三）计分表

题号	1	2	3	4	5	6	7	8	9	10	选题数	得分	性格强度
外向型（3型）性格	a	a	a	a	a	a	a	a	a	a	（ ）×1		
	b	b	b	b	b	b	b	b	b	b	（ ）×0.5		
内向型（9型）性格	c	c	c	c	c	c	c	c	c	c	（ ）×0.5		
	d	d	d	d	d	d	d	d	d	d	（ ）×1		

问卷（四）计分表

题号	1	2	3	4	5	6	7	8	9	10	选题数	得分	性格强度
随意型（4型）性格	a	a	a	a	a	a	a	a	a	a	（ ）×1		
	b	b	b	b	b	b	b	b	b	b	（ ）×0.5		
严谨型（10型）性格	c	c	c	c	c	c	c	c	c	c	（ ）×0.5		
	d	d	d	d	d	d	d	d	d	d	（ ）×1		

问卷（五）计分表

题号	1	2	3	4	5	6	7	8	9	10	选题数	得分	性格强度
直觉型（5型）性格	a	a	a	a	a	a	a	a	a	a	（ ）×1		
	b	b	b	b	b	b	b	b	b	b	（ ）×0.5		
敏感型（11型）性格	c	c	c	c	c	c	c	c	c	c	（ ）×0.5		
	d	d	d	d	d	d	d	d	d	d	（ ）×1		

问卷（六）计分表

题号	1	2	3	4	5	6	7	8	9	10	选题数	得分	性格强度
主动型（12型）性格	a	a	a	a	a	a	a	a	a	a	（ ）×1		
	b	b	b	b	b	b	b	b	b	b	（ ）×0.5		
被动型（6型）性格	c	c	c	c	c	c	c	c	c	c	（ ）×0.5		
	d	d	d	d	d	d	d	d	d	d	（ ）×1		

三、个人性格汇总及性格地图绘制

将以上六个计分表中的性格强度数值填入“6-12 性格测评”汇总表中。

"6-12 性格测评"汇总表

模式维度	行　动	判　断	方　向	行为习惯	感　知	态　度
性格类型	1-急性型	2-感性型	3-外向型	4-随意型	5-直觉型	6-被动型
性格强度						
性格类型	7-慢性型	8-理性型	9-内向型	10-严谨型	11-敏感型	12-主动型
性格强度						

依据上表中的性格强度数据，在下图的"6-12 性格地图"中的相应坐标位置处标出。将所有的坐标点依次连接得到个人的"性格地图"。

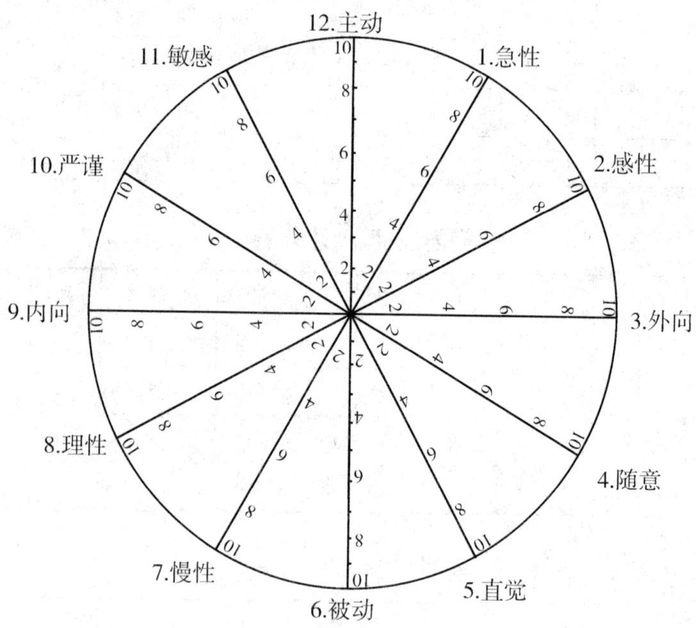

"6-12 性格地图"

6 人格完善

6.1 什么是人格

人格的定义常常是：人格是个人稳定的心理特征的总和[1]，或：人格是一个人区别于他人的稳定的心理品质[2]。人格的分类有很多方法，大五人格、九型人格[3]是其中常见的分类。

人格的本质特征是什么？人格与性格、心态、情绪等的联系与区别是什么？如何通过人格完善来拓展幸福？

6.1.1 人格及相关概念

人格是个体在先天生理素质的基础上，在一定社会历史条件下，通过社会交往而逐渐形成和发展起来的个人稳定的心理特征总和。

人格特别强调“人”的概念。有些人的行为不当，会得到有损人格的评价。人在很多困难的情况下，宁肯牺牲生命，也不愿像猪狗一样苟活。

人格是个人的感知意行晶芽，沿着与人相关的方向，经历无数的感知意行循环，生长凝固的与人相关的感知意行晶体形态及其组合方式的总和，是目前已经形成的人的情感、知识、意愿、行为的状态及组合方式的体现。与人格相关的感知意行晶体及其组合方式称为人格晶体。

人格晶体是自我意识晶体的组成部分，是其核心枝晶。

人格与性格

人格是性格的发展，用公式可以表示为：人格＝性格×核心的价值追求。

性格是人格的重要组成部分。性格是感知意行循环的晶体特征的反映，是自我意识晶体的主要晶干，人格则是性格晶干生长的核心枝晶。

人格与人性

人性是从根本上决定并解释人类行为的那些人类天性，即人类天然具备的基本精神属性。这种属性与化学的元素性质一样稳定，亘古不变，只是在不同的情境下具体表现有所不同。人类社会的一切，都是基本人性的映射。

从现实层面观察人的行为，任何人都有善良的一面，亦有邪恶的一面，人性善恶并存。任何单纯强调人性本善或人性本恶的观点，都是不客观、不全面的。但是，无论人性之善还是人性之恶，其最终指向都是利己，利己是人终极的根本属性，也是一切生命的最根本属性。故人性本私。利人利己是为善，损人害己是为恶。

人性不可过度压抑，也不可过度纵容，应该抑恶扬善地引导人性。过度纵容人性，则人性之恶无从制约；过度压抑人性，只能积累仇恨、束缚创造力。

人性的本质基本相同，但人性的表现方式、表现内容千姿百态。根据人性表现内容及表现方式对人的基本特征进行分类确认，就是人格。

人格跃升

人格跃升就是人性中真善美的一面得到了较为充分的生长发展，对社会、组织、个人产生较为正面的影响，具备较大的正能量。一个具有领袖型人格特征的人，人格跃升的结果就是在能够发挥领袖作用的范围内，有效推进人类社会不断发展进步，弘扬和谐、友爱、民主、文明的精神，提倡人与社会、人与自然的和谐发展，不断创造能够有效提高幸福与成功的成就。

人格塌陷

人格塌陷就是人性中假恶丑的一面得到了较为充分的生长发展，对社会、组织、个人产生负面的影响，具备较大的负能量。一个具有领袖型人格特征的人，人格塌陷的结果可能是领导一个团体做出一系列危害人类文明进步、危害社会和谐发展的事情。毒枭、恐怖组织的骨干都是产生了巨大人格塌陷的具有领袖型人格特征的人。

6.1.2 人格的分类

由于人性表现的差异，确认人性表现差异的人格类型可能出现多种组合方式，形成不同的人格分类体系，人格类型是人格分类体系的具体表现。

人格在形成过程中必然存在相互依存的对应关系，由这种对应关系形成的两种人格类型必然具有互补性或对称性。例如，经常扮演社会关系中的领导者角色，可能促使领袖型人格的形成，而经常扮演被领导者角色，可能促使被领导型人格的形成，领导与被领导形成了具有互补性的两种人格类型：领袖型、和顺型。

人格特征可以从追求、标准、服务、虚实、情理、众寡 6 个维度衡量，称为人格维度。6 个人格维度分别有两个对称互补的人格，可以形成 12 种人格类型，如表 6-1 所示。

表 6-1 6 个人格维度及 12 种人格类型

人格维度	追 求	标 准	服 务	虚 实	情 理	众 寡
两种互补的人格类型	1-成就型	2-完美型	3-自我型	4-艺术型	5-感情型	6-和顺型
	7-享乐型	8-随意型	9-利他型	10-现实型	11-理智型	12-领袖型

人格是一个人主要特征的体现，人与人具有许多相似性，人格也必然具有相似性。人格类型之间实际上并没有清晰的界限，是连续变化的、渐进的，只有隔开了一段距离之后，方能明显看到差别。在两个方向的端点人格之间存在一系列介于两种互补性人格特征的变化区间。人格类型是对一定范围内人格特征的提炼，区分只是为了便于理解分析。

为反映出不同人格互补性与相似性的联系，按照人格的相似性进行排列，6 维度 12 型人格按照钟表的形态排列，组成一个圆环，12 个数字依照时钟顺序排列，即形成如图 6-1 所示的人格圆图。人格圆图中相邻的类型体现人格的相似性，穿越圆心直线相连的两种人格具有互补性或对称性。

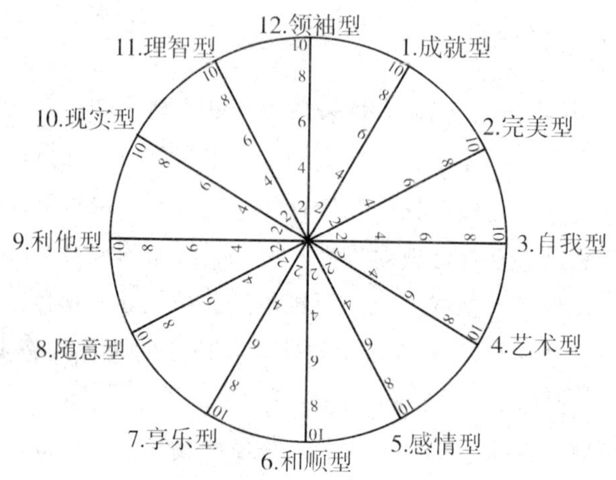

图 6-1 人格圆图

6.1.3 人格认知

利用测评工具进行测试是确定人格类型的有效方法。通过人格测试，能够简单清晰地知道自己属于哪一种人格类型、了解自己的人格特征。但要注意：世界上没有一份问卷可以告诉你100%的标准答案，不能完全依赖问卷测评的方式，它们只可用作参考。

自我认知是人格认知的主要途径。对自我人格的反省、认知是人生重要的自我认知内容。人格是在性格基础上个人核心价值追求的沉淀，认知个人内心最深处的本能欲望及最深的恐惧是人格认知的关键。

他人观点是人格认知的重要依据。他人观点包含他人所说、所写，更包含他人的所作所为。他人对你说什么、做什么都是认知自己人格的重要参考依据。例如，别人害怕你，说的、做的一定有所体现，说明你肯定不是利他型、和顺型、随意型的人格类型，很可能属于领袖型、自我型、完美型人格中的一种；别人不在乎你，说的、做的一定会有所体现，说明你可能属于利他型、和顺型、随意型的人格类型。

12型人格揭示了人格内在的感知意行特点，揭示了价值追求、兴趣爱好、性格气质及知识技能方面的本质不同，它不受表面的、外在行为的变化影响。每一型人格都有自己独特的感知意行特点，体现着独特的价值追求、兴趣爱好、性格气质。

认识12型人格有助于修养自身、善待他人。12型人格是一种人格分析工具，是一种修身养性、自我提升的工具。12型人格可以帮助人们了解自己的个性，从而接纳自己的短处、活出自己的长处；可以明白其他人的个性类型，从而懂得如何与不同的人交往沟通及融洽相处，建立真挚、和谐的人际关系。

每个人都有一个主要的基本人格类型，一个人的基本人格类型不会轻易改变，在现实生活中某些因素的影响使基本人格特征有某部分的隐藏或是调整，却不会真正改变。

人格可以在一定程度上转化。每一种人格都可以转化，比较容易出现的转化方向是获得相邻人格的优点或不足，形成一些兼容的人格，使得原有的人格特征不再十分明显。人格特征特别明显的人转化相对较难，人格特征不太明显或同时具有多种人格特征的人转化较容易。

每一种人格都可以向相差较大的对角线人格移动靠拢，但是对于某一些人格特征特别明显的人而言，很难同时具有两种明显不同的人格，个别情况可能会形成双重人格或人格分裂。

虽然人的基本人格类型不会改变，但某一型的典型描述却不一定完全符合某一个人，因为人们为了顺应成长环境、社会文化，在不同情况下，人格有可能出现一些差异。每个人的成长环境都是独一无二的，所以同类型的人之间可能有许多共同点，但却也各自拥有一些属于自己最特殊的特质。

每一型人格都有明显的优缺点。没有哪一型比较好、哪一型比较差的绝对价值观。每一型的人都各有其优缺点，都具有明显的优点和不足。

6.1.4　人格强度

人格类型强度（简称人格强度）表示本型人格特征的明显或强烈程度。

数字大小表示在此类型上人格强度的差异。一个人可能具有较强的某一型人格特征，也可能同时具有一定强度的多种类型的人格特征而使某一型人格特征不明显。即使具有同一型人格，人与人的差异也是明显的，这种差别用人格强度来表示。

人格强度分为最强（6级）、很强（5级）、较强（4级）、一般（3级）、较弱（2级）、很弱（1级）六个级别，具体分值如表6-2所示。

表 6-2 人格强度级别（X 表示个人的人格强度）

人格强度级别	人格得分范围	级别描述	备 注
6	$10 \geq X > 9$	最强级别	处于人群中的前 10%
5	$9 \geq X > 7$	很强级别	–
4	$7 \geq X > 5$	较强级别	–
3	$5 \geq X > 3$	普通级别	–
2	$3 \geq X > 1.5$	较弱级别	–
1	$1.5 \geq X > 0$	很弱级别	–

6.1.5 人格层级

每一种人格类型都存在跃升与塌陷两种情况。人格类型的基本状态是人格类型的常态，常态人格经历正向刺激、积聚正能量，向着真善美的方向择优生长，产生人格跃升。常态人格经常受到负面影响、积聚负能量，向着假恶丑的方向快速生长，导致人格塌陷。每一种人格具有优态、常态、劣态三种状态（层次）。常态人格实现人格跃升，进入优态人格；常态人格发生人格塌陷，跌入劣态人格。

每一型人格分为 3 个层次、9 个级别。人格的常态称为正常人格层次，超越正常层次的人格层次称为跃升人格层次，低于正常层次的人格层次称为塌陷人格层次。跃升层次的人格是优态的人格状态，是人格跃升的结果。根据人格跃升的程度不同，分为 6、5、4 三个级别，6 级是最高级别。正常层次的人格是健康的人格、常态的人格，根据常态人格的健康状况不同，分为 3、2、1 三个级别，数字递升表示健康程度上升。不健康层次的人格是人格塌陷的状态，根据人格塌陷的程度不同分为 –1、–2、–3 级三个级别，–3 级是人格塌陷最严重的级别。人格层级的关系如表 6-3 所示。

表 6-3 人格的层级关系

层 次	级 别	状 态
跃升人格	6 级	优态
	5 级	
	4 级	

续表

层次	级别	状态
正常人格	3级	常态
	2级	
	1级	
塌陷人格	-1级	劣态
	-2级	
	-3级	

6.1.6　人格完善

人格完善是将人格有缺陷的部分纠正，将人格好的地方发扬光大。人格完善的过程分为四步，基本过程如图6-2所示。

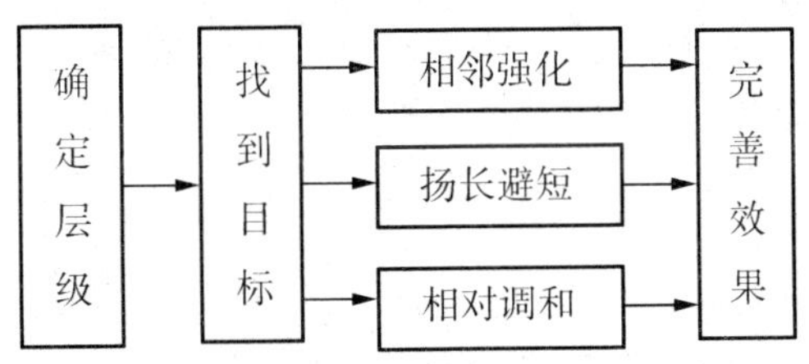

图6-2　人格完善的基本过程

人格完善的具体步骤如下：

（1）确定层级：了解目前人格状态，确定人格层级。

（2）找到目标：找到需要完善的内容，分析形成目前状态的感知意行循环特点及问题，确定目标及实现目标的途径。例如：本型人格是扬长补短，还是与其他人格类型的相邻强化或相对调和？相邻强化、相对调和是人格完善的两个重要方向。相邻强化是获得相邻人格的优点，形成一些兼容的跃升人格。相对调和是向相差较大的对角线人格移动靠拢，使过强的人格特点通过吸收一些互补人格的优点得到调和。

（3）采取行动：设置新的刺激，经历新的感知意行循环，促进新的晶体生长，完成人格完善的任务。

（4）检验完善效果。

6.2 “6-12”人格类型

6.2.1 事业与快乐的不同追求：成就型与享乐型人格

成就型（1型）与享乐型（7型）的人格是互补的、相对的人格，是一个人格维度上的两个相反端点的人格。成就型（1型）与享乐型（7型）人格的主要特征如表6-4所示。

表6-4 成就型（1型）与享乐型（7型）人格的主要特征

项　目	成就型（1型）	享乐型（7型）
主导意愿	追求成功，看重成效	追求快乐
主导情感	我若没有成就，就没有人会爱我	我若不带来欢乐，就没有人会爱我
性格基调	自信，有活力，幽默，成竹在胸，积极进取，处世圆通，形象靓丽	快乐热心，多才多艺，对玩乐的事非常熟悉亦会花精力钻研；不惜任何代价只要快乐；以嬉笑怒骂的方式对人对事
行为特征	好胜心强，喜欢权威，常与别人比较，以成就衡量自己的价值高低，注重形象，工作狂；惧怕表达内心感受，希望能够得到大家的肯定；有野心，不断地追求高效，希望与众不同、受到别人的注目、羡慕，成为众人的焦点	乐观，要新鲜感、追上潮流，不喜承受压力，怕负面情绪；想过愉快的生活，想创新、自娱娱人，渴望过比较享受的生活，把人间的不美好化为乌有；喜欢投入快乐及情绪高昂的世界，总是不断地寻找快乐、体验快乐
为人特点	精力充沛，动力过人，有很强的争胜欲望，喜欢接受挑战，会把自己的价值与成就连在一起；会全心全意去追求一个目标，相信“天下没有不可能的事”	乐观，精力充沛，迷人，需要生活有新鲜感，所以很不喜欢被束缚、被控制；活力是玩的活力，与成就型的动力有所不同，是活动推手
做事习惯	爱数说自己成就，逃避失败，围绕长远目标过活	喜欢制造开心，人生有太多开心的事情等着他
基本心态	自恋、炫耀，害怕亲密关系	好玩、享乐主义

1 型——成就型

自视很高，有一点点自恋、自我膨胀。常会把自己最好的一面给友人看，甚至极端时，会在朋友面前撒谎，以求“保持”自己在朋友心目中的形象。很多时候真正的实力往往没有那么强，因为表达时常会有一点点夸张。

很害怕亲密关系，不是说没有朋友，只是当关系深入时，可能会因怕真面目被看见而避开、逃掉，也因此很难开放自己与人坦诚交往。所以，亲密好朋友关系对成就型的人来说并不容易建立。好胜心颇强，通常认为自己不能在朋友面前“认衰”，所以会表现得“很棒很棒”的。但世界上没有一个人是十全十美的完人！当能容许自己以真面目示人，你的生活将很快乐！

【基本恐惧】没有成就，一事无成。

【基本欲望】感觉有价值，被接受。

【成长经历】受到夸奖往往是因为他们的所作所为和他们取得的成就，而不是他们自己；他们学会了自我推销，学会把自己塑造成工作所需要的理想角色；只要是他们看重的群体，他们就能让自己变成该群体的理想人物。

【人格三态】如表 6-5 所示。

表 6-5　成就型（1 型）人格优态、常态、劣态主要特征

状　态	优态（跃升状态）	常态（健康状态）	劣态（不健康状态）
主要特征	自信心强、精力充沛、吸引力强、成就出众	事事要超越别人、注重包装、自命不凡、工于心计	利用别人、嫉妒心重、以手段保护自己形象、背叛他人

【完善方向】

（1）相邻强化：兼有领袖型（12 型）与完美型（2 型）的优良品质。

（2）相对调和：用享乐型（7 型）丰富自己的人生。

【恶化预防】处理好渴望成就与现实的矛盾落差。

7 型——享乐型（活跃型）

要玩得开心，做事欠缺耐性，因为很怕闷。比其他型的人更易染上烟瘾、毒瘾、赌瘾或者网瘾等，必须要小心，就算遇上一种自己十分喜欢的东西，也不要沉迷下去！始终要顾及自己的身体及其他事情！

【基本恐惧】被剥削，被困于痛苦中。

【基本欲望】追求快乐、满足、得偿所愿。

【成长经历】注意力总是自觉地向积极的回忆靠拢（为什么是快乐的?），这与和顺型（6 型）是相反的，和顺型人格的人倾向于记住那些最糟糕的事情，而享乐型总是记住那些快乐的事情。

【人格三态】如表 6-6 所示。

表 6-6 享乐型（7 型）人格优态、常态、劣态主要特征

状　态	优态（跃升状态）	常态（健康状态）	劣态（不健康状态）
主要特征	多才多艺、外向乐观	沉迷欲望、对人不敏感	攻击及辱骂别人、极端失控

【完善方向】

（1）相邻强化：兼有和顺型（6 型）及随意型（8 型）的优良品质。

（2）相对调和：用成就型的品质丰富人生。

【恶化预防】把自己的快乐与他人的快乐相结合，限定在社会伦理的约束之下。

自我评估

根据以上成就型（1 型）与享乐型（7 型）性格特征的分析，对自己的态度模式特点进行主观评估。

（1）评估自我主要态度特征更偏向于成就型还是享乐型，或者是二者兼有、某一方面更突出。

（2）与熟悉的同学、朋友、同事比较自己的成就或享乐特征的明显程度如何。

（3）按照满分 10 分的标准，分别给出自己成就型与享乐型的得分，填在表 6-7 中。

表 6-7 追求维度的自我评估得分

总体特征（打“√”）	成就型得分	享乐型得分	分差（成就型-享乐型）
1. 成就型　7. 享乐型			

举例

某人在成就型上的打分为 4 分。主要依据：①没有太远大的抱负；②不常

与别人比较，好胜心也不强；③没有野心，只希望开心的生活，走自己的路让别人说去吧；④不用与众不同、受到别人的注目、羡慕，成为众人的焦点；⑤到目前为止没有当过领导。

他在享乐型的打分是6分。主要依据：①很快乐，但不是最会玩的；②很会享受，但从不上瘾；③总能感受到平凡生活中的快乐；④很享受目前拥有的一切。

6.2.2　完美与随意的不同标准：完美型与随意型人格

完美型（2型）与随意型（8型）的人格是互补的、相对的人格，是一个人格维度上的两个相反端点的人格。完美型（2型）与随意型（8型）人格的主要特征如表6-8。

表6-8　完美型（2型）与随意型（8型）人格的主要特征

项　目	完美型（2型）	随意型（8型）
主导意愿	追求尽善尽美、不断进步	追求和平、随意
主导情感	我若不完美，就没有人会爱我	我若不和善，就没有人会爱我
性格基调	忍耐，有毅力，守承诺，贯彻始终；爱家顾家，守法，是有影响力的领袖，喜欢控制；光明磊落	温和友善、忍耐、随和，怕竞争、无法集中注意力，有时像梦游、不到最后一分钟不会完工；非常依赖别人的提醒，注意力集中在细节、次要的事，对大多数事物没有多大的兴趣；不喜欢被人支配，绝不直接表达不满、只是阳奉阴违
行为特征	有极强的原则性，不易妥协，常说“应该”及“不应该”，黑白分明；对自己和别人要求甚高，追求完美，不断改进，感情世界脆弱；希望把每件事都做得尽善尽美，希望自己或是这个世界都更进步；时时刻刻反省自己是否犯错，也会纠正别人的错误	需花长时间做决定，难于拒绝他人，不懂宣泄愤怒；十分温和，不喜欢与人起冲突，不自夸、不爱出风头，个性淡泊；想要和人和谐相处，避开所有的冲突与紧张，希望事物能维持美好的现状；忽视会让自己不愉快的事物，并尽可能让自己保持平稳、平静

续表

项　目	完美型（2 型）	随意型（8 型）
为人特点	事事追求完美，很少讲出称赞的话，无论是对自己还是对身边的人很多时候只有批评；对自己的标准超高；会给自己很大压力，很难放松自己去尽情地玩、开心地笑	在很多情况下都是和平使者，善解人意，随和；很容易了解别人，却不是太清楚自己想要什么，会显得优柔寡断；主见会比较少，宁愿配合其他人的安排，做一个很好的支持者，所以总是比较被动
做事习惯	爱劝勉教导，用离开表达愤怒，相信自己每天有干不完的事	爱调和，做事缓慢，易懒惰、压抑，生活追寻舒服
基本心态	愤怒、不满；失望、沮丧	怕羞、怕事、懒惰

2 型——完美型

常有的愤怒、不满的感觉都是源自超高的要求。当遇到什么不顺意时，就很容易感到愤怒、不满，觉得事情不应该这样发生。这种情绪不单是对自己，还有对周围的环境和人，都是一样。作为你的朋友，要承受你的愤怒情绪，的确不容易，也会造成压力，要多加注意！

同样因为事事追求完美，在生活里常常感到碰钉子、不如意。除了对外发泄愤怒情绪，其实内心不断经历挫败，不断经历失望。这些情绪并不健康，必须积极处理。最基本的方法不是让自己做得更出色，而是偶尔调节对事情的看法，学会轻松面对！

【基本恐惧】怕自己做错、变坏、被腐蚀。

【基本欲望】希望自己是对的、好的、贞洁的、有诚信的。

【成长经历】小时候曾经遭受严厉的斥责或者惩罚，为了逃避麻烦，常常强迫自己往好的方向努力。这样的家庭培养了听话的孩子，但也让孩子把父母的批评声转移到了内心，通过内心的批评来控制日常行为。

【人格三态】如表 6-9 所示。

表 6-9 完美型（2 型）人格优态、常态、劣态主要特征

状 态	优态（健康状态）	常态（一般状态）	劣态（不健康状态）
主要特征	是非分明、正直无私、自律性强、判断力高、条理清晰、道德标准高	害怕犯错、爱批评、挑剔、严格控制、纠正别人、非黑即白	自以为是、强调自己是对的、证明别人是错的、伪君子、心胸狭窄

【完善方向】

（1）相邻强化：兼有成就型（1 型）与自我型（3 型）的优良品质。

（2）相对调和：用随意型（8 型）的品质增加人生的快乐。

【恶化预防】尽量减少批评行为。

8 型——随意型

与世无争，渴望人人能和平共处，很怕引起冲突，是不显眼的一个。由于从不试图突出自己，会比较怕羞、怕事，也很容易有懒惰的意欲。

【基本恐惧】转变与压力，失去平衡。

【基本欲望】维系内在的平静及安稳。

【成长经历】童年生活的一个共同特点是：没有人听取他们的意见，而且他们发现即便是直接表示愤怒，也不能让自己的想法得到重视。

【人格三态】如表 6-10 所示。

表 6-10 随意型（8 型）人格优态、常态、劣态主要特征

状 态	优态（跃升状态）	常态（健康状态）	劣态（不健康状态）
主要特征	心胸开放、心平气和、轻松自在、纯真的心	过于服从、赞同，依靠别人、不下决定、怠惰耽搁	无助和无用、顽固倔强、毫无方向 、停滞不前

【完善方向】

（1）相邻强化：兼有享乐型（7 型）与利他型（9 型）的优良品质。

（2）相对调和：用完美型（2 型）的严谨与上进充实人生。

【恶化预防】形成规律性的生活习惯。

自我评估

根据以上完美型（2 型）与随意型（8 型）性格特征的分析，对自己的态度模式特点进行主观评估。

(1) 评估自我主要态度特征更偏向于完美型还是随意型，或者是二者兼有、某一方面更突出。

(2) 与熟悉的同学、朋友、同事比较自己的完美或随意特征的明显程度如何。

(3) 按照满分 10 分的标准，分别给出自己完美型与随意型的得分，填在表 6-11 中。

表 6-11　标准维度的自我评估得分

总体特征（打“√”）	完美型得分	随意型得分	分差（完美型-随意型）
2. 完美型　8. 随意型			

6.2.3　自我与利他的服务对象之别：自我型与利他型人格

自我型（3 型）与利他型（9 型）的人格是互补的、相对的人格，是一个人格维度上的两个相反端点的人格。自我型（3 型）与利他型（9 型）人格的主要特征如表 6-12 所示。

表 6-12　自我型（3 型）与利他型（9 型）人格的主要特征

项　目	自我型（3 型）	利他型（9 型）
主导意愿	我是中心、我是最重要的，我就是我	愿意付出爱给别人，看到别人满足地接受他们的爱，才会觉得自己活得有价值
主导情感	只有我爱我，别人不会爱我。自我感受高于他人态度	很在意别人的感情和需要，渴望别人的爱或良好关系
性格基调	自我中心，情绪化，狂傲；内向，抑郁，幻想	温和友善，随和；绝不直接表达需要，婉转含蓄；老好人，慷慨大方，乐善好施
行为特征	不合群，很在意自己的内心感受；在常人看来做事比较怪异，有时狂放、目空一切，有时封闭、畏惧一切，情绪化色彩明显；惧怕被人拒绝，觉得别人不明白自己	十分热心，甘愿迁就他人，要别人觉得需要自己、常忽略自己
为人特点	以我为中心、以我的标准与人交往。爱讲不开心的事	很喜欢主动帮人，慷慨大方；虽然对别人的需要很敏锐，但很多时候却忽略了自己的需要，满足别人的需要比满足自己的需要更重要，所以很少向人提出请求；自我并不强，很多时要通过帮助别人去肯定自己

续表

项　目	自我型（3型）	利他型（9型）
做事习惯	我行我素，抗拒别人的教导、帮助	爱报告事实，逃避被帮助，忙于助人，否认问题存在
基本心态	自大，自尊。在众星拱月的环境中成长，可以得到想要的一切 抑郁，自怜。由于从现实生活中得不到满足，常会在幻想里建构自己的世界，让自己的情绪得以发泄，显得比较情绪化，使其他人更难以理解，更孤立	自豪、骄傲。通过热心帮助人去肯定自己，要朋友接纳欣赏自己，当有朋友来寻求帮助时开心不已，也会有自豪和骄傲之感，在此过程中得到肯定和满足；常会很希望朋友会很“依附”自己，甚至是只“依附”自己，否则便会很失望，觉得他们背叛了自己，可能会对他们施加压力，以控制他们

3型——自我型

【基本恐惧】没有独特的存在意义、存在价值。

【基本欲望】寻找自我，在内在经验中找到自我认同。

【成长经历】一种是娇生惯养、众星拱月的成长环境，形成以我为中心、目中无人的基本特点。另一种是童年时常被忽视或遭到遗弃，忽视或抛弃他们的人总是他们认为最重要的人。

【人格三态】如表6-13所示。

表6-13　自我型（3型）人格优态、常态、劣态主要特征

状　态	优态（跃升状态）	常态（健康状态）	劣态（不健康状态）
主要特征	情感真挚、真我突出、内心敏感	个人主义、情绪化、我行我素、感情脆弱	孤独、自卑、自憎、严重沮丧、绝望

【完善方向】

（1）相邻强化：兼有成就型（1型）与艺术型（4型）的优良品质。

（2）相对调和：用利他型（9型）的乐善好施丰富人生。

【恶化预防】尽量不要过于脱离社会、脱离人群。

9型——利他型

【基本恐惧】不被爱，不被需要。

【基本欲望】感受爱的存在。

【成长经历】孩童时期很讨人喜欢，因为他们知道如何让他人高兴，能迅速发现自己身上吸引他人的地方，不仅如此，他们还能针对不同的成年人做出不同的表演。

【人格三态】如表 6-14 所示。

表 6-14　利他型（9 型）人格优态、常态、劣态主要特征

状　态	优态（跃升状态）	常态（健康状态）	劣态（不健康状态）
主要特征	感情投入、体恤别人、热心助人、将心比心	过分热心、需要被人需要、占有欲强、觉得自己不可缺少	抱怨连连、利用别人弱点去贬损别人、觉得被别人欺骗、愤恨不平

【完善方向】

（1）相邻强化：兼有随意型（8 型）与现实型（10 型）的优良品质。

（2）相对调和：用自我型（3 型）找到自己的人生坐标。

【恶化预防】不要过度帮助在某一个点上，避免关爱面过窄。

自我评估

根据以上自我型（3 型）与利他型（9 型）性格特征的分析，对自己的态度模式特点进行主观评估。

（1）评估自我主要态度特征更偏向于自我型还是利他型，或者是二者兼有、某一方面更突出。

（2）与熟悉的同学、朋友、同事比较自己的自我或利他特征的明显程度如何。

（3）按照满分 10 分的标准，分别给出自己自我型与利他型的得分，填在表 6-15 中。

表 6-15　服务维度的自我评估得分

总体特征（打“√”）	自我型得分	利他型得分	分差（自我型-利他型）
3. 自我型　9. 利他型			

6.2.4　艺术与现实的虚实天地：艺术型与现实型人格

艺术型（4 型）与现实型（10 型）的人格是互补的、相对的人格，是一

个人格维度上的两个相反特征的人格。艺术型（4 型）与现实型（10 型）人格的主要特征如表 6-16 所示。

表 6-16　艺术型（4 型）与现实型（10 型）人格的主要特征

项　目	艺术型（4 型）	现实型（10 型）
主导意愿	追求独特	实用才是王道，务实是最重要的事
主导情感	我若不是独特的，就没有人会爱我	做出产品才能赢得赞誉
性格基调	易受情绪影响，倾向追求不寻常、艺术性而富有意义的事物；多幻想，对美感的敏锐可见于独特的衣着及对布置环境的品位显出他的独特性；极具创造力、过分情绪化、容易沮丧或消沉；常觉生命是一个悲剧 。对人若即若离，怕亲密的关系令人发现自己不完美就会离他而去	踏实肯干，喜欢动手
行为特征	追求浪漫，追寻感觉好；很珍惜自己的爱和情感，所以想好好地滋养它们，并用最美、最特殊的方式来表达。想创造出独一无二、与众不同的形象和作品，所以不停地自我察觉、自我反省，以及自我探索	动手，操作，尝试、维修
为人特点	多愁善感，想象力丰富，会常沉醉于自己的想象世界。感情主导，有些工作不喜欢就可能不会做，不会考虑责任的问题	技术是立身之本
做事习惯	特立独行，跟着感觉走，常有不同寻常的情绪化行为	强调技术，喜欢展示技巧
基本心态	自由，创新，多愁善感。觉得自己与其他人不一样，喜欢沉醉于自己的想象世界，会比较抽离；与身边人比较，觉得自己不同，其他人不会明白，又觉得其他人都拥有很多自己没有的东西，所以在现实的社交圈子里很难得到满足	艺多不压身，一招鲜吃遍天

4 型——艺术型（情绪型）

【基本恐惧】没有独特的自我感受或存在形式。

【基本欲望】追求新奇、刺激、与众不同。

【成长经历】一种是生活在无拘无束的生活环境之中，另一种是生活在一个充满忧郁而又特立独行的环境之中。后一种情况，大人身上的痛苦被孩子们感知了，童年时的缺失感导致了成年后的抑郁情绪，抑郁来自于童年的愤怒，这种愤怒最终会向自我的反面发展。

【人格三态】如表 6-17 所示。

表 6-17　艺术型（情绪型，4 型）人格优态、常态、劣态主要特征

状　态	优态（跃升状态）	常态（健康状态）	劣态（不健康状态）
主要特征	创造力高、想象丰富、独具慧眼	天马行空、沉思幻想、放纵自己	远离别人、心胸狭窄、毁灭

【完善方向】

（1）相邻强化：兼有自我型（3 型）与感情型（5 型）的优良品质。

（2）相对调和：用现实型（10 型）的务实品质丰富人生。

【恶化预防】预防过度沉溺于孤独与幻想之中。

10 型——现实型

【基本恐惧】什么都不会。

【基本欲望】成为技术专家、高手。

【成长经历】鼓励动手，不断做出新的东西或掌握新的技巧。

【人格三态】如表 6-18 所示。

表 6-18　现实型（10 型）人格优态、常态、劣态主要特征一览表

状　态	优态（跃升状态）	常态（一般状态）	劣态（不健康状态）
主要特征	务实肯干、动手能力强、一步一个脚印、热衷学习各种知识和技能	太过死板、缺少想象力和创新能力、生活没有情调	死心眼、唯利是图、虚荣心强烈

【完善方向】

（1）相邻强化：兼有利他型（9 型）与理智型（11 型）的优良品质。

（2）相对调和：用艺术型（4 型）的浪漫丰富人生。

【恶化预防】避免走火入魔。

自我评估

根据以上艺术型（4 型）与现实型（10 型）性格特征的分析，对自己的态度模式特点进行主观评估。

（1）评估自我主要态度特征更偏向于艺术型还是现实型，或者是二者兼有、某一方面更突出。

（2）与自己熟悉的同学、朋友、同事比较自己的艺术或现实特征的明显程度如何。

（3）按照满分 10 分的标准，分别给出自己艺术型与现实型的得分，填在表 6-19 中。

表 6-19　虚实维度的自我评估得分

总体特征（打“√”）	艺术型得分	现实型得分	分差（艺术型-现实型）
4. 艺术型　10. 现实型			

6.2.5　情感与理智的情理天平：感情型与理智型人格

感情型（5 型）与理智型（11 型）的人格是互补的、相对的人格，是一个人格维度上的两个相反特征的人格。感情型（5 型）与理智型（11 型）人格的主要特征如表 6-20 所示。

表 6-20　感情型（5 型）与理智型（11 型）人格的主要特征

项　目	感情型（5 型）	理智型（11 型）
主导意愿	情与爱是最宝贵的，追求情与爱的满足	追求知识
主导情感	感受情与爱的体验	我若没有知识、没智慧，就没有人会爱我
性格基调	活泼外向，因情而动，即兴而为	温文儒雅、有学问、条理分明；表达含蓄、拙于辞令；沉默内向、冷漠疏离；欠缺活力、反应缓慢

续表

项　目	感情型（5型）	理智型（11型）
行为特征	很易冲动行事，做事鲜有周详计划，很讲即兴，想做就去做	冷眼看世界，抽离情感，喜欢思考分析；知识很多，但缺乏行动；对物质生活要求不高，喜欢精神生活，不善表达内心感受；想努力获取更多的知识，来了解环境、面对周遭的事物，想找出事情的脉络与原理，作为行动的准则；有了知识，他们才敢行动，也才会有安全感
为人特点	好动，易变，喜新，恋旧	是个很冷静的人，总想跟身边的人和事保持一段距离，也不会乱发脾气发泄情绪，很多时候都会先做旁观者，而后才可投入参与；需要充分的私人空间和高度的私隐，否则会觉得很焦虑，不安定；对知识非常热爱，很有机会成为专家，如电脑、漫画、时装等
做事习惯	爱讲自己经验。不停活动、不停获取、怕严肃认真的事情	爱观察、批评，把自己抽离，每天有看不完的书
基本心态	感动，激动；感恩；冲动、上瘾	好辩、抽离。人常常观察身边的事，却很少参与，所以感情投入也很少；好辩，很执着，却少有“辩输”的空间和量度；对知识的执着固然重要，但经验生活中所得的体会也非常可贵，希望取得平衡，得到最多

5型——感情型

【基本恐惧】死寂，无生命活力。

【基本欲望】用情与爱创造新的活力。

【成长经历】一种是经常被鼓励跟着感觉走，经常感受、想象或渴望人间情与爱的美好。另一种是对亲人过多依恋。

【人格三态】如表6-21所示。

表 6-21　感情型（5 型）人格优态、常态、劣态主要特征

状　态	优态（跃升状态）	常态（健康状态）	劣态（不健康状态）
主要特征	热情洋溢、自发性强、精力充沛、活泼外向	过度活跃、跳跃性大、夸张、不切实际	行事冲动、肤浅、油腔滑调、不计后果

【完善方向】

（1）相邻强化：兼有艺术型（4 型）与和顺型（6 型）的优良品质。

（2）相对调和：用理智型（11 型）的知识与理智调节自己的行为。

【恶化预防】避免冲动与上瘾，形成三思而后行的习惯。

11 型——理智型

【基本恐惧】无能，无知，懒惰。

【基本欲望】智慧，知识丰富。

【成长经历】有两种家庭类型可能造成孩子退缩的心理，一是孩子觉得自己被完全抛弃了，这样的孩子只能接受命运，为了生存学会了与自己的情感分离；一是他们不断受到来自家庭的心理干扰，为了逃避而封闭自己的情感。

【人格三态】如表 6-22 所示。

表 6-22　理智型（11 型）人格优态、常态、劣态主要特征

状　态	优态（跃升状态）	常态（健康状态）	劣态（不健康状态）
主要特征	观察力强、好奇心强、分析力强、聪明、机敏	抽离、只顾分析、冷嘲热讽，只认同自己的想法、抗拒情感介入	逃避、脱离人群、充满敌意、与现实脱节、精神紧张

【完善方向】

（1）相邻强化：兼有现实型（10 型）与领袖型（12 型）的优良品质。

（2）相对调和：用感情型（5 型）的情感丰富人生。

自我评估

【恶化预防】知行合一。

根据以上感情型（5 型）与理智型（11 型）性格特征的分析，对自己的态度模式特点进行主观评估。

（1）评估自我主要态度特征更偏向于感情型还是理智型，或者是二者兼

有、某一方面更突出。

（2）与自己熟悉的同学、朋友、同事比较自己的情感或理智特征的明显程度如何。

（3）按照满分 10 分的标准，分别给出自己感情型与理智型的得分，填在表 6-23 中。

表 6-23 情理维度的自我评估得分

总体特征（打“√”）	感情型得分	理智型得分	分差（感情-理智型）
5. 感情型　11. 理智型			

6.2.6 平民与领袖的众寡之别：和顺型与领袖型人格

和顺型（6 型）与领袖型（12 型）的人格是互补的、相对的人格，是一个人格维度上的具有相反特征的两个人格。和顺型（6 型）与领袖型（12 型）人格的主要特征如表 6-24 所示。

表 6-24 和顺型（6 型）与领袖型（12 型）人格的主要特征

项　目	和顺型（6 型）	领袖型（12 型）
主导意愿	不断得到关心帮助，追求忠心	追求权力
主导情感	我若不顺从，就没有人会爱我	我若没有权力，就没有人会爱我
性格基调	忠诚、警觉、谨慎、机智、务实、守规、纪律维持者	具攻击性、自我中心、轻视懦弱、尊重强人、扶正不扶歪；为受压迫者挺身而出；冲动、有什么不满意当场发作、主观、直觉
行为特征	相信权威、跟随权威的引导行事，然而另一方面又容易反权威，性格充满矛盾；做事小心谨慎，不轻易相信别人，多疑虑，喜欢群体生活，为别人做事尽心尽力，不喜欢受人注视；安于现状，不喜转换新环境；团体意识很强，需要亲密感，需要被喜爱、被接纳并得到安全的保障	追求权力，讲求实力，不靠他人，有正义感；要话语权（说了算），喜欢做大事；是绝对的行动派，碰到问题便马上采取行动去解决；想要独立自主，一切靠自己，依照自己的能力做事，要建设前不惜先破坏，想带领大家走向公平、正义

续表

项　目	和顺型（6型）	领袖型（12型）
为人特点	忠心尽责，希望得到安全感，会是一个很好员工；遇到新的人和事，会产生恐惧、不安的感觉，基于这种恐惧不安，凡事都会做最坏打算，为人都比较悲观，易逃避了事	豪爽、不拘小节、自视甚高、遇强越强、关心正义、公平；清楚自己的目标，并努力前进；由于不愿被人控制，且具有一定的支配力，所以很有潜质做领袖带领大家；较好胜，有时候会对人有点攻击性，让人感到压力
做事习惯	害怕争吵，爱平和讨论，惧怕权威。安于现状、害怕创新、逃避问题	爱命令，说话大声、有威严，有报复心理、爱辩论、靠意志来掌管生活
基本心态	害怕、忧虑、犹豫、表现忠诚。因为害怕，对很多事情皆忧虑，很多时都向坏处打算，所以做人很谨慎；由于害怕做错决定，所以当面对抉择的时候，大都显得很犹疑	主导、担当、侵略、挑战、反叛；通常身兼领袖身份，可以有权力全权安排，指挥他人；由于动力较强，有时会予人侵略之感，很有争胜及控制的欲望，但却要小心运用，不要用之伤害别人；喜欢向权威及规范挑战，具有“明知山有虎，偏向虎山行”的任性

6型——和顺型（忠诚型）

【基本恐惧】得不到支援及指引，单凭一己的能力不能兼顾全部。

【基本欲望】得到支援及安全感。

【成长经历】家庭背景往往有一个共同的主题：一个感觉无法保护自己的孩子，找不到安全的藏身之地，这种家庭背景导致他们成年后，依然觉得自己是受害者，找不到一个强大力量来保护自己；他们被那些不值得信任的权威养大，父母对孩子的惩罚或羞辱是导致这种信任缺失的主要原因，尤其是如果父母对待孩子的态度反复无常的话。

【人格三态】如表6-25所示。

表6-25　和顺型（6型）人格优态、常态、劣态主要特征

状　态	优态（跃升状态）	（一般状态）	劣态（不健康状态）
主要特征	亲切可爱、相信自己他人、积极行动、忠诚待人	害怕做决定、依附权威、优柔寡断、顽强的反叛	极不安全感、自觉卑微、夸大问题、极度焦虑

【完善方向】

（1）相邻强化：兼有感情型（5型）与享乐型（7型）的优良品质。

（2）相对调和：学习领袖型（12 型）的品质丰富自己的人生。

【恶化预防】避免孤独，增加自信。

12 型——领袖型

【基本恐惧】被认为软弱、被人伤害、控制、侵犯。

【基本欲望】自己决定命运，捍卫本身的利益，做强者。

【成长经历】他们的童年很不易，只有强硬的外表下他们才能生存；几种背景：一在家里经常挨打，学会了反击；二是扮演硬汉，从不掉眼泪从不表现自己的软弱；三是从小被灌输的思想强者受尊重，弱者遭拒绝。

【人格三态】如表 6-26 所示。

表 6-26　领袖型（12 型）人格优态、常态、劣态主要特征

状　态	优态（健康状态）	（一般状态）	劣态（不健康状态）
主要特征	自信心强、行动为主、天生领导、勇敢宽宏	个人主义、控制欲强，自视过高，用威胁、恐惧来压人	非常暴力、无情，非常独裁，信奉“强权就是公理”、过度夸张

【完善方向】

（1）相邻强化：兼有理智型（11 型）与成就型（1 型）的优良品质。

（2）相对调和：用和顺型（6 型）的温和丰富人生。

【恶化预防】亢龙有悔。

自我评估

根据以上和顺型（6 型）与领袖型（12 型）性格特征的分析，对自己的态度模式特点进行主观评估。

（1）评估自我主要态度特征更偏向于和顺型还是领袖型，或者是二者兼有、某一方面更突出。

（2）与熟悉的同学、朋友、同事比较自己的和顺或领袖特征的明显程度如何。

（3）按照满分 10 分的标准，分别给出自己和顺型与领袖型的得分，填在表 6-27 中。

表 6-27　众寡维度的自我评估得分

总体特征（打“√”）	和顺型得分	领袖型得分	分差（和顺型-领袖型）
6. 和顺型　12. 领袖型			

6.3　人格的综合分析

6.3.1　“6–12 人格测评”

“6–12 人格测评”是通过测评问卷对人格类型及人格地图的测评及绘制。“6”表示人格的 6 个维度，每个维度有两种对称或互补的人格，“12”表示共有 12 种人格类型。每种人格类型的最高强度值是 10，人格强度范围为 0~10。

主观评估

主观评估是自己或他人对自己人格类型的评估。各维度的自我评估得分就是一种主观评估。

举例分析

将个人人格评分的数值在人格地图的相应位置标出，将相邻的点依次相连，得到一个封闭的图形，即为个人的人格地图。

王帅的人格圆图如图 6–3 所示。

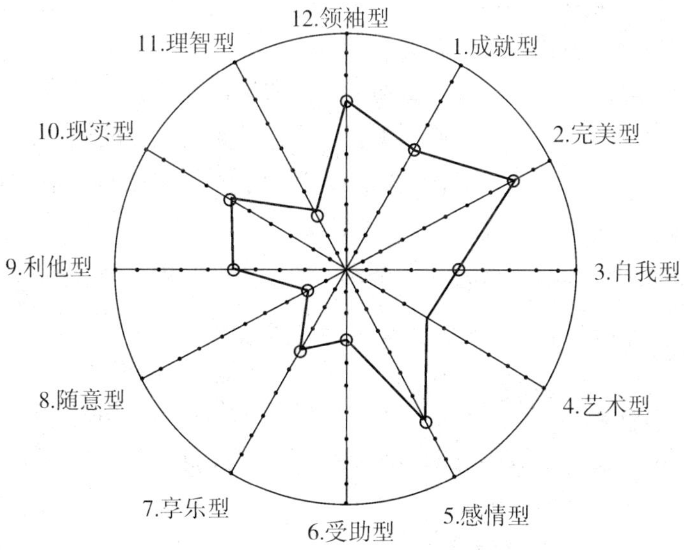

图 6–3　王帅的人格地图

由图 6-3 可以很明显地看出，王帅人格特点主要偏向完美型，而感情型和领袖型是第二偏向点。

王帅最突出的完美型（2 型）人格类型得分为 8 分，处于人格强度 5 级（很强级别）。说明王帅为人处世的标准较高，事事追求完美。作为一个大学生，对待学习、工作及社会活动追求完美是非常有益的。但人格标准维度的两种人格强度差异较大达到 6 分的程度，人格调和性较差。追求完美、不随意，在年轻求学时有益，在家庭及工作中与人相处可能会有磕碰。因为王帅对自己和别人要求甚高，事事追求完美，很少讲出称赞的话，很多时候只有批评，超高的标准会给自己很大压力，很难放松自己去尽情地玩、开心地笑。

王帅感情型和领袖型人格类型得分均为 7 分，同样处于人格强度 5 级。感情型人格能够较好地弥补王帅完美型人格过于苛刻的不足，在对人的方面具有人情味，同时又有原则，是做好领导的必要条件。

王帅成就型与现实型的人格强度处于 4 级，表明王帅具有良好的务实重效人格特质，能够把事情做好。

王帅服务维度的自我型与利他型具有很好的调和性，说明王帅能够较好地根据情况成就自己、方便他人。

王帅的总体人格状况良好，处于健康状态，在现实生活中是一个各方面对自己要求较高，学习、工作、社会活动、体育锻炼等各方面表现都不错的大学生干部。如果在今后的社会中不断促进人性抑恶扬善良好的发展，完善的人格将会不断跃升到更高层级。工作、家庭、学习、身体健康等都是进一步影响人格跃升或塌陷的重要持续性活动。

读者可将自己的人格评分在人格地图中标出，并做类似分析。

6.3.2 人格跃升与人格塌陷

人格有三种状态：正常状态、跃升状态、塌陷状态。用人格层级衡量人格跃升及塌陷的状况。层级越高人格越健康、人格跃升越完善，具体的对应关系如表 6-3 所示。

人性抑恶扬善的发展就是人格跃升，人性向着恶的方面陷落就是人格塌陷。

每种人格类型的层级与人格跃升及塌陷对应的典型人群如表 6-28 所示。

表 6-28　人格跃升与人格塌陷的层级与典型人群

层次		跃升层次			普通层次			塌陷层次		
维度	人格	6	5	4	3	2	1	-1	-2	-3
追求	成就	成功者	成就者	典范	好胜者	实干者	炫耀者	投机者	欺骗者	迫害者
	享乐	顺天者	享有者	全才	鉴赏家	尝试者	享乐者	逃避者	强迫者	变态者
标准	完美	完美者	评论家	严师	管理者	规矩人	挑剔者	不满者	虚伪者	报复者
	随意	自制者	感染者	和平者	迁就者	漠视者	隐修者	懦弱者	抽离者	隔世者
服务	自我	创造者	思想者	创意者	自我者	独行者	放纵者	孤僻者	抑郁者	愤世者
	利他	大公者	关怀者	助人者	豪爽者	密友	忘我者	操控者	支配者	伤心者
虚实	艺术	创作者	灵感者	表演者	浪漫者	唯美者	空想者	抑郁症	精神症	毁灭者
	现实	发明家	权威	专家	工程师	技师	操作者	技术控	捣乱者	破坏者
情理	感性	活动家	鼓动者	营销者	说教者	盲行者	冲动者	玩世者	纵情者	性变态
	理性	智慧者	思想家	理论家	观察者	专注者	挑衅者	孤独者	臆想症	分裂症
众寡	领袖	大度者	领导者	挑战者	冒险者	掌控者	对手	自大者	亡命徒	毁灭者
	和顺	勇敢者	知心人	忠诚者	尽责者	调和者	依赖者	反叛者	恐惧者	受虐狂

每个维度两种人格的跃升及塌陷情况如表 6-29 至表 6-34 所示。

表 6-29　成就型与享乐型的人格跃升与人格塌陷

类型		成就型		享乐型	
层次	级别	典型人群	代表形象	典型人群	代表形象
跃升人格	6	成功者	真诚、有成就	顺天者	自然之美的鉴赏大师
	5	成就者	自信有为	享有者	热情洋溢的乐天派
	4	示范者	杰出典范	多才者	多才多艺的全才
普通人格	3	好胜者	好胜、有成就	鉴赏家	经验丰富的鉴赏家
	2	实干者	实用、有所作为	尝试者	活跃的尝试者
	1	炫耀者	炫耀自恋	享乐者	过度的享乐主义者

续表

类型		成就型		享乐型	
层次	级别	典型人群	代表形象	典型人群	代表形象
塌陷人格	-1	投机者	不诚实、投机	逃避者	冲动型的逃避者
	-2	欺骗者	恶意欺骗	强迫者	疯狂的强迫行为者
	-3	迫害者	睚眦必报	变态者	惊慌失措的“歇斯底里”

表 6-30　完美型与随意型的人格跃升与人格塌陷

类型		完美型		随意型	
层次	级别	典型人群	代表形象	典型人群	代表形象
跃升人格	6	完美者	睿智的现实主义者	自制者	自制力的楷模
	5	评论家	理性的人	感染者	有感受力的人
	4	严师	讲求原则的导师	和平者	有力的和平缔造者
普通人格	3	管理者	理想主义的改革者	迁就者	迁就的角色扮演者
	2	规矩人	讲求秩序的人	漠视者	置身事外的人
	1	挑剔者	好评判的完美主义	隐修者	隐修的宿命论者
塌陷人格	-1	不满者	狭隘的愤世嫉俗者	懦弱者	逆来顺受
	-2	虚伪者	强迫性的伪君子	抽离者	抽离的机器人
	-3	报复者	残酷的报复者	隔世者	自暴自弃的幽灵

表 6-31　自我型与利他型的人格跃升与人格塌陷

类型		自我型		利他型	
层次	级别	典型人群	代表形象	典型人群	代表形象
跃升人格	6	创造者	以人为本的创造者	大公者	不求回报的利他主义者
	5	思想者	自省的自觉者	关怀者	关怀者
	4	创意者	富有想象力的个人主义者	助人者	扶持性的助人者
普通人格	3	自我者	自我表露的个体	豪爽者	热情洋溢的朋友
	2	独行者	自我陶醉的独行者	密　友	占有性的“密友”
	1	放纵者	自我放纵的“例外”	忘我者	自负的“圣徒”

续表

类型		自我型		利他型	
层次	级别	典型人群	代表形象	典型人群	代表形象
塌陷人格	-1	孤僻者	自我疏离者	操控者	自我欺骗的操控者
	-2	抑郁者	抑郁症患者	支配者	高压性的支配者
	-3	愤世者	自我毁灭者	伤心者	心身疾病的受害者

表 6-32　艺术型与现实型的人格跃升与人格塌陷

类型		艺术型		现实型	
层次	级别	典型人群	代表形象	典型人群	代表形象
跃升人格	6	创作者	富有灵感的创造者	发明家	贡献社会的发明家
	5	表演者	特立独行的表演者	权 威	技术权威
	4	鉴赏者	有个性的鉴赏者	专家	技能高手
普通人格	3	浪漫者	自我陶醉的浪漫主义者	工程师	工程设计制造高手
	2	唯美者	富有想象力的唯美主义者	技师	综合的操作高手
	1	空想者	不切实际的空想者	操作者	操作者
塌陷人格	-1	抑郁症	抑郁症患者	“技术控”	孤独的技能专家
	-2	精神症	精神异常的人	捣乱者	制造麻烦的人
	-3	毁灭者	毁灭者	破坏者	技术型的破坏者

表 6-33　感情型与理智型的人格跃升与人格塌陷

类型		感情型		理智型	
层次	级别	典型人群	代表形象	典型人群	代表形象
跃升人格	6	活动家	热情的社会活动家	智慧者	专注的创新者
	5	鼓动者	积极的鼓动家	思想家	开先河的思想家
	4	营销者	有活力的销售者	理论家	狂热的理论家
普通人格	3	说教者	夸夸其谈者	观察者	感知性观察者
	2	盲行者	目标不明的行动者	专注者	勤奋的专家
	1	冲动者	情感冲动的人	挑衅者	挑衅的愤世嫉俗者

续表

类型		感情型		理智型	
层次	级别	典型人群	代表形象	典型人群	代表形象
塌陷人格	-1	玩世者	玩世不恭者	孤独者	孤独的“虚无主义者”
	-2	纵情者	不计后果的纵情者	臆想症	可怕的“外星人”
	-3	性变态	难以自拔的性变态者	分裂症	发作的精神分裂症患者

表 6-34　和顺型与领袖型的人格跃升与人格塌陷

类型		和顺型		领袖型	
层次	级别	典型人群	代表形象	典型人群	代表形象
跃升人格	6	勇敢者	勇敢的英雄	大度者	宽宏大度的人
	5	知心人	迷人的朋友	领导者	自信的领导人
	4	忠诚者	忠实的伙伴	挑战者	建设性的挑战者
普通人格	3	尽责者	尽职尽责的忠诚者	冒险者	实干的冒险家
	2	调和者	避免矛盾的人	掌控者	执掌实权的掮客
	1	依赖者	习惯性的依赖者	对 手	强硬的对手
塌陷人格	-1	反叛者	独裁的反叛者	自大者	亡命之徒
	-2	恐惧者	妄想性的歇斯底里	亡命徒	万能的自大狂
	-3	受虐狂	自残的受虐狂	毁灭者	暴力破坏者

■ 拓展练习

1. 人格知己练习。

准确知道自己的人格类型及人格地图。

（1）采用正确的方法：自我反省、测评、他人认知。

（2）客观记录：避免主观好恶，两个相反的方面同时分析记录，与他人比较。

（3）绘制自己的人格地图。

（4）分析个人的人格主要特征。

2. 人格为己练习。

明白自己的核心价值追求及深层恐惧。

存在的必然有着合理存在的理由。每一型人格都有存在的理由，每一个人形成目前的人格特征必然有其发展、存在的合理性。

（1）问问自己的内心深处：确实希望改变目前的状态吗？

如果答案是否定的，就不需要对个人现有人格特征进行什么调整。

一个大山深处的男孩与女孩，如果真的希望一辈子生活在大山中，那么，在大山的怀抱中自然形成的与生存环境相适应的人格特征就是最适合的。

（2）如果答案是肯定的，就必须明白真正希望的改变是什么。

改变可能源于核心的价值追求。权力、富贵、金钱、美色可能是隐藏在内心深处却不愿常常开口表示的欲望；理想、梦想、信念、人生价值是常常挂在嘴边的追求。不论是什么，一个人只有搞清楚自己人生最重要的核心价值追求及目前最迫切的追求，才能有效发挥人格优势，促进愿望的实现。

改变可能源于内心深处的恐惧。害怕死亡、害怕贫困、害怕疾病是基本人性的体现。不同人格类型的人内心深处可能有着相反的恐惧：害怕改变与害怕一直不变，害怕孤独与害怕交往等。

改变可能同时源于核心价值追求与内心恐惧的双重作用。只看到前面的美好追求，没留意身边或脚下的危险，许多人身败名裂之后悔不当初。改变目前的状态，期冀向往的未来，许多人的改变可能源于追求与恐惧的同时作用。

（3）源于价值追求的改变必须拥有的人格特征是什么？

人格特征是由人格地图确定的综合人格特征，包括人格类型及人格类型的组合。

（4）源于内心恐惧改变必须拥有的人格特征是什么？

人格特征是由人格地图确定的综合人格特征，包括人格类型及人格类型的组合。

（5）个人的现有人格特征与希望拥有的人格特征主要差别是什么？

（6）怎么实现人格特征的完善或调整？

以相邻强化为主。相邻人格的主导意愿、主导情感、性格基调、行为特征、做事习惯、为人特点、基本心态、基本恐惧、基本欲望、成长经历都有着这样或那样的联系，相辅相成，互相支撑，互相强化。

以相对调和为主。相对人格的主导意愿、主导情感、性格基调、行为特征、做事习惯、为人特点、基本心态、基本恐惧、基本欲望以及成长经历截然不同。缩小两者差距或有意拥有相对人格的一些特征就是相对调和，能够有效地互相补充，弥补明显的短板。

相邻强化与相对调和同时作用。

3. 人格克己练习。

在持续性活动中完善人格。

（1）在学习活动中完善人格。

（2）在健身运动中完善人格。

（3）在职业发展中完善人格。

（4）在家庭生活中完善人格。

（5）在艺术修养中完善人格。

（6）在挣钱理财中完善人格。

4. 人格成己练习。

获得人格完善的快乐感受与满意认知。

（1）在人格完善过程中不断获得满意认知。

（2）在人格完善过程中不断获得快乐感受。

（3）在人格完善的效果中获得满意认知。

（4）在人格完善的效果中获得快乐感受。

（5）收获人格完善促进事业发展及人生幸福。

【注释】

［1］中国就业培训指导中心，中国心理卫生协会．心理咨询师　基础知识［M］．北京：民族出版社，2012：81。

［2］李文霞，任占国，赵传兵．大学生心理健康教育［M］．北京：北京师范大学出版社，2013：121-122。

［3］帕尔默．九型人格［M］．徐扬，译．北京：华夏出版社，2013：30-40.

附："6-12 人格测评"

一、"6-12 人格测评"问卷

以下六套问卷每套 10 题共 60 题。根据自己的实际情况选择一个最符合自己的答案，在相应的字母上打"√"。

（一）成就型与享乐型问卷

1. 做任何事情，我总是希望________。
   A. 获得更好的结果　　B. 能够实现目标
   C. 体验到快乐　　D. 尽可能的开心
2. 考试时，我总是能够________。
   A. 力争第一　　B. 保持较好成绩
   C. 保持中等成绩　　D. 开心通过就行
3. 决定一件事情是否值得做时，我的取舍标准主要是________。
   A. 成就大小　　B. 价值高低　　C. 辛苦与否　　D. 快乐程度
4. 我有着清晰的长远目标，并一直为此不懈地奋斗着。
   A. 非常符合　　B. 比较符合
   C. 不太符合　　D. 非常不符合
5. 旷课、旷工去玩（玩游戏、会友、看小说等）的经历，我________。
   A. 从来没有　　B. 很少有　　C. 偶尔有　　D. 时常有
6. 由于学习、工作而废寝忘食的经历，我________。
   A. 时常有　　B. 偶尔有　　C. 很少有　　D. 从来没有
7. 我常常因为成绩突出受到表扬。
   A. 非常符合　　B. 比较符合
   C. 不太符合　　D. 非常不符合
8. 我总是会安排足够的时间放松自己、享受生活。
   A. 非常不符合　　B. 不太符合　　C. 比较符合　　D. 非常符合
9. 在各种聚会或晚会中，我总是玩得最开心的。
   A. 非常不符合　　B. 不太符合　　C. 比较符合　　D. 非常符合
10. 我有着非常强的时间观念，注重效率与效果。

A. 非常符合　　B. 比较符合
C. 不太符合　　D. 非常不符合

（二）完美型与随意型问卷

1. 我对衣着的要求总是________。
   A. 很精致、很细微　　B. 比较认真
   C. 不太在意　　D. 随意、舒服
2. 我的个人物品摆放总是________。
   A. 整齐、干净　　B. 较整洁
   C. 较随意　　D. 随意、杂乱
3. 在与朋友坐着聊天时，我总是________。
   A. 保持规范坐姿　　B. 保持优雅坐姿
   C. 保持舒适坐姿　　D. 不停变换坐姿
4. 组织活动时，我总是会提前认真检查好每一个细节。
   A. 非常符合　B. 比较符合　C. 不太符合　D. 非常不符合
5. 我能够与各种各样的人和平相处，从不与人发生矛盾。
   A. 非常不符合　B. 不太符合　C. 比较符合　D. 非常符合
6. 看到一些不良现象或不文明行为，我总是________。
   A. 表示严厉谴责　　B. 能够表示不满
   C. 视而不见　　D. 可以理解、包容
7. 面对批评，我总是很难接受。
   A. 非常符合　B. 比较符合　C. 不太符合　D. 非常不符合
8. 对领导分配的一项任务，我会________。
   A. 努力做到让领导满意　　B. 尽量把工作完成
   C. 把力所能及的部分完成　　D. 喜欢怎么做就怎么做
9. 每天从早到晚，我的生活及学习活动________。
   A. 有着严格的规律　　B. 比较有规律
   C. 规律性不强　　D. 经常变化
10. 我总是严格按规矩做事，严守时间。
   A. 非常符合　B. 比较符合　C. 不太符合　D. 非常不符合

（三）自我型与利他型问卷

1. 我认为做任何事情，都应该________。

A. 重点考虑自己　　B. 以自己为重、兼顾他人
C. 以他人为重、适当考虑自己　　D. 重点考虑他人

2. 只要大家高兴，自己吃点亏、受点累也是好的。我是这样想的，更是这样做的。
A. 非常不符合　B. 不太符合　C. 比较符合　D. 非常符合

3. 我不会去参加对自己毫无益处的活动。
A. 非常符合　B. 比较符合　C. 不太符合　D. 非常不符合

4. 以下缺点在我身上出现频度较高的是________。
A. 过于冷漠　B. 有点小脾气　C. 有点老好人　D. 热情过度

5. 我常常委屈自己、成全他人。
A. 非常不符合　B. 不太符合　C. 比较符合　D. 非常符合

6. 我根本不在意别人怎么说。
A. 非常符合　B. 比较符合　C. 不太符合　D. 非常不符合

7. 我的想法总是比较独特，一般人难以了解。
A. 非常符合　B. 比较符合　C. 不太符合　D. 非常不符合

8. 我通常给大家的印象是________。
A. 比较自我　B. 较难接触　C. 热心肠　D. 乐于助人

9. 遇到一些自己不太方便或不太愿意的事，我总是________。
A. 直接说“不”　B. 委婉拒绝　C. 很难说“不”　D. 不会说“不”

10. 我的行为特点是________。
A. 非常孤傲　B. 有点孤傲　C. 比较随和　D. 非常随和

（四）艺术型与现实型问卷

1. 我的幻想较多，有点不食人间烟火。
A. 非常符合　B. 比较符合　C. 不太符合　D. 非常不符合

2. 我的行为习惯总是________。
A. 标新立异　B. 偶有新奇　C. 循规蹈矩　D. 一成不变

3. 在选择工作时，我更倾向选择________。
A. 富有想象力的工作　　B. 自由自在的工作
C. 比较稳定的工作　　D. 动手较多的工作

4. 我常有奇思妙想，但却常常缺乏行动实践。
A. 非常符合　B. 比较符合　C. 不太符合　D. 非常不符合

5. 我有非常出色的技能，但却常常缺乏创意。

A. 非常不符合　B. 不太符合　C. 比较符合　D. 非常符合

6. 我习惯于稳定、踏实地做事。

A. 非常不符合　B. 不太符合　C. 比较符合　D. 非常符合

7. 我的情绪起伏很大，时而激情飞扬，时而消沉无语。

A. 非常符合　B. 比较符合　C. 不太符合　D. 非常不符合

8. 我的做事风格非常稳健，很少有波动。

A. 非常不符合　B. 不太符合　C. 比较符合　D. 非常符合

9. 我认为价值的体现在于________。

A. 与众不同　B. 有个性　C. 简单有效　D. 方便实用

10. 我是一个________。

A. 经常有奇思妙想的人　B. 富有新鲜感的人

C. 爱动手实践的人　D. 对工程技术着迷的人

（五）感情型与理智型问卷

1. 我常常学习了解各种规章制度，并严格遵守。

A. 非常不符合　B. 不太符合　C. 比较符合　D. 非常符合

2. 我做事情的想法很多、行动很快、变化较大。

A. 非常符合　B. 比较符合　C. 不太符合　D. 非常不符合

3. 对于各种规定，我常常会根据喜好有所变通。

A. 非常符合　B. 比较符合　C. 不太符合　D. 非常不符合

4. 面对一项任务，我习惯于 ________。

A. 立即行动、随意发挥　B. 边干边想

C. 做个计划　D. 三思而后行

5. 穿过斑马线及红绿灯时，我习惯于________。

A. 随意通过　B. 随大流

C. 尽量遵守交通规定　D. 严格遵守交通规定

6. 对陌生人的帮助请求，我常常会立即提供帮助。

A. 非常符合　B. 比较符合　C. 不太符合　D. 非常不符合

7. 我与人交往的常态是________ 。

A. 喜欢热闹　B. 交际广　C. 慢热　D. 双方互利

8. 我做事情计划周密、行动谨慎，拿不准宁可不做。

A. 非常不符合　B. 不太符合　C. 比较符合　D. 非常符合

9. 我很善于 ________。

A. 劝导别人　B. 表达想法　C. 分析问题　D. 找出规律

10. 我经常________。

A. 即兴演讲　B. 主动发言　C. 沉思　D. 刨根问底

（六）领袖型与和顺型问卷

1. 在一个团队中，我更倾向于________。

A. 领导团队　B. 参与管理　C. 参与活动　D. 服从安排

2. 从小学到中学我一直担任学生干部，很有成就感。

A. 非常符合　B. 比较符合　C. 不太符合　D. 非常不符合

3. 我非常喜欢并适应平平淡淡、与世无争的生活。

A. 非常不符合　B. 不太符合　C. 比较符合　D. 非常符合

4. 我认为自己________。

A. 有控制欲、希望别人服从我　B. 能够影响别人

C. 能够与人平等友好相处　D. 习惯于听从别人指挥

5. 越是遭遇挫折，越是能够激发我的斗志。

A. 非常符合　B. 比较符合　C. 不太符合　D. 非常不符合

6. 对我来说，在大众前演讲或表演是一件________。

A. 很兴奋的事情　B. 很平常的事情

C. 会紧张的事情　D. 比较困难的事情

7. 和他人的意见不同时，我总是________。

A. 坚持自己的意见，并说服他人支持自己

B. 能够通过协商达成共识

C. 听取他人的意见

D. 服从他人安排

8. 对于一些有意捣乱的人，我总是会毫不客气、毫不畏惧地严格管理。

A. 非常符合　B. 比较符合　C. 不太符合　D. 非常不符合

9. 每当遇到新的挑战时，我常常 ________ 。

A. 敢于冒险　B. 主动出击

C. 力求稳妥　D. 寻求别人的帮助

10. 对于人生，我更看重的是________。

A. 功成名就　B. 有所贡献　C. 快乐安稳　D. 恬淡清闲

二、"6-12 人格测评"计分表

把打"√"的选择结果在相应问卷计分表中的对应字母上打"√"标出，查出选择同一个字母的数量，将数字写在"选题数"一列相应位置，按照 A、B、C、D 的分值分别是 1、0.5、0.5、1 分的标准计算相应得分填在"得分"一列相应位置，将 A 与 B、C 与 D 的合计"得分"写在"人格强度"一栏，即得到个人感性型与理性型性格强度数字。

问卷（一）计分表

题　号	1	2	3	4	5	6	7	8	9	10	选题数	得分	人格强度
成就型（1型）性格	A	A	A	A	A	A	A	A	A	A	（ ）×1		
	B	B	B	B	B	B	B	B	B	B	（ ）×0.5		
享乐型（7型）性格	C	C	C	C	C	C	C	C	C	C	（ ）×0.5		
	D	D	D	D	D	D	D	D	D	D	（ ）×1		

问卷（二）计分表

题　号	1	2	3	4	5	6	7	8	9	10	选题数	得分	人格强度
完美型（2型）性格	A	A	A	A	A	A	A	A	A	A	（ ）×1		
	B	B	B	B	B	B	B	B	B	B	（ ）×0.5		
随意型（8型）性格	C	C	C	C	C	C	C	C	C	C	（ ）×0.5		
	D	D	D	D	D	D	D	D	D	D	（ ）×1		

问卷（三）计分表

题　号	1	2	3	4	5	6	7	8	9	10	选题数	得分	人格强度
自我型（3型）性格	A	A	A	A	A	A	A	A	A	A	（ ）×1		
	B	B	B	B	B	B	B	B	B	B	（ ）×0.5		
利他型（9型）性格	C	C	C	C	C	C	C	C	C	C	（ ）×0.5		
	D	D	D	D	D	D	D	D	D	D	（ ）×1		

问卷（四）计分表

题　号	1	2	3	4	5	6	7	8	9	10	选题数	得分	人格强度
艺术型（4型）性格	A	A	A	A	A	A	A	A	A	A	（ ）×1		
	B	B	B	B	B	B	B	B	B	B	（ ）×0.5		
现实型（10型）性格	C	C	C	C	C	C	C	C	C	C	（ ）×0.5		
	D	D	D	D	D	D	D	D	D	D	（ ）×1		

问卷（五）计分表

题　号	1	2	3	4	5	6	7	8	9	10	选题数	得分	人格强度
感情型（5型）性格	A	A	A	A	A	A	A	A	A	A	（ ）×1		
	B	B	B	B	B	B	B	B	B	B	（ ）×0.5		
理智型（11型）性格	C	C	C	C	C	C	C	C	C	C	（ ）×0.5		
	D	D	D	D	D	D	D	D	D	D	（ ）×1		

问卷（六）计分表

题　号	1	2	3	4	5	6	7	8	9	10	选题数	得分	人格强度
领袖型（12型）性格	A	A	A	A	A	A	A	A	A	A	（ ）×1		
	B	B	B	B	B	B	B	B	B	B	（ ）×0.5		
和顺型（6型）性格	C	C	C	C	C	C	C	C	C	C	（ ）×0.5		
	D	D	D	D	D	D	D	D	D	D	（ ）×1		

三、个人人格汇总及人格地图绘制

将以上六个计分表中的人格强度数值汇总在“6-12 人格测评”汇总表中。

“6-12 人格测评”汇总表

模式维度	追求	标准	服务	虚实	情理	众寡
人格类型	1-成就型	2-完美型	3-自我型	4-艺术型	5-感情型	6-和顺型
人格强度						
人格类型	7-享乐型	8-随意型	9-利他型	10-现实型	11-理智型	12-领袖型
人格强度						

将上表的数据绘制在下图的“人格圆图”中得到个人的人格圆图。

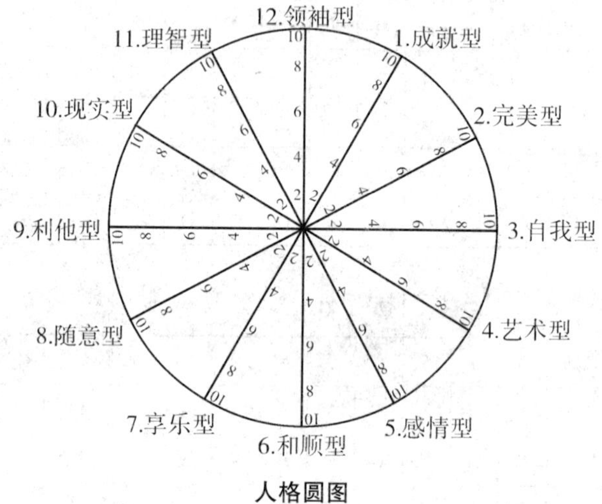

人格圆图

7 情绪管理

7.1 什么是情绪

7.1.1 情绪的定义

情绪是对刺激源产生的具有明显情感色彩及身体行为特征的反应。

情绪是对刺激的特殊的反应及应对行为，主要体现在具有明显的情感色彩及身体表现，情感色彩及身体表现与个人的性格、人格、心态等心理素质有关，与个人荷尔蒙、神经递质、肌肉、体质等生理素质有关，与个人的价值追求、知识水平等思想素质（思想品质）有关。情绪含义图解如图 7-1 所示。

引起情绪反应的刺激源

引起情绪反应的刺激常常是一些重要事件。所谓重要事件并没有绝对的标准，是对个人而言较为在意或意想不到的事件。例如，一句话可能引起有些人产生强烈的情绪反应；而有些人如韩信等即使受到胯下之辱之类的刺激，依然不会轻易产生强烈的情绪反应。

情绪能够明显地影响甚至支配人的行动。当一个人处于某种情绪状态之中的时候，行为表现与正常状态有很大的差别，许多人在情绪失控的状态下，往往会做出一些不理智甚至后悔终生的事。有些人在积极情绪的作用下，也能够

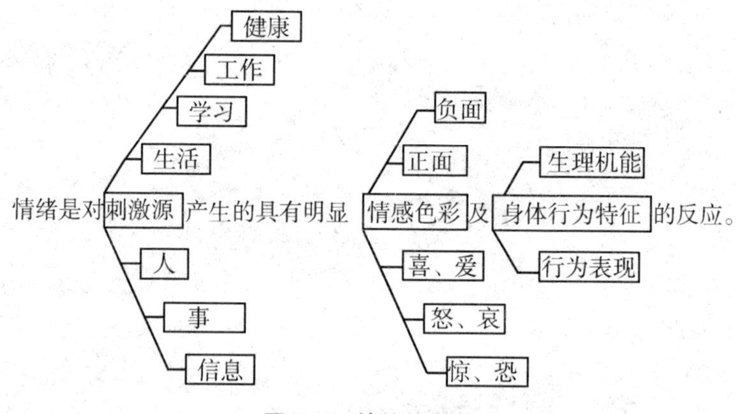

图 7-1　情绪的含义

做出一些平时难以想象的感人之举。

情绪的表现

最常见的情绪有喜、怒、哀、惊、恐、爱等，也有一些细腻微妙的情绪如嫉妒、惭愧、羞耻、自豪等[1]。

情绪变化的外部表现模式为表情，表情包括面部表情、身段表情、言语表情。

情绪的神经生理表现较为复杂。神经解剖学家发现，哺乳动物大脑中有三个独立的神经回路，分别控制三种情绪反应[2]：①产生积极行为的系统，产生快乐情绪，使动物乐于探索周围的世界；②产生战斗或逃跑反应的系统，产生恐惧或愤怒，使动物判断应当迎战或逃跑；③产生消极行为的系统，产生焦虑，使动物行为僵硬、消极。愤怒、恐惧、悲伤、厌恶四种情绪各自有独特的自主神经系统反应，因为这四种情绪能激发出特定的行为，这些本能行为和生存息息相关（如愤怒使人心跳加快、体温上升，可以提高战斗力）[3]。研究也发现，情绪和神经递质水平也有关系，例如愤怒是低血清素、高多巴胺、高去甲肾上腺素综合作用产生的，羞愧的时候这三种神经传导物质水平都比较低，兴奋、感兴趣的时候，这三种神经递质水平都会提高[4]。当左边的前额叶皮层受刺激活跃时，人会产生正面情绪[5]，美好的画面会让这一区域更活跃，人为刺激实验受试者的左边前额叶皮层时，中性甚至负面的画面也看起来更美好[6][7]。一些学者曾猜想过，愤怒作为负面情绪会让右侧前额叶皮层更活跃，然而事实证明，愤怒会激活人的左前额叶皮层，即带给人更多积极感受[8]。

7.1.2 情绪与情感

有人认为[9]，情绪与情感是人对客观外界事物的态度的体验，是人脑对客观外界事物与主体需要之间关系的反应；情感是对客观事物的态度体验，情绪是情感反应的过程；情绪与情感是同一过程、同一现象，只是分别强调了同一心理现象的不同方面。

在幸福心理拓展的体系中，情绪与情感是两个不同的概念：情绪是刺激源引起的具有情感色彩及行为生理反应特征的心理现象；情感是情绪反应中的一部分，是具有意愿及感情特征的情绪反应部分。情绪的神经生理反应部分较为隐含而常常不被一般人重视，因而部分学者才会把情绪与情感视为相同或相近的概念。

情绪的情感色彩

情感是情绪反应中的一部分，是具有意愿及感情特征的情绪反应部分。情绪的情感色彩具有两极性，如爱与恨、喜欢与厌恶、乐观与悲观、快乐与痛苦、坚持与放弃、兴奋与萎靡等，每组中的两种情绪分别对应积极情绪与消极情绪。

情绪影响行为

无论正面情绪还是负面情绪，都会引发人们行动的动机。尽管一些情绪引发的行为看上去没有经过思考，但实际上意识是产生情绪重要的一环。情绪能够明显影响甚至支配人的行动。积极情绪往往产生积极行为，消积情绪往往导致消积行为。

意志

意志是有意识地确立目的、调节和支配行动、通过克服困难和挫折实现预定目的的心理过程[10]。意志品质是情绪中情感反应的一部分，又是应对行为的一部分。

7.1.3 情绪的分类

基本情绪与复杂情绪

情绪可以分为与生俱来的基本情绪和后天学习到的复杂情绪。

基本情绪与原始人类生存息息相关，复杂情绪必须经过人与人之间的交流才能学习到，因此每个人所拥有的复杂情绪数量和对具体情绪的定义都不一

样。人类具有十几种基本情绪，这些情绪含有生理因素，为全人类所共有。在此基础上，不同的文化对基本情绪有不同的诠释，还有一些情绪在特定社会条件下才会产生，这些被称为复杂情绪[11]。

常见的基本情绪有喜悦、愤怒、悲伤、恐惧、厌恶、惊奇[12]。

常见的复杂情绪有窘迫、内疚、害羞、骄傲、嫉妒、暗自得意、焦虑、抑郁等。由道德因素产生的情绪都是复杂情绪[13]。

积极情绪与消极情绪

根据情绪对行为的影响分为积极情绪、中性情绪、消极情绪三种。积极情绪也称正面情绪，消极情绪也称负面情绪。

积极情绪是产生一些具有开心、快乐、开放、活力等感情色彩及行为表现的情绪。有人统计，当一个人的积极情绪能够在日常的所有情绪当中占到三分之二以上的时候，人生就是幸福的。因此，努力提高一个人的积极情绪，是幸福心理拓展的重要内容。

消极情绪是在刺激作用下产生失望、沮丧、封闭、逃离、孤寂、落寞、焦虑、愤怒等感情色彩及行为表现的情绪。大多数时候消极情绪起着破坏、瓦解或阻断作用，会使个体的接纳程度下降、攻击性增强。消极情绪产生保护作用。焦虑、抑郁、愤怒、妒忌是四个常见的、影响较大的消极情绪。

心境、激情、应激

心境是一种微弱、持久、弥漫性的情绪体验状态，通常叫作心情。引起心境反应的刺激源是对个体具有重要意义的事件，心境并不是对某一事件的特定反应，而是对同类事件产生的类似的情绪反应。例如见到喜欢的人产生愉悦情绪，见到亲人、好朋友、关系好的同学等都能产生愉悦情绪。

心境对生活、工作、学习、健康产生重要影响，积极、乐观的心境能够提高效率、增强信心、促进健康；消极、悲观的心境会降低效率、使人消沉、损害健康。

激情是一种强烈的、爆发式的、持续时间较短的情绪状态，具有明显的生理反应及外部行为表现。引起激情的刺激源往往是重大的、突发性的事件或激烈的意向冲突。在激情状态，人会做出平时做不出的事。积极的激情状态能够极大地激发潜能，消极的激情状态常常出现失控的鲁莽行为及恶劣的后果。

应激是在出现意外事件或遇到危险情景时出现的高度紧张的情绪状态，具有强烈的生理反应及心理反应。应激具有良好的防御保护功能，也会产生一系

列的心理及生理健康问题。在应激之后，采取措施尽快恢复到较为正常的情绪状态，可以减少消极情绪的产生及存在的时间。

7.1.4　情绪产生的感知意行过程

情绪是一些特殊刺激引发感知意行晶体品质明显地介入感知意行循环产生的特殊的反应及应对行为。

特殊刺激是能够激发感知意行晶体品质发挥作用的刺激。例如，高考失利，能够激发感晶体产生不快、悲观、懊悔等一系列情感体验，能够激发知晶体产生不满、挫折、失败等认知，能够激发意晶体产生失望、沮丧、没前途、意志消沉等心灰意冷表现，能够激发行晶体产生惊慌失措、麻木等行为特征。

感知意行晶体品质发挥作用的感知意行循环过程就是情绪产生的过程，感知意行晶体品质介入之后发生的状态变化就是情绪对刺激产生的反应及应对行为。高考失利作为一个刺激事件引发的感知意行情绪反应如图 7-2 所示。

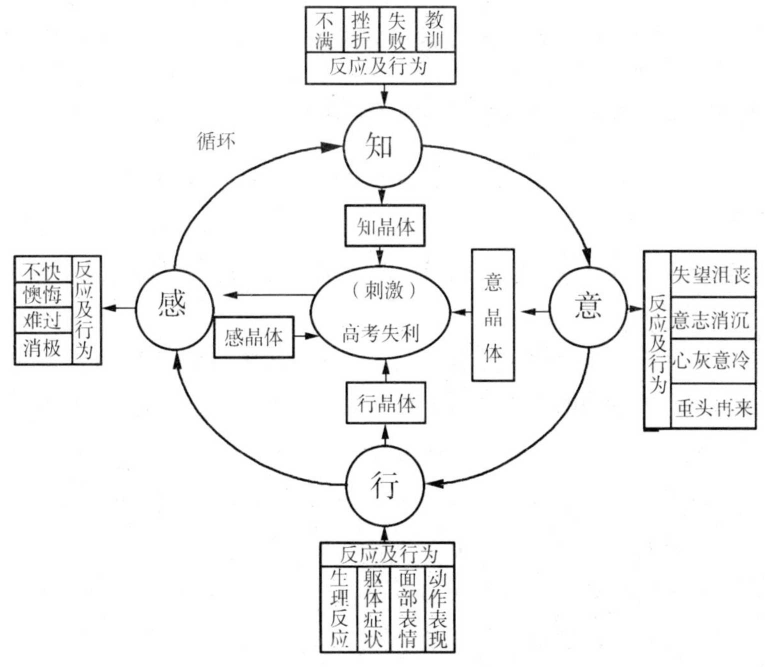

图 7-2　高考失利引发的感知意行情绪反应

一个理想大学的通知书的刺激作用刚好与之相反。

情绪产生的感知意行过程与其他各种心理现象的感知意行循环过程基本相同，不同的是：①引起情绪反应的刺激源具有特殊性；②情绪反应的情感特征与行为特征非常明显；③情绪能够显著影响目前及随后的心态及行为。

7.2　情绪与心态

情绪作为一种心理现象，是在现有的心态基础上，针对具体刺激产生的身心反应，对心态及行为产生影响。具体刺激能够产生什么样的身心反应、对心态及行为产生积极还是消极的影响，受个人目前心态水平的影响。心态层级的水平越高，能够产生积极情绪的概率越大；心态层级越低，产生消极情绪的概率越大。

每个人的心态不同，决定了同一刺激的不同情绪反应。心态不同，同样的刺激源所引起的身心反应及应对行为可能有很大不同。面临同一场狂风暴雨、同一个音乐会，人们的情绪反应千姿百态，是每个人的心态不同所决定的。

7.2.1　思维、理想、兴趣爱好与情绪

思维品质与理想品质（简称思想品质）是感知意行中知晶体与意晶体的体现，是认知及意志的品质的反映。情绪受到思想品质的明显影响。思想品质的层级水平越高，越容易获得积极情绪，在遭遇挫折及不幸的时候消极情绪的影响越小。

思维的高度决定人生的高度。思维是人脑对客观现实概括的、间接的反映，思维积累的关于事物的本质和事物间规律性的联系就是知识，知识水平是思维的体现，同时，知识水平影响思维品质。

一个人的知识水平对于情绪控制有着正向影响。知识水平越高，知识的涉及范围越广、越全面，一个人的智慧水平就越高，情绪调控的能力就越强。这种知识水平并不单指在某一个专业领域具有很高精尖的水平。与之相反，过于局限于某一研究领域而达到精深程度的一些顶级的专业技术人员，他们的情绪往往是比较极端的，这也是“天才与疯子只差半步”的缘由。因此，全面提高一个人的知识水平及综合素质是情绪管理的一项重要内容。

长远而清晰的目标理想对情绪产生强烈的正向作用。通过确定人生高尚的

价值追求、确定个人的人生梦想，能够激发个人的潜在活力，把精力集中在实现奋斗目标的道路上，能够不断产生积极情绪，促进事业发展及人生幸福。一个人的情绪在很大程度上是个人价值追求或精神追求在情感上的体现。因此，调整情绪的关键，首先就是树立与社会主流及个人需求协调的价值追求，建立与之相适应的道德伦理观念。

兴趣爱好在情绪管理及调控当中发挥着重要作用。一个人有着广泛的兴趣爱好，许多情感放在了所感兴趣的事物上面，就不会过于关注一些引起极端情绪的刺激事件，即使一些刺激导致产生了一些极端情绪，也能够在内生的动力或外在的帮助之下，移情到自己所感兴趣的事物。高考失利或大学期间遭遇了悲伤事件，有的人喜欢长跑，让自己在运动场上挥汗如雨，而所有的不快也随着汗水遗落在跑道上，而有些人喜欢邀几个知心好友放声高歌，在歌声当中挥洒掉了个人的不快。因此，培养适合自己的一些兴趣爱好是促进人生幸福、管控情绪的有效手段。

7.2.2　性格、人格与情绪

性格与情绪

情绪的变化受性格类型的影响。不同性格的人，面对事件所产生的情绪反应是不同的。行动、判断、方向三个性格维度对情绪有较大影响。理性的人通常不太会因为事件的发生发展而使自己情绪发生大的波动，也不会随意将自己的情绪表达给他人。感性的人一般不掩盖自己的情绪变化。

情绪变化受性格强度的影响。性格强度越高，性格调和性越小，情绪反应越强烈。

举例说明：小航、小蕊、小敏的性格得分如表 7-1 所示。

表 7-1　小航、小蕊、小敏的性格得分

性格维度	行动		判断		方向		习惯		感知		态度	
性格类型	急性	慢性	感性	理性	外向	内向	随意	严谨	直觉	敏感	主动	被动
小航	2	3	3	4	5	2.5	0.5	5.5	2	5	7.5	0
小蕊	0	3	1	4	0.5	5	1.5	2.5	2	1.5	1.5	4.5
小敏	6	2	7.5	1	6	1.5	5.5	1.5	3	5	5	2

小航与小敏的性格强度较高、情绪反应比较强烈。在行动、判断、方向三个对情绪表现影响较大的维度上，小航的性格调和性较好，小敏的性格调和性较小，因此，小敏的情绪反应更快、更强烈、更难以平息。小航的主动型性格强度高、理性型强度较高，能够主动、较好地进行情绪调控或管理。小蕊的性格强度较低，偏内向，情绪反应慢、弱，但会比较持久。

人格与情绪

情绪受人格类型和人格强度的影响。完美型、自我型、艺术型、感情型、成就型、领袖型人格的情绪反应较大。人格强度越高、调和性越小，情绪的反应越大。

7.2.3 心态与情绪

心态是性格及人格的进一步具体化形成的较为稳定的心理状态。通过心态层级提高促进积极情绪的产生，对促进事业发展及人生幸福有着较为基础的作用。

情绪是衡量心理状态的晴雨表

常态的情绪就是日常所表露出来的情绪，是一种比较稳定的惯常的情绪状态，这种情绪状态是心态的反映，是衡量心态的晴雨表。心态是情绪产生的土壤，情绪是心态在特定刺激作用下的较为强烈的展现。良好的心态会产生更多的积极情绪，积极情绪提高幸福水平。积极情绪的多少在某种程度上体现了一个人的幸福水平。幸福是需要得到满足时候的快乐感受与满意认知，其中快乐感受包含了两方面：一方面是产生快乐体验，一方面是产生积极情绪。

心态层级提高更容易产生积极情绪。根据心态的基本特点，处于较高层级心态的人，或者说处于幸福或健康心态层级的人，更容易产生积极情绪，而积极情绪又反过来进一步促进了健康及幸福心态的形成。一个处于较低心态层级或者说心态不太健康的人，更容易产生消极情绪，而这种消极情绪反过来进一步强化了不健康心态的形成。

态度与情绪

态度是个体对特定对象的总的评价及稳定性的反应倾向[14]，情绪是一种态度体验，是态度的具体化，是评价结果及反应倾向的具体展现。

7.3　情绪管理指导

7.3.1　情绪产生模型

情绪产生模型的基本内容

情绪产生模型是将感知意行模型根据情绪产生、表现、作用的特点，进一步具体化形成的。情绪产生模型的具体内容如图 7-3 所示。

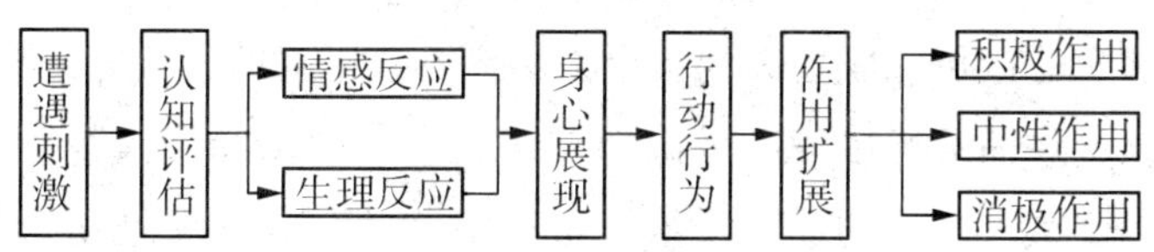

图 7-3　情绪产生模型

如图 7-3 所示，情绪产生的时候，有六个基本过程在短时间内协调、同步地进行：

（1）遭遇刺激：注意到、感觉到或遇到外界发生的能够引起情绪反应的事件或人物（例如：彩票中奖）。

（2）认知评估：认知系统自动评估这一刺激的感情色彩，触发接下来的情绪反应（例如：获得彩票中奖的信息，获奖者把这件事评估为对自身有重要意义的正面事件）。

（3）产生反应：主要产生情感反应及生理反应。情感反应产生喜怒哀乐的主观感情，生理反应产生紧张、兴奋的生理及躯体变化（例如：彩票中奖，主人的身体和心理产生一系列反应，产生“开心、兴奋、狂喜”的主观情感、产生心跳加快等生理反应）。

（4）身心展现：面部和声音等的变化是情绪的外显，向周围的人传达情绪主体对情绪刺激事件的看法和行动意向（例如：彩票中奖，眉开眼笑，欢声笑语）。对情绪的表达既有人类共通的成分，也有各地及各种文化独有的成分。

（5）行动行为：情绪会产生动机，做一些平时不会做的事（例如：彩票中奖，请好友聚餐分享快乐等）。

(6) 作用扩展：情绪的反应及行动在一段时间内能够对自己及身边的人和事产生明显的作用及影响（例如：彩票中奖，自己开心，大家开心，可能带动一些人去购买彩票等）。作用扩展则根据情绪的性质分为积极作用扩展、消极作用扩展及中性作用扩展三个方面。

情绪产生模型的应用

情绪产生模型的主要应用在于找到减少或消除消极情绪、增加积极情绪的心理拓展途径及方法。

利用情绪产生模型可以从其六个阶段找到增殖积极情绪的途径。积极情绪的增殖更能够促进人生幸福与事业成功。一个人在人生道路上不可避免地要遭遇各种挫折及不幸，会产生一些消极情绪，如国家受到侵略、亲人亡故、家庭破裂、失恋、学业危机、职场失利、个人受到不公平对待，等等。对于一个成熟的人而言，这些消极情绪的刺激源能够通过个人的情绪调整得到有效缓解。利用情绪产生模型可以找到从六个阶段采取措施消除或减轻情绪影响的方法。但是当一个人有了严重的情绪问题以致情绪失控时，采取一些医疗措施可以有效控制或缓解失控的情绪。

7.3.2 情绪与情商

情商（emotional quotient，EQ）是“情绪智力”的简称，主要指人在情绪、情感、意志、耐受挫折等方面的品质。情绪智力可扩展为五个主要领域：了解自身情绪、管理情绪、自我激励、识别他人情绪、处理人际关系。

情商是用来衡量人的情绪管理水平高低的指标。情商高，有利于人们从事那种以复杂方式与同事、顾客和客户打交道的工作，比如销售、领导、顾问。总的来讲，人与人之间的情商并无明显的先天差别，与后天的培养息息相关。

7.3.3 情绪管理技能

情绪管理技能是能力在情绪调控及表达方面得到不断应用之后形成的能够重复操作的情绪管理的动作系统。通过训练培养相应的情绪管理技能，可以使情绪控制在合理的范围，可以有效地利用情绪影响别人，可以使情绪的表达与真实的感受分离。情绪管理技能主要包含情绪表达技能、情绪理解技能、情绪调控技能。

情绪表达技能

情绪表达技能是有目的地传递情绪的技能。情绪表达可以是真实的，也可以是演示的。优秀演员都是情绪表达的高手。角色在戏剧冲突中会形成各种各样的情绪，演员的使命就是要将这些情绪真切、生动、恰如其分地表现出来，这对于角色塑造是否成功具有关键的意义。表达情绪，可以让别人更了解你，别人也会因此对你表达他的看法与情绪，使你更了解别人，关系就会因此更牢固、更真诚。表达情绪可以缓解压力，使身体健康。长期紧张、害怕、焦虑或生气，可能导致胃溃疡、偏头痛等，甚至使身体对抗疾病的能力减低。

情绪理解技能

情绪理解技能是准确感知情绪的技能。作家主要通过情绪理解技能，时而体验笔下人物的情绪，时而恢复自己的情绪。演员通过情绪理解技能，将自身的情绪转换成角色情绪。演员在生活遭遇中有自己的情绪，除非巧合，这种情绪与他所扮演角色的情绪不会完全一致，甚至会全然相反，诸如一个家庭美满的演员去表现丧失亲人的哀痛，一个心平气和的演员去表现吵架斗殴中的愤怒，等等。演员要表现角色的情绪，就必须研究、理解剧情，把握角色的气质、性格，设身处地去揣摩、体验角色在特定情境中的感受，否则表演很难获得成功。

情绪调控技能

情绪调控技能是对情绪进行有效调整及控制的技能。情绪调控指个体对具有什么样的情绪、情绪什么时候发生、如何进行情绪体验与表达施加影响的过程。情绪调控的主要途径有：①价值追求引领；②通过提高知识修养提升管理情绪的水平；③通过提高心态层级促进积极情绪的产生。

7.3.4　情绪调控模型

情绪调控模型是对处于一定情绪状态之中的个体按照设定目标进行调控的模型。情绪调控模型与情绪产生模型不同，后者是情绪产生进入情绪状态的模型，前者是对情绪状态的调控及改变。情绪调控模型如图 7-4 所示。

情绪是感知意行晶体被产生情绪的刺激激活做出的反应及应对行为，情绪过程是感知意行循环作用的过程。因此，情绪调控必然要发挥感知意行晶体的作用。情绪调控的感知意行模型就是分别从感晶体、知晶体、意晶体、行晶体的角度产生新的刺激，经历感知意行循环调控情绪。

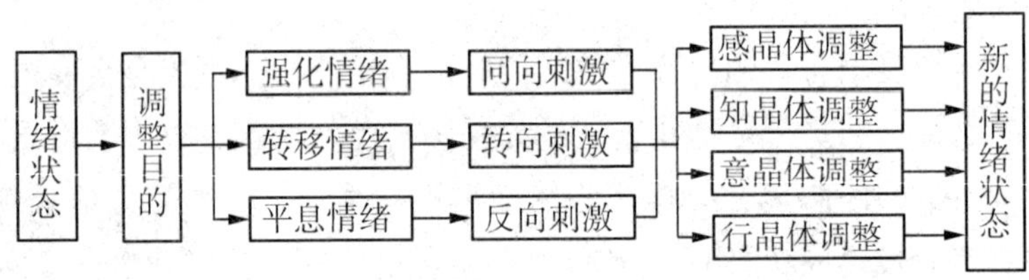

图 7-4 情绪调控模型

情绪调控的基本方法

情绪调控有三种类型：强化情绪、平息情绪、转移情绪。根据发挥作用的晶体不同，情绪调控可以分为感晶体调控、知晶体调控、意晶体调控、行晶体调控及复合调控五种。

（1）感晶体调控——情感刺激调控。

感晶体调控是利用新的情感刺激进行情绪调控。情感刺激的内容与强度要符合情绪调控的需要，能够被有效地感觉到，能够通过新的感知意行循环产生调控效果。

强化情绪使用同类情感刺激。例如，当某一团队的凝聚力和干劲下降时，团队领导便可能会用一些方法刺激团队成员，如聚餐、团队游玩，就是用快乐与开心的情绪去强化凝聚力及工作热情。

平息情绪使用相反情感刺激。平息情绪，则是在团队成员情绪极为激动、亢奋时，让其做些休闲的、安静的活动，如读书、洗澡、远足等。

转移情绪采用其他能够有效移情的刺激。转移情绪是运用一些方法，让处于悲痛情绪的人，暂时放下消极情绪，做些对生活有益的事。

（2）知晶体调控——知识刺激调控。

知晶体调控是利用科学的知识与道理对别人进行引导，用科学的知识对事件的原理、过程、结果进行分析，让其醒悟，从而调控情绪。知晶体调控的关键是将道理讲到心里。

（3）意晶体调控——信念刺激调控。

意晶体调控是一种用精神意念或者说信仰和希望来进行调控的方式。例如，红军战士在艰苦卓绝的战斗过程中，面对敌人强大的炮火与猛烈的攻击和恶劣的作战环境，用理想、信念克服一切不良情绪，不怕流血牺牲，去争取胜利。

（4）行晶体调控——行为刺激调控。

行晶体调控则是当有不良情绪时进行一些运动，放空大脑，从而进行情绪调控。

（5）复合调控——采用两种或两种以上方法进行情绪调控。

情绪调控的具体方法

一些职业要求从业人员控制情绪，这些职业包括空中乘务员、发型师、医生等。从事这些工作的人要经常与公众接触，必须学会控制负面情绪，即使这些负面情绪是正常、健康的。例如医生既不能厌恶患者，也不能被患者吸引。医学院的常规训练会包括情绪中立教育，要求医生在治疗时抛弃个人感情。医学院常教给学生控制情绪的一些方法：把可能激发情绪的事情转化为抽象的事物，比如把身体接触看作执行一系列常规操作；关注正面意义；把患者的事情留给患者，不要带进自己的生活；保持乐观，常开玩笑；避免不必要的接触，尽量少看、少碰患者。相反，发型师和空中乘务员经常要保持开朗、热情、能说善道。空中乘务员常使用演员“深度表演”的技巧，在工作时间用礼貌的态度替代所有自然情绪。

一些常见的情绪调控方法有：

（1）注意力转移法。就是把注意力从引起不良情绪反应的刺激情境，转移到其他事物上去或从事其他活动。做些自己喜欢的事情，如外出散步，看看电影、电视，读书、打球，等等。换一个环境有助于情绪平静下来。

（2）适度宣泄法。可以在适当的场合哭一场，进行适度的发泄。

（3）心理暗示法。对自己进行心理暗示：“忍一时风平浪静，退一步海阔天空。”

（4）交往调节法。某些不良情绪常常是由人际关系矛盾和人际交往障碍引起的。因此当我们遇到不顺心、不如意的事，有了烦恼时，能主动地找亲朋好友交往谈心，比一个人独处胡思乱想、自怨自艾要好得多。这一方面能稳定情绪，另一方面能增强人际交往能力，增强自己战胜不良情绪的信心和勇气。

7.4　情绪的幸福心理拓展

幸福心理拓展的情绪管理有两项基本的任务，一项任务是促进更多的积极

情绪的产生及形成；一项是打破较低心态层级产生消极情绪的习惯，阻断产生消极情绪的出路，使之转向常态或积极情绪。

积极情绪与消极情绪是相对的。一个幸福快乐的人总是伴随着较多的积极情绪，一个悲观失望的人可能经常产生消极情绪。有时候消极情绪也能够发挥一些积极作用。例如对不公平及丑恶现象的愤怒，能够激发消除不公平及丑恶现象的巨大动力。又如，一个处在险恶环境中的人，产生逃避、收敛的消极情绪可以避免个人陷入更大的灾难。中国古代许多聪明人在一个黑暗的年代，往往选择逃避现实的方式避免灾难。一个人不仅要在正常的社会环境下产生更多的积极情绪，也要能够判断个人所处的社会及生存环境，管理自己的情绪，避开可能的伤害或灾难。

7.4.1 积极情绪拓展

培育涌出幸福甘泉的优势心态。积极情绪是快乐感受的重要组成部分，快乐感受是幸福的两个重要标志之一，当一个人超越了原始、野蛮的欲望层级之后，快乐感受在很大程度上与心态有关。

生活快乐

生活快乐存在于家庭生活的天伦之乐之中，存在于衣食住行的日常活动之中，存在于休闲娱乐之中，存在于亲朋好友的浓浓情意之中。情绪健康能够维护良好人际关系，情绪健康、心胸开阔，个性得到全面和谐的发展，是维系正常人际关系的纽带。一个微笑、一次握手、一个诚挚的眼神、一个友好的动作、一句温暖的话语，会起到沟通心灵、增进友谊的效果，而冷漠、自卑、暴躁等不良情绪会影响人际交往，妨碍团结和友谊。

学习快乐

学习的快乐既有取得一些标志性的学习成就的事件带来的较为强烈的快乐，更有植根在学习土壤之中孕育学习快乐的种子、促进其发芽生长的默默无声但却随时存在的快乐。积极情绪促进学习。情绪对学习活动的作用具有两面性，既可能提高学习的积极性、促进和增强学习效果，也可能降低学习的积极性、削弱和减低学习的效果。一般来说，高兴、快乐、喜悦、热情等积极情绪对学习有促进作用，焦虑、痛苦、忧伤、愤怒、冷漠等消极情绪对学习起阻碍作用。

愉快、平衡的情绪能使人的大脑处于最佳活动状态，人在愉快的心情下学

习，精力会更集中，思维更敏捷，记忆效果大大提高。相反，如果在痛苦、烦躁、不安的情形下进行学习活动，就不能集中精神，思维变得混乱、记忆力下降。

情绪对学习的影响表现在记忆方面就是：当所学习的材料的情绪与学习者的情绪一致时，记忆效果就好些，即愉快的人更容易记住令人愉快的材料，而悲伤的人更易记住令人悲伤的材料；另外，人在愉快的状态下更易想起在愉快的状态下学习的东西。

工作快乐

工作的快乐既有取得一些标志性的工作成就的事件带来的较为强烈的快乐，更有植根在工作土壤之中孕育工作快乐的种子、促进其发芽生长的默默无声但却随时存在的快乐。

身心快乐

健康的快乐既有取得一些标志性的健康成就的事件带来的较为强烈的快乐，更有植根在健康土壤之中孕育健康快乐的种子、促进其发芽生长的默默无声但却随时存在的快乐。良好情绪促进身体健康。情绪影响机体的免疫力。现代医学认为，良好的情绪可使机体生理机能处于最佳状态，使免疫抗病系统发挥最大效应，抗拒疾病的袭击。因此，有的心理学家把情绪称为“生命的指挥棒”“健康的寒暑表”。情绪可以治疗或导致疾病。心理学家研究发现：人在激动时皮肤会潮红发热，在紧张或愤怒时皮肤会苍白冰冷。人的情绪如果发生剧变，还可导致皮肤过敏，甚至会因此影响到毛发。同时，愉快喜悦等正面情绪还可以使得伤口加快愈合，促进疾病痊愈。情绪可以改变内分泌和神经系统功能。经常紧张忙碌、不顺心会使人体出现失眠、脱发甚至神经衰弱等系统失调的症状。强烈、突然或持久的精神打击会引起精神障碍。

7.4.2 消极情绪调整

消极情绪调整就是弥补产生消极情绪的心态漏洞及裂缝。

焦虑及其克服方法

焦虑是一种内心紧张不安的情绪状态，是一种预感到似乎将要发生某种不利情况而又难以应付的不愉快情绪。人在焦虑时都能意识到自己处于焦虑状态，每个人都可以在主观中将焦虑同疼痛、悲哀、抑郁等痛苦体验区分开来。

适度的焦虑有其积极作用。焦虑提醒人警觉已经存在的内部或外部危险，起着保护作用。焦虑时，自主神经系统被激活，心血管系统活动加强，肾上腺的分泌增加，使人的注意力更集中、反应更敏捷、思维更灵活。

长期处于焦虑状态会导致焦虑症的发生。焦虑症患者感觉自己处于一种紧张不安、提心吊胆、恐惧、害怕、忧虑的内心体验中。紧张害怕什么呢？有些人可能会明确说出害怕的对象，也有些人可能说不清楚害怕什么，但就是觉得害怕；紧张的同时往往会伴有自主神经功能亢进的表现，像心慌、气短、口干、出汗、颤抖、面色潮红等，有时还会有濒死感，严重时还会有失控感。

焦虑症的主要特征：与实际情况不符的过度害怕和紧张；总是担心可能会有大难临头，脑海里反复思考一些事情或有一些冲动，明知道没有必要仍然无法控制；不停地洗手；脑子里时常闪现以前受到伤害的场景；失眠，容易惊醒，做噩梦；心跳加快、呼吸急促。

克服焦虑的方法：

(1) 保证充足的睡眠。焦虑的人睡眠质量很差，在睡觉前洗个热水澡，更好地入眠。

(2) 目标合理靠谱。合理客观评价自己，不求尽善尽美，以免因期望过高增加焦虑。

(3) 保持乐观积极的心态。对自己有信心，缺乏自信心的时候可以自我暗示一下。

(4) 提高适应能力。很多焦虑源于各种不适应和压力过大。主动融入社会，改变固有模式，提高自己的环境适应性和调节能力，就会发现生活美好、积极的一面。

(5) 找亲朋好友倾诉。让朋友亲人成为自己的支持者，一起渡过难关。

抑郁及其克服方法

抑郁是一种以意志消沉、兴趣丧失、心境低落、闷闷不乐为特征的情绪状态。抑郁以长时期持续性情绪低下为主要特点，对一切事物缺乏兴趣，缺乏自信，情绪压抑，全身无力，懒散少动，记忆力、注意力下降，思考困难。抑郁有“懒、呆、变、忧、虑”五大特征。懒，即突然变得疲乏无力，甚至连简单的日常生活、工作、学习等也懒得应付；呆，即动作减少，思维迟钝，记忆力下降，难以集中注意力等；变，即性格明显改变，前后判若两人，自我感觉很差，精力、体力不如以前；忧，即忧郁悲观，意志消沉，心情压抑、沮丧，对一切事物失去兴趣；虑，即多思多虑，焦虑不安，自责自卑等。[15]

抑郁症（又称抑郁障碍）以显著而持久的心境低落为主要临床特征，是心境障碍的主要类型。抑郁症的心境低落与其处境不相称，意志消沉可以从闷闷不乐到悲痛欲绝、自卑自怜甚至悲观厌世，严重者可出现幻觉、妄想等精神病型症状。每次发作持续至少 2 周以上、长者甚或数年，每次发作大多数可以缓解，部分可有残留症状或转为慢性。著名心理学家马丁·塞利格曼将抑郁症称为精神病学中的“感冒”。大约有 12%的人在他们的一生中的某个时期都曾经历过相当严重、需要治疗的抑郁症，尽管他们的大部分抑郁症发作不经治疗也能在 3~6 个月期间结束，但这并不意味着当你感到抑郁时可以不用管它。

抑郁症的主要症状表现为以下四个方面：

（1）情绪症状：抑郁症的最显著、最普遍的症状，主要包括抑郁心情和兴趣的消失两个方面。

抑郁心情是充满了无助和绝望的心态。如果让抑郁症患者描述他的心情，他往往会说“悲哀、无助、绝望、孤单、不幸、垂头丧气、无价值、丢脸、惭愧、闷闷不乐、羞愧……”一般来说，抑郁症状在早晨最明显，患者往往觉得几乎没有力量从床上起来，随着时间的推移，情绪会慢慢好转一些，晚上的心情最好。

兴趣消失是体会不到生活的乐趣。过去感兴趣的事物、喜欢参加的活动，现在一点儿也引不起兴趣。兴趣的丧失往往是从某一些活动开始的，比如工作。但是，随着抑郁症状的发展，患者慢慢对几乎所有东西都失去了兴趣。

（2）认知症状：主要体现在无端地自罪、自责，夸大自己的缺点，缩小自己的优点，表现了一种认知上的不合逻辑性和不切实际性。

抑郁症患者对自己的评价总是消极的。这种消极的思维，为他眼中的自己和未来蒙上了一层厚厚的灰色。一旦有挫折发生，抑郁症患者就会把全部责任归咎于自己。某些极度抑郁的患者，甚至相信他们应该为世上的不公正和不平等现象负责，他们应该为自己的“罪恶”而受到惩罚。

（3）动机症状：体现在做任何事情都缺乏动力。

不同的人有不同的动机水平。大多数人，都能够做到早晨按时起床，按时去工作或上学，能够积极寻找各种方法来娱乐自己以及他人。但是，对抑郁症患者来说，不要说积极寻找各种方法来娱乐自己，要开始做任何事情都是一件极其困难的事，需要做巨大的自我斗争。严重的抑郁症患者，每天会披头散发躺在床上一动不动，终日茶饭不思，眉间紧锁，寡言少语，甚至以泪洗面。即使他们有所动作，动作也明显缓慢。

（4）躯体症状：隐藏得很深。

随着抑郁症状的发展，一切生物的、心理的快感都丧失殆尽。抑郁症患者的胃口常常不佳，即使是平时爱吃的人，美酒佳肴也勾不起他的食欲。抑郁症患者常常会变得消瘦。睡眠也出现各种问题，晚上难入睡、早上又早早就醒了，即使睡着了，睡眠的质量也很差。胃口不佳，睡眠不好，患者渐渐就会变得虚弱、疲劳。

摆脱抑郁的方法：

（1）经常放声大笑。因为笑会使脸部某些肌肉活动，而脸部肌肉又连接神经系统，因此它们会向大脑传递感到快乐的信号。在放声大笑时吸入的氧气相当于说话时的6倍，所以笑是健康的兴奋剂，能使心情变好。

（2）装作自己很快乐。不管感觉如何，多想一些令人高兴和愉快的事情。这会提高体内血清素含量，从而保持好的心情。

（3）注意保持自己优雅的姿势。行走或坐下时要尽可能挺直腰板，使身体处于肌张力之下，肌张力会向大脑传递信号。

（4）不要在夜里领悟白天经历的事。睡得太少的人会使心灵失去冷静地解决问题的机会，长期睡眠不足甚至会导致神经萎靡不振，因此躺下后不要去想白天的事情，要通过翻阅一些比较枯燥的书或看一些乏味的电视剧，让自己转移注意力，尽快入睡，第二天会精神饱满。

（5）多注意一些美好的、感兴趣的事物。例如走到户外，感受阳光明媚、鸟语花香，使心境变得平和欢畅，甚至可以翻出年轻时候的情书重温心跳的感觉。这会比年度休假收到更好的效果，因为年度度假也许让你等上很久。

（6）多运动，多交友，参加一些能让自己激情燃烧的活动，减缓焦虑感、恐惧感、孤独感。

（7）用“锅底理论”给自己打气。感到极度无望时，想到充其量你就是站在人生的“锅底”，无论从哪个方向努力，都是向上走，明天一定比今天好。如能这样用积极的观念替代消极的思想，会大大增强生活的信心。

愤怒及其控制方法

愤怒通常是指受到冒犯以及错误的对待引起的自我防卫机制及战斗反应，是愿望不能实现或行动受到挫折引起的一种紧张而不愉快的情绪。愤怒被看作一种原始的情绪，它在动物身上是与求生、争夺食物和配偶等行为联系着的。

愤怒是一种消极的感觉状态，一般包括敌对的思想、生理反应和适应不良的行为。愤怒激发报复。数据表明，约25%的愤怒事件涉及报复的念头。有趣的是，引发愤怒的对象很可能是自己喜欢或爱的人，如子女、配偶和亲密的朋友。

愤怒产生的原因多种多样，人在感到压力和疲惫时会变得易怒；人在儿时需求得不到满足，成人之后常常变得易怒；人会因为无法得到别人得到的好处而愤怒；许多眼下的愤怒源自过去的失望、创伤或者其他的原因。

在愤怒爆发前身体会发出一系列的信号，如脸色发红、身体出汗，胃部收紧、坐立不安，咬牙握拳、双肩发紧，呼吸变快、心跳加速，头晕头痛、眼白变红。

愤怒是人的正常生理反应，它与人体的“战斗或逃跑反应”系统关系密切。这套系统帮助人类的祖先在野外环境对抗或逃脱危险，许多动物也有类似的系统。人体在这套系统的驱动下超负荷运转，做好在瞬间“爆发”（反击或者逃跑）的准备。愤怒的情感会激活这套系统，如果能察觉到身体的征兆，便可以在愤怒失控之前设法将其置于有效管理之下。

不受控制的愤怒会损害身体健康、事业发展、人际关系。愤怒管理就是管理自己愤怒情绪的心理技能。一些人或许会觉得既然愤怒是一种正常情感，觉得不爽了就让自己发火不是理所当然的吗？你可能觉得你周围的人对你的坏脾气小题大做，自己有充分的理由怒发冲冠，或许你觉得向别人展示你的“威容”能换来尊重。但事实上，愤怒更有可能损害你的人际关系，扭曲你的判断能力，阻碍你的行事计划。坏脾气还会给你的形象带来负面影响。

愤怒情绪的控制方法如下：

（1）集中注意力，感受愤怒的身体反应；

（2）做几次深呼吸，慢速深呼吸能够抵消感情的冲动；

（3）做做运动；

（4）拉伸和按摩身体变得紧张的部位。活动一下因为情绪而变得发紧的肩膀，按摩一下头部和颈部；

（5）慢慢从一数到十。

嫉妒及其消除方法

嫉妒是一种消极情绪反应，是指一个人对在某些方面比自己强的人产生的忌恨反应及应对行为。当一个人看到别人比自己强大、风趣、有才华、受欢迎等而产生的忌恨情绪就是嫉妒，也叫妒忌。嫉妒是人的不满足本性的表现之一，是对己不如人的一种不满足心态。嫉妒中虽有理智的参与，但仍具有很强的内隐性，有时很难自我觉察[16]。

嫉妒是一种不健康的心理，是消极的情感表现。人有不同程度的嫉妒心，不过大多数人能在产生嫉妒时借助生活经验做出正确的判断，从而理智地控制自己的情感。但也有少数人消极情绪失控，为寻求自己的心理平衡采取不良的行为，有些毁容、凶杀、偷盗、抢劫等案件的起因都是嫉妒。

嫉妒是心理不成熟的表现，成熟层级越高，嫉妒情绪越少。表扬、夸奖不当容易导致嫉妒心理产生。一般人从小都争强好胜，希望样样比别人好。但由于幼儿时期认识水平有限，不能把成绩与努力联系起来，而是希望别人不如自己，当说别人好时就接受不了，于是产生嫉妒。另外，不公正的评价会使人受到压抑，时间长了也容易使人变得心胸狭窄和妒忌心强。机遇的差异容易导致嫉妒产生。同学、同事之间总有一些人，会受到机遇的眷顾而获得更好的发展，从而引起周围人的嫉妒。

消除嫉妒的方法：

(1) 不要和别人的长处比较。嫉妒心理往往来源于将自己的短处与别人的长处比较。别人拥有得再多也与自己无关，每个人都有属于自己的精彩；

(2) 保持“比下有余”的心态。总有人拥有的比你多，也总有人不如你。妒忌心起时，不妨看看周围那些不如你的人，那么你肯定会感激所拥有的一切；

(3) 把握已有的。不要因为尚未得到的东西妒火中烧。想想自己有些什么，将视线转移到“我拥有”，而不是“我想要”，就会找到“富足感”；

(4) 用祝福的心态看待他人。“眼红”的时候，试着马上改变思路，将妒忌心转换成对他人的美好祝愿。理解他们成功背后的努力、运气和奋斗，真心祝贺他们，用他们的成功激励自己；

(5) 相信自己。每个人的能力会表现在不同方面，发现自己的特长，明确人生目标，不要因为别人早早取得成功而心灰意冷甚至轻易改变自己的方向，相信自己一定会走出一条成功之路。

■ 拓展练习

1. 拓展生活快乐。

我的生活心态目前处于______层级，我将努力达到15级以上的幸福生活心态层级。为此，我将使我的睡眠休息的快乐感受达到________程度，使饮食快乐达到________程度，使自己的家庭快乐达到________程度，使人际交往的快乐达到________程度，使清洁卫生活动的快乐感受达到________程度，使休闲娱乐的快乐达到________程度。

我将形成良好的、快乐的生活习惯，每天快乐地生活，使拥有快乐感受、积极情绪的生活时间超过整个生活时间的三分之二以上。

我具体的生活快乐来自________等，我将有意识地屏蔽________________方面的痛苦感受及消极情绪。

2. 拓展学习快乐。

我的学习心态目前处于________层级，我将努力达到15级以上的幸福学习心态层级。为此，我将使我的课堂学习的快乐感受达到________程度，使考试快乐达到________程度，使自己的专业学习快乐达到________程度，使实践学习的快乐达到________程度，使自主学习的快乐感受达到________程度，使学以致用的快乐达到________程度。

我将形成良好的、快乐的学习习惯，每天快乐地学习，使拥有快乐感受、积极情绪的学习时间超过整个学习时间的三分之二以上。

我具体的学习快乐来自______________________________等，我将有意识地屏蔽________________方面的痛苦感受及消极情绪。

3. 拓展工作快乐。

我的工作心态目前处于____层级，我将努力达到15级以上的幸福工作心态层级。为此，我将使我职业探索的快乐感受达到______程度，使兼职的快乐达到______程度，使适应竞争的快乐达到______程度，使合作工作的快乐达到______程度，使抗压耐挫的快乐感受达到______程度，使创富理财的快乐达到______程度。

我将形成良好的、快乐的工作习惯，每天快乐地工作，使拥有快乐感受、积极情绪的工作时间超过整个工作时间的三分之二以上。

我具体的工作快乐来自______________________等，我将有意识地屏蔽______________方面的痛苦感受及消极情绪。

4. 拓展健康快乐。

我的健康心态目前处于_____层级，我将努力达到15级以上的幸福健康心态层级。为此，我将使我的身体健康的快乐感受达到_________程度，使心理快乐达到_____程度，使自己的运动健身快乐达到_________程度，使自己健美的快乐达到_____程度，使自己竞技运动快乐感受达到_________程度，使身心和谐的快乐达到_________程度，使自己战胜疾病的快乐感受达到_________程度。

我将形成良好的、快乐的健康习惯，每天健康快乐地生活，在身心健康方面使拥有快乐感受、积极情绪的时间超过整个生命时间的三分之二以上。

我具体的健康快乐来自______________________等，我将有意识地屏蔽____________方面的痛苦感受及消极情绪。

【注释】

[1] SCHERER K R. What are emotions? And how can they be measured? [J]. Social Science Information. 2005, 44: 693-727.

[2] EKMAN P, LEVENSON R W, FRIESEN W V Autonomic nervous system activity distinguishes between emotions [J]. Science, 1983, 221: 1 208-1 210.

[3] LÖVHEIM H. A new three-dimensional model for emotions and monoamine neurotransmitters [J]. Med Hypotheses, 2011, Epub ahead of print. doi: 10. 1016/j. mehy. 2011. 11. 016 PMID 22153577.

[4] KRINGELBACH M L., O' DOTHERTY J O, ROLLS E T, et al. Activation of the human orbitofrontal cortex to a liquid food stimulus is correlated with its subjective pleasantness [J]. Cerebral Cortex, 2003, 13: 1 064-1 071.

[5] DRAKE R A. Effects of gaze manipulation on aesthetic judgments: Hemisphere priming of affect [J]. Acta Psychologica, 1987, 65: 91-99.

[6] MERCKELBACH H, VAN OPPEN P. Effects of gaze manipulation on subjective evaluation of neutral and phobia-relevant stimuli: A comment on Drake's (1987) Effects of gaze manipulation on aesthetic judgments: Hemisphere priming of affect. [J] . Acta Psychologica, 1989, 70: 147-151.

[7] HARMON-JONES E, VAUGHN-SCOTT, K, MOHR S, et al. The effect

of manipulated sympathy and anger on left and right frontal cortical activity [J]. Emotion, 2004, 4: 95-101.

[8] LAZARUS R S. Thoughts on the relations between emotion and cognition [J]. American Psychologist, 1982, 37.

[9] 中国就业培训指导中心，中国心理卫生协会．心理咨询师 基础知识[M]．北京：民族出版社，2012：68-69.

[10] 中国就业培训指导中心，中国心理卫生协会．心理咨询师 基础知识[M]．北京：民族出版社，2012：73.

[11] SOLOMON, R. L. The opponent-process theory of motivation: The costs of pleasure and the benefits of pain [J]. American Psychologist, 1980, 35: 691-712.

[12] STEVEN. Classification of Emotions [M]. [S. I.] [S. N.] 2012.

[13] STEPHANIE B, BIRD G, MOLL J, et al. Development during Adolescence of the Neural Processing of Social Emotion [J]. Journal of Cognitive Neuroscience. 2009, September, 21 (9).

[14] 中国就业培训指导中心，中国心理卫生协会．心理咨询师 基础知识[M]．北京：民族出版社，2012：144.

[15] 余展飞，谢铜华，林香玲．学习困难的心理原因和有效纠治[M]．北京：中国医药科技出版社，2000：126-127.

[16] 欧阳文珍．嫉妒心理及其内隐性研究[J]．心理科学，2000，23(4)：446-449.

8 压力调控

压力与心理压力有区别也有联系，在社会科学领域的压力概念常常是指心理压力。在心理压力的范畴之内，压力常常定义为：压力是压力源和压力反应共同构成的一种认知和行为体验过程[1]，是一种心理紧张状态[2]，是应激反应[3]，等等。在自然界，压力无处不在，基本定义为单位面积承受的力。自然界最正常的压力状态是大气压，低于常态大气压会飘，处于常态大气压感受不到压力，超过常态大气压会有紧张的感觉。

8.1 什么是心理压力

8.1.1 心理压力的定义

心理压力是通过对压力源的感知产生的具有持续紧张特征的反应。

心理压力基本含义的图解如图 8-1 所示。

压力源的刺激经感知意行循环产生反应，引起个人心理及生理状态发生变化。

心理压力引起的心理及生理变化的主要特征是紧张，包含心理紧张与生理

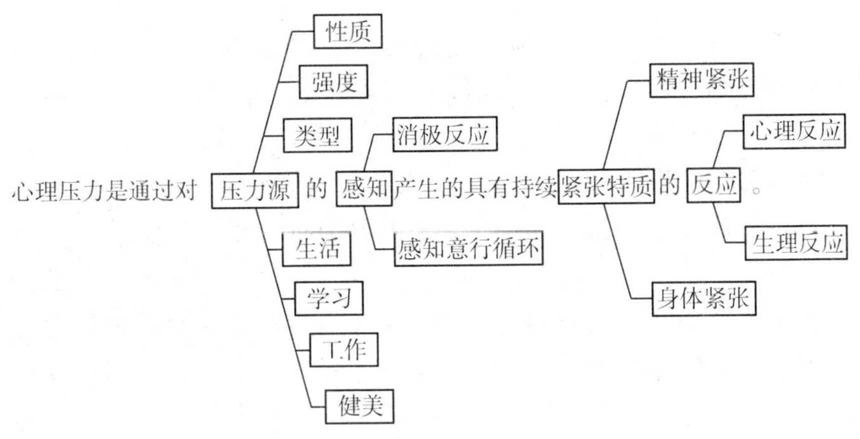

图 8-1　心理压力含义图解

紧张。紧张是心理压力（以下简称“压力”）产生的明显标志。心理紧张也称为精神紧张，主要表现是精神集中、焦虑不安、失眠等。生理紧张的主要表现是肌肉紧绷、血液循环加快、血压升高等。

压力三要素

压力源、压力感知、压力反应是压力三要素。压力源又称应激源或紧张源，是促使个体产生压力反应的各种刺激事件或事物。压力感知是感觉、认知压力刺激的过程。压力刺激是否能够产生压力反应、产生什么样的压力反应，关键在于是否能够感知压力或者感知到了什么样的压力。压力感知是个体感知意行品质的体现。有些人很敏感，能够感知细微的压力，有些人不敏感，只有较大的压力才能产生作用。

压力反应是在压力源作用下产生的具有持续紧张特征的心理及生理反应。压力引起的心理反应的明显特征是情绪状态的变化，因此也称为情绪反应。压力产生的情绪反应分为积极情绪与消极情绪两种。压力产生的生理反应是以紧张为特征的各种生理物质反应。根据生理反应的强烈程度可以分为应激行为反应、超常行为反应、循常行为反应三种类型。应激反应是最强烈的生理反应，以下意识的快速反应为明显特征。

压力过大的征兆

（1）生理预警信号：头痛的频率和程度不断增加；肌肉紧张，尤其是对压力特别敏感的头、颈、背部皮肤；皮肤干燥、刺痛等；消化系统症状；心悸和胸部症状。

（2）情绪预警信号：容易烦躁或喜怒无常；消沉和经常性的忧愁；丧失信心和自负自大，怀疑自己的控制能力；感觉精力枯竭，缺乏积极性；感到无力应付，产生疏远感。

（3）精神预警信号：缺乏注意力；忘记了许多事情，如朋友的名字等；判断力削弱，做出某些错误的决定；持续性地对自己及周围的环境持消极态度。

（4）行为预警信号：睡眠易受打扰；比平时更频繁地饮酒和吸烟；对家庭或朋友的陪伴及同事的友好不感兴趣；自己很难放松；经常烦躁和坐立不安。

8.1.2 压力与动力

压力是收获事业成功人生幸福的巨大动力。高强度的需要能够产生更明显的压力转化为动力的作用。由高层级的需要形成的压力源，能够作为明确的目标被个人感知、牢记，促使个人始终保持一种适度紧张、充满活力与效率的状态，形成巨大的动力，克服事业发展中的各种困难，扫除阻碍人生幸福的各种障碍，收获事业成功与人生幸福。低层级的需要能够形成负面的动力，给社会带来灾难。

压力转化为动力的模型如图 8-2 所示。

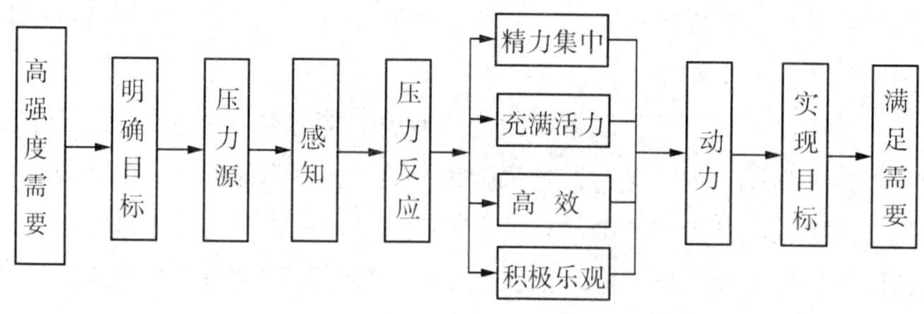

图 8-2 压力-动力模型

8.1.3 压力与效率

适度的压力有利于提高效率及健康。在适度紧张的状态下，学习工作效率

明显提高。在过度紧张的状态下，学习工作的效果明显降低。例如，参加考试或比赛，适度的压力能够使精力集中，能够提高考试及比赛成绩；如果心理素质不好，或者是过于重视考试或比赛，造成了过大的心理压力导致过度紧张，往往会发挥失常，考试及比赛成绩远远低于平时水平。考试恐惧症及比赛恐惧症是压力过度长期作用产生的结果。

适度的心理压力引起适度的紧张还有助于身体健康。在适度紧张的状况下，心理及生理状态处于最佳状态，能够全面促进身心健康。例如，两个人随意地打羽毛球，没有压力，不会紧张，一会儿就会感到疲倦、无聊，如果两人进行比赛，对身心的锻炼效果会明显提高。

心理压力过大损害健康、降低学习工作效率，甚至会导致自杀。心理压力过大可以造成免疫力下降，是解释高压力可以导致结核病、疱疹、白血病、过敏性疾病的原因[4]。

8.1.4　压力与情绪

压力产生的情绪反应分为积极情绪与消极情绪两种，积极情绪产生活力、消极情绪导致逃离，两种情绪都是针对压力源的感知属性采取的保护自己的反应。压力引发情绪产生的模型如图 8-3 所示。

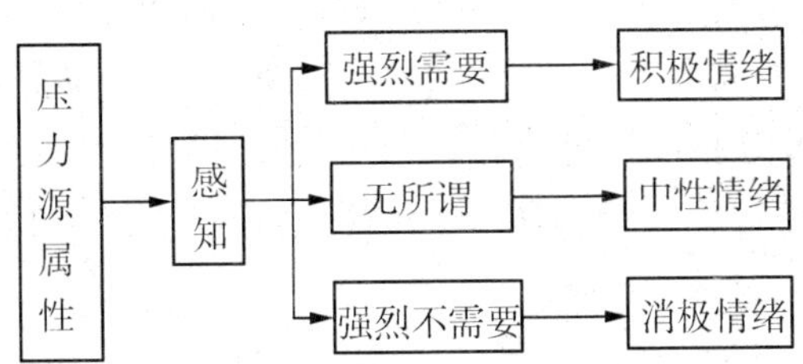

图 8-3　压力-情绪产生模型

压力源的不同属性被感知，是产生不同情绪反应的关键。同一种压力源对不同的人可能促使其产生不同的情绪反应。压力源属性的标准可能会因人而异、因时而异，突出压力源的某一方面的特征就可能产生不同的情绪反应。利用人们的心理反应特点，对压力源的属性进行包装从而获得所希望的情绪反应，是司空见惯的宣传或欺骗手段。

8.2 压力源

8.2.1 压力源的分类

可控压力源与不可控压力源

根据压力产生刺激的可控性，可以把压力源分为可控压力源与不可控压力源两种类型。

（1）可控压力源：能够自我控制的压力源。例如，给自己找点事做、把自己的身体锻炼强度增大、把完成任务的标准提高等都是可以自己控制的压力。可控性压力源是自我加压的刺激来源。

（2）不可控压力源：不能够自我控制的压力源。例如，发生意外产生的压力、高考、应聘、丢失物品等都是不可控制的压力源。面对不可控制的压力源，个体只能通过提升调控压力的技能，减少压力的不利反应或转化压力。

生理压力源、精神压力源、社会压力源

从压力源的性质区分，可以把压力源分为三种类型。

（1）生物性压力源：具有明显的生理物质特性的压力源，包括躯体疾病、躯体创伤、饥饿、性剥夺、睡眠剥夺、噪声、气温变化等。

（2）精神性压力源：具有明显的精神与心理特性的压力源，包括目标、欲望、错误的认识结构、个体不良经验、道德冲突及长期生活经历造成的不良个性心理特点等。

（3）社会环境性压力源：具有社会环境特性的压力源，分为两方面，一方面是纯社会性的，如重大社会变革、重要人际关系破裂、家庭长期冲突、战争、被监禁等；另一方面是由自身状况造成的人际适应问题等。

生活压力源、学习压力源、工作压力源、健康压力源

根据压力源产生的持续性活动特征，可以将压力源分为四种类型。

（1）生活压力源：生活类持续性活动及事件，如婚姻、恋爱、赡养老人、教育子女、打理衣食住行的琐碎事务、购车、买房、看病等都是生活压力的来源。

（2）学习压力源：学习类持续性活动及事件，如高考、考证、上课、复习、留学、考试作弊、不及格、不喜欢专业、作业太多、教学内容落后、教学方式太无聊等。

(3) 工作压力源：工作类持续性活动及事件，如就业难、工资低、创业艰辛、职场环境不适应、职业发展没目标、老板不好、同事竞争激烈、晋升机会少等。

(4) 健康压力源：健康类持续性活动及事件，如身体不太健康、个子不高、体形不健美、容貌不美、失眠、厌食、暴饮暴食、酗酒等。

一个人在不同的时期面临的主要压力是不同的。学生面临的学习压力比较大，职场人士的工作压力较大，贫困家庭的成员的生活压力较大。

8.2.2 压力源的作用

压力源的作用强度

压力源的作用强度有高、中、微三种。根据压力刺激产生的反应强度大小，压力源可以分为高强度压力源、中强度压力源、微强度压力源，三种强度的压力源产生的压力刺激分别是高强度刺激、中强度刺激、微强度刺激。高强度压力源产生强烈、快速应激反应的压力，中强度压力源产生较强烈反应的压力，微强度压力源引起一定紧张反应的压力。

压力源的作用时间

压力源根据其作用的时间分为持续性压力源与短暂性压力源。持续性压力源是延续较长时间的压力源。持续性活动一般会产生持续性压力。短暂性压力源是发挥作用或产生刺激时间很短的压力源。事件一般都是短暂性压力，但是事件引发的压力反应可能会持续很长时间。

压力源的作用效果

压力源作用可以产生一般单一性生活压力、叠加性压力、破坏性压力三种。一般单一性生活压力是多见、较轻微的压力，叠加性压力是较为严重、难以应对的压力，以同时或继时叠加的方式造成较大影响，破坏性压力是极端压力。

8.3 抗压素质

科学家塞利把压力适应的过程分为三个阶段[5]：警觉阶段、搏斗阶段、衰竭阶段。一般性压力经过搏斗可以形成良好适应或消除压力源的影响，破坏性压力在衰竭之后依然难以适应或消除，必然会产生危险。警觉、搏斗、衰竭的压力感知与压力反应的差异主要取决于个人感知意行品质，在压力刺激方面个体感知意行的核心品质体现在压力平衡点、抗压能力及压力调控技能三个方面。

8.3.1 压力平衡点

压力平衡点是维持身心和谐的基础性压力状态，是个人习以为常的压力应对系统。习以为常的压力应对系统，是包含了压力源、压力感知、压力反应三要素的系统。

每个人都有自己的压力平衡点，在压力平衡点的强度范围内产生的压力，都是基础性压力，一般不会产生明显的压力反应。只有当个体的身心状况不佳时，一些普通的压力刺激才可能产生激烈的压力反应。超出压力平衡点的压力刺激会使个体的心理及生理发生偏离平衡点变化，即压力反应，引起情绪及行为的变化。压力刺激消除或作用减弱，压力反应逐渐消失，心理及生理状态又回归平衡点。

感知意行品质决定了个体压力平衡点的品位。每个人的压力平衡点与个体感知意行的品质有关，也就是与个人的性格、人格、心态及情绪等有关。感知意行品质决定了个体压力平衡点的品位——压力平衡点的品质及位置。

压力平衡点的品位

压力平衡点的品质表示能够承受的压力范围大小及种类多少。压力平衡点的品质越高，能够承受的压力越多。压力平衡点的位置表示能够承受的压力大小。平衡点位置越高，表明能够承受的压力越大。

高品质的压力平衡点是能够保持习惯性身心和谐状态的压力应对系统。习惯性的身心和谐状态可以称为身心和谐习惯，高品质的压力平衡点是保持身心

和谐习惯的压力应对系统。

压力平衡点的提升

压力平衡点的提升主要通过提升心态层级实现。压力平衡点有先天遗传的因素，但是更重要的影响来自后天的习性。不断经历各种各样的压力刺激，从而不断提高个体承受基础性压力的能力，能够使压力平衡点品质不断提高。通过有目的的持续性活动可以提升压力平衡点的品质。经过不断的压力刺激，个人习以为常的压力强度范围会发生变化，也就是个人的压力平衡点发生变化。

8.3.2　抗压能力

抗压能力是衡量能够承受压力大小的指标。抗压能力越大，能够承受的压力越大，越不容易被压力击垮。抗压能力与一个人的心理素质有关，是个人感知意行晶体品质的体现，是性格、人格、心态在感知压力方面的综合体现。个体可以通过性格修炼、人格完善、心态调整不断提高抗压能力。抗压能力的高低，直接影响一个人的生活与工作，抗压能力越高，越能够在艰难困苦的环境中坚持奋斗、取得成就。抗压能力的提高主要通过提高坚毅心态的层级来实现。

8.4　压力调控指导

每个人的内心世界都会有不安和恐惧，这些不安与恐惧是压力产生的温床。面对恐惧和不安的心态及应对行为是产生人生境界不同的分水岭。感觉幸福的人，是能够很好地调控生活压力的人。压力调控就是发挥压力的有益作用、降低或消除压力有害作用。

8.4.1　压力调控模型

压力调控模型是通过对压力源、压力感知、压力反应进行有目的的调控，发挥压力的有益作用、降低或消除压力有害作用的模型。压力调控模型如图8-4所示。

由压力调控模型可知压力调控的方法很多，每种方法对不同的个体产生的效果不同，找到适合自己的压力调控方法、形成良好的压力调控习惯，对身心

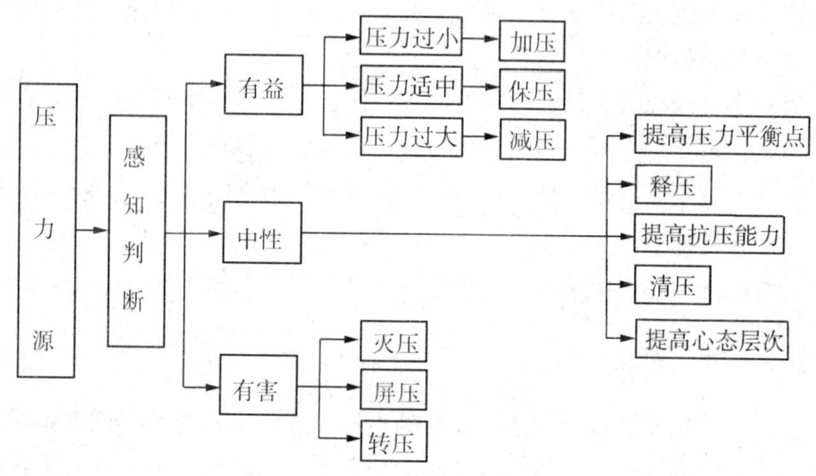

图 8-4　压力调控模型

非常有益。

一些常见的压力调控方法如下：

（1）自我加压：保持合理的积极压力，适合于没有压力、轻飘飘的状态。大家都听过这样一句话：睡觉睡到自然醒，点钱点到手抽筋。如果彻底没有压力了，时间长了之后会出现积极动机不足、自我价值感来源不足、注意力空置的问题。如果所有的积极压力都没了，一些不需要甚至乱七八糟的东西自然就会填补进来。

（2）释放压力：适合压力过大或压力持续时间较长的状态。压力是无形的，学会找出压力根源才是根本。只要有压力出现，身体就会有感觉，过重的压力，对人体，特别是年轻人生殖器官有一定的影响。释放压力的方法很多，不是每种方法都适合，因人而异。

（3）转化压力：适合于理性人群。

（4）屏蔽压力：主要适合于身心较为虚弱的人。

（5）彻底放松身心：适合于任何一种过度紧张的活动之后。

8.4.2　压力调控技能

压力调控技能是发挥压力的有益作用、降低或消除压力有害作用的技能。压力调控技能是促进事业发展、人生幸福的基本技能，与性格、人格相关，与心态密切相关。压力调控技能是效能心态与乐观心态的体现。效能心态及乐观

心态的层级越高，压力调控技能就越强。压力调控技能的提升主要通过提升效能心态的层级实现。

抗压素质与心态

压力平衡点是心态层级在压力环境下的表现。保持身心和谐习惯的压力平衡点对应的心态层级得分在200分左右。抗压能力是坚毅心态在压力环境下的体现。较高的抗压能力对应的坚毅心态层级得分在16分以上。

压力调控技能是效能心态在压力环境下的表现。压力调控技能对应的效能心态包含主动心态、效能心态、智慧心态、坚毅心态，较强的压力调控技能对应的每个效能专项心态层级的得分应该在15分以上，总体效能心态的得分在60分以上。

抗压素质与心态层级之间的主要关系如表8-1所示。

表8-1　抗压素质与心态层级的关系

心态层次	心态级别	专项心态分值（x）	总体心态分值（X）	抗压能力
幸福层级	6级	$20\geqslant x>17$	$240\geqslant X>200$ 较强	较强
	5级	$17\geqslant x>14$	$200\geqslant X>160$	
	4级	$14\geqslant x>10$	$160\geqslant X>120$	
健康层级	3级	$10\geqslant x>7$	$120\geqslant X>80$	普通
	2级	$7\geqslant x>4$	$80\geqslant X>40$	
	1级	$4\geqslant x>0$	$40\geqslant X>0$	
不健康层级	-1级	$0\geqslant x>-4$	$0\geqslant X>-40$	较低
	-2级	$-4\geqslant x>-7$	$-40\geqslant X>-80$	
	-3级	$-8\geqslant x\geqslant-10$	$-80\geqslant X\geqslant-120$	

压力调控技能的提高

提高压力调控技能的基本途径是从感知意行方面设置新的刺激，或感受所需的刺激，产生所需的反应。

（1）意晶体刺激。

1）确定人生信念：人生信念是个人感知意行品质中最核心、最宝贵的品质，是决定其他一切品质基本特性的主导品质。人生信念对激发活力、克服困难有着不可替代的重要作用。信念坚定的人生是无所畏惧的人生。

2）明确奋斗目标：明确的奋斗目标是压力转化为动力的方向，没有明确的目标压力，找不到转化的方向，就很难成为前进的动力。

明确的奋斗目标增加面对压力、克服困难的勇气，提高抗压能力。有目标的压力是前进的动力。

（2）感晶体刺激。

1）培养主观幸福感：培养个人体验快乐、欢欣、知足、自豪、欣喜、感激等愉悦情绪的能力。虽然这些情感体验大多是人们与生俱来的生理反应，但通过幸福感训练，可以强化这些情感体验的强度和持久度。

2）培养乐观人格：培养个人自信乐观、自主行动、人际洞察、表达自如、坚韧力等的人格特质。培养乐观人格是提高压力调控技能的有效手段。

（3）行晶体刺激。

1）培养幽默化解能力：培养一个人幽默、诙谐调整心态的能力。幽默可以化解烦恼，释放情绪，并使人不断体验愉悦心情。幽默一向被视作健康人格的突出表现。幽默不仅可以提高一个人的压力调控能力，也可以提高一个人的创新思维。

2）培养问题解决技巧：培养个人克服困难、解决问题的能力，主要从“问题专注”与“情感专注”两方面提高。问题专注包括迎难而上、自我控制、筹划问题解决、寻求社会支援、逃离/回避、隔离问题等技巧，情感专注包括找人倾诉、自我压制、自我宣泄、自圆其说、奇迹幻想、放松/冥想练习等技巧。此外，问题解决训练还应培养一个人的关键意识，以提高对应激的迅速反应。美国著名文学家爱默生曾言：“逆境有一种科学价值，一个好的学者是不会放过这一大好学习机会的。”它说明，任何问题的解决都可以是一个化解逆境的学习过程。

美国心理学家詹姆斯·彭尼贝克（James Pennebaker）在一系列实验中让受试者表达出最使他们苦恼的情感，取得了良好的治疗效果。他的方法非常简单，就是让受试者连续5天左右，每天都花15分钟或20分钟写出“一生中最痛苦的经历”或当时最让自己心烦意乱的事情。受试者写出东西后若想自己保留则悉听尊便。这个自我表白的效果惊人：受试者的免疫力增强了，随后半年里去看病的次数大大减少，因病缺勤的天数也减少了，甚至肝功能也得到改善。

（4）知晶体刺激。

知晶体刺激主要是培养认知调整能力，即培养个人认知调整的能力。压力产生的情绪困扰并不完全由压力源造成，个人对压力源的感知起到重要作用。压力感知对于个人的思想行为方法起决定性的作用；而要调整压力感知的不良影响，就要靠知晶体的新刺激来调整，新刺激起的作用是认知转换。它促使当事人多从正面、光明的角度来辩证看待逆境，化危机为生机，从而从逆境中磨炼意志，从失意中提高人的生活智慧。

■ 拓展练习

1. 加压拓展。

写一篇自己从确定目标、克服困难、到实现目标的体验经历，总结压力变为动力的经验，推广应用。

2. 内心冲突填空。

心理压力是与内心冲突相伴的强烈的情绪体验。现实生活中各种矛盾的事物被感知，会在内心形成冲突。双趋冲突是“鱼与熊掌不可兼得”的选择冲突，我自己曾经产生的双趋冲突有______________，产生的压力反应表现为____________。我非常希望实现的愿望中有的存在着巨大的风险，产生内心的“趋避冲突”，在以往遇到的趋避冲突中，我的处理方法主要有____________，总体评价____________。“双避冲突”是“两害相权取其轻”的内心冲突，我的应对策略是________________等。

【注释】

［1］中国就业培训指导中心，中国心理卫生协会．心理咨询师　基础知识［M］．北京：民族出版社，2012：335.

［2］李文霞，任占国，赵传兵．大学生心理健康教育［M］．北京：北京师范大学出版社，2013：326.

［3］王洁，王宁宁，张艳．大学生心理健康［M］．北京：北京师范大学出版社，2013：100.

［4］中国就业培训指导中心，中国心理卫生协会．心理咨询师　基础知识［M］．北京：民族出版社，2012：343.

［5］中国就业培训指导中心，中国心理卫生协会．心理咨询师　基础知识［M］．北京：民族出版社，2012：339-340.

9 挫折应对

9.1 什么是挫折

有人认为挫折是在实现目标过程中遇到无法克服的障碍产生的一种紧张、消极的情绪反应[1][2]，有人认为挫折是人生的一份礼物[3]，其实挫折是以灾难、不幸、失败等为刺激源产生的反应及应对行为。

挫折是磨砺人生的金刚石砂轮。人生有许多伟大的梦想，追梦之旅历经坎坷，每一次坎坷都是一次挫折，经历挫折、产生合理的挫折反应，能够使内心更强大、使智慧不断提升、使知识技能不断提高，最终成就梦想。

人生会遇到许多无法控制的灾难性事件，每一个灾难性事件都是一个挫折，经历灾难，会使人更加坚强、更加成熟；当然，挫折也能够摧毁一些意志薄弱的人。

9.1.1 挫折的定义

挫折是对挫折源感知之后产生的挫折反应。

挫折定义的图解如图 9-1 所示。

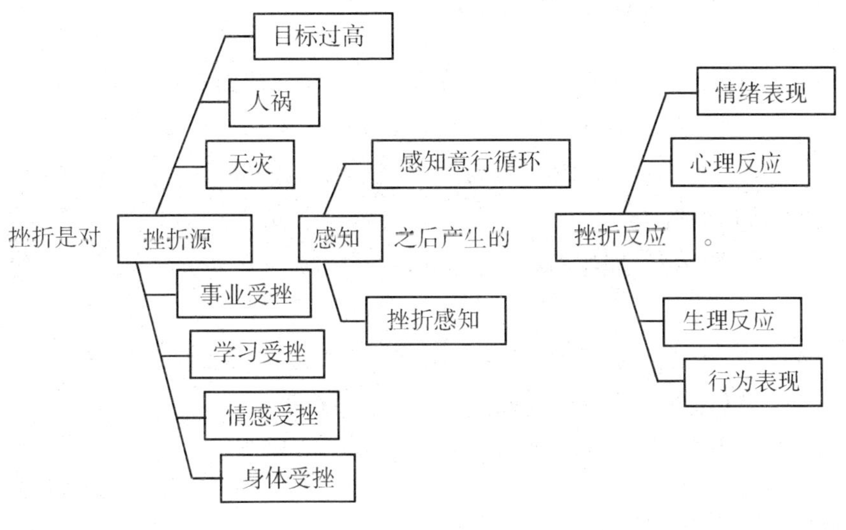

图 9-1　挫折基本含义图解

9.1.2　挫折三要素

挫折源、挫折感知、挫折反应是构成挫折的三个基本要素。

只有当挫折源被主体感知时，才会产生挫折反应。如果出现了挫折事件而个体没有意识到，或者虽然意识到了但并不认为很严重，那么就不会产生挫折反应，或者只产生轻微的挫折反应。挫折反应的性质、程度取决于个体的挫折感知。

9.2　挫折源

挫折源是引发挫折反应的各种事件或信息。挫折事件是结果背离了目标及愿望的事件，这种背离可能是碰到了个人无法克服困难、遇到了个人目前无法逾越的障碍，也可能目标本身超越了个人现阶段的知识技能水平。挫折事件可以分为可控事件与不可控事件，又可以分为主观事件与客观事件。挫折信息是能够激发挫折反应的各种信息，也可能是语言、文字、挑衅性的行为等。

9.2.1 挫折源的类别

（1）生活挫折：丢钱、迷路、被欺骗、人际交往困难、失恋、夫妻吵架、婚姻失败、供不起房、子女不听话、老人不讲理等。

（2）学习挫折：升学困难、学习压力过大、考试失利、学习条件不良、学习内容难以理解等。

（3）工作挫折：职业不理想、工作目标没完成、老板刁难、客户找麻烦等。

（4）身心挫折：疾病困扰、身材不好、性格孤僻等。

（5）偶发意外：车祸、亲友离世、突发急病等。

（6）自然因素：洪水、地震、干旱等。

9.2.2 挫折强度

挫折强度是对挫折源发出的挫折刺激的强烈程度的度量。一般来说，挫折强度越高，挫折反应就越强烈，反之挫折反应就越轻微。

地球时时刻刻都在地震，人们一般感觉不到，因为普通地震的强度及烈度太小，地震强度达到 4 级或 5 级时部分人会有感觉，地震强度达到 7 级以上，所有人都会有强烈感觉。

挫折时时刻刻都在发生，只是挫折强度太低的时候，一般人不会有反应。当挫折强度较高时，所有人都会产生反应。丢失一分钱是一个不会引起反应的低强度的小挫折；丢失一千元钱或一台笔记本电脑，对一个大学生可能就是一个中强度的挫折，能够产生明显的挫折反应。

9.3 挫折感知

挫折感知是对挫折源的感觉及认知。挫折感知分为挫折认知与挫折预感。挫折认知是对已经存在的挫折事件的感知，挫折预感是对可能出现的挫折事件的感知。

挫折感知与个人感知意行的品质有关。挫折事件即使存在，如果个人感知不到，也不会产生挫折反应。同样的挫折事件，个人感知的方式、程度不同，

导致产生的挫折反应会有不同。对某人构成挫折的事件，对另一人不一定构成挫折，这是由于个体挫折感知品质存在差异。

9.3.1　挫折敏感度

挫折敏感度反映了一个人对危险的敏感性，是个人感知意行晶体品质的体现。挫折敏感度具有警示作用。

每个人内心深处都存在对挫折的恐惧，由于意识到挫折可能发生，个体会采取一系列措施防止挫折出现，这种行为是挫折警示作用的体现。由于挫折的警示作用，许多人避免了自己在最不希望沉沦的方面沉沦。

挫折敏感度与性格密切相关，敏感的人与直觉的人对挫折的感知方式有很大的差别，在感知维度上的性格强度越高，越容易获得较高的挫折敏感度。挫折敏感度与人格有关，严谨型的人挫折敏感度较高，随意型的人挫折敏感度较低。

挫折敏感度过低、对挫折不敏感，容易陷入挫折泥潭而不自知，甚至难以自拔。感性、随意的人挫折敏感度过低的倾向较大。挫折敏感度过高、对挫折太敏感，容易频繁产生挫折反应而不断体验痛苦及失望，损害健康及人生幸福。严谨、敏感的人挫折敏感度过高的倾向较大。挫折敏感度最佳的状态是对危险类的挫折源具有很高的敏感度，对于情绪类的挫折源具有较低的敏感度，对于目标类的挫折源具有适度的敏感度。

挫折敏感度的选择性与心态有关，心态层级提高有利于挫折敏感度的优化。

9.3.2　挫折容忍度

挫折容忍度是能够产生不良挫折反应的最小的挫折强度。挫折容忍度越高，能够引发不良反应的最小挫折强度越高，说明环境适应能力越强，一些小的挫折根本不会产生不良影响。一个丢失了一百元钱就天天睡不着觉、吃不下饭的人挫折容忍度较低；一个丢失了一千元钱只是理性地回顾一下自己的不慎之处作为教训、随后就若无其事地恢复到日常状态的人，挫折容忍度较高。

挫折容忍度在一定程度上反映了人对环境的适应能力。

同一个人对不同挫折的容忍度也不相同，如有的人能容忍生活上的挫折，却不能容忍工作中的挫折，有的人则恰恰相反。挫折容忍度与人的生理条件、社会经验、抱负水准、对目标的期望以及个性特征等有关。挫折容忍度与性格密切相关，被动、慢性、直觉的人，其性格强度越高，越容易获得较高的挫折容忍度。挫折容忍度与人格有关，随意、利他型的人挫折容忍度较高，完美与自我型的人挫折容忍度较低。挫折容忍度与心态有关，心态层级提高有利于挫折容忍度的提高。

挫折容忍度越高，对挫折的包容范围越大，挫折对个人的影响越小，获得消极反应及体验的可能性越小。

9.4 挫折反应

挫折反应是感知挫折源的刺激之后产生的具有明显消极特征的反应及应对行为。这种具有明显消极特征的反应可以同时产生心理反应（情绪反应）、生理反应及行为表现，挫折反应的行为表现通常是一些反常行为。

9.4.1 挫折表现

遭受严重挫折后，个人会在情绪上表现为抑郁、消极、愤懑；在生理上，会表现为血压升高、心跳加快，易诱发心血管疾病，胃酸分泌减少、会导致溃疡、胃穿孔等；行为表现主要有进攻性行为、防御性行为、无关感行为三类。进攻性的典型代表是愤怒，防御性的典型代表是抑郁，而无关感的典型代表则是冷漠。

挫折反应分为理性反应与非理性反应。理性反应是能够清醒地在挫折中汲取教训、找到努力方向的反应。理性反应是积极的进取。它包括继续加强努力、反复尝试、改变行为、调整目标和改变目标等行为反应。挫折对理性的人来说往往是事业上成功的先导。非理性反应是感情主导的挫折反应或除理性反应之外的所有反应。

挫折反应是压力源变为挫折源的一种特殊的压力反应，挫折反应是特殊的压力反应，主要产生各种消极反应。

9.4.2 抗挫折能力

抗挫折能力是能够承受最大挫折强度并保持基本心智及行为正常的能力。

抗挫折能力就像房子的抗震级别，抗 8 级地震的房子经历 7 级地震安然无恙。抗挫能力越高，能够经历的挫折越大。

抗挫折能力不是天生的，主要是在经历挫折的磨砺之后提高的。挫折像一块磨刀石，它所产生的挫折感、失败感、压力、经验以及战胜挫折的自信等都会把意志磨砺得更加坚毅。正如巴尔扎克所说的："世上的事情，永远不是绝对的，结果完全因人而异。苦难对于天才来说是一块垫脚石，对于能干的人是一笔财富，而对于弱者是一个万丈深渊。"

9.5　挫折的磨砺作用

对于个人目标未实现一类的挫折而言，挫折具有无可替代的磨砺作用。当挫折控制在理性的范围之内，个人通过目标类的挫折源的认知，能够产生良性的挫折反应，保持适度的心理与生理的紧张不安，促使个体尽快采取措施消除挫折。

挫折可以过滤掉个人不切实际的幻想。在现实中追求不切实际的幻想，结果只能是挫折，多次的挫折反应会使人意识到幻想无法实现，从而放弃幻想，形成可以通过努力实现的理想。

挫折可以激发前进的愿望。前进的道路不会一帆风顺，遇到挫折，说明个人的某些知识或能力还有所欠缺，必须提高个人的知识技能；当然，也可能是个人的努力程度不够，必须加倍努力实现理想。

挫折可以修养个人的性格。没有经历过挫折的人，常常心高气傲；经历过挫折打击的人，常常性格稳健。做任何事情都是个人为人处世基本特征的体现，挫折能够磨掉大多数人不被接受的性格棱角，使性格在社会生活中修养成型。巨大的挫折往往是个人性格突变的拐点。

挫折对人格有明显的双重作用，适度的挫折促进人格完善、人格跃升，过大的挫折可能导致人格塌陷、人格分裂。挫折可以使人在社会生活中学会生存，在生存中发展出不同的人格特征。例如，一个领袖型的人并不是一出生就是领袖，只是有一些有利于成为领袖的基因，在成长过程中经历一些被领导的挫折，形成了服从与配合的人格特征，使人格得到了完善。

挫折可以促进心态层级的提升。适度的挫折能够使人变得智慧、提高效能，进而提升效能心态层级。

挫折可以促进个人与社会的融合。在与人交往的过程中，适度的挫折能够使人明白与人交往的礼节、明白社会伦理的礼义廉耻，促进个人与社会的融合。过大的挫折可能导致人与社会的分离，使其产生社交恐惧症。

9.6 挫折应对指导

挫折应对是有目的地减小挫折的负面作用、发挥其正面作用的活动。

没有品尝过挫折的人，体会不到成功的喜悦；没有经历过挫折的人生，不是完美的人生。在人的一生中，痛苦往往难以忘记，战胜痛苦的奋斗历程是人生宝贵的财富。

挫折应对包含预防挫折、淡化挫折、抵抗挫折、转化挫折四个方面的活动。

9.6.1 提高挫折应对技能

挫折应对技能是能够有效减小挫折的不良影响、发挥其有益作用的技能。

挫折应对技能是个人感知意行晶体品质的体现，是个人性格修养、人格完善及心态调整的综合体现。挫折应对技能与心态层级有着正向关系，心态层级越高，挫折应对技能越高。

提高挫折应对技能可以从提高挫折敏感度、挫折容忍度、抗挫折能力、挫折转化技能四个方面进行。挫折敏感度反映预防挫折的能力，挫折容忍度反映淡化挫折的能力，抗挫折能力反映抵抗挫折的能力，挫折转化技能反映转化挫折不良影响的能力。

抗挫折能力与心理品质

抗挫折能力与价值追求密切相关，价值追求越明确、越坚定，抗挫折能力越高。

抗挫折能力是坚毅心态在挫折情境中的表现。较高的抗挫折能力对应坚毅心态 16 分以上的层级。

提高抗挫折能力主要通过提高坚毅心态层级实现。

挫折转化技能与心态

挫折转化技能是目标心态及乐观心态在挫折情境中的体现。较高的挫折转化技能对应目标心态及乐观心态的各专项心态层级均达到14分以上的状态。

提高挫折应对技能主要通过提高效能及乐观心态层级实现。

挫折应对技能与心理品质的关系如表9-1所示。

表9-1　良好的挫折应对技能与心理品质的对应关系

挫折应对技能	挫折转化技能	抗挫折能力	挫折容忍度	挫折敏感度
心态	目标、乐观14分以上	坚毅心态16分以上	心态层级200分以上	心态150以上
人格	4级以上	4级以上	4级以上	4级以上
性格	主动、外向强度高	内向慢性强度高	被动随意强度高	感知强度7以上
需要	4级以上	5级以上	4级以上	4级以上

9.6.2　灾害预防

面对不可抗拒力

不可抗力是指不能预见、不能避免、不能克服的客观力量。人类不可抗拒力多属于自然现象，包括地震、台风、洪水等自然灾害及人的生、老、病、死等，个人不可抗拒力多属于社会现象的不可抗拒力，包括战争、封锁、政府禁令等。

面对不可抗拒力，只有通过提高个人挫折敏感度来预防，通过提高抗挫能力减少其不利影响。如对于天灾，利用各种信息如天气预报等避免恶劣天气的不利影响；通过不断提高个人生存技能，在灾难来临时以求自保。

面对意外伤害

意外伤害是意料之外的伤害。

提高挫折敏感度，提前预防可能出现的意外。弱势群体在一定的环境中容易受到伤害，儿童、女性、老人都是弱势群体，如果缺乏安全意识，就容易受到伤害。一些熟人、同学常常是传销陷阱的“引路人”。提高安全意识，不让可能的伤害有任何可乘之机，是防止意外伤害的根本。

提高抗挫折能力，在遭遇伤害时努力减小伤害的影响。可以从感知意行四个方面采取措施减小伤害影响，主要方法如表9-2所示。

表 9-2 应对灾难及意外伤害的感知意行方法

分类 阶段	感晶体方面	知晶体方面	意晶体方面	行晶体方面
预防发生	提高敏感度	理性判断	不占便宜	不行险地
应对灾难	求生感觉	逃生知识经验	存活欲望	逃生本能
意外伤害	避免激化	权害择轻、斗智	坚强、忍让	择机逃离
事后	情感隔离	遗忘	新的希望	新的行动

9.6.3 面对竞争

竞争总有成功与失败，失败者占多数，每个人都会经历竞争的挫折。

面对竞争挫折，最关键的技能是挫折转化技能，就是把竞争挫折转化为前进动力的技能。

9.6.4 面对自我

自我经常会发生期望值与现实不相符、自我感觉与他人评价不一致的状况，例如想获得的现实中得不到、感觉应该受到领导表扬的却受到了领导的批评，就会产生挫折。这些挫折很大程度上与自我有关，是自我的挫折。

面对自我挫折，需要从个人感知意行的品质及个人成熟的程度着手，在成熟的前提下，调整个人的需要层级、提高挫折转化技能。

■ 拓展练习

1. 寻找身边的力量。

发现身边应对挫折的榜样，写一篇访谈，总结、提炼其应对挫折的力量源泉。

2. “知为克成”的挫折应对拓展。

（1）知己：评价自己挫折应对技能及抗挫能力的层级。

（2）为己：确定自己希望拥有或达到的抗挫能力及挫折应对技能层级。

（3）克己：从抗挫折能力起步，进一步提高挫折应对技能、挫折应对素

质。

（4）成己：实现提高应对素质提升的目标。

【注释】

［1］李文霞，任占国，赵传兵．大学生心理健康教育［M］．北京：北京师范大学出版社，2013：328.

［2］工洁，王宁宁，张艳．大学生心理健康［M］．北京：北京师范大学出版社，2013：104.

［3］陈书凯．挫折是生活给您的一份礼物［M］．哈尔滨：哈尔滨出版社，2009：2-8.

10 心态提升

10.1 什么是心态

心态是幸福心理拓展的一个重要概念，是个人感知意行心理总体品质对各种刺激产生的较为稳定的、全面的反应及应对行为的反映。

10.1.1 心态的定义

心态是已经形成的对刺激源产生较为稳定反应的所有心理品质的综合。心态基本含义的图解如图 10-1 所示。

心态与性格、人格及心理表现

心态体现所有心理品质对刺激源产生反应的性质，即是积极反应还是消极反应、产生快乐感受还是痛苦感受、是满意认知还是失望认知。性格是感知意行循环的晶体特征体现，主要体现对刺激源产生反应的方式，即快与慢、敏感与直觉、主动与被动、外向与内向等。人格是以人为中心形成的感知意行晶体品质的综合，人格重点体现“人”的基本格调或基本特征，即追求成就还是享乐、完美还是随意等。

心态比人格更具体、更广泛，比具体的心理表现更本质、更稳定。心理表现反映的是一个人临时的、即兴的心理状况，心态体现的则是一个人在一段时

间内较稳定的心理状况。心理表现是在心态分枝上长出的具体的树叶及果实。

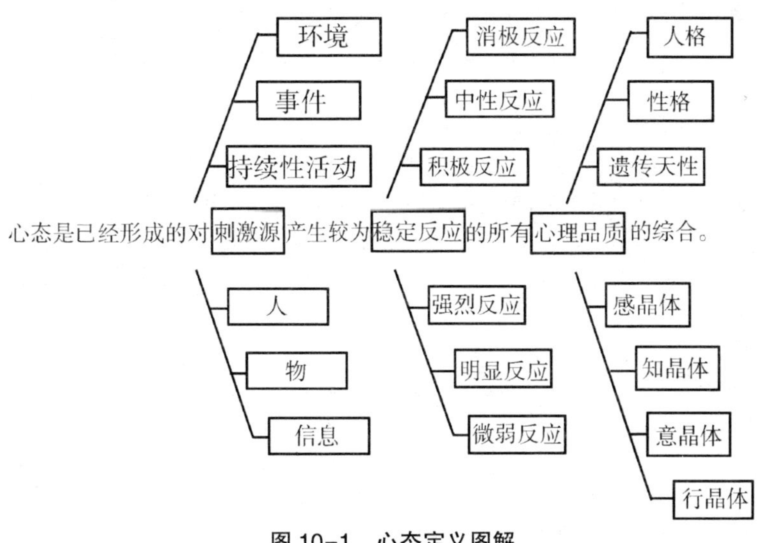

图 10-1　心态定义图解

心态与态度

心态与态度有相似之处。态度是联系个体与外在世界的桥梁，是个体对特定对象的总的评价和稳定性的反应倾向[1]。心态也是联系个体与外在世界的桥梁，是一种稳定的反应。为什么人们做同一件事会有不同的态度及行为？心态不同。心态的差别引起态度及行为的差别，态度与行为的差别常常引起做事的效率及效果的差别。

心态较为基础、全面，是个人感知意行晶体生长形态的度量，是情感、认知、意愿、行为四个方面状态的总体反映。心态对于具体刺激源基于评价产生的较为稳定的情感反应就是态度，态度是心态针对具体的人或事物依据自身道德观及价值观产生的评价及行为倾向。态度是心态某些方面的表现，主要是情感及意愿的反映，具体来说是对外界人或事物的内在感受（道德观和价值观）、情感（“喜欢—厌恶”“爱—恨”等）和意向（谋虑、企图等）的组合表现。

性格决定命运，态度决定格局；细节决定成败，心态决定人生。

心态与情感

心态是稳定的情感的反映。情感与情绪强调了感情的特征及其产生过程的特征：情绪是感情反映的过程，情感是具有深刻而稳定的社会意义的感情[2]。

这种已经形成的深刻而稳定的情感是心态感晶体的核心内容，是在成长成熟的过程中，经历无数次感知意行循环的体验沉淀凝固的与个人生活方式相协调的感情。感情绝对不会和生活方式对立，目标一旦定下，感情就会为了要获得它而适应自身[3]。

心态的属性

心态根据产生反应的属性分为积极心态、普通心态、消极心态。

积极心态是一种有活力的、进取的、开放的、乐观的心理基本状态。一个人遇到不同的心理刺激时，在积极心态的作用下往往会主动、乐观、积极、开放地完成一个感知意行循环，产生一些与积极心态相对应的积极反应和积极应对。例如，一个人抱着积极心态面对希望获得奖学金的刺激，采取一系列与之相对应的感知意行活动，经过努力获取了奖学金；处于青春期的男女抱着积极心态面对一个让自己心仪的异性，采取一系列积极、主动、乐观、有效的追求异性的感知意行活动，获得自己希望的结果。

普通心态是惯常拥有的较为平稳的心态，即平常心。普通心态可以通过对一段时间内在没有明显的、强烈的刺激状况下的心理状态进行测量而获得。

消极心态主要是后退的、封闭的、悲观的心理基本状态。面临刺激的时候，消极心态产生封闭、躲避之类的感知意行反应及应对行为。例如一个人具有恐高症，那么遇到登高、爬山等刺激的时候就产生一些消极的心理反应，从而支配自己身心各方面的应对行为，逃避登高的活动，使自己获得心态的稳定；一个被异性苦苦追求的女子，本人如果很不喜欢追求自己的男生，会采取一系列的消极反应，从而避免产生误会和麻烦，使自己避开不必要的心理困扰，保持心态的平衡。

10.1.2 心态与幸福

幸福是一种感觉，并不完全取决于人们的真实状态，与心态的关系十分密切。一个人在田地里劳作，满头大汗，可是他觉得自己幸福，那他就是幸福的；另一个人在自家的别墅里悠闲地喝茶，可是他就是觉得自己不幸福，那么他就不幸福。其实，你觉得你幸福你就是幸福的，幸福与不幸福都在自己心中。

幸福取决于心态，不同心态引起感受与认知的不同。良好的心态能够增加满意认知与快乐感受，从而获得更多的幸福。不良心态减少满意认知与快乐感

受，增加失望认知与痛苦感受，增添痛苦。

快乐感受是幸福的标志之一，快乐感受的增加意味着幸福的增加。悲伤感受是痛苦的标志之一，悲伤感受的增加意味着痛苦的增加。减少悲伤感受，增加快乐感受，可以减少痛苦、增添幸福。减少悲伤感受、增加快乐感受是幸福心理拓展的两项基本任务。通过减少悲伤感受，使个人的心态层级从不健康状态恢复到正常状态；通过增加快乐感受，使个人的心态层级从正常状态提高到幸福状态。

满意认知是幸福的标志之一，满意认知的增加意味着幸福的增加。失望认知是痛苦的标志之一，失望认知的增加意味着痛苦的增加。失望认知的减少，意味着痛苦的减少。减少失望认知、增加满意认知，可以减少痛苦、增添幸福。减少失望认知、增加满意认知是幸福心理拓展的两项基本任务。

心态与持续性活动

心态影响持续性活动中的幸福。心态影响持续性活动的选择，也影响持续性活动的过程。一个好的心态能够支撑你去进行你所喜欢的持续性活动，不论在什么样的环境里，这种好的心态都能为持续性活动的顺利进行保驾护航。心态影响持续性活动的效果。

心态与事件

良好的心态会使事件产生积极的结果。一件事情的结果与做事的心态有着极其重要的关系：一个很有水平的人，不愿做或不认真做，不可能得到好的结果；一个水平一般的人，投入了极大的热情与精力，做事的结果可能好得超出预料。

良好心态可以减少痛苦事件的影响。良好的心态能够使人获得更多的满意认知与快乐感受，减少或转移痛苦事件对自己的影响，从而收获更多的幸福。考试失利是个痛苦事件，如果以好的心态面对，就会觉得失利并没什么大不了，心情就会豁然开朗；若以消极的心态去面对，就会愁眉不展、心情低沉甚至危害自己的生命。

10.1.3　心态的分类

各种各样的持续性活动是一个人为人处世、追求事业成功及人生幸福的舞台，更是心态作用及展示的舞台。

按照主要的持续性活动内容对心态进行分类，可以了解心态对事业发展及

人生幸福的影响。人生主要的持续性活动内容可以分为生活、学习、工作、健康四个方面。这四个方面的心态分别称为生活心态、学习心态、工作心态、健康心态。

效能是心态作用的主要方式，包含做事的能力及效果两个方面。效能心态是反映个人做事能力及效果的习惯状态。心态能够对人在活动中的行为表现及结果产生重要影响，产生不同结果：一些心态的影响是积极的，能够促进个人更主动、更明确、更有效、更顽强地做事，从而能够取得更大的成就，收获更多的人生幸福；一些心态的影响是消极的，导致个人被动、不情愿、低效、应付地做事。效能心态主要从主动、目标、智慧、坚毅四个方面衡量，相应的心态分别称为主动心态、目标心态、智慧心态、坚毅心态。

满足是心态作用的主要结果，指的是心态能够对各种持续性活动及事件产生不同的感觉及认知：一些感知是乐观的、满意的，给人带来快乐感受与满意认知，增添人生的幸福；一些感知是悲观的、失望的，给人带来悲伤感受与失望认知，损害人生的幸福。

按照心态产生的主要感觉及认知进行分类，可以了解心态对幸福的影响。心态的主要感觉及认知可以从乐观、满意、感恩、积极四个方面衡量，相应的心态分别称为乐观心态、满意心态、感恩心态、积极心态。

以上 12 类专项心态从活动、效能、满足三个大方面入手，每个方面确定四个最有代表性的基本类别，共形成了生活、学习、工作、健康、主动、目标、智慧、坚毅、乐观、满意、感恩、积极 12 类专项心态，构成了心态的基本框架。

10.1.4 心态层级

心态的层级是对心态程度差别的区分。个人在心态程度上存在很大差别，例如主动心态可以区分为 9 个不同级别：非常主动、很主动、主动、较主动、不太主动、很不主动及被动、很被动、极端被动。

每一专项心态都可以根据心态属性的差别分为积极心态、普通心态和消极心态三个层次。从促进人生幸福的角度分析心态层次，一般认为更为积极的心态能够更有效地促进幸福，因此，将积极心态确定为幸福层级的心态，普通心态确定为健康层次的心态，消极心态确定为不健康层次的心态。

每一专项心态的程度差别分为 9 个级别，用整数 20～-10 表示。数值越

高，心态级别越高。专项心态层级及其对应的数值关系列于表 10-1 中“专项心态”列。总体心态层级是所有 12 类专项心态层级数值之和，总体心态的层级及其对应的数值列于表 10-1 中“总体心态分值”列。

表 10-1　心态的层级关系

心态层次	心态级别	专项心态分值（x）	总体心态分值（X）	心态属性
幸福层级	6 级	$20\geqslant x>17$	$240\geqslant X>200$	积极心态
	5 级	$17\geqslant x>14$	$200\geqslant X>160$	
	4 级	$14\geqslant x>10$	$160\geqslant X>120$	
健康层级	3 级	$10\geqslant x>7$	$120\geqslant X>80$	普通心态
	2 级	$7\geqslant x>4$	$80\geqslant X>40$	
	1 级	$4\geqslant x>0$	$40\geqslant X>0$	
不健康层级	-1 级	$0\geqslant x>-4$	$0\geqslant X>-40$	消极心态
	-2 级	$-4\geqslant x>-7$	$-40\geqslant X>-80$	
	-3 级	$-8\geqslant x\geqslant-10$	$-80\geqslant X\geqslant-120$	

10.2　心态木桶

10.2.1　心态木桶的组成

个人的心态层级就像一个盛着人生幸福的木桶，里面盛着人生快乐感受与满意认知。负值层级的心态是不健康层级的心态，具有明显的消极心态属性，构成心态木桶的桶底部分。可想而知，如果木桶的底部有漏洞或裂缝，那么它所能够承载的快乐感受与满意认知，要么是零，要么会很快顺着裂缝消失得无影无踪。使心态木桶底部没有孔洞和裂缝是心理拓展的首要任务。健康层级的心态构成心态木桶与桶底相接的桶围部分，幸福层级构成健康桶围延伸的部分。

心态木桶如图 10-2(a) 所示。

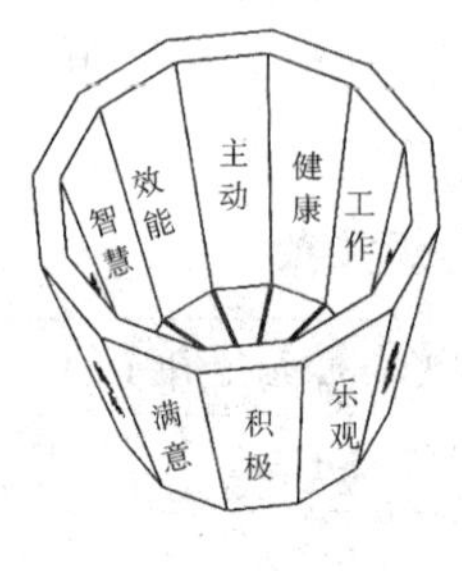

（a）心态木桶

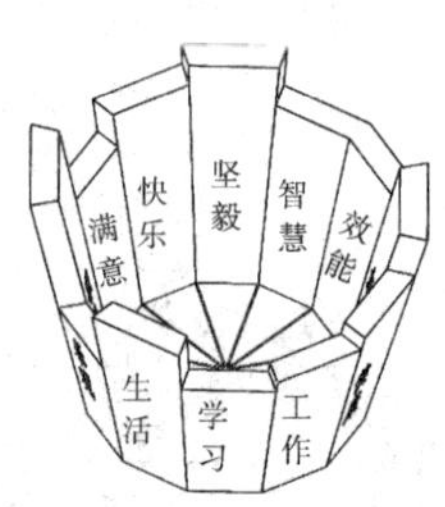

（b）木桶短板

图 10-2　心态木桶

10.2.2　“12-20 心态测评”

“12-20 心态测评”是通过测评问卷对心态类型及心态二维图形的测评及绘制。“12”表示 12 个专项心态；“20”表示每种心态类型的最高层级分值是 20，心态层级分值的范围为-10～20。

150 名大一学生心态木桶的“12-20”心态测评测试数据的平均值如表 10-2 所示，由表 10-2 数据绘制的心态木桶如图 10-2(b) 所示。

表 10-2　150 名大一学生的心态测评平均值

心态	生活	学习	工作	健康	主动	效能	智慧	坚毅	乐观	满意	感恩	积极	合计
均值	8.1	5.6	7.2	7.3	7.8	7.6	8.4	8.7	8.9	7.8	11.2	9.6	98.2

木桶中所能承载的快乐感受与满意认知的多少取决于最短的一块心态木板。找到自己的幸福短板，并通过心理拓展进行弥补，是保有更多快乐感受与满意认知的关键。

10.2.3　心态福桶

心态福桶是一个可以变化的神奇木桶。心态福桶的基本形态类似木桶，具有类似的形状，由桶底与桶围组成。但是心态木桶不能变大变小，心态福桶可以根据幸福的需要变大变小。木桶不能涌出甘泉，心态福桶可以涌出幸福的甘泉。涌出幸福甘泉的泉眼往往在个人最优势的地方出现。心态福桶的一项核心任务是培育能够涌出幸福甘泉的优势心态。弥补漏洞与裂缝非常重要，但是如

果没有幸福之水，再完整的木桶也是干涸的。

心态木桶的三维图形不便于个人绘制，采用简化的二维图形表示，得到了图 10-3 所示的心态层级二维图。图 10-3(a) 是表示完整的心态木桶的心态层级二维图，图 10-3(b) 是根据表 10-2 中的平均值数据绘制的心态层级二维图。

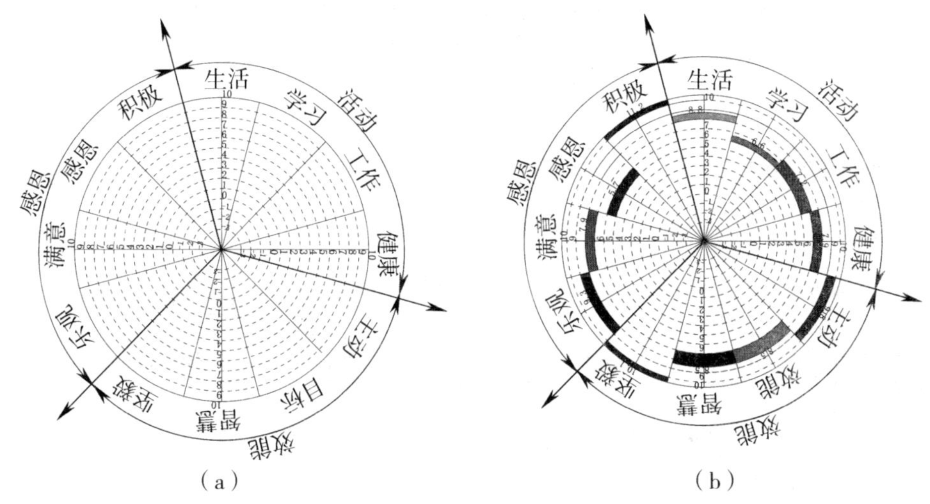

（a）　　（b）

图 10-3　心态层级二维图

确定心态层级

确定个人心态层级主要有 4 种方法：自我感知、他人评价、测评分析、活动展示。

10.3　12 种心态

10.3.1　生活心态

生活心态是关于生活的总体的、稳定的心态，是对生活中的人与事物产生的稳定的反应及应对行为。生活心态是性格晶核及人格晶干在生活的空间进一步生长、凝固形成的生活枝晶，反映个人总体的、稳定的生活方面感知意行的心理品质。

生活的内容包含人际交往、衣食住行、恋爱持家、休闲娱乐等维持生命存活及提高生存质量的所有活动。从这些活动中的习以为常的表现可以衡量人与人生活心态的层级差别。

生活心态层级的确定

生活心态层级分为幸福、健康、不健康三个层次 9 个级别，如表 10-3 所示。

表 10-3　生活心态层级主要特征

心态层次	心态级别	心态分值（x）	主要特征
幸福层级	6 级	$20\geqslant x>17$	非常享受生活的一切，没有苦恼
	5 级	$17\geqslant x>14$	90%的生活充满快乐
	4 级	$14\geqslant x>10$	80%的生活充满快乐
健康层级	3 级	$10\geqslant x>7$	65%的生活是快乐的
	2 级	$7\geqslant x>4$	50%的生活是快乐的
	1 级	$4\geqslant x>0$	35%的生活快乐，20%有苦恼
不健康层级	-1 级	$0\geqslant x>-4$	40%的生活是不快乐的
	-2 级	$-4\geqslant x>-7$	对一半以上的生活感到痛苦
	-3 级	$-8\geqslant x\geqslant-10$	生活充满不幸与痛苦

确定生活心态层级有自我感知、他人评价、测评分析、活动展示四种方法。可以采用一种或多种方法确定个人生活心态层级，一般要根据个人三个月的生活感受给自己的生活心态评分定级。例如，王帅通过自我感知，给自己的生活心态评了 9 分，给出的主要依据如下：评分——9 分；定级——健康 3 级；主要依据——生活很充实、很快乐，快乐生活占到所有生活的 60%左右，有一定的生活压力，生活内容不够丰富。

生活快乐存在于家庭生活的天伦之乐之中，存在于亲朋好友的浓浓情意之中，存在于衣食住行的日常活动之中，存在于休闲娱乐之中。生活快乐的标准不是锦衣玉食、香车豪宅，而是不断收获的点点滴滴的生活条件的改善所带来的欢乐，是逐渐走出困境、远离灾难的平安慰藉，是发挥自身兴趣爱好收获的喜悦。生活的快乐既有取得一些标志性的生活成就的事件带来的较为强烈的快乐，也有植根在生活土壤之中孕育生活快乐的种子、促进其发芽生长的默默无声但却随时存在的快乐。

10.3.2　学习心态

学习心态是关于学习的总体的、稳定的心态，是对学习产生的稳定的反应及应对行为。学习心态是性格晶核及人格晶干围绕学习进一步生长、凝固形成的学习枝晶，反映个人总体的、稳定的学习方面感知意行的心理品质。

学习活动包含上课、读书、自习、考试、进修、实习、自学、参加培训等所有以了解、掌握、应用人类已有知识经验为目的的活动。从学习活动中习以为常的表现可以衡量人与人学习心态的层级差别。

学习心态层级的确定

学习心态层级分为幸福、健康、不健康三个层次 9 个级别，如表 10-4 所示。

表 10-4　学习心态层级主要特征

心态层次	心态级别	心态分值（x）	主要特征
幸福层级	6 级	$20 \geqslant x > 17$	享受学习、快乐学习、高效学习
	5 级	$17 \geqslant x > 14$	90%的学习是快乐、高效的
	4 级	$14 \geqslant x > 10$	80%的学习是快乐、高效的
健康层级	3 级	$10 \geqslant x > 7$	65%的学习是快乐、高效的
	2 级	$7 \geqslant x > 4$	50%的学习是快乐、高效的
	1 级	$4 \geqslant x > 0$	35%的学习快乐，20%有苦恼
不健康层级	-1 级	$0 \geqslant x > -4$	40%的学习是不快乐、低效的
	-2 级	$-4 \geqslant x > -7$	对一半以上的学习感到厌恶
	-3 级	$-8 \geqslant x \geqslant -10$	对学习充满厌恶与痛苦

确定学习心态层级主要有自我感知、他人评价、活动展示三种方法。采用他人评价方法时最好与同学组成一个团队，在相互熟悉的基础之上，按以下步骤进行：

（1）每一个人做一下学习心态的自我评价或相应的测试，得到个人的自评分；

（2）共同分享团队内个人的自评分；

（3）找出团队中公认的在学习方面最强、最好、最优的人，所有人给他

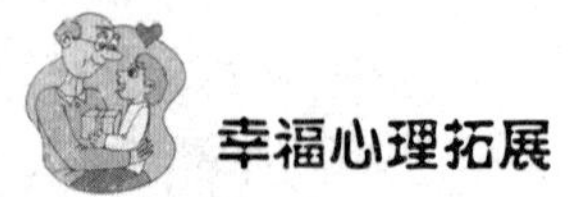

打分；

(4) 将所有人打分的平均分作为他的互评分，作为团队互评分的最高值；

(5) 给团队每个人（包括自己）打出互评分，计算自己的互评分；

(6) 将自评分与互评分比较，确定自己的学习心态得分及相应层级。

学习的快乐既有取得一些标志性的学习成就的事件带来的较为强烈的快乐，也有植根在学习土壤之中孕育学习快乐的种子、促进其发芽生长的默默无声但却随时存在的快乐。

10.3.3 工作心态

工作心态是关于工作的总体的、稳定的心态，是对工作中的人与事物产生的稳定的反应及应对行为。工作心态也称为工作枝晶，反映个人总体的、稳定的工作方面感知意行的心理品质。

工作活动包含就业、创业、职业发展、职业规划、升职降职、提薪降薪、评职称、科研教学、生产运输等所有与职业相关的活动。从工作活动中习以为常的表现可以衡量人与人工作心态的层级差别。

工作心态层级的确定

工作心态层级分为幸福、健康、不健康三个层次 9 个级别，如表 10-5 所示。

表 10-5　工作心态层级主要特征

心态层次	心态级别	心态分值（x）	主要特征
幸福层级	6 级	$20\geqslant x>17$	享受工作、快乐工作、高效工作
	5 级	$17\geqslant x>14$	90%的工作是快乐、高效的
	4 级	$14\geqslant x>10$	80%的工作是快乐、高效的
健康层级	3 级	$10\geqslant x>7$	65%的工作是快乐、高效的
	2 级	$7\geqslant x>4$	50%的工作是快乐、高效的
	1 级	$4\geqslant x>0$	35%的工作快乐，20%有苦恼
不健康层级	−1 级	$0\geqslant x>-4$	40%的工作是不快乐、低效的
	−2 级	$-4\geqslant x>-7$	对一半以上的工作感到厌恶
	−3 级	$-8\geqslant x\geqslant-10$	对工作充满厌恶与痛苦

工作的快乐既有取得一些标志性的工作成就的事件带来的较为强烈的快乐，也有植根在工作土壤之中孕育工作快乐的种子、促进其发芽生长的默默无声但却随时存在的快乐。

10.3.4　健康心态

健康心态是关于健康的总体的、稳定的心态，是对身心健康活动中的人与事物产生的稳定的反应及应对行为。健康心态是性格晶核及人格晶干在身心健康活动的空间进一步生长、凝固形成的健康枝晶，反映个人总体的、稳定的身心健康方面感知意行的心理品质。

身心健康活动包含运动、竞技、旅游、休息、健美、按摩、体检、康复等所有促进个体心理与生理健康及形体健美的活动。从健康活动中习以为常的表现可以衡量人与人健康心态的层级差别。

健康心态层级的确定

健康心态层级分为幸福、健康、不健康三个层次 9 个级别，如表 10-6 所示。

表 10-6　健康心态层级主要特征

心态层次	心态级别	心态分值（x）	主要特征
幸福层级	6 级	$20\geqslant x>17$	身心健康、秀外慧中
	5 级	$17\geqslant x>14$	对 90%的健康状况快乐满意
	4 级	$14\geqslant x>10$	对 80%的健康状况快乐满意
健康层级	3 级	$10\geqslant x>7$	对 65%的健康状况快乐满意
	2 级	$7\geqslant x>4$	对 50%的健康状况快乐满意
	1 级	$4\geqslant x>0$	有 35%健康快乐，有健康苦恼
不健康层级	-1 级	$0\geqslant x>-4$	健康存在问题
	-2 级	$-4\geqslant x>-7$	健康方面问题、困扰较多
	-3 级	$-8\geqslant x\geqslant-10$	健康问题及困扰严重

10.3.5　主动心态

主动心态主要指采取主动行为进行感知意行活动的总体心态，是对个人为人处世活动中主动性与被动性方面程度差别的衡量。从各种活动中主动与被动的习以为常的表现可以衡量人与人主动心态的层级差别。

主动心态层级的确定

主动心态层级分为幸福、健康、不健康三个层次 9 个级别，如表 10-7 所示。

表 10-7　主动心态层级主要特征

心态层次	心态级别	心态分值（x）	主要特征
幸福层级	6 级	$20 \geqslant x > 17$	非常主动、事事主动
	5 级	$17 \geqslant x > 14$	很主动，90% 主动
	4 级	$14 \geqslant x > 10$	75% 主动
健康层级	3 级	$10 \geqslant x > 7$	60% 主动
	2 级	$7 \geqslant x > 4$	45% 主动
	1 级	$4 \geqslant x > 0$	30% 主动
不健康层级	−1 级	$0 \geqslant x > -4$	很少主动，有点被动
	−2 级	$-4 \geqslant x > -7$	很被动
	−3 级	$-8 \geqslant x \geqslant -10$	非常被动

10.3.6　目标心态

目标心态主要指注重办事效率、效果、效益的总体心态，是对个人为人处世中注重能力提升及获得满意结果方面程度差别的衡量。效率、效果、效益是衡量目标心态的依据。从各种活动中是否注重效率、效果、效益的习以为常的表现可以衡量人与人目标心态的层级差别。

目标心态层级的确定

目标心态层级分为幸福、健康、不健康三个层次 9 个级别，如表 10-8 所示。

表 10-8　目标心态层级主要特征

心态层次	心态级别	心态分值（x）	主要特征
幸福层级	6 级	$20 \geqslant x > 17$	效率、效果、效益三效很高
	5 级	$17 \geqslant x > 14$	三效较高
	4 级	$14 \geqslant x > 10$	三效中，二效很高

续表

心态层次	心态级别	心态分值（x）	主要特征
健康层级	3 级	$10 \geq x > 7$	一效突出，二效较高
	2 级	$7 \geq x > 4$	二效较高
	1 级	$4 \geq x > 0$	一效高
不健康层级	−1 级	$0 \geq x > -4$	一效低
	−2 级	$-4 \geq x > -7$	二效低
	−3 级	$-8 \geq x \geq -10$	三效都低

10.3.7　智慧心态

智慧心态是注重智慧的总体心态，是对个人为人处世中智慧与愚蠢方面程度差别的衡量。从各种活动中习以为常的智慧与否的表现可以衡量智慧心态的层级差别。

智慧心态层级的确定

智慧心态层级分为幸福、健康、不健康三个层次 9 个级别，如表 10-9 所示。

表 10-9　智慧心态层级主要特征

心态层次	心态级别	心态分值（x）	主要特征
幸福层级	6 级	$20 \geq x > 17$	非常智慧，大智若愚。注重不断提升智慧
	5 级	$17 \geq x > 14$	很智慧，善学习，很透
	4 级	$14 \geq x > 10$	智慧超越 70%的人，比较透
健康层级	3 级	$10 \geq x > 7$	智慧超越 50% 的人
	2 级	$7 \geq x > 4$	有自知之明，比较谦虚
	1 级	$4 \geq x > 0$	有点自以为是，比较能
不健康层级	−1 级	$0 \geq x > -4$	半桶水晃荡
	−2 级	$-4 \geq x > -7$	愚而不自知
	−3 级	$-8 \geq x \geq -10$	愚而自以为是

10.3.8　坚毅心态

坚毅的真谛就是战胜自己。坚毅能够使人克服困难，创造人生奇迹。坚毅心态是关于坚定、顽强、专注、坚持、隐忍等品质的总体心态，是对个人为人处世中是否轻易放弃的程度差别的衡量。从各种活动中是否轻易放弃的习以为常的表现可以衡量人与人坚毅心态的层级差别。

坚毅心态层级的确定

坚毅心态层级分为幸福、健康、不健康三个层次 9 个级别，如表 10-10 所示。

表 10-10　坚毅心态层级主要特征

心态层次	心态级别	心态分值（x）	主要特征
幸福层级	6 级	$20 \geq x > 17$	非常坚定、顽强、专注
	5 级	$17 \geq x > 14$	坚毅程度超越 90%的人
	4 级	$14 \geq x > 10$	坚毅程度超越 75%的人
健康层级	3 级	$10 \geq x > 7$	坚毅程度超越 60%的人
	2 级	$7 \geq x > 4$	坚毅程度超越 45%的人
	1 级	$4 \geq x > 0$	坚持的事情占所有事情 15%左右
不健康层级	-1 级	$0 \geq x > -4$	很少坚持
	-2 级	$-4 \geq x > -7$	遇事无助、常常放弃
	-3 级	$-8 \geq x \geq -10$	几乎不能坚持

10.3.9　乐观心态

乐观心态是获得快乐感受的总体心态，是对个人为人处世中乐观与悲观方面程度差别的衡量。乐观的人会苦中作乐，即使在绝望境遇下也能探求出希望之路。悲观的人即使锦衣玉食，也会忧心忡忡，让愁苦的阴云笼罩明亮的天空。

事物本身并没有悲乐之分，而感受事物的心灵却有悲观和乐观之分。面对事物的心态不同，所得出的结论也不同，自然幸福感也不一样。从各种活动中习以为常的乐观与悲观表现可以衡量人与人乐观心态的层级差别。

乐观心态层级的确定

乐观心态层级分为幸福、健康、不健康三个层次 9 个级别，如表 10-11 所示。

表 10-11　乐观心态层级主要特征

心态层次	心态级别	心态分值（x）	主要特征
幸福层级	6 级	$20 \geqslant x > 17$	非常乐观、事事乐观
	5 级	$17 \geqslant x > 14$	很乐观，对 90%的事物乐观
	4 级	$14 \geqslant x > 10$	对 75%的事物乐观
健康层级	3 级	$10 \geqslant x > 7$	对 60%的事物乐观
	2 级	$7 \geqslant x > 4$	对 45%的事物乐观
	1 级	$4 \geqslant x > 0$	对 30%的事物乐观
不健康层级	-1 级	$0 \geqslant x > -4$	很少乐观，有 30%左右的悲观
	-2 级	$-4 \geqslant x > -7$	很悲观
	-3 级	$-8 \geqslant x \geqslant -10$	非常悲观

10.3.10　满意心态

满意心态是获得满意认知的总体心态，是对过程及结果产生满意认知或失望认知程度差别的衡量。从各种活动中获得满意认知与否的习以为常的表现，可以衡量人与人满意心态的层级差别。

满意心态层级的确定

满意心态层级分为幸福、健康、不健康三个层次 9 个级别，如表 10-12 所示。

表 10-12　满意心态层级主要特征

心态层次	心态级别	心态分值（x）	主要特征
幸福层级	6 级	$20 \geqslant x > 17$	非常满意、事事满意
	5 级	$17 \geqslant x > 14$	很满意，对 90%的事物满意
	4 级	$14 \geqslant x > 10$	对 75%的事物满意
健康层级	3 级	$10 \geqslant x > 7$	对 60%的事物满意
	2 级	$7 \geqslant x > 4$	对 45%的事物满意
	1 级	$4 \geqslant x > 0$	对 30%的事物满意
不健康层级	-1 级	$0 \geqslant x > -4$	很少满意，有 40%左右的不满
	-2 级	$-4 \geqslant x > -7$	很不满、很愤青
	-3 级	$-8 \geqslant x \geqslant -10$	非常不满，几乎没有满意的事

10.3.11　感恩心态

感恩心态是对所拥有的一切产生知足、感激、敬重、回馈情感及行为的心态。感恩心态是关于感恩的总体心态，是对个人为人处世中感恩程度差别的衡量。从各种活动中较为稳定的感恩与否的表现，可以衡量人与人感恩心态的层级差别。

感恩心态层级的确定

感恩心态层级分为幸福、健康、不健康三个层次 9 个级别，如表 10-13 所示。

表 10-13　感恩心态层级主要特征

心态层次	心态级别	心态分值（x）	主要特征
幸福层级	6 级	$20 \geqslant x > 17$	懂得感恩，常常感恩，知所敬畏
	5 级	$17 \geqslant x > 14$	很感恩
	4 级	$14 \geqslant x > 10$	常感恩
健康层级	3 级	$10 \geqslant x > 7$	能感恩
	2 级	$7 \geqslant x > 4$	知感恩
	1 级	$4 \geqslant x > 0$	偶尔感恩
不健康层级	-1 级	$0 \geqslant x > -4$	很少感恩
	-2 级	$-4 \geqslant x > -7$	几乎不感恩
	-3 级	$-8 \geqslant x \geqslant -10$	从不感恩

10.3.12　积极心态

积极心态是关于产生积极情绪及行为的总体心态，是对个人为人处世中积极性与消极性程度差别的衡量。从各种活动中积极与被动的习以为常的表现可以衡量人与人积极心态的层级差别。

积极心态层级的确定

积极心态层级分为幸福、健康、不健康三个层次 9 个级别，如表 10-14 所示。

表 10-14　积极心态层级主要特征

心态层次	心态级别	心态分值（x）	主要特征
幸福层级	6 级	$20 \geqslant x > 17$	非常积极、事事积极
	5 级	$17 \geqslant x > 14$	很积极，积极程度超越 90%的人
	4 级	$14 \geqslant x > 10$	积极程度超越 75% 的人
健康层级	3 级	$10 \geqslant x > 7$	积极程度超越 60%的人
	2 级	$7 \geqslant x > 4$	积极程度超越 45% 的人
	1 级	$4 \geqslant x > 0$	30%左右的事情积极完成
不健康层级	-1 级	$0 \geqslant x > -4$	比较消极，很少积极
	-2 级	$-4 \geqslant x > -7$	很消极
	-3 级	$-8 \geqslant x \geqslant -10$	非常消极

10.4　心态分析

“12-20 心态测评”测试题目共分 12 个专项心态，每项 10 道题，共 120 题。个人的心态分析主要从总体心态分析与专项心态分析两个方面进行。

10.4.1　总体心态分析

心态层级满分 240，最低分-120 分，按照表 10-1 总体心态分值所列分为幸福、健康、不健康 3 个层次 9 个级别。总体心态分析的具体步骤和要求如下：

（1）根据个人总体的得分情况，首先确定个人心态的层级。一个人的心态层级越高，表明心理状态越好，越能够获得较多的快乐感受与满意认知；

（2）幸福心理拓展的任务是促进心态层级的提升，具体的提升目标应该通过心态总体分析明确下来。主要的方向是由不健康层次提升到健康层次、从健康层次进一步提升到幸福层次，如果某个层次内部级别较低，应该首先提升级别；

（3）总体心态分析要找到涌出幸福甘泉的泉眼。涌出幸福甘泉的泉眼产生于个人最优势的专项心态。找到幸福泉眼就是要发现、培育个人优势的专项心态；

（4）总体心态分析要找到心态短板。

例如，表 10-15 是尔康的心态测试数据记录。

表 10-15 尔康的心态测试数据记录

专项心态	题号及得分										得分合计	学生均分
	1	2	3	4	5	6	7	8	9	10		
生活	2	1	0	1	1	1	1	0	2	1	10	8.1
学习	0	1	1	1	1	1	2	1	1	2	11	5.6
工作	1	1	0	0	1	1	2	1	0	1	8	7.2
健康	1	0	−1	−1	1	1	1	2	1	1	6	7.3
主动	1	2	2	1	2	1	2	2	1	1	15	7.8
目标	1	0	1	1	1	2	2	2	1	−1	10	7.6
智慧	2	1	2	1	0	1	1	1	1	0	10	8.4
坚毅	0	0	2	0	1	1	1	0	2	1	8	8.7
乐观	1	0	1	1	0	0	2	1	1	2	9	8.9
满意	0	1	0	0	0	1	0	2	1	2	7	7.8
感恩	2	0	0	0	0	−1	2	1	1	1	6	11.2
积极	1	1	1	2	1	2	2	0	−2	0	10	9.6
合计											110	98.2

由表 10-15 中的数据可知，尔康的总体心态得分是 110 分，心态层级为健康 3 级，总体心态水平好于一般人的平均水平，在健康层次中处于较高级别；从尔康的总体心态分析可知，尔康的幸福心理拓展的主要任务是将心态层次提升到幸福层次；尔康主动心态得分最高 15 分，其次是学习心态 11 分，很明显，尔康的幸福泉眼产生于主动与学习两个专项心态；尔康的心态层级短板为健康心态和感恩心态。

绘制心态二维图

根据心态测试数据绘制个人的心态层级二维图，便于形象直观地分析。把各个专项心态的得分绘制在标准的心态层级二维图上，就可得到个人实测的心

态层级二维图。如果心态层级二维图比较均匀，说明个人的心态在生活、学习、工作、健身等各个方面比较协调。如果个人的心态得分在某一个方面很高而另一个方面很低，心态二维图的起伏较大，则说明个人的心态在某些方面具有比较明显的优势，另一些方面则存在明显的短板。

尔康的实测心态层级二维图如图 10-4 所示。

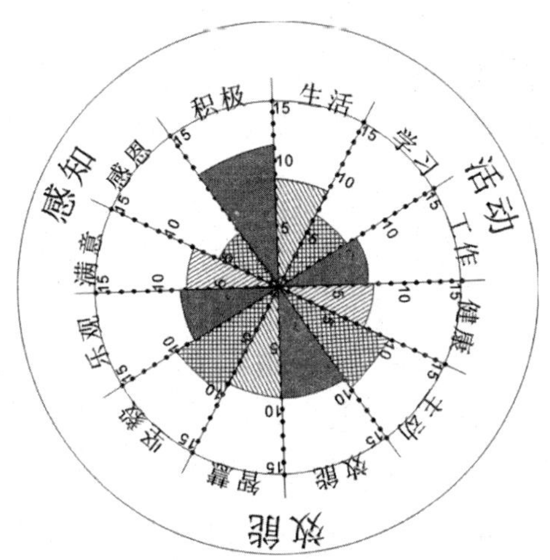

图 10-4 尔康实测心态层级二维图

图 10-4 显示的尔康的心态二维图不太均匀，最高 15 分，最低 6 分，相差 9 分，说明尔康存在明显的心态优势与心态短板。

10.4.2 专项心态分析

专项分析是对每一种心态的分析。主要分析内容如下：

（1）专项分析要确定心态层级；

（2）专项分析要发现心态裂缝。心态裂缝是心态测试得到负分的具体内容。小题得分的负数，代表心态木桶上的一条裂缝，会明显减少快乐感受和满意认知、降低幸福感。心态出现裂缝就要及时弥补，通过一些有效措施使心态得到调整，消除不健康心态，使不健康心态转变为健康心态，健康心态转变为幸福心态；

（3）专项分析要发现心态优势。心态优势是幸福甘泉涌出的泉眼所在；

（4）专项分析要发现幸福短板。幸福短板就是一些导致个人不太容易产生快乐感受与满意认知的行为习惯；

（5）专项分析要明确心理拓展任务。将不健康心理调整为健康心理，将健康心理调整为幸福心理，减少幸福滴漏、开拓幸福源泉是幸福心理拓展的两大任务。

例如，由表10-15分析确定的尔康的各个专项心态的层级如表10-16所示。

表10-16 尔康各专项心态层级结果

心态	生活	学习	工作	健康	主动	目标	智慧	坚毅	乐观	满意	感恩	积极
得分	10	11	8	6	15	10	10	8	9	7	6	10
层次	健康	幸福	健康	健康	幸福	健康	健康	健康	健康	健康	健康	健康
级别	3	4	3	2	5	3	3	3	3	2	2	3

由表10-16可知，尔康的学习心态及主动心态层级较高，处于幸福层次4级和5级；尔康的健康、满意、感恩心态层级较低，都处于健康2级；其他心态都处于健康3级。实际生活中尔康是班级的学习委员，身材较为瘦小，学习、工作很主动，但有点儿书呆子气。测试结果较好地反映了尔康的状况。由表10-15的数据可知，尔康的心态裂缝有5个，分别位于健康第3题、第4题、目标第10题、积极第9题及感恩第6题。找到具体内容可以发现裂缝产生的原因。尔康的心态最优势的是主动心态，次优势的是学习心态。这两个心态优势是非常重要的基础性优势。尔康的幸福短板在健康与感恩心态两个方面。尔康心理拓展的主要任务分别是：一要开拓幸福源泉、继续扩大优势，利用主动及学习的优势，努力使生活、目标、智慧、积极四个心态层级提高到幸福层次；二要弥补心态裂缝，弥补健康裂缝，目标裂缝、感恩裂缝；三要弥补心态短板，通过学会感恩、强健身心，进一步提升满意认知，使三方面心态的级别由2级提高到3级或更高。

10.4.3 不健康心理

感知意行扭曲是不健康心理产生的根本原因。每一个人的感知意行都有自己的特点，既有优势也有不足，而对事物的感知及判断，如果不符合实际情况，那么引发的结果将是扭曲的、有问题的，长此以往甚至可能带来一些灾难性的后果，导致一系列心理问题的产生。

根据感知意行扭曲或不健康的程度，不健康心理分为不健康心态、心理障碍、心理疾病三种类型。不健康心态没有明显的心理、生理器质性疾病，只是出现一些心理适应困难，常常产生消极情绪或感到痛苦、悲观，心理困扰是该层次的较为严重的状况。心理障碍与心理疾病是比较严重的不健康心理状态。

不健康心态

不健康心态主要包含心理困扰、消极情绪两方面内容。

心理困扰是轻度的心理不健康。心理困扰是对刺激产生迷茫反应及消极应对的心理状态，是由于个人感知意行迷茫、不协调或无所适从导致的心理困境。心理困扰是轻度的心理问题。心理困扰的来源主要是生活、学习、工作、健康四大持续性活动中出现的一些新问题及一些超出个人惯常行为的情况。情感、人际交往、考试、就业、身体状况、婚姻等都常常产生心理困扰。

不健康层级的心态构成了木桶的底部。个人的心态层级实际上就像一个盛满人生幸福的木桶。如果木桶的底部有漏洞裂缝，幸福会很快地顺着裂缝消失得无影无踪，因此使自己的心态木桶底部没有孔洞和裂缝是心理拓展的首要任务。

专项心态合计得分处于不健康层级就是幸福漏洞。专项心态合计得分为负值或 0，处于不健康层级，表示为心态木桶上的漏洞。尔奇的心态测试结果如表 10-17 所示。

表 10-17　尔奇各专项心态得分及层级

心态	生活	学习	工作	健康	主动	效能	智慧	坚毅	乐观	满意	感恩	积极
得分	7	−2	2	2	6	5	8	6	8	3	0	8
层次	健康	不健康	健康	健康	幸福	健康	健康	健康	健康	健康	不健康	健康
级别	2	−1	1	1	2	2	3	2	3	2	−1	3

由表 10-17 可知，尔奇的学习心态及感恩心态存在幸福漏洞，心态的总体健康状况较低，需要弥补裂缝及提高心态级别。

心理障碍

心理障碍是对刺激产生障碍性反应及应对行为的心理状态，是由于个人感知意行出现障碍导致的心理不正常，是较为严重的心理问题。心理障碍形成心态木桶的较大漏洞。心理障碍并不可怕，每个人或多或少都出现过。消除心理障碍的方法很多，及时进行心理咨询、找到正确的方法是关键。

心理疾病

心理疾病是对刺激产生病态反应及应对行为的心理状态，是由于个人感知意行的病态导致的心理不正常或心理异常。心理疾病应该及时医治，如果没有及早发现并医治，可能导致恶化，产生更严重的疾病。

心态提升的基本顺序是：①消除心理障碍及心理疾病；②优先培育心态优势，涌出幸福活水；③弥补心态漏洞；④弥补心态裂缝；⑤提升心态级别；⑥提升心态层次。

心态提升的途径主要有：①价值追求引领；②知识水平超越；③技能特长强化；④兴趣爱好转化；⑤人际交往拓宽；⑥休闲娱乐怡情；⑦竞技运动强体；⑧天伦之乐暖心。

■ 拓展练习

1. 利用“知为克成”模型找到提升心态层级的途径。

（1）知己：通过“12-20 心态测评”绘制自己的心态二维图形，分析自己的心态优势及心态短板。

（2）为己：确定心态提升的目标。

（3）克己：采取扬长补短的措施与行动，在学习活动、健身运动、职业发展、家庭生活、艺术修养、挣钱理财中提升心态。

（4）成己：获得心态提升的快乐感受与满意认知。

快乐感受是幸福的两个重要标志之一，当一个人超越了原始、野蛮的欲望层级之后，快乐感受在很大程度上与心态有关。

2. 填空。

（1）心态。

心态是快乐感受与满意认知的起始点，是衡量一个人获得幸福的容易程度。没有绝对的幸福，只有相对的幸福。我的心态立足于自己现状，当生活、学习、工作、健康状况不断向好的方面进步的时候，我就会产生快乐感受与满意认知。

满意认知来源于合理需要的满足，来源于目标的不断实现。我将通过学会科学合理的设定目标，获得更多满意认知。我目前的生活进步目标主要有____

________，学习进步目标有________________，职业发展目标有__________，身心健康目标主要有________________，我会每时每刻清晰地意识到自己前进在实现目标的道路上，每天收获一点点的进步级满意认知。我将努力做到：①在心态提升过程中不断获得满意认知；②在心态提升过程中不断获得快乐感受；③在心态提升的效果中获得满意认知；④在心态提升的效果中获得快乐感受；⑤收获心态提升促进的事业发展及人生幸福。

（2）心态提升。

心态提升是自我完善与社会实践的结合。自我完善的结果必须经过社会实践的检验才能最终获得良好的效果。个人的社会实践主要分为生活、学习、工作、健康四个方面的持续性活动，自我完善形成的性格优势及人格优势，在不同的持续性活动中可能有不同的评估标准，能够取得更多实际成效的优势才是真正的优势。

我的心态提升任务最重的是____________心态，提升的层级为________级，提升的途径有________________等；我的心态提升任务较重的是______和____心态，提升的层级分别为____级和____级，提升的途径有__________等。

我目前的最优势心态是____________心态，优势心态的层级为________级，提升的途径有________________等；我的比较优势的心态是______和____心态，其层级分别为____级和____级，提升的途径有________________等。

（3）生活心态。

我的生活心态目前处于______层级，我将努力达到15级以上的幸福生活心态层级。为此，我将使我的睡眠休息的快乐感受达到__________程度，使饮食快乐达到________程度，使自己的家庭快乐达到________程度，使人际交往的快乐达到__________程度，使清洁卫生活动的快乐感受达到________程度，使休闲娱乐的快乐达到__________程度。我将形成良好的、快乐的生活习惯，每天快乐地生活，使拥有快乐感受、积极情绪的生活时间超过整个生活时间的三分之二。我具体的生活快乐来自______________________等，我将有意识地屏蔽______________________的方面的痛苦感受及消极情绪。

（4）学习心态。

我的学习心态目前处于______层级，我将努力达到15级以上的幸福学习心态层级。为此，我将使我的课堂学习的快乐感受达到__________程度，使考试快乐达到________程度，使自己的专业学习快乐达到________程度，使实践学习的快乐达到__________程度，使自主学习的快乐感受达到_________程度，使学以致用的快乐达到__________程度。我将形成良好的、快乐的学习习惯，每天快乐地学习，使拥有快乐感受、积极情绪的学习时间超过整个学习时间的三分之二。我具体的学习快乐来自___________________等，我将有意识地屏蔽______________________的方面的痛苦感受及消极情绪。

（5）工作心态。

我的工作心态目前处于______层级，我将努力达到15级以上的幸福工作心态层级。为此，我将使我职业探索的快乐感受达到__________程度，使兼职的快乐达到_______程度，使适应竞争的快乐达到________程度，使合作工作的快乐达到__________程度，使抗压耐挫的快乐感受达到__________程度，使创富理财的快乐达到__________程度。我将形成良好的、快乐的工作习惯，每天快乐地工作，使拥有快乐感受、积极情绪的工作时间超过整个工作时间的三分之二以上。我具体的工作快乐来自____________________等，我将有意识地屏蔽______________________的方面的痛苦感受及消极情绪。

（6）健康心态。

我的健康心态目前处于______层级，我将努力达到15级以上的幸福健康心态层级。为此，我将使我的身体健康的快乐感受达到__________程度，使心理快乐达到________程度，使自己的运动健身快乐达到________程度，使自己健美的快乐达到________程度，使自己竞技运动快乐感受达到________程度，使身心和谐的快乐达到________程度，使自己战胜疾病的快乐感受达到______________程度。

我将形成良好的、快乐的健康习惯，每天健康快乐的生活，在身心健康方面使拥有快乐感受、积极情绪的时间超过整个生命时间的三分之二。我具体的健康快乐来自____等，我将有意识地屏蔽______________________的方面的痛苦感受及消极情绪。

【注释】

[1] 中国就业培训指导中心，中国心理卫生协会．心理咨询师　基础知识[M]．北京：民族出版社，2012：144.

[2] 中国就业培训指导中心，中国心理卫生协会．心理咨询师　基础知识[M]．北京：民族出版社，2012：68-69.

[3] 阿德勒．超越自卑[M]．黄光国，译．南昌：江西人民出版社，

2011：2.

附："12-20 心态测评"

一、"12-20 心态测评" 问卷

本量表共有 12 个专项量表，每个专项量表有 10 道题，共 120 道题。请放松心情，根据自己最近两个月的感觉选择，不必过多思考，第一感觉可能更说明问题。

（一）生活心态量表

看清楚下列问题及选项后，在最符合自己的选项字母上打"√"。均为单选题。

1. 我对自己人际交往的状况感到________。
   a. 非常满意　b. 比较满意　c. 一般　d. 不太满意
2. 我的家庭________。
   a. 非常幸福　b. 比较幸福　c. 一般　d. 有点不幸
3. 我对自己目前的经济状况感到________。
   a. 非常满意　b. 比较满意　c. 一般　d. 有点悲哀
4. 我与异性相处时，________。
   a. 非常自然　b. 比较自然　c. 有点拘束　d. 很不自然
5. 我的社会活动________。
   a. 非常丰富　b. 比较丰富　c. 较少　d. 很少
6. 我总是能够很快适应新的环境，与新朋友友好相处。
   a. 非常符合　b. 比较符合　c. 不太符合　d. 很不符合
7. 我总是能够开心、及时地完成各种学习琐事。
   a. 非常符合　b. 比较符合　c. 不太符合　d. 很不符合
8. 父母关心、询问我的事情时，我总是感到________。
   a. 非常开心　b. 比较开心　c. 有点烦　d. 很烦
9. 我经常参加一些使自己和大家都开心的娱乐活动。
   a. 非常符合　b. 比较符合　c. 不太符合　d. 很不符合
10. 周围的一切时常让我感到有点格格不入。

a. 很不符合　b. 不太符合　c. 比较符合　d. 非常符合

（二）学习心态量表

看清楚下列问题及选项后，在最符合自己的选项字母上打“√”。均为单选题。

1. 我对已经取得的学习成绩感到________。
   a. 非常满意　b. 比较满意　c. 一般　d. 不太满意
2. “学而时习之”“温故而知新”对我来说的确受益很大，已经成为我的学习习惯。
   a. 非常符合　b. 比较符合　c. 不太符合　d. 很不符合
3. 我的学习动机及学习目的性很强。
   a. 非常符合　b. 比较符合　c. 不太符合　d. 很不符合
4. 我某一方面的才能或某一科目的成绩明显优于其他人。
   a. 非常符合　b. 比较符合　c. 不太符合　d. 很不符合
5. 我经常结合现实问题学习，或把有关理论应用到实践当中。
   a. 非常符合　b. 比较符合　c. 不太符合　d. 很不符合
6. 上课对我而言总是一件快乐有趣的事。
   a. 非常符合　b. 比较符合　c. 不太符合　d. 很不符合
7. 我已经找到了适合自己的高效率的学习模式。
   a. 非常符合　b. 比较符合　c. 不太符合　d. 很不符合
8. 我与其他人交流学习心得或经验的情况________。
   a. 非常多　b. 比较多　c. 偶尔有　d. 从未有过
9. 我能够深刻体会“学而不思则罔、思而不学则殆”的含义，有效地进行学思结合。
   a. 非常符合　b. 比较符合　c. 不太符合　d. 很不符合
10. 学习时，我非常喜欢刨根问底。
    a. 非常符合　b. 比较符合　c. 不太符合　d. 很不符合

（三）工作心态量表

看清楚下列问题及选项后，在最符合自己的选项字母上打“√”。均为单选题。

1. 我的长期职业发展目标________。
   a. 非常明确　b. 比较明确　c. 比较模糊　d. 尚未考虑

2. 工作时，我总是感到________。

a. 非常开心　b. 比较开心　c. 无聊　d. 很烦恼

3. 我对自己目前的财务收支状况感到________。

a. 非常满意　b. 比较满意　c. 不太满意　d. 很不满意

4. 我对现单位的企业文化感到________。

a. 非常喜欢　b. 比较适应　c. 可以接受　d. 较为反感

5. 在现单位我的才能可以得到充分发挥。

a. 非常符合　b. 比较符合　c. 不太符合　d. 很不符合

6. 我经常在工作中受到各方面的表扬。

a. 非常符合　b. 比较符合　c. 不太符合　d. 很不符合

7. 我与周边的人相处得非常好。

a. 非常符合　b. 比较符合　c. 不太符合　d. 很不符合

8. 我经常在完成任务时发挥很重要、很关键的作用。

a. 非常符合　b. 比较符合　c. 不太符合　d. 很不符合

9. 我对专业学习与自己职业发展的关系认识得非常清楚。

a. 非常符合　b. 比较符合　c. 不太符合　d. 很不符合

10. 在团队合作完成任务时，我时常偷点儿懒。

a. 很不符合　b. 不太符合　c. 比较符合　d. 非常符合

（四）健康心态量表

看清楚下列问题及选项后，在最符合自己的选项字母上打“√”。均为单选题。

1. 我对自己的身体健康状况一直感到________。

a. 非常满意　b. 比较满意　c. 不太满意　d. 很不满意

2. 我的睡眠、起居状况一直让我满意。

a. 非常符合　b. 比较符合　c. 不太符合　d. 很不符合

3. 我对自己的形体、容貌等外在形象感到________。

a. 非常满意　b. 挺好的　c. 平平常常　d. 有点自卑

4. 我对周边的空气、绿化、声音等组成的生存环境感到________。

a. 非常喜欢　b. 比较适应　c. 可以接受　d. 较为反感

5. 我能够很好地享用一日三餐。

a. 非常符合　b. 比较符合　c. 不太符合　d. 很不符合

6. 我经常坚持运动并有着自己喜爱的运动项目。

a. 非常符合　b. 比较符合　c. 不太符合　d. 很不符合

7. 我能够及时体检并采取有效措施保持身心健康。

a. 非常符合　b. 比较符合　c. 不太符合　d. 很不符合

8. 我能够有效地放松自己、释放压力。

a. 非常符合　b. 比较符合　c. 不太符合　d. 很不符合

9. 我对自己身体的弱项认识得非常清楚，并采取了合理的防范及强化措施。

a. 非常符合　b. 比较符合　c. 不太符合　d. 很不符合

10. 我经常陷入一些令人着迷的活动（如游戏、赌博等）之中难以自拔。

a. 很不符合　b. 不太符合　c. 比较符合　d. 非常符合

（五）主动心态量表

看清楚下列问题及选项后，在最符合自己的选项字母上打“√”。均为单选题。

1. 我经常承担额外的工作任务。

a. 非常符合　b. 比较符合　c. 不太符合　d. 很不符合

2. 我经常热心地帮助他人。

a. 非常符合　b. 比较符合　c. 不太符合　d. 很不符合

3. 我很清楚自己喜欢什么、擅长什么并且经常做这些事情。

a. 非常符合　b. 比较符合　c. 不太符合　d. 很不符合

4. 我经常智慧表达自己的见解、想法及建议。

a. 非常符合　b. 比较符合　c. 不太符合　d. 很不符合

5. 我总是精神饱满、充满活力。

a. 非常符合　b. 比较符合　c. 不太符合　d. 很不符合

6. 看到公共场所出现一些不文明的行为，我经常智慧且理性地劝止。

a. 非常符合　b. 比较符合　c. 不太符合　d. 很不符合

7. 我能够及时做心理测评并采取有效措施保持心理健康。

a. 非常符合　b. 比较符合　c. 不太符合　d. 很不符合

8. 我对新鲜事物充满好奇，喜欢冒险、创新。

a. 非常符合　b. 比较符合　c. 不太符合　d. 很不符合

9. 我有很强的控制及权力欲望，经常充当领袖角色。

a. 非常符合　b. 比较符合　c. 不太符合　d. 很不符合

10. 集体活动中的一些杂事，我总是能躲就躲。

a. 很不符合　b. 不太符合　c. 比较符合　d. 非常符合

（六）目标心态量表

看清楚下列问题及选项后，在最符合自己的选项字母上打"√"。均为单选题。

1. 我做事总是目标很清晰，紧紧围绕目标进行。

a. 非常符合　b. 比较符合　c. 不太符合　d. 很不符合

2. 我有很强的时间管理观念，从不浪费时间。

a. 非常符合　b. 比较符合　c. 不太符合　d. 很不符合

3. 我经常得到各方面的表扬、奖励。

a. 非常符合　b. 比较符合　c. 不太符合　d. 很不符合

4. 必须做的事，我总是全力以赴，尽早保质保量地完成。

a. 非常符合　b. 比较符合　c. 不太符合　d. 很不符合

5. 我总是碰到什么事就做什么事，有时做完会觉得价值不大。

a. 很不符合　b. 不太符合　c. 比较符合　d. 非常符合

6. 我经常尝试使用一些能够明显提高效率的新技术、新工具。

a. 非常符合　b. 比较符合　c. 不太符合　d. 很不符合

7. 我总是能够找到方法去完成一些很困难的事。

a. 非常符合　b. 比较符合　c. 不太符合　d. 很不符合

8. 我很善于学习借鉴别人的成功经验，并结合实际有所改革、创新。

a. 非常符合　b. 比较符合　c. 不太符合　d. 很不符合

9. 我很清楚自己的技能特长，做事时经常扬长避短。

a. 非常符合　b. 比较符合　c. 不太符合　d. 很不符合

10. 批评或不公正待遇会明显影响我的工作效率及工作质量。

a. 很不符合　b. 不太符合　c. 比较符合　d. 非常符合

（七）智慧心态量表

看清楚下列问题及选项后，在最符合自己的选项字母上打"√"。均为单选题。

1. 我总是能够发现并抓住一些良好机遇。

a. 非常符合　b. 比较符合　c. 不太符合　d. 很不符合

2. 我总是能够察觉一些危险的存在并采取措施防范，避免或减少伤害。

a. 非常符合　b. 比较符合　c. 不太符合　d. 很不符合

3. 我总能找到个人、集体、社会主流思想及价值追求的共同点且融入其中。

a. 非常符合　b. 比较符合　c. 不太符合　d. 很不符合

4. 我善于通过幽默的方式化解矛盾或尴尬。

a. 非常符合　b. 比较符合　c. 不太符合　d. 很不符合

5. 我经常阅读一些哲学和历史书籍，喜欢从哲学和历史的角度分析思考问题。

a. 非常符合　b. 比较符合　c. 不太符合　d. 很不符合

6. 我相信“君子爱财、取之有道”并能够合理地获得所需财富。

a. 非常符合　b. 比较符合　c. 不太符合　d. 很不符合

7. 我注重吸收自然科学与人文科学的精华提升、发展自己。

a. 非常符合　b. 比较符合　c. 不太符合　d. 很不符合

8. 碰到一些无赖或有意伤害、羞辱自己的人或事，我总是感到无计可施。

a. 很不符合　b. 不太符合　c. 比较符合　d. 非常符合

9. 我总是能够把主要精力放在最需要的方面，做到“术业有专攻”。

a. 非常符合　b. 比较符合　c. 不太符合　d. 很不符合

10. 我很难兼顾工作、学习、家庭、社交等各方面，常常顾此失彼。

a. 很不符合　b. 不太符合　c. 比较符合　d. 非常符合

（八）坚毅心态量表

看清楚下列问题及选项后，在最符合自己的选项字母上打“√”。均为单选题。

1. 认准要做的事，即使屡遭挫折，我也从不放弃。

a. 非常符合　b. 比较符合　c. 不太符合　d. 很不符合

2. 我认为我的顽强程度在同龄人中处于________。

a. 最顽强的 10%　b. 较顽强的三分之一

c. 中等水平　d. 较低水平

3. 我善于调动自己的浩然之气勇敢地面对困难、战胜困难。

a. 非常符合　b. 比较符合　c. 不太符合　d. 很不符合

4. 遇到一些麻烦事，我总是寻求父母或他人的帮助。

a. 很不符合　b. 不太符合　c. 比较符合　d. 非常符合

5. 我一直把苦难看作“天降大任、苦其心志、劳其筋骨”的必然磨砺成

长过程。

a. 非常符合 b. 比较符合 c. 不太符合 d. 很不符合

6. 我有过非常痛苦地学习一技之长的经历，最终坚持下来了，并感到十分受益。

a. 非常符合 b. 比较符合 c. 不太符合 d. 很不符合

7. 对于曾经给过我伤害的人，不论其是否道歉，我都能够以德报怨。

a. 非常符合 b. 比较符合 c. 不太符合 d. 很不符合

8. 由于自己的失误导致集体项目失败，我会长期处于痛苦之中难以自拔。

a. 很不符合 b. 不太符合 c. 比较符合 d. 非常符合

9. 经历伤痛，我会流眼泪，但是擦干眼泪，我会更加坚强。

a. 非常符合 b. 比较符合 c. 不太符合 d. 很不符合

10. 我总是担惊受怕，宁肯不做事、不管事。

a. 很不符合 b. 不太符合 c. 比较符合 d. 非常符合

（九）乐观心态量表

看清楚下列问题及选项后，在最符合自己的选项字母上打“√”。均为单选题。

1. 每天我感到开心或比较开心的时间能够占到一天的________。

a. 全部 b. 三分之二以上 c. 一半左右 d. 不到一半

2. 我每天都感到很快乐，很少有烦恼。

a. 非常符合 b. 比较符合 c. 不太符合 d. 很不符合

3. 善良、热情、友好的人在我接触到的人中所占的比例是________。

a. 全部 b. 三分之二以上 c. 一半左右 d. 不到一半

4. 忧伤、恐惧、冷漠、萎靡等情绪每天总会时不时地在我身上出现。

a. 很不符合 b. 不太符合 c. 比较符合 d. 非常符合

5. 上课时我总是感到________。

a. 精神饱满 b. 比较认真 c. 勉强能听 d. 无聊厌倦

6. 每天我能够开心或比较开心去做的事情能够占到一天所有事情的________。

a. 全部 b. 三分之二以上 c. 一半左右 d. 不到一半

7. 我的家庭总是让我觉得________。

a. 非常幸福 b. 比较开心 c. 有点烦 d. 很痛苦

8. 与异性的接触及对异性的感觉，总是让我觉得很美好、很兴奋。

a. 非常符合　b. 比较符合　c. 不太符合　d. 很不符合

9. 使我完全沉浸其中的快乐活动几乎________。

a. 每周都有　b. 每月都有　c. 很少出现　d. 从未出现

10. 使我不开心的事经常发生。

a. 很不符合　b. 不太符合　c. 比较符合　d. 非常符合

（十）满意心态量表

看清楚下列问题及选项后，在最符合自己的选项字母上打“√”。均为单选题。

1. 我对现在的学习感到很满意。

a. 非常符合　b. 比较符合　c. 不太符合　d. 很不符合

2. 我对自己的整体状况感到很满意。

a. 非常符合　b. 比较符合　c. 不太符合　d. 很不符合

3. 我认为自己目前的社交状况________。

a. 很好　b. 还行　c. 一般　d. 不怎么样

4. 社会上的事总是让我看不惯。

a. 很不符合　b. 不太符合　c. 比较符合　d. 非常符合

5. 我很满意现在学习的自然及社会环境。

a. 非常符合　b. 比较符合　c. 不太符合　d. 很不符合

6. 我对未来充满信心。

a. 非常符合　b. 比较符合　c. 不太符合　d. 很不符合

7. 我经常担心钱不够花。

a. 很不符合　b. 不太符合　c. 比较符合　d. 非常符合

8. 我觉得工作很美好，对自己的职业发展很乐观。

a. 非常符合　b. 比较符合　c. 不太符合　d. 很不符合

9. 我的抱怨________。

a. 很少　b. 偶尔有　c. 较多　d. 很多

10. 年轻就是资本，有太多的美好需要我来创造、我来享受。

a. 非常符合　b. 比较符合　c. 不太符合　d. 很不符合

（十一）感恩心态量表

1. 我常常在教师节自觉对帮助我的教师表示感激。

a. 非常符合 b. 比较符合 c. 不太符合 d. 很不符合

2. 我对自己生活成长的环境没什么留恋。

a. 很不符合 b. 不太符合 c. 比较符合 d. 非常符合

3. 我身边值得感谢的人是________。

a. 几乎所有人 b. 大多数人 c. 少数人 d. 几乎没有

4. 我对大自然的一草一木都非常爱惜。

a. 非常符合 b. 比较符合 c. 不太符合 d. 很不符合

5. 对帮助我的人，我常会________。

a. 想办法回报 b. 有机会时回报 c. 礼貌地感谢 d. 过了就算了

6. 对曾经的同学，我总是常常想起________。

a. 帮助我的人 b. 关系好的人

c. 逗乐的人 d. 对不起我的人

7. 我经常做些感谢父母的事，比如洗脚、洗衣等。

a. 非常符合 b. 比较符合 c. 不太符合 d. 很不符合

8. 我时常产生对生命本身的敬意及感谢。

a. 非常符合 b. 比较符合 c. 不太符合 d. 很不符合

9. 对获得的各种报酬或奖励，我总是感到________。

a. 非常感谢 b. 应该致谢 c. 理所当然 d. 全靠自己

10. 我总能让别人感觉到我发自内心的感谢。

a. 非常符合 b. 比较符合 c. 不太符合 d. 很不符合

（十二）积极心态量表

1. 我经常热心地帮助他人。

a. 非常符合 b. 比较符合 c. 不太符合 d. 很不符合

2. 我对新鲜事物充满好奇，喜欢冒险、创新。

a. 非常符合 b. 比较符合 c. 不太符合 d. 很不符合

3. 我总是对未来感到忧虑。

a. 很不符合 b. 不太符合 c. 比较符合 d. 非常符合

4. 我总能积极融入新的集体及环境之中。

a. 非常符合 b. 比较符合 c. 不太符合 d. 很不符合

5. 我充满信心地认为自己未来一定是一个有钱人。

a. 非常符合 b. 比较符合 c. 不太符合 d. 很不符合

6. 我的睡眠、起居状况一直让我能够充分地休息，充满活力地学习、工作。
   a. 非常符合　b. 比较符合　c. 不太符合　d. 很不符合
7. 我总是思维活跃、想象丰富。
   a. 非常符合　b. 比较符合　c. 不太符合　d. 很不符合
8. 我经常得到各方面的表扬、奖励。
   a. 非常符合　b. 比较符合　c. 不太符合　d. 很不符合
9. 我总能够有效学习吸收专业之外的知识技能。
   a. 非常符合　b. 比较符合　c. 不太符合　d. 很不符合
10. 我非常热爱自己所拥有的一切。
   a. 非常符合　b. 比较符合　c. 不太符合　d. 很不符合

二、“12-20 心态测评”计分表及二维图形绘制

1. 填写计分表。

每个问题的 a、b、c、d 四个选项字母对应的得分如下：2 分、1 分、0 分、-1 分，将得分填入下面的“12-20 心态测评”计分表。

“12-20 心态测评”计分表

心态名称	题号及得分										得分合计
	1	2	3	4	5	6	7	8	9	10	
生活											
学习											
工作											
健康											
主动											
目标											
智慧											
坚毅											
乐观											
满意											
感恩											
积极											
总分											

2. 绘制心态二维图。

将上表数据绘制在下图中，得到自己的心态二维图。

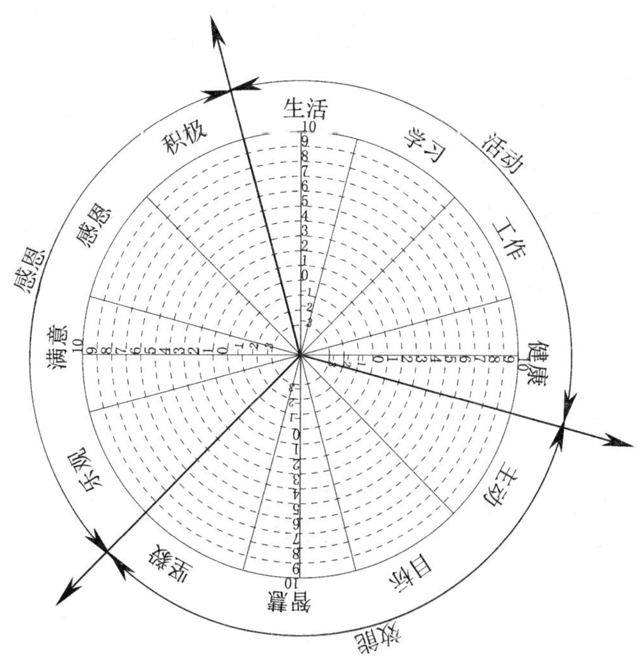

心态二维图

下篇

克己·成己

11 高效学习

11.1 什么是学习

什么是学习？一般人会说“学习是在学校从事的活动”，但心理学家及管理学家对学习的理解及定义要更深刻、更广泛。罗宾斯在其《组织行为学》一书中认为学习就是行为的改变[1]，学习包含着相对持久的变化，包含着某种类型的经验。学习变化包含了积极与消极的变化，学习的方式包含了人类所有的活动。在幸福心理拓展中所采用的学习定义，是促进积极变化的学习，是通过一定方式形成较为稳定、持久的学习关系的学习，例如各阶段学校学习、各种培训及拓展活动、各种职业技能的学习提高等。它们的共同点是都强调知行合一，学习促进行为改变。

学习过程从出生就已经开始，主要的学习活动一般要持续到 30 岁。当代中国人的学习过程大致经历婴幼儿家庭教育、幼儿园教育、小学教育、初中教育、高中教育、大学教育、职场教育、继续教育几个阶段，大学学习包含专科、本科、研究生等不同学历层次。

学习的场所主要分为家庭、学校、职场、社会四个方面。

学习的途径主要分为言传身教、耳濡目染、读书思考、实践体验四个方面，存在于生活、工作、学习、娱乐健身的活动之中，存在于现实社会及网络虚拟社会之中。言传身教包含了教师对学生的课堂教学、家长对子女的家庭教导、领导对下属的指导示范等所有的面对面教学途径。

学习者是进行学习的人，分为主动学习者与被动学习者。主动学习者在学习活动中的基本行为表现体现“I”（“主动我”）的特征，自己能够主导学习活动中的几乎所有事项。被动学习者在学习活动中的主要行为表现体现“me”（“被动我”）的特征，被别人安排完成学习活动中的几乎所有事项。主动学习者的角色时间达到整个学习时间的60%以上，是心智成熟到独立阶段的主要标志之一。大学之前的学习过程几乎都是被动学习者角色活动的过程。

11.1.1　学习及其相关概念

学习

学习是学习者有目的地通过感知意行循环掌握知识、提高能力、完善品行的活动过程。

学习的基本含义如图 11-1 所示。

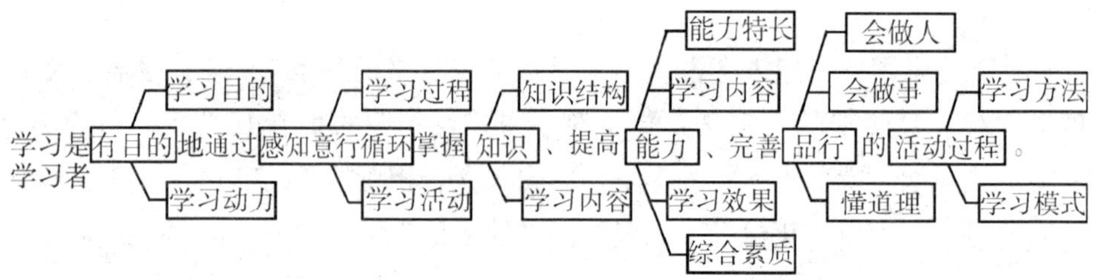

图 11-1　学习的基本含义

学习是一种有目的性的持续性活动。学习目的通过学习目标、学习内容、学习效果的设置与选择具体展现。学习的持续性通过学习过程、学习活动及一系列的学习事件具体体现。

学习目的

学习目的从内容及效果方面可以概括为“一懂二会”：懂道理、会做事、会做人。懂道理是基础，是会做事、会做人的前提与条件。所有的系统性学习活动都是根据不同学习对象目前“懂道理”的状况，循序渐进地设置需要进一步完成的内容。

学习动机

学习动机是推动学习的内在动力。内省的学习目的与内生的学习目的构成学习动机。学习动机由各种自觉的、能够激发学习主动性的因素组成，主要包括学习需要、学习兴趣、学习爱好、学习目标、学习榜样等。

学习动机可以通过吸引与强制两种方式在学习者身上产生推动学习的作用力，称为学习的外来推力。吸引是提高学习积极性、提高学习质量效果的有效手段，也是学习者理解、认知外加学习目的的有效方法。强制对于无法采取吸引方法的学习活动是必不可少的方法，对于一些心智尚未成熟而又沉溺于不良习惯中的人是必不可少的方法，对于学习内容超出了个人理解范围的学习活动也是有效的方法。强制方法不可长期使用，应该在强制过程中使学习者逐步理解学习目的及学习内容，促进学习者的内省。

对外加学习目的的理解与认同是学习目的、学习动机的内省。对学习的内省程度反映个人成熟的程度，外来动机转化为内生动机的过程就是心智成熟的过程，学习的内生动机达到60%以上是心智进入成熟第二阶段（独立阶段）的主要标志之一。

学习需要

学习需要是一种较为复杂的需要，是在人的基本生理需要、精神需要及社会需要的基础上产生的需要，学习需要主要有内生的学习需要与外加的学习需要两种。学习者的年龄较小时外加的学习需要较多，随着成熟阶段的提高，内生的学习需要逐渐占据绝对主导地位。

（1）内生学习需要：来源于个人内心的需要，是个人需要层次提高的体现，是内生的学习动力，简称内生动力。内生动力增强是成熟的表现。内生学习目的是需要层级及强度的体现。需要层级越高，学习的自觉性越强；需要的强度越大，学习的动力越大。

（2）外加学习需要：是根据人类社会生存发展的需要，由学习者之外的人或组织施加在学习者身上的学习目的。在个人成长的过程中，政府、家庭及各种社会组织互相结合，确定了学习者从出生到高中、大学的几乎所有主要的学习任务，通过各种方式促进个人的学习进步。外来学习任务构成了持续性学习活动的主线。

学习目标

学习目标是对学习活动结果的具体而明确的要求，是学习目的的具体化。

学习目标根据不同的学习阶段、学习内容可以分为人生学习目标、阶段学习目标、具体学习目标三个层次。人生学习目标包含了高中、大学、研究生或学士、硕士、博士等学历教育目标，以及各种培训、研修等终生学习目标。阶段学习目标主要指高中、大学、研究生等各个阶段的学习目标及各阶段每个学期的学习目标等。获得学历、学位证书，获得奖学金，保证每门课程都及格等，都是常见的阶段学习目标。具体学习目标是每一项具体学习活动确定的明确目标，包含每门课程学习目标、每项学习活动应该达到的标准等。

学习目标又可分为外加目标与内生目标两种。外加学习目标是所有非个人自主确定的学习目标。内生学习目标是自主确定的学习目标，是根据个人的价值追求、兴趣爱好、能力特长、性格气质及个人所处的学习环境条件等自主确定的具体而明确的学习目标。外加学习目标可以转化为内省的学习目标，进一步转化为内生目标。内生学习目标与个人的需要层级的发展提高密切相关。需要层级发展越成熟，内生学习目标越多、越具体，越容易使外加学习目标向内生学习目标转化。

学习兴趣、学习爱好

学习兴趣是执着于、被吸引于学习的心理现象，学习的内容、方式等都可能是被吸引的原因。学习爱好是专注于某项学习活动的心理现象。

学习内容

学习内容是根据内生或外加的学习目的确定的满足发展需要的各种理论知识、应用技能及修身养性的知识、经验、技能等。学习内容的基本分类如表11-1所示。

表 11-1　学习内容的基本分类

层　次	类　别	方　式
专业知识技能	完善品行	非课程学习内容
通用知识技能	提高技能	实践课程内容
基础文明	掌握知识	理论课程内容

学习内容可以分为基础文明、通用知识技能、专业知识技能三个层次。基础文明是保证人类文明延续与发展的基础性知识及技能，语言、文字、历史及基本的自然科学知识等都是基础文明的必学内容。通用知识技能是各行各业都

需要的基本知识、基本技能、基础文明素质。专业知识技能是从事各种具体职业尤其是高技术职业岗位所需的知识技能及素质。

学习内容又可按照促进行为改变的类别分为掌握知识、提高能力、完善品行三类，这三类内容的学习，分别对应形成个人的知识结构、能力特长与综合素质。

一生最重要的学习阶段是从小学到大学毕业的一段时间，这段时间基本形成了个人的知识结构、能力特长及综合素质，奠定了个人工作、生活、学习、休闲、健身的基础。个人在这段时间学习掌握的基础文明及通用知识技能是构成个人人格及心态特征的主要内容，是个人感知意行晶体品质的主要组成部分；这段时间学习掌握专业基本知识、专业基本技能、专业基础素质是个人职业发展的基础。

11.1.2　学习活动

学习活动是围绕学习开展的目的性、持续性的活动及事件。学习活动对于现代人而言，不仅具有非常重要的作用，而且占据了人生最充满活力与青春朝气的大部分时间。通过学习收获更多的知识、技能，促进事业发展，促进人生幸福，是现代人成功的必由之路。

学习持续性活动一般称为学习活动，是持续时间较长的学习活动。学习活动可以分为教学活动、自学活动，可以分为理论学习活动、实践学习活动，可以分为课堂教学、实验、实习、设计、工业训练等，也可以分为学校学习、家庭学习、社会实践、职业学习等。课堂教学是最普通、最常见也是最重要的学习活动。

学习事件是在学习过程中发生的持续时间较短、具有较为重要影响的事件。考试、评定奖学金、竞赛、毕业典礼等都是典型的学习事件。考试是最普通、最常见也是最重要的学习事件。

学习过程

从事学习活动的过程就是学习过程。学习过程包含了确定学习目标任务、制订学习计划、从事学习、对学习结果进行考试确认、应用等所有环节。

已经经历的学习过程称为学习历程，主要的学习历程称为学历，完成一定的学历学习任务后颁发的证书称为学历证书。

学习过程从出生就已经开始，学校学习阶段的目标任务、计划安排、学习活动及考核办法都十分明确，阶段之间循序渐的发展关系十分明确。

学习方法

学习方法是在学习过程中采用的方法。学习方法根据学习的形式，可以分为课堂学习方法、自学方法、实验方法、实践学习方法等；根据教学方式，可以分为参与式教学法、讨论式教学法、启发式教学法、案例教学法、合作学习法、情景模拟教学法等。

11.1.3　学习心态与学习

喜欢学习、善于学习、目标清晰、行动有效、效果良好、快乐满意是构成学习心态的六方面内容。学习心态由学习方面的感知意行品质构成，分为学习晶体与学习流体两个部分。学习晶体是在感知意行四个方面形成的有关学习的晶体，例如知识积累水平达到小学或大学水平、学位水平达到学士或博士等，是个人学习知晶体的部分品质；学习需要强烈是学习意晶体的品质，学习勤奋是学习行晶体的品质等。学习流体是具体学习活动中感知意行循环品质在学习中的反映。

11.2　高效学习指导

高效学习是在有限的学习时间收获更多有用知识与技能的学习。高效学习的三个明显标志是学习目标明确、时间管理高效、学习效果明显。高效时间管理是高效学习的基础。

11.2.1　时间管理

时间管理就是根据需要有计划地分配使用时间。时间管理只是根据需要有计划地分配使用时间，对于需要的层级及轻重缓急没有清晰的界定与选择，没有特别强调时间效益。高效的时间管理就是根据需要的层级和轻重缓急，通过合理的计划来分配时间，通过科学的方法使用时间，以实现时间效益的最大化。

时间管理技能

时间管理技能是能够有效利用现有资源使时间效益最大化的技能。

高效时间管理的核心只有两件事：首先要根据事情的重要性决定做事情的顺序，即确定哪些事情该做、哪些事情不应该做、哪些事情优先做；其次是提高做事的效率，即如何把事情做得既快又好。做这两件事的水平体现高效时间管理的水平，是个人现有需要层级水平、价值追求、知识与技能水平在时间管理方面的综合体现。高效时间管理技能的基本含义如图 11-2 所示。

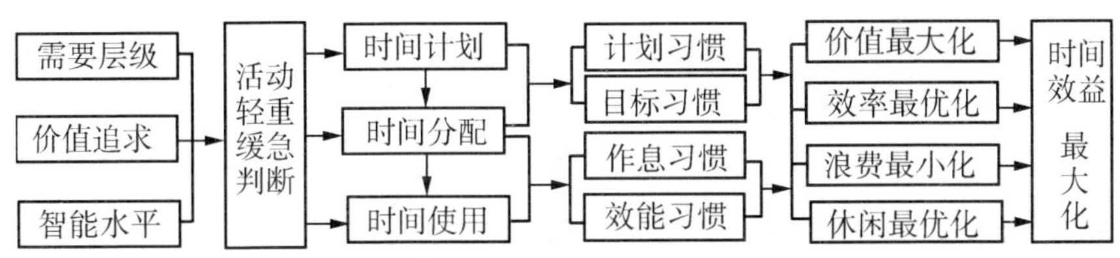

图 11-2　高效时间管理技能的基本含义

高效时间管理技能可以通过训练不断得到提高，个人需要层级的高度及智能的高度决定了时间效益最大化的高度。如图 11-2 所示，在个人现有的需要层级、价值追求及智能水平基础上，对于所有需要耗费时间的活动事项（统称为事情）进行计划分配，计划分配的前提是能够清晰地判断各项事情的轻重（价值高低）、难易、缓急、喜恶，计划分配之后是时间的高效使用，通过使用实现时间效益最大化的目标。

时间抉择模型

时间抉择模型是根据事情的轻重、缓急、难易、喜恶的既定标准决定做事顺序的模型。

四个既定标准可以分为四个维度，事情的轻重称为价值维度，缓急称为时间维度，难易称为智能维度，喜恶称为兴趣维度。每个维度用一条轴线表示且用数字划分出 11 个等级，分别用 0、1、2、3、4、5、6、7、8、9、10 表示，0 表示最轻、最易、最缓、最恶（最不喜欢）的等级，10 分别代表最重、最难、最急、最喜（最喜欢）的等级，如此便形成了如图 11-3 所示的时间抉择模型。

四个维度坐标围成一个封闭的图形，图形中的区域就是可供抉择的空间。

抉择的顺序是价值维度→时间维度→智能维度→兴趣维度，也就是轻重→缓急→难易→喜恶。用①②③④的顺序表示抉择的顺序，用“→”表示抉择的方向。“①→”表示价值维度优先抉择的方向，“②→”表示紧迫维度抉择

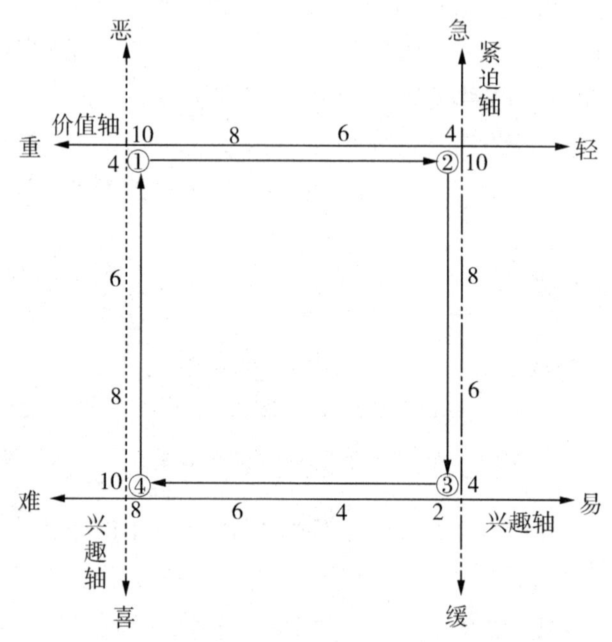

图 11-3 时间抉择模型

的优先方向，依此类推。

抉择的范围四个维度不同，价值维度等级越高越好，尽量不要低于 5 级；时间维度与智能维度的选择范围较宽，但过于紧迫、过于容易的事情太多是不利的；兴趣维度尽量不要低于 4 级。较为合理的抉择等级范围如表 11-2 所示。

表 11-2 时间抉择较为合理的等级范围

维 度	价 值	紧 迫	能 力	兴 趣
等级	10~4	10~4	2~8	10~4
抉择方向	重→轻	急→缓	易→难	喜→恶

惯常的时间抉择行为常常与时间抉择模型的顺序相反，总是首先选择做一些喜欢的、容易的、眼前的事情。游戏、聊天、玩乐、休闲总是令人喜欢，许多人沉迷于此，实际上是不科学的时间行为习惯所致。

按照时间抉择模型养成良好的习惯，是人生幸福与事业成功的重要保证。

时间计划

时间计划是以较为长远的目标为主导、对长远目标分解出的目标体系中的

一个个目标的具体实现时间做出的系统安排。十年规划、五年计划、年度计划、学期课程表等都是时间计划。时间计划是针对价值维度等级很高、紧迫维度等级较低的事情做出的安排。时间计划与计划落实情况共同构成时间计划技能。

时间分配

时间分配是根据时间抉择模型的抉择结果对较近一段时间的优化安排。时间分配注重眼前目标的实现，是围绕目前较为迫切而又较为重要的多个目标做出的优化安排。

时间分配的原则是时间效益最大化。时间分配及目标任务的完成共同构成时间分配技能。时间分配的技巧很多，找到适合自己的一两项形成习惯，就会受益无穷。

时间使用

时间使用是对现在时间的使用。时间使用技能是有效调动积极主动性、充分发挥智能水平、优质高效完成现有事情的技能。积极主动性能够影响注意力、创造力、耐久力，促进任务优质高效地完成。价值追求一致、兴趣爱好相符、性格气质相适能够激发积极主动性。智能水平是知识思维水平与能力水平的综合，事情的难易与个人做该事情的智能水平有关，能则不难，不能则难。

时间习惯

时间习惯主要包括计划习惯、目标习惯、效能习惯、作息习惯。养成良好的时间习惯是高效时间管理的保证。

11.2.2　高效学习模式

高效学习模式是在个人心智达到较为独立的成熟程度才能够自主调整的系统性学习模式。高效学习模式是目的内省、目标适能、内容适需、方法适性、过程适兴、结果适用的系统性学习模式。高效学习模式如图 11-4 所示。

目的内省

目的内省是指将外加学习目的逐步内省为个人自觉的学习目的，进而逐步转化为个人内生的学习目的。外加学习目的往往是超越了某一阶段个体需要层级及理解能力的强迫性要求，能够更好地理解或接受外加目的并转化为内省的学习目的，是个人提高学习主动性及学习动力的源泉，是个人高效学习的动力来源。目的内省进一步发展提升到内生目的层级，内生目的是个人积极主动应

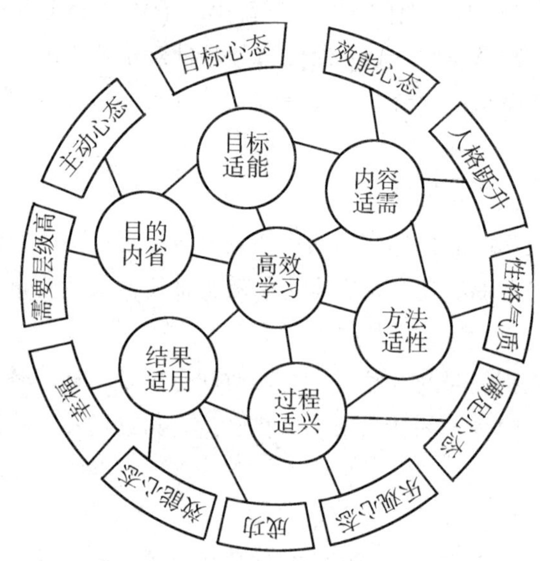

图 11-4　高效学习模式

用实践所学知识并根据发展需要进行开拓学习的基础。内生目的达到60%以上是心智进入成熟的独立阶段的主要标志之一。

目的内省的基本判断标准是：①心智成熟达到独立以上阶段；②需要层级达到 4 级以上水平；③主动心态层级达到 14 分以上；④心态福桶层级达到 4 级以上。

目标适能

目标适能是指能够根据自己的能力水平制定经过努力可以实现的学习目标。

目标适能的基本判断标准是：①能力特长与主修专业的技能培养基本一致；②知识技能优势与职业发展所需基本一致；③目标体系与个人的需要层级匹配；④目标心态层级达到 4 级以上；⑤心态层级达到 4 级以上。

内容适需

内容适需是指学习内容能够围绕个人及社会的发展需要有所选择、有所侧重。在知识爆炸的时代，任何一个人都不可能穷尽所有的知识，学习对自己的人生幸福及事业成功没有关系的知识，是对个人时间、精力的极大浪费。能够自主、科学、合理地选择所学内容是达到心智成熟独立阶段的重要指标之一。

内容适需的基本判断标准是：①价值追求与职业发展基本一致；②知识技

能与主修专业基本一致；③需要层级达到4级以上；④心智成熟达到独立阶段以上；⑤心态福桶层级达到4级以上。

学习内容的选择是所有学习活动中最重要的事情。在选择学习内容方面，年轻人有太多的无奈。初中升高中只是为了考大学，而高考的分数在很大程度上决定了个人的选择权，大多数人不仅不会选择，而且也没有选择的权力，只能根据自己的高考成绩，接受命运的安排进入一所大学，学习某一个可能自己并不了解的专业。在这种情况下，在大学及专业的学习过程当中，选择对自己人生幸福及事业发展有用的学习内容尤为重要。

方法适性

方法适性是指能够根据自己的性格气质找到适合的学习模式、形成良好的学习习惯。每个人感知意行晶体特征不同，对于理论知识与实践技能的学习掌握的方式及特点不同，对于理论知识中理科知识与文科知识的兴趣、感知、理解与记忆的特点也有差别，根据个人感知意行晶体品质的特点找到合适的学习模式、形成个性化的学习习惯，就是方法适性。

方法适性的基本判断标准是：①性格气质类型、强度与主修专业及相关职业的基本需要一致；②人格类型及强度在学习活动中能够充分体现；③人格层级达到4级以上；④心态层级达到4级以上。

过程适兴

过程适兴是指在学习过程中能够根据自己的兴趣爱好收获学习的快乐、提高学习的成效。过程适兴的基本判断标准是：①兴趣爱好与主修专业基本一致；②技能特长与职业发展基本一致；③学习心态层级达到12分以上；④心态福桶层级达到4级以上。

结果适用

结果适用是指学习的结果能够满足个人目前及未来的发展对知识、能力及素质的要求。结果适用的基本判断标准是：①心智成熟达到独立阶段以上水平；②学用段位达4级以上水平；③学习心态层级达到14分以上；④心态层级达到4级以上；⑤知识改变命运开始发挥积极作用。

11.3 学以致用

学以致用是学习的目的，是知行合一，是促进行为发生积极变化的基础。

11.3.1 行为改变的学习理论

学习就是行为改变，通过有目的的活动促使行为改变的主要理论有以下几种：

（1）巴甫洛夫提出的经典条件反射理论。经典条件反射的学习理论认为，通过建立条件刺激与无条件刺激之间的联系，可以在条件刺激中获得与无条件刺激性质相同的反应。长期在教室上课的学生听到上课铃声或下课铃声产生的心理反应，可以用经典条件反射学习理论解释。经典条件反射是被动的，只能用于一些简单的行为改变。

（2）哈佛大学心理学家斯金纳提出的操作性条件反射理论。斯金纳指出[2]，在具体行为出现之后，如果能提供令人满意的结果，会提高这种行为发生的频率。积极强化可以促进行为的重复出现，一些良好习惯的形成需要采用操作性条件反射理论进行积极强化。操作性条件反射强调了直接经验的学习对行为的作用。

（3）社会学习理论。社会学习理论认为[3]，个体不仅通过直接经验进行学习，还通过观察或聆听发生在他人身上的事情而学习。榜样的影响是社会学习理论的核心内容，榜样对个体的影响包含四个过程：注意过程、保持过程、动力复制过程、强化过程。

（4）行为塑造理论。管理者通过循序渐进的方式指导个体学习、塑造个体行为的过程称为行为塑造[4]。行为塑造有四种方法：积极强化、消极强化、惩罚、忽视。行为塑造理论对于企业员工的学习及学校学生的学习具有重要的作用，对管理者及教师的水平及作用提出了很高的要求。

11.3.2 格致诚正

格致诚正是“格物、致知、诚意、正心、修身、齐家、治国、平天下”中前四项的修炼。格物、致知是通过对自然生态与人类社会的观察分析了解自

然与人类社会的知识与规律，为按照自然与人类社会的规律做事打下基础。

不论意念如何都要真诚面对就是诚意。诚意是意念真诚，不自欺欺人。喜闻芳香而厌闻恶臭、喜欢美丽而厌恶丑陋等都是天性使然，真诚面对内心深处的一切意愿或欲望就是诚意。诚意是进步的钥匙。诚意可能被喜怒哀乐惧等情感支配役使，使个人成为感情或欲望的奴隶而失去控制。在不自欺欺人地面对自己内向深处的意愿的“诚意”之后，还必须能够排除情感与欲望的干扰以“正心”。

正心就是保持中正平和的心态，集中精神修养品性。正心包含两方面的意思：一方面是专心，以端正的心思（理智）来驾驭感情，排除各种干扰，使精力集中；一方面是平常心，保持心态的中正平和。

11.3.3　学用段位

高效学习最重要的判据就是学到的知识技能能否有效发挥作用，即促进人生幸福、事业成功。知识技能是学习的主要内容，一旦根据高效学习的标准选定了所学内容，能否实现高效学习的目标，能否使知识成为改变命运的力量，关键在于个人达到的学用段位级别。

学用段位是根据学用六段功的掌握程度确定的个人学以致用的发展阶段和水平。学用段位是针对个人学习的主要知识技能达到的学用水平，不是单一知识或理论的学用六段功水平。大学生学习了所修专业的系统知识技能，能否有效应用这些专业知识技能或能够应用到什么程度是确定学用段位的依据。某一专业理论知识可能已经达到了学用六段功的四段或五段级别，但是专业系统知识的学用水平可能仅仅达到二段水平。

例如，机械设计制造类的系统知识技能包括对整个机械设备的总体机械图纸设计及加工制造、安装调试到实际应用的主要知识技能。一个机械工程师对零件图的了解应用不是系统知识，一些教机械制图的老师，如果忙于课堂教学而没有时间从事科研与生产工作，可能十分了解机械制图的系统知识，但是缺乏系统设计及加工制造、安装调试的实际经验，也没看到设计产品的应用效果，他们机械制图设计系统知识的学用段位最多达到三段。

系统的知识技能

每一个专业可以对应若干个可以从事的工作或职业，从事工作所需的主要知识技能就是一类系统的知识技能。

每一个社会角色都有从初级到高级发展的若干阶段，每一个阶段主要的知识技能是一类系统的知识技能。

每一个人都要面临生活、学习、工作、健康、休闲等几大类活动，每一大类活动的主要知识技能是一类系统知识技能，一大类活动中若干小类的主要知识技能同样是一类系统知识技能。例如生活大类中衣食住行就是四小类生活活动，婚姻是一类生活活动，这些小类的主要知识技能都是一类系统的知识技能。

学用段位的级别

学用六段功是知识与技能学习的基本功，分别用“感、记、说、用、验、创”表示一段至六段的核心词汇。学用段位的级别及主要判断标准如表 11–3 所示。

表 11–3　学用段位的级别及主要判断标准

段位	名称	主要判断标准
六段	创	针对不足之处有所创新，面向新的市场或机会有所创造，并取得显著成效
五段	验	全面收获某一类系统知识与技能实践应用的成果及经验，发现明显的不足
四段	用	全面实践应用某一类系统知识与技能，熟练应用其中的 60%以上
三段	说	融会贯通地讲解或传授某一类系统知识与技能，能够应用其中的 45%
二段	记	熟练掌握某一类系统知识与技能，能够应用其中的 30%
一段	感	全面感知、系统了解某一类系统知识与技能，能够初步应用其中的 15%
准段	–	感知、了解了某一类系统知识与技能的大部分内容

学用六段功的下半段感、记、说是高效学习的基础，是能够较好地实践应用的前提。感、记、说就是全面感知、提炼记忆、内化贯通。上半段用、验、创是学以致用的关键。学用段位如果不能达到四段以上水平，知识技能不能有效实践应用，高效学习就无从谈起。高分低能是学用段位长期处于二段以下水平的表现，生活自理能力差是生活自理一类的系统知识与技能的学用段位处于准段位或以下水平的表现，篮球高手打篮球一类的系统知识与技能的学用段位达到五段水平，人际交往大师人际交往一类的系统知识与技能的学用段位达到了五段以上。

学用段位的提高

学用段位的提高是由课程或专项知识技能的学用六段功的段位提高累积而成的。

某一类系统知识与技能中的任何一个课程知识技能或专项知识技能的学用六段功级别达到了三段水平，该类知识与技能的需要段位肯定达到了三段以上水平。某一类系统知识与技能假如由 10 个专项组成，其中一半以上专项所处的较低段位决定了总体的段位。

提高学用段位必须从专项段位开始。大学专业知识技能的学用段位是由多数专业课程的学用段位级别决定的。课程学用段位的提高具有基础作用。

11.3.4　形成学以致用习惯

学用习惯是能够习以为常地把所学重点内容提升至学用六段功五段水平的习惯。习惯的形成需要一个过程，需要把知识形成技能、由技能固化为习惯。学用习惯的形成过程如图 11-5 所示。

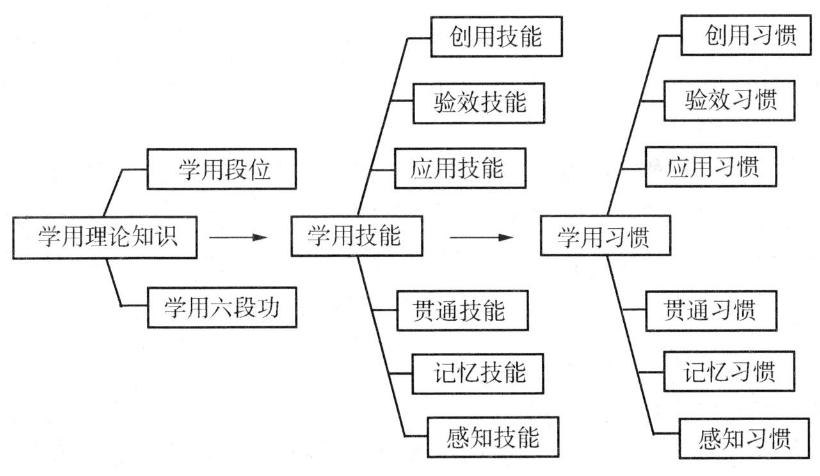

图 11-5　学用习惯的形成过程

学用理论知识主要是学用六段功理论，对于学用六段功知识的学习应用达到的段位水平经过简单分析就可以确定。

学用六段功的第一段是全面感知。个人对全面感知的理解程度决定了是否达到了一段水平。个人对全面感知的理解不全面、不到位是没有达到一段水平的表现，理解得全面、到位是达到一段水平的表现；能够熟练记忆全面感知的主要内容，基本达到了二段水平；能够结合个人的亲身体验融会贯通地用自己的语言讲述全面感知的含义，基本达到了三段水平；能够把全面感知的知识用于自己的学习过程，开始走向四段水平。

知识实践应用的过程最难。学用六段功达到了三段水平后，如果每天课堂上依然只是用眼睛看、耳朵听来感知学习内容，就是典型的学用分离的表现，等于学用六段功的知识根本没有真正内化为自己的东西。如果在眼睛看、耳朵听之外，增加了任何一种或几种感知的方式，例如有些人开始通过记笔记，使自己的手、眼、耳、大脑等全面参与感知知识，说明开始进入应用阶段，走向四段水平。偶尔记一次笔记容易，形成记笔记的习惯很难。

全面感知

全面感知是调动所有的感知系统对所学内容（或感知对象）进行全方位的感知。全面感知的基本标准是至少调动四个感知系统。根据感知对象的特点需要调动的感知器官及感知系统有所差异，但是每一种感知内容至少可以调动四个的感知器官及感知系统。学习音乐舞蹈，需要调动的感知器官包含眼、耳、嘴、手、脚、头、脑、四肢等，通过观察、聆听、对口型、模仿动作、体验等全面感知音乐舞蹈的形与神、韵与美。学习理论知识至少可以调动眼、耳、手、脑、嘴等。

在课堂上，教师讲授理论知识，掌握了全面感知技能或形成了全面感知习惯的学生，能够习惯性地用眼睛看、耳朵听、手写、脑思教师讲授的内容，同时能够习惯性地通过教师的眼神、语气、身体姿态、情感等感知教师对所教内容的感知意行品质特点，能够自然地在适当的时刻与教师交流互动，形成对所学内容全面、全方位的感知。

感知模式

感知模式是对所学内容习以为常的感知行为表现。感知模式是性格特征在学习感知环节的展现。每个人感知或接受知识信息的方式是不一样的，有些人形象思维能力比较强，有些人逻辑思维能力比较强，有些人观察很敏锐，有些人直觉很厉害。

全面感知所学内容的模式与个人擅长与适应的方式保持一致，则感知的效率高、效果好、心情佳。全面感知所学内容的模式与个人擅长与适应的方式不一致，或总是用个人不喜欢、不擅长的方式感知信息，感知的效率就低、效果差、心情糟糕。对于一些十分重要的学习内容，需要克服个人感知模式的局限，提高感知效能。克服感知模式的局限是修身的一项基础内容。感知模式的基本特点如图 11-6 所示。

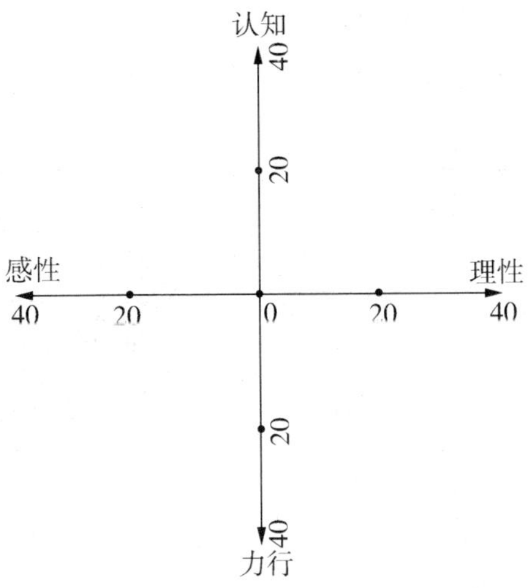

图 11-6　感知模式

图 11-6 以感性与理性为横坐标的两个方向，以认知与力行为纵坐标的两个方向，将感知特点分为感性认知（感知）、理性认知（理知）、感性力行（感行）、理性力行（理行）四个区域，形成四种不同的感知模式。四种感知模式的主要优点、弱点、局限及拓展措施如表 11-4 所示。

表 11-4　四种感知模式的主要特点

模式名称	感性认知模式	理性认知模式	理性力行模式	感性力行模式
主要优点	想象力强，为他人着想，能够发现问题，想法多	善于观察分析、细致规划，创建模式、理论，善于辨别问题	系统解决问题，决策力、执行力强，专注、顽强、持久	言出必行，领导力强，决策力强，敢于冒险
存在弱点	缺乏决策力，易被吸引，不知所措	思考太多，思想脱离实际，缺乏实践	一意孤行，灵活性较差，呆板、执拗	拘泥于小事，徒劳无功，冒失、冲动
缺此的局限	想法少，不善于发现问题、寻找机会	不能系统规划，想法不靠谱，不能吸取教训	注意力分散，做事不靠谱，不能系统、持续地解决问题	办事拖拉，行动迟缓，思而难行
补救或强化的措施	多考虑他人感受，敞开心扉，想象多种可能，注重情感	梳理信息，建立概念性模式，加强逻辑分析、定量分析	设定合理目标，围绕目标做事，注重做事效率、效果	多与人交往，尝试影响或领导他人，跟着感觉与兴趣走

每个人在长期的实践活动中已经形成了具有个人特征的感知模式，个人感

知模式的五种基本形态如图 11-7 所示。

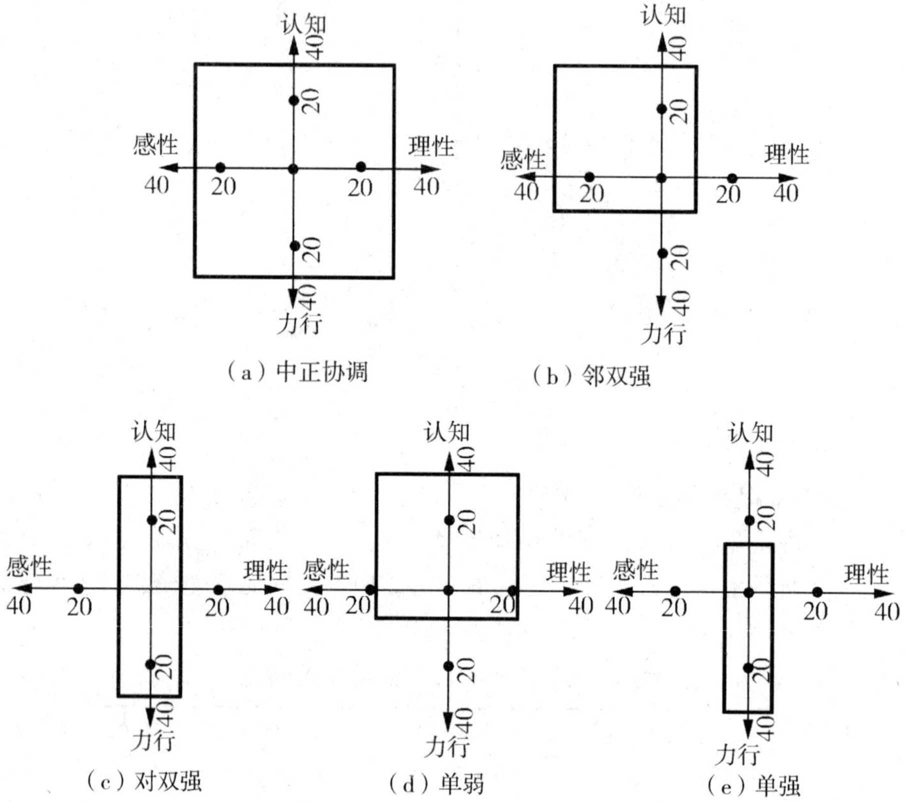
认知
感性
理性
力行
40
20
(a) 中正协调
(b) 邻双强
(c) 对双强
(d) 单弱
(e) 单强

图 11-7　感知模式的五种基本形态

完成感知模式问卷，可以大致清楚自己的感知模式类型及形态特点。根据个人感知模式类型及形态特点，参考表 11-4 的相关内容，了解自己感知模式的优点与弱点，了解拓展的措施，形成符合个人性格特征的感知模式，是快乐学习、高效学习的重要保证。

感知层级是对信息广度与深度的感知程度的衡量。随着某一类知识技能水平的提高，对相关信息的感知层级逐渐提高。人们对道路交通信息的感知层级存在很大差别，是由于人们在道路交通的知识学习与技能体验方面的积累存在很大差别。在个人选定的发展方向尽可能地提高感知层级将受益无穷。

错误感知是对信息的不正确感知。误解、误读是常见的错误感知。

科学记忆

科学记忆是有目的地根据个人思维品质特点及记忆规律进行的记忆。科学记忆的基本内涵如图 11-8 所示。

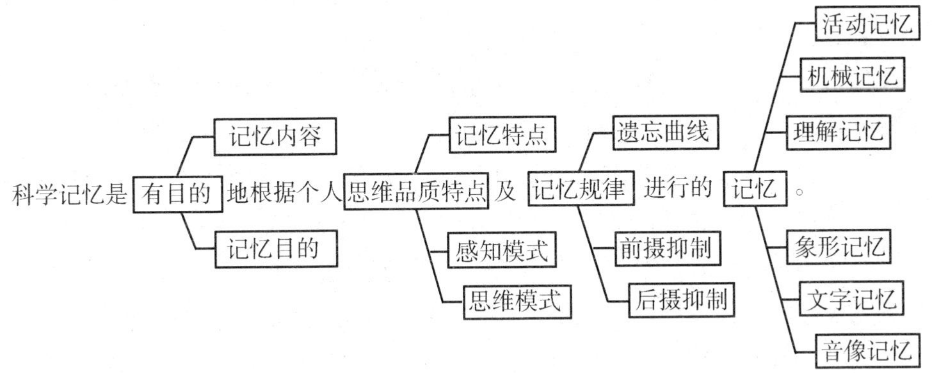

图 11-8　科学记忆的基本内涵

科学记忆是有目的的记忆，科学的目的是科学记忆的基础。记忆目的包含对记忆内容的选择、记忆目标要求的确定、记忆效能的优化。记忆的内容并非越多越好。就像计算机的内存，如果被大量的存储内容占满，计算机的运行效率要下降。

内化贯通

内化贯通是将感知与记忆的所学内容与个人已有积累融会贯通、形成新的积累的过程。只有付诸行动的知识才能改变命运。

学以致用

学习的目的在于运用，离开用，笔记写得再多，观点记得再牢，体会谈得再好，所学的知识也只是增加记忆负担，不能产生改变命运的力量。人与人的差距主要是在知识应用方面产生的。克服学归学、用归用、学用脱节现象，既要提倡俯而读、仰而思，更要提倡起而做、躬而行，切实使理论与实践相结合，使知识转化为行动，使学以致用成为学习的“魂”。

学习与创新

一个人的创造能力及创新意识并不是与生俱来的，而是在个人学习、生活、工作的具体实践当中一点点积累培养并提高的。在学习过程当中，根据个人的特点，采取一些具有明显个人色彩的理解、记忆、运用知识的方法，能够

渐渐地强化个人的创新及创造意识，也能够将所学知识应用到新的实践当中。比如，看似简单的记笔记，真正能够记出彩的人并不多。现在很多大学生已经完全放弃了记笔记的做法。一个人只是眼睛看、耳朵听讲课内容，与眼睛看、耳朵听、用手记的差别很大。看、听只是被动接受，打盹了，不理解了，没有任何检验方法检验其效果。记笔记实际上就是把看、听的内容，经过大脑的处理用手写出来，这一过程的循环比看听要深刻得多。对一些特别重要的知识技能的学习，不仅要看、听，也一定要记笔记。

记笔记——一个看似简单的活动，其实包含了很丰富的学习运用知识、调动个人已有的知识技能的能力，有些人记笔记比较刻板，有些人的笔记就像一幅画，有图、有箭头、有自己创造的一些类似于速记的符号，个人的创造力、创新意识在看似简单的记笔记的过程中得到了充分的体现，而且这种体现是不受限制的，具有浓厚的个人色彩。

11.4　快乐学习指导

幸福心理拓展的一项内容就是希望所有的人能够快乐地学习、做事，拓展快乐学习心理、收获学习的幸福是幸福心理拓展的一项重要内容。

11.4.1　学习的烦恼

学习的烦恼的存在是普遍性的，对于学习成绩优秀及学习成绩不良的学生，学习烦恼的性质及内容不同，学习优秀的学生的烦恼易于克服，而学习成绩不好或对学习本身感到不快的人，可能产生学习不良的心理状态。

学习不良现象成为研究者关注的一个焦点。目前，美国有51%的学生接受特殊教育，超过430万的学生被认为有具体的学习困难，学习不良学生的人数大约占在校生的5.27%[5]。对学习不良现象的研究主要集中在两个方面，一是从认知的角度，二是从社会性的角度。后者与学习不良学生的心理健康问题密切相关。

学习不良学生作为一个异质群体，毫无疑问存在着心理与行为问题。奥夫曼（F. H. Offman）等人发现学习不良成人中曾接受过治疗、正在接受治疗、在心理医院住过院的比例分别为13%、9%、5%。学习不良学生的心理健康水

平明显低于非学习不良学生，主要表现在抑郁、焦虑、敌对性、人际敏感等方面，他们有持续的慢性低水平抑郁、不适应感、孤立感、孤独感、挫折感、过分依赖和低自尊等现象[6]。俞国良等（2000）用量表法、同伴提名法及半结构访谈法对小学四至六年级学生的研究发现，学习不良学生的孤独感明显高于一般学生，并且学习不良学生的同伴接受性较差[7]。Tur-Kaspa H.（2002）用问卷法对106名学习不良青少年的研究发现，学习不良青少年更多遭到同伴拒绝。根据教师的评价，他们会表现出社会技能缺乏，有更多的行为问题。虽然在孤独感上没有发现显著差异，但是孤独感随年龄增长而增长[8]。Wenz G. M. 和 Siperstein G. 对40名学习不良学生的压力、社会支持、适应的研究发现，学习不良学生与一般学生相比，会体验到更多的压力，较少得到同伴支持，会得到更多的成人支持，适应性很差[9]。此外，学习不良学生有很多不良的个性特征，如冲动、控制性差、缺乏问题解决能力、存在社会感知问题、低自尊、易受暗示性等。

学习的烦恼因人而异，消除学习烦恼、收获学习快乐的途径却是相同的，即提高个人的学习心态层级。

11.4.2　学习心态层级的确定

在关于心态的测评当中，当代大学生学习心态的得分几乎是最低的，说明当代大学生在学习当中感受到的快乐较少，对学习状态、学习效果、学习方式等的满意度不高。从小学到大学、研究生毕业，20年左右的以学习为主的人生经历，如果都是以不太开心的、不太快乐的感受和不太满意的认知度过的，就很难说这个人的人生是幸福的、成功的。

从教育体制的角度、整个教育管理的模式及教育内容的安排方面，每一个学生能做的非常有限，但是使自己在整个学习过程当中找到学习的乐趣，找到满意的学习方法、满意的学习过程、满意的学习效果是完全有可能的。

通过“12-20心态测评”问卷确定个人的学习心态层级，大一学生的心态平均分为5.6分，心态层级为2级，处于健康层次的较低水平。个人得分如果高于平均分，说明自己比一般大学生的学习心态略好，低则说明略差。但是与平均分相比的高低，没有太大的实际意义，关键是看自己的得分处于什么层级，以及自己的学习心态中有没有特别优势及特别不足的方面。

11.4.3　快乐学习

提升学习心态层级

提升学习心态层级的步骤如下：

(1) 找到构成学习心态的喜欢学习、善于学习、目标清晰、行动有效、效果良好、快乐满意的六个方面的需要提升的项目；

(2) 以实现高效学习为目标；

(3) 应用感知意行的心理拓展模型进行拓展；

(4) 评估反馈；

(5) 重复操作；

(6) 形成良好学习习惯。

提升心态层级

按照提升学习心态的程序，提升心态层级。

提高时间管理水平

按照时间抉择模型，形成良好的时间管理习惯。

提高高效学习水平

按照高效学习模型检验个人高效学习水平，找到短板，按照提升学习心态的程序，形成良好的高效学习习惯。

采用合适的学习方法

(1) 讨论式学习。

讨论式学习就是数人之间针对所学内容或某一个专题进行讨论。由于一个人感知意行的局限，每个人对学习内容的理解是有差别的，程度深浅是不同的，甚至有些可能还是错误的。通常判断一个人理解、记忆、掌握所学内容的方法就是考试。考试的成绩在某种程度上体现了个人对所学内容理解的正确性及记忆的有效性，但是，这些内容对自己的发展是否能够真正地发挥作用，确实需要打一个大的问号。为了避免个人在学习知识的过程当中出现偏差，可以采用讨论式的学习方法。

讨论式学习的特点是：充分表达自己的见解，听取别人的意见，在讨论的过程当中互相启发、引起共振，依靠大家的智慧消除不正确的理解与知识本身的谬误，从而更有效、更重点突出地掌握相关知识。

同学之间进行的探讨是横向式探讨。知识、阅历几乎相同的一批充满朝气

的年轻人探讨一个问题，互相砥砺、影响、帮助、提高，本身就是一件非常开心的事。与老师或一些在相关领域具有较深造诣的专家学者进行的探讨是纵向式探讨。通过探讨可以对相关问题的深刻内涵及其出现、演化有一个较为深刻的认识，只有通过与老师的交互式探讨才能够明白所学内容被理解和掌握到了什么程度。

讨论式学习可以提高课堂学习效果。由于中国大学在传授知识的时候习惯于按照知识体系循序渐进地在课堂上灌输，教学效果并不是很好，课堂的学习氛围也不是很活跃，不少学生不能够有效地集中精力，在课堂上做其他事情，甚至逃课。讨论式学习有助于掌握重点学习内容。在期末考试的时候，一些聪明的同学主动找到老师或学习成绩比较优秀的同学，一起讨论相关内容，通过讨论很快掌握了相关知识的要点，往往在考试中也能获得一个不错的成绩，这种成绩的获得与一些花费了相当大的时间、精力死记硬背的同学相比，其效率是相当高的。

（2）研究式学习。

在学习过程当中根据所学的知识及应该掌握的基本技能，设置学习任务，将学生分为若干个任务小组，通过学生自主采取个人目前已经掌握的资源、已经具备的知识和能力，自主地完成相关任务，分阶段对完成任务的进展情况进行考评，找出需要重点解决的难题，对于一些超出学生知识与能力范围的难题，导师及时干预、指导、帮助，使任务得以顺利推进，这种学习方式能够使学生在学习知识的同时提高主动获取知识的能力与团队合作的意识。

11.4.4 大学学习

课程学习与非课程学习

大学的学习内容可以分为课程学习内容与非课程学习内容。

课程是同性质学习内容按照一定逻辑关系的组合。课程学习是所有正规学习过程中最基本的学习内容，是人生最重要的学习活动之一。课程教学也被称为最基本的教学方式。课程学习一般都有知识、能力、素质三个方面的学习要求。

非课程学习内容是除课程学习内容之外的所有学习内容。非课程学习内容在人生发挥着不可替代的重要作用。出生伊始，没有规范的课程教学，父母、家庭的非课程教育有着启蒙作用。学校学习期间，参加各种社会实践活动、参加各种学生活动、进行各种人际交往活动等学习到的知识、技能及综合素质都是非课程学习内容，这些内容的学习对于性格修养、人格完善、心态提升的作用比课程学习还要大。

走出校门，进入职场，职场的许多知识与技能只能通过非课程学习获得。

专业学习

专业是根据一定职业发展需要确定的一系列相关课程的组合。学科是根据一定的产业或行业领域的发展需要确定的若干专业的组合。

专业学习是人生最重要的系统学习。专业学习提供了系统的、以职业发展需要为主线的知识、技能的学用训练。大学及专业只是发展前进的垫脚石，如果把专业作为枷锁套在了自己的脖子上，只能限制自己的人生发展。一个人学习了某一专业，并不代表一定适合在相关的领域发展、提高、成为相关领域的技术专家或权威。在一些常见专业中，大学毕业以后真正能够从事本专业的人数不足30%。一些社会所需要的新兴领域、大学尚未开设的新兴专业容纳的毕业生更多。

新兴专业、新兴领域在这个风起云涌的创新时代，伴随着新的技术革命不断出现。大学专业的设置相对滞后，许多新的知识、新的技能没有现成的教科书及理论体系。大学生选择有用、鲜活的知识或技能，必须投入与社会发展及科学技术进步紧密相关的社会实践当中，在实践中找到自己的前进方向，找到支撑自己持续发展所需要的知识与技能。

课堂学习

学习是一个持续性的活动，由一系列比较规范的环节和一系列比较经典的事件组成，课堂学习是最具有代表性的学习活动。课堂学习是学习过程当中最重要、耗费时间最长的一项学习活动，是最普通而又最神奇、最规范而又最个性化的学习活动。

课堂是一个舞台，在这个几乎占据了人生所有美好青春年华的舞台上，同学们不妨扪心自问一下：快乐吗？愿意去上课吗？在课堂上精力充沛吗？感到兴奋吗？这一切的答案，走入教室、在上课铃响之后，教室里的景象就能给出明确的答案。这里固然有大环境教学体制、内容、方法，也会有任课教师个人魅力、方法的影响，但是最主要的决定因素依然是自己。

考试

学习过程当中的一些经典事件，如考试给所有同学的感觉都是深刻的，有

些人考试兴奋，有些人考试焦虑，如何妥善应对大学中的考试、获得自己比较满意的考试结果，是保证整个学习过程获得快乐感受及满意认知的基本要求。

许多伤心、痛苦、不成功的学习经历、学习生涯都与考试失败、考试作弊等有着各种各样的联系，不论考试是否科学、是否合理，不论老师出的考试题目如何，面对作为判断大学生正确理解、全面记忆所要求掌握的相关知识的有效手段的各种各样的考试方式，需要找到有效的、使自己开心的方法，因此应对考试事件是幸福的学习心态拓展的另一项重要内容。

■ 拓展练习

1. 填空。

运用学用六段功拓展高效学习技能。填写一下空白内容，并回答问题。

（1）感：全面感知。

1）阅读思考：高效学习，是________________；是_________ 对____________ 产生明显效果，主要内容包含：①_________________；②_____________；③_________；等等。

2）感知体验：我的_________学习方法比较符合高效学习的规律；我的_________ 学习习惯不太符合高效学习规律。我的感知模式的特点是_________________，比较适合的高效学习方法是____________________。

（2）记：提炼记忆。

1）提炼精要：①高效学习能够产生_____ 的影响，能够在较大程度上影响_______ 学习成效；②高效学习的核心是______________________________；③形成良好的高效学习习惯非常重要，主要通过___________________________________ 获得。

2）记忆要点：高效学习具有__________________ 等几个明显特点。

（3）说：融汇表述。

1）融汇：围绕高效学习的__________________ 特点，调动已有相关体验及知识积累，分别用实例丰富高效学习的特点，从正反两个方面举例说明。

2）表述：用自己的语言及实例阐述高效学习。

（4）用：实践应用。

如何实现高效学习？

1）强化个人优势的感知模式：______________________等。

2）弥补个人感知模式的不足：______________________等。

针对具体学习内容及个人学习特点，采用符合高效学习模型的方法。

（5）验：评估检验。

1）高效学习是否促进了学习的成效？

2）如果采用高效学习的方法没有提示甚至降低了学习成效，问题在哪里？

3）高效学习的正确、有效部分是什么？

4）高效学习理论不足及效果不明显的内容有哪些？

5）哪一类人常常会通过高效学习产生超出实际水平的效果？哪一类人常常会产生低于实际水平的效果？

6）对一个人、一个团队的高效学习如何进行？

（6）创：创新应用。

通过全方位的拓展形成适合自己的高效学习技能、习惯。

1）个人学习技能：______________________________。

2）良好学习习惯：______________________________。

【注释】

[1] 罗宾斯．组织行为学［M］．孙健敏，李原，付亚和，等，译．北京：中国人民大学出版社，2010：49.

[2] 罗宾斯．组织行为学［M］．孙健敏，李原，付亚和，等，译．北京：中国人民大学出版社，2010：50.

[3] 罗宾斯．组织行为学［M］．孙健敏，李原，付亚和，等，译．北京：中国人民大学出版社，2010：51.

[4] 罗宾斯．组织行为学［M］．孙健敏，李原，付亚和，等，译．北京：中国人民大学出版社，2010：52.

[5] NVARRETE L A. Melancholy in the millennium：A study of depression among adolescents with and without learning disabilities［J］. The High School Journal，1999，82（3）：137-149.

[6] 雷雳．学习不良少年的心理健康状况［J］．心理发展与教育，1997，(1)：49-53.

[7] 俞国良，辛自强，罗晓路．学习不良儿童孤独感、同伴接受性的特点及其与家庭功能的关系［J］．心理学报，2000，32（1）：59-64.

［8］TUR-KASPA H. The socioemotional adjustment of adolescents with LD in the kibbutz during high school transition periods［J］. Journal of Learning Disabilities，2002，35（1）：87-96.

［9］WENZ G M，SIPERSTEIN G N. Students with learning problems at risk in middle school：Stress，social support，and adjustment［J］. Exceptional Children，1998，65（1）：91-100.

■ 附：感知模式问卷

回答下列问题，在最符合的选项字母后的空格内给4分，第二符合的选项给3分，第三符合的给2分，剩余选项给1分。

1. 学习时，我喜欢________。
   A. 跟着感觉走　B. 看和听　C. 独立思考　D. 实践动手
2. 走在安静的小路上，听到身后有人喊自己的名字，我会________。
   A. 感到高兴或厌恶　B. 清晰地察觉到两人的距离及位置
   C. 想弄明白喊我的原因　D. 停下或快速离开
3. 我认为最有效的学习是________。
   A. 与人交流　B. 观察事物
   C. 学习理论　D. 带着实际问题学
4. 使用一款新手机或新电器，我总是________。
   A. 尽快感受新奇　B. 仔细阅读说明书
   C. 尽快掌握常用功能　D. 立即调试各种功能
5. 理解深奥的事物，我常会________。
   A. 凭直觉　B. 凭观察　C. 凭逻辑分析　D. 凭实验
6. 看小说，我常会________。
   A. 感动落泪　B. 慢慢阅读
   C. 推理分析　D. 急于知道结果
7. 做喜欢的事，我常会________。
   A. 兴奋不已　B. 细致入微　C. 理性规划　D. 立即行动
8. 练习一项体育项目时，我会________。
   A. 跟着感觉走　B. 认真观察示范　C. 弄清运动原理　D. 多多练习

9. 我认知事物的________。
   A. 感觉很厉害　　B. 观察很细致
   C. 逻辑分析很强　　D. 善于实践验证

10. 完成一项大作业，我常常________。
   A. 思如泉涌　　B. 认真细致
   C. 思维缜密　　D. 行动迅速

将得分填入下表中。

感知模式问卷计分表

题号	1	2	3	4	5	6	7	8	9	10	合计	坐标
A												感性
B												认知
C												理性
D												力行

将A、B、C、D各个字母的合计得分在下图（感知模式实测图）中相应的坐标轴上标出，在标出点分别画一条与坐标轴的平行线，四条直线相交形成一个周长为100的矩形，矩形中心位置所处的区域就是个人感知模式的类型区域，矩形的位置与形状就是个人的感知模式形态。

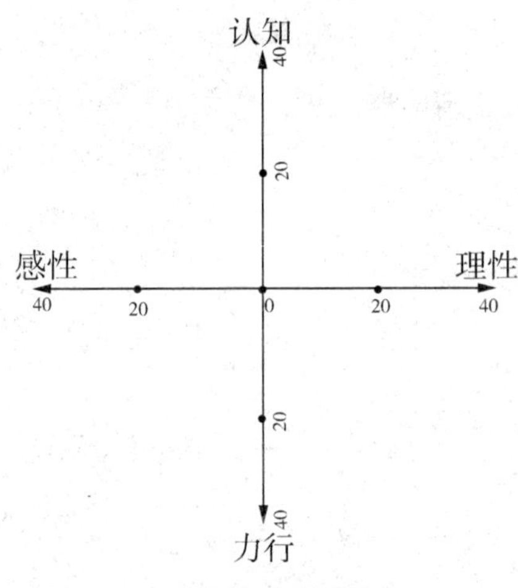

感知模式实测图

根据个人感知模式类型及形态特点，参考表11-4的相关内容，了解自己感知模式的优点与弱点，了解拓展的措施。

12.1 工作与职业

许多人认为，人生的成功与否及身份认定都要由职业生涯来衡量，上学、选择所学专业都是在为工作做准备[1]。每个人都希望成功，成功的一般标准是拥有自己的事业，许多人为了事业成功，牺牲了许多人生快乐。

人生与职业具有什么样的关系？在人类职业发展的早期，总体上人与职业处于一种简单和谐的状态，许多人自动继承父母所从事的职业，如农民、工匠、商人、军人等，很多职业是世袭的，不存在职业选择的困难，特殊情况占少数。工业革命带来的巨大变革、巨大机遇，摧毁了大量的传统职业，创造了大量新的职业，有些人是被迫、有些人为了冒险，放弃了传统的职业及熟悉的环境，开始了新的职业生涯，这一阶段人与职业的矛盾最为突出。随着知识经济与现代信息技术的兴起及人类总体文化素质的提高，信息化、多样化、国际化成为职业发展的新特点，新兴职业数量的增加非常迅速，为人与职业建立和谐的关系创造了条件，人职和谐成为可能。人与职业的关系经历了简单和谐、不和谐、人职匹配、人职和谐四个发展阶段。

12.1.1 职业及相关概念

生涯

生涯（career）是指个人通过所从事的工作所创造出的一种有目的的、延续不断的生活模式[2]。“个人所从事的”强调生涯对个人而言是独一无二的；“工作”是一种为自己及他人创造价值的活动，包含了志愿者活动等各种有价值、无报酬的活动；“创造出”说明生涯是愿望与可能性、理想与现实博弈的结果；“有目的的”说明生涯是有意义、有价值的，是个人需要与动机的体现；“延续不断的”说明生涯本质上是一个持续一生的过程，受到个人内在及外在力量的影响；“生活模式”说明生涯包含了几乎所有人生的角色（如父母、配偶、学生、工作者等）以及整合安排这些角色的方式。

生涯发展

生涯发展也称职业生涯发展，是英文“career development”的直译，实际上包含了人生与职业发展的关系。生涯发展[3]是指那些共同塑造个人生涯的经济、社会、心理、教育、生理以及机遇等因素的总和。生涯发展是一个很大的概念，受到资金和财务资源、团队关系、社会阶层、心理健康、个性、教育水平和经历、身体能力和特质及机遇因素的影响。

从生涯的含义可知，生涯发展几乎包含了人生的全部。生涯发展过程是以人为本、以个人为主、发展属于自己的生涯的过程，是实现人职和谐的过程。

工作

工作（work）是一种为自己及他人创造价值的活动，包含了志愿者活动等各种有价值、无报酬的活动。一些学者列出了工作的五种类型[4]：①工资制工作：依据时间和努力获取报酬的工作；②报酬制工作：依据工作结果获取报酬的工作；③家庭工作：在家里从事的工作，例如抚养儿童、做家务等；④志愿性工作：志愿或慈善工作；⑤学习性工作：研习新技能。

职业

职业（occupation）是指不同行业和组织中存在的一组类似的职位，是个人从事的有报酬的工作。职业是根据人类进步和社会发展需要进行的社会分工，这种分工体现着人类社会的不同价值需求及价值分配，通过岗位及适岗者的结合实现社会需要与个人需要的结合，个人通过履行岗位职责、完成相应工作任务，在贡献社会、服务社会的同时获得合理的报酬。

职业是将个人需要与社会需要相结合，通过个人付出、贡献社会，获得相应薪酬及回报的社会活动。职业是社会与个人、整体与个体的联结点，社会整体依靠每一个个体的职业活动来推动和实现人类文明进步和经济社会发展目标，个体则通过职业活动对社会整体做出贡献，并得到相应的回报以维持生活。整个社会由众多的职业分工和从业者的工作构成人类共同生活的基本结构，社会与职业的和谐、人与职业的和谐是构成和谐社会的最坚实的基础。

职业也可以用“职业公式”来表示，即：职业=行业领域+职位。

行业领域是具有一定相似性的职业集群或产业链组合，通常与大学的专业相关。职位是指组织中个人所从事的一组任务，是由重复发生或连续进行的任务构成的一个工作单元。职位代表具体的工作岗位及相应的职级。

职业是社会分工的结果，是人类社会生产和社会生活进步的标志。随着经济和社会的不断发展，社会分工不断细化，职业的种类由少数几个增加到成千上万个。科学技术的突飞猛进，社会职业的数量、种类、结构、要求处在人类历史中增加最快的时期。职业的发展、增加为实现人职和谐提供了良好的基础。

有关职业的四个推论

根据职业的定义，可以从社会、个人、组织和就业四个角度引出以下四个推论：

推论一：就整个社会而言，职业是社会分工的产物。职业随着社会文明进步和科学技术的发展而发展变化，与产业、行业密切相关，根据不同的社会职责与要求分为若干类别，职业岗位的增减、薪酬与福利的高低反映经济社会的发展与稳定状况。

推论二：就个人而言，职业是个人价值实现的舞台。职业是将个人价值追求与社会发展相结合，利用专门的知识和技能，为社会创造物质财富和精神财富，获取合理报酬，满足个人物质生活与精神生活需求的活动，这种活动通常贯穿人的一生，称为一生的职业发展，简称职业发展。

推论三：职业岗位与适岗者的结合就是就业。就业通常包含两个过程，一个是职业岗位与适岗者双向选择的过程，一个是适岗者在相应职业岗位发挥作用、获得报酬的过程。动态的就业概念指找工作的过程，静态的就业概念指已经找到工作、做工作。职业岗位具有相应的责任、义务和任职条件、要求，适岗者就是满足或基本满足任职条件及要求的个人。失业就是适岗者没有或丧失职业岗位。人职和谐是实现高质量就业，包含了找工作与在工作中做出成绩、获得快乐感受与满意认知两个方面。

推论四：组织是将社会发展需要与个人发展需要整合为组织发展需要的基本单位。组织是提供职业岗位、选聘适岗者的基本单位，是创造社会财富、进行财富分配的基本单位。组织可以分为执掌权力的组织、传承文明的组织、创造财富的组织。创造财富的组织是最有活力的组织，通常以公司、企业等形式出现。创业就是创办一个创造财富的组织。

职业的作用

职业促进人的发展成熟。职业是一种持续性活动，这种持续性活动不仅是为人们带来合法、稳定收入的主要来源，更是促进心理成熟、知识技能不断提高、获得基本的人生感受与认知、实现人生价值的重要舞台。

职业决定人生状态。职业存在于社会分工之中，是生活方式、经济状况、文化水平、行为模式、思想情操等的综合反映，是一个人的权利、义务和责任的具体体现。

职业本质上并没有高与低、贵与贱、好与坏的差别，所有职业都是整个社会不可缺少的、既有区别又相互依赖的组成部分。但由于不同职业在工作内容、强度、收入状况、从业人员水平、专业技能、权利、义务等方面的差异，人们对不同职业的地位具有不同看法和态度。职业评价就是人们根据自己的价值观，对社会各种职业的好坏、优劣和重要性等进行判断，从不同的角度对职业进行的等级排列。

12.1.2 职业生涯发展理论

帕森斯职业选择三阶段理论

（1）自我评估：对自身的兴趣、技能、目标、背景和资源等进行细致的自我评估。

（2）考察机会：考察所有学校学习、业余培训、就业机会和各种可供选择的机会。

（3）比较选择：根据前两个角度发掘的机会，仔细推断比较，做出最佳选择。

帕森斯将高质量的自我评估、职业与就业信息、专业的咨询作为解决职业问题的关键。

霍兰德人职匹配理论

霍兰德提出了人职匹配的六个类型模型，建立了配套的测评工具。霍兰德的职业类型分别为：现实型、研究型、艺术型、社会型、企业型、传统型，六种类型分别分布在一个六边形的顶角，对角线的职业类型差别最大。

舒伯的生涯彩虹理论

舒伯认为个人通过职业选择来寻求自我实现，一个人的一生有九种生活角色：孩子、学生、休闲者、公民、工作者、退休者、配偶或伴侣、持家者、父母或祖父母。从出生到去世，生涯贯穿人的一生，可以分为五个阶段：成长期、探索期、立业期、维持期、衰退期。

12.1.3　职业自我

职业自我是指与职业有关的个人心理特征，是感知意行晶体在职业方面的沉淀凝固，包括职业情感、职业兴趣、专业知识、职业价值观、职业技能、职业素质、性格、气质等。

感知意行晶体生长的职业感受、职业认知、职业意愿、职业技能组成职业自我的基本内容如图 12-1 所示。

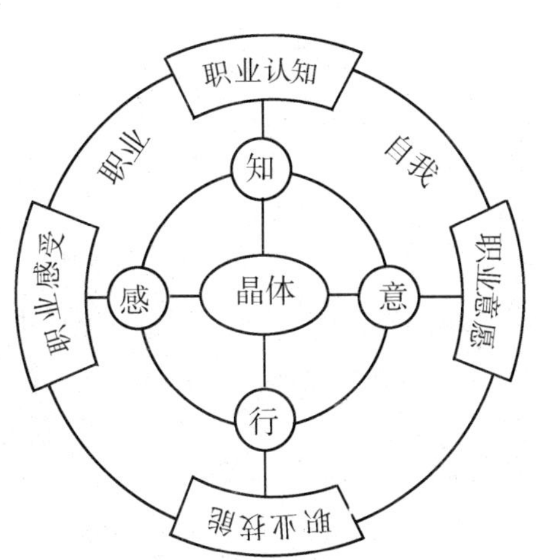

图 12-1　感知意行晶体与职业自我

职业感受体现职业情感与工作情绪状态。兴趣爱好与认同感是职业感受的核心内容，是感晶体在职业方面的生长凝固，体现个人所喜欢的职业方面。

职业知识、技能包含专业知识技能及通用知识技能。职业岗位需要的专业知识技能的学习掌握程度是知晶体与行晶体在职业方面生长形态的体现，与职业发展有关的通用知识技能的掌握及相关素质的形成反映知晶体与行晶体的形态。知识技能、特长是核心，体现个人所擅长的方面。

职业意愿与成就主要体现职业梦想、追求及其实现程度。根据生存发展需要产生的职业目标体系及其实现程度是意晶体在职业方面的生长凝固形态，体现个人所求。

性格气质与职业的相适应情况体现在感知意行晶体形成的职业感受、职业知识、职业技能之中。

从职业角度分析感知意行晶体，常常从价值追求、兴趣爱好、知识技能、性格气质四个方面确定个人所求、所爱、所能、所适，是职业晶体的四项基本内容。

12.1.4 职业晶体

职业晶体是根据职业特征对于感知意行晶体品质特点的归纳分类。

在职业发展过程中，个人要经常接触人群、接触物体，要经常学习知识、提高技能，追求事业的成功，将感、知、意、行与人群、知识、成就、物体进行组合，可以得到如图 12-2 所示的感知意行品质与职业类型的对应关系。

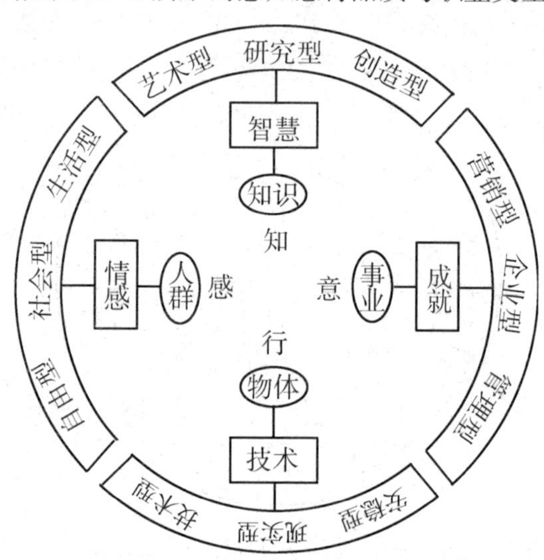

图 12-2　感知意行品质与职业类型

感知意行品质在职业活动中表现为情感、智慧、成就、技术四种类型，四种类型进一步区分可以得到 12 型职业晶体类型，如图 12-3 所示。

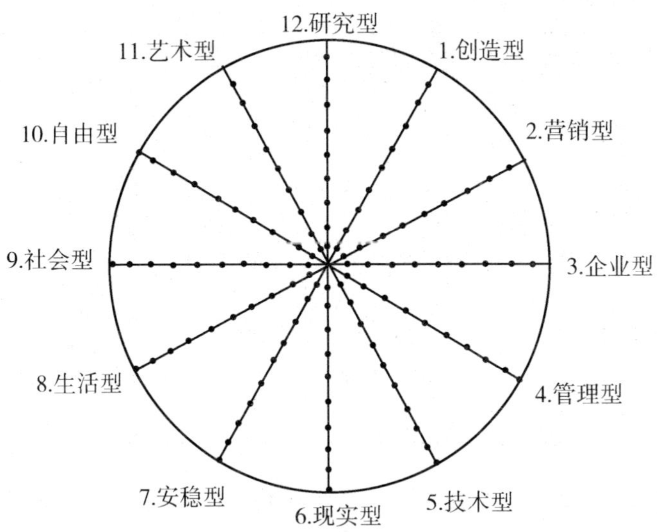

图 12-3　职业晶体的 12 种类型

12 型职业晶体建立了感知意行晶体品质特征与相适应的职业类型之间的对应关系，展示的感知意行晶体品质特征，是 12 型性格及 12 型人格围绕职业活动生长发展形成的，分别对应 12 种较为适应的职业类型。表 12-1 列出了 12 型职业晶体对应的个性类型及职业类型。

表 12-1　职业晶体揭示的“职业-个性”对应关系

职业晶体类型	性格类型	人格类型	职业类型	职业举例
1 型-创造型	感性、主动	自我、艺术	创造类	发明家、设计师、策划师、探险家
2 型-营销型	外向、主动	成就、现实	营销类	运营商、营销师、宣传策划、营业员
3 型-企业型	主动、理性	成就、现实	企业类	企业家、校长、市长、指挥员、老板
4 型-管理型	理性、严谨	完美、现实	管理类	经理、办公室主任、秘书长、协调员
5 型-技术型	理性、内向	现实、严谨	技术类	工程师、飞行员、技术专家、技师
6 型-现实型	感性、严谨	现实、理智	操作类	驾驶员、运动员、机械师、操作工
7 型-安稳型	被动、内向、感性	和顺、感情	安稳类	办事员、会计、库房管理、职员

续表

职业晶体类型	性格类型	人格类型	职业类型	职业举例
8 型-生活型	随意、感性	享乐、感情	生活类	健身指导、咨询师、营养师、服务员
9 型-社会型	感性、外向、主动	利他、感情	社会类	教师、社会工作者、志愿者、救援人员
10 型-自由型	随意、感性	自我、艺术	自由类	作家、自由职业者、摄影师、旅行者
11 型-艺术型	随意、敏感、内向	艺术、自我	艺术类	艺术家、化妆师、设计师、画家
12 型-研究型	理性、内向、严谨	理智、艺术	研究类	教授、专家、信息分析师、生物学家

职业晶体的晶芽萌生于成长期，主要枝晶生长定向于探索期，主要晶体成熟定型于立业期。成长期、探索期是职业晶体生长的重要时期，立业期是关键时期，通过感知意行循环进行职业体验、职业认知、职业评价、职业调整是职业晶体生长定型的关键。

职业晶体与人职和谐

找到个人的职业晶体类型及相应的职业，是人职和谐的基础性工作。在为工作准备的成长学习过程中，将个人与职业发展需要相结合，做出合理的职业发展规划是促使职业晶体良好生长与成熟的重要保障，是实现人职和谐的重要保障。人职和谐建立在充分认知自我、充分认知职业、合理确定职业发展目标基础之上，是实现高质量就业或成功创业的结果。

人职和谐是以人为本、顺应遗传天性、将个人后天习性品质与社会环境紧密结合、在生涯发展中使个人的职业晶体形成并收获事业成功及人生幸福的过程。

12.1.5 职业素质

职业素质是那些能够影响或决定个人职业行为的稳定的身心品质。职业素质的基本内涵如图 12-4 所示。

职业素质中的“身心品质”既有受遗传影响的天性品质，也有通过学习、实践习得的习性品质，天性品质与习性品质会随着个人的职业实践活动进一步发展演变为新的、稳定的品质，形成新的职业素质。“个人职业行为”泛指一

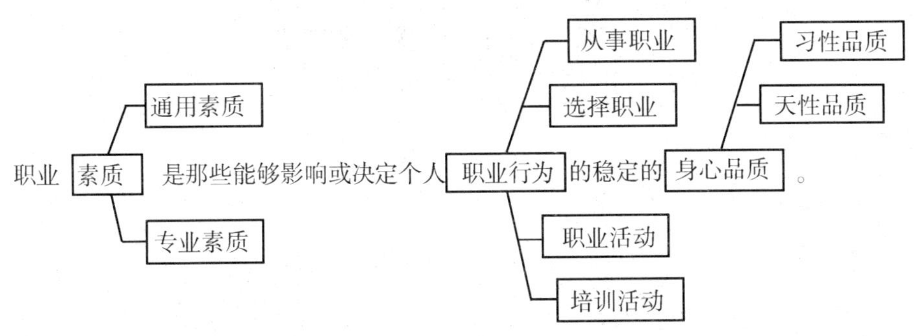

图 12-4　职业素质的基本内涵

切与各种职业活动（就业、创业、临时工作、自由职业等）相关的个人行为，包括为职业发展准备的各种学习培训行为、各种寻找职业及工作岗位的就业行为，以及在各种职业和工作岗位中表现出及可能表现出的各种行为。

广义的职业素质概念包含了各种专业素质，狭义的职业素质概念不包含各种专业素质，主要指那些具有较广泛适应性的通用素质。本书如不特别说明，一般采用的是狭义的职业素质概念。专业素质是职业素质的一种，是与特定的专业性工作及岗位对应的职业素质，是特定的专业知识技能沉淀后形成的稳定的身心品质。

不同的职业素质决定不同的职业行为，为职业行为及其结果打下基础，一系列结果构成了个人职业发展的轨迹，锁定了个人职业发展的高度、速度及质量，因此可以说，职业素质决定职业发展命运。

有用的知识是提升职业素质的燃料，如果只是存放在燃料箱中不使用，起不到任何提升职业素质的作用；只有将知识输送到提升职业素质的发动机中燃烧，才能够发挥知识提升职业素质的作用。无用的知识是影响职业发展的累赘，会限制职业发展的速度。

职业素质提升模型

任何一项职业素质的养成或提高都有六个步骤：了解现状、评估决策、确定目标、统筹计划、行动实践、收获储存，称为职业素质提升模型，如图 12-5 所示。

六个步骤按照先后顺序形成一个循环，完成一项职业素质的提升。

（1）了解现状：从个人、组织及国家社会三个层面了解个人价值追求、

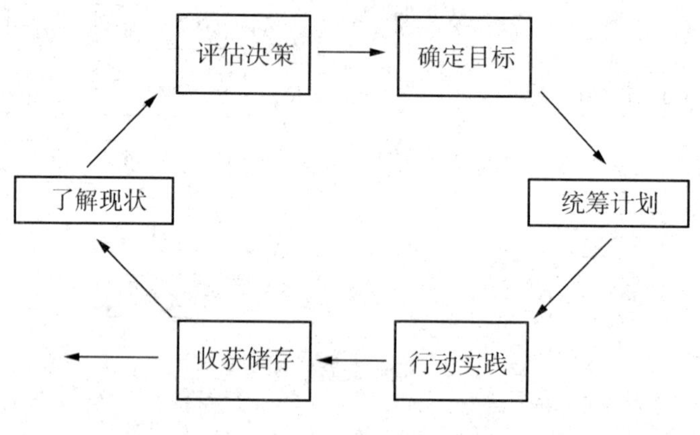

图 12-5　职业素质提升模型

兴趣爱好、性格气质、技能特长的现状，了解其与组织及国家社会的价值追求、能力需求及工作环境现状的符合程度。

（2）评估决策：采用一些评估决策模型，从了解的信息资料中优选出对个人、组织及国家、社会发展最有利的发展方向及目标。

（3）确定目标：在评估决策的基础上选定最适合自己的职业素质培养目标。

（4）统筹计划：确定实现职业素质培养目标的可行计划与路径。

（5）行动实践：按照计划实施并实现目标素质的养成过程。

（6）收获储存：将新形成的职业素质储存到个人的职业素质库中，发挥其促进职业发展的作用。

正如一颗种子从播种到收获的整个过程，了解现状，是了解种子及可用于播种的土壤、阳光、水分，以及市场情况；评估决策，就是评估阳光、水分、市场情况并选择种子及土壤；确定目标，就是预期产量、市场销售价值；统筹计划，就是考虑正常情况及意外情况发生时如何保证收获、减少损失；行动实践，就是实施灌溉、施肥、除草、灭虫等一系列耕耘活动；收获储存，就是收割、晾晒、仓储；经过仓储的粮食或种子可以随时取用或用于来年播种。

12.2　什么是人职和谐

人职和谐是一种理念，它主张人应该去发现并从事个人喜欢、擅长、有相对优势的职业，使个人生命能力的积聚与消耗最大程度上满足由低到高的各种需要，为个人及社会的发展进步发挥最大作用[5]。

工作幸福是人职和谐的实现，是在工作中获得快乐感受与满意认知。一个人一生工作时间加上为工作准备的时间及受到工作影响的退休时间，几乎占到了人生的全部，工作是影响一生的持续性活动，在持续性的工作活动中获得快乐感受与满意认知就是工作幸福。

12.2.1　人职和谐的概念

人职和谐是以人为本、顺应遗传天性、将个人后天习性品质与社会环境紧密结合、在生涯发展中使个人的职业晶体形成，并收获事业成功及人生幸福的过程。人职和谐是人的价值追求、兴趣爱好、知识技能、性格气质与职业目标、职业内容、职业要求、职业性质的和谐，是感知意行晶体与职业所需高度符合的一种状态。

人职和谐的主要标志，就是能够在职业中经常获得快乐感受与满意认知；人职不和谐的主要标志，就是很少获得快乐感受与满意认知；人职不匹配的主要标志，就是经常在职业中获得痛苦感受与失望认知。根据在职业中的感受与认知，人与职业存在三种状态，如表12-2所示。

表12-2　人与职业的三种感受与认知状态

状　态	主要标志
人职和谐	在职业中经常获得快乐感受与满意认知
人职匹配	某些方面获得满意认知，既不快乐也不痛苦
人职不匹配	经常在职业中获得痛苦感受与失望认知

人职和谐，可以促进人与社会的持续、健康、协调的发展进步，构筑以人为本的社会劳动关系；可以将人的发展与职业的发展有机结合，使职业成为实

现人生价值、保持人生幸福的一个重要组成部分；可以使人热爱所从事的职业，能力在职业中得到充分发挥，在工作中获得更多的快乐感受与满意认知；使职业因为有了喜欢它、有能力做好它的人产生更大的价值；能够实现人与职业、人与社会的多赢，实现人与社会、人与职业的和谐发展。

12.2.2 人职和谐的实现

实现人职和谐的五个过程

实现人职和谐有五个并行的过程：

(1) 价值追求得到充分实现的过程；

(2) 兴趣爱好得到充分展示的过程；

(3) 知识技能得到充分发挥的过程；

(4) 人格气质得到充分舒展的过程；

(5) 感知意行循环发挥作用的过程。

人职和谐与感知意行

感知意行循环推动人职和谐目标的实现。人职和谐是一种理想的人与职业的相处状态，必须经历无数感知意行循环才能逐步接近。满意的职业职位应该经过实践检验，而不能仅仅是个人的空想或梦想。个人对职业的感受、认知、评价、调整的感知意行循环过程，也是个人价值追求、能力特长、兴趣爱好、性格气质在职业实践中得到检验与调整的过程。经过对职业感知意行循环的实践洗礼而越发清晰明确、越发执着的职业方向，就是较为满意的稳定的职业发展方向，是人生的职业晶体所在。

人职和谐的实现，需要以快乐感受与满意认知为激素，促使感知意行晶体沿着个人与职业所需的方向有选择的生长凝固为职业晶体。职业晶体是个人价值追求、兴趣爱好、知识技能、人格气质的结晶，是职业自我的核心内容。

人职和谐与成熟

成熟的过程是走向人职和谐的过程。人职和谐的实现，是以人为本在生涯发展中循序渐进的摆脱依赖、实现独立、学会合作、创新贡献、完善自我、超越自我的过程；人职和谐过程，是按照成熟的六个阶段实现身心智富四个方面成熟的过程。

人职和谐与心态

人职和谐是心态层级达到幸福层级的工作状态。人职和谐的过程是心态层

级不断提升的过程。

实现人职和谐的五种方法

（1）发展职业自我。了解个人先天的优势和不足，弄清楚自己有没有明显超过一般人的天赋，弄清楚个人在哪些方面具有较好的天赋，将后天的努力有针对性地建立在超长的天赋或具有较好天赋的方面，有利于形成相对优势的竞争实力。

（2）满足职业自我。选择能够较好满足个人所求、所爱、所能、所适的职业，找到与个人主要职业晶体类型匹配的职业。人都是有差异的，人的差异反映在职业上就形成了职业自我的巨大差异，这种差异使得人们在选择职业时有所偏好，在工作能力上分出高低，从而使人的职业感受和职业成就产生差异。在各种才能中，以能力为基础的才能通常受先天的影响很大，仅有后天的努力未必能形成优势。扬长避短才能使自己处于竞争优势。人职和谐尊重人平等选择职业的权力，承认职业自我的巨大差异，鼓励人们在喜欢做而又擅长做的方向选择并发展职业。

（3）调整职业自我。以职业所需为导向进一步发展、调整职业自我。不同的工作需要不同的能力，从事科学研究工作就需要有非常好的推理能力、逻辑思维能力、数学能力、语言表达能力、阅读理解能力；从事行政工作的人就需要较好的表达能力、沟通能力、组织能力。因此，发现自己在人群中较强的能力，结合职业兴趣，培养个人优势的职业能力，既是职业发展、有所成就的需要，更是人职和谐的需要。人的时间和精力都是有限的，如果能较早确定个人适合职业发展方向，能够在进入职业领域之前就把人生有限的精力、时间集中在一个特定的领域，最终可以少走弯路，减少挫折，形成相对优势，取得较高的职业成就。

（4）在职业中创新。尊重职业自我的核心特点，在职业中通过创新，使职业自我与职业更好地结合、双赢。

（5）创造新的职业，即以职业自我所需为基础创造新的职业。现有的职业都不能很好地满足职业自我的需要时，在积累了一定的物质与精神准备之后，勇敢地创造新的职业，不仅是个人实现人职和谐的需要，也是推动社会不断发展进步的需要。

12.3 职业发展规划

12.3.1 职业发展规划的定义

职业发展规划（简称“职业规划”）是将个人与职业的发展需要相结合制订的实现自己人生奋斗目标的规划。职业发展规划是认知自我、认知职业、确定职业发展目标及实施方案的规划，是逐步实现人生目标的规划。职业规划以个人成长、成才规律为依据，结合人才培养规律及社会需要，以合理的职业发展目标为引领，以有效知识技能的积累与提高为重要内容，选择职业发展路径，制订行动计划，做出必要的评估与调整，通过不断地实现职业目标来实现人生目标的规划。

职业发展规划主要包含认知自我（自我发现）、认知职业（职业分析）、选择职业目标和路径（职业定位）、计划实施、评估调整等五个方面。

12.3.2 职业发展规划的类型

按照规划时间的长短，个人职业发展规划可分为人生规划、长期规划、中期规划与短期规划四种类型。

人生规划是贯穿一生的职业发展规划，时间跨度从现在一直到生命的终结，长达几十年。人生规划的职业发展目标就是整个人生的发展目标，是能够合理期望的人生最高成就，是个人期望的人生高度。个人职业发展的人生规划就是生涯发展规划。长期规划是 10 年以上的职业规划，以 10 年为一个时间单位设定职业发展目标，形成一个阶梯，逐步接近人生目标。中期规划一般为 5 年的职业发展规划，以 5 年的职业发展目标为引领，比较详细地制订年度目标任务及计划、考核指标及方法。短期规划一般是 2 年左右的职业发展规划，主要以年度目标为主，更为详细地制订年度计划及半年或每月的目标任务、考核指标，定期进行评估考核，根据任务完成情况做出必要的、合理的调整。

职业发展规划也可以分为外职业发展规划（外职业生涯规划）与内职业发展规划（内职业生涯规划）两类。

外职业发展规划是以一系列社会公认的职业岗位及职务、职称的获得作为

职业发展目标制订的职业发展规划，是对自己希望获得的社会地位、社会尊重、社会成就及生活方式的系统规划。外职业发展规划中，职务、职称由低到高呈金字塔形状，越接近塔顶，职位越少、竞争越激烈。走党政管理路线的，科员、科长、处长、厅长、市长、省（部）长一直到国家主席是一步步职业发展的目标，也是一步步前进的阶梯；走工程技术路线的，助理工程师、工程师、高级工程师、总工程师是一步步职业发展的目标；走教学路线的，助教、讲师、副教授、教授是一步步职业发展的目标。外职业发展规划必须满足组织或社会的发展需要。每一个职业岗位及职务、职称都有相应的社会责任和义务，只有较好地满足了组织及社会发展的需要、较好地履行了相应的责任及义务，才可能保持相应的职位。一旦背离了组织及社会需要或者不能很好地履行相应的责任及义务，就会失去相应的职位。

内职业发展规划是以个人内在素质及能力的提高为目标制订的职业发展规划，是对自己政治素质、业务能力、道德品质、人格魅力的系统规划。内职业发展规划以价值追求为引领，以兴趣爱好为导向，以体现个性为标识，以技能特长的提高为根本。

12.3.3 大学生职业发展规划

对开设大学生职业规划课程教学效果的数千份问卷的统计分析表明：有97%的学生认为大学生职业规划课程对自己成长有很大的帮助，77%的学生有效地提高了认知自我能力，69%的学生提高了职业规划能力，64%的学生对自己的价值观有了较为深刻的认识，58%的学生提高了对职业与专业的认识，55%的学生提高了社会认知能力，半数以上（53%）学生的学习和动手能力有了提高。

大学生尽早制订个人的职业发展规划，能够尽早开始试着把自己的发展与社会的需要及专业知识技能的学习相结合；开始沿着幸福与成功的道路，合理确定自己的职业发展目标，明确前进的方向；开始了解大学与中学、学校与社会、学习与工作的不同；开始知道自己的优势与不足，根据自己的兴趣爱好及能力特长，在现实中寻找成功的途径。

大学生制订职业发展规划的差异可能引起人生命运改变的差异，因为体现在大学生职业发展规划制订过程中的，不是对知识的死记硬背，而是对知识的验证应用，是学习习惯及个人综合能力的体现。

一份好的大学生职业发展规划有利于大学生有条不紊、循序渐进地沿着实现目标的道路前进，可以让大学生成就自己的职业梦想与人生理想。

12.4 职业定位与就业能力

职业定位是人职和谐的基础，是职业晶体与职业岗位磨合的过程，是实现高质量就业的前提。

12.4.1 职业定位

职业定位就是找寻个人满意的职业职位的过程。职业定位能力就是寻找、发现个人满意的职业发展方向、发展路径及所需的知识和技能的能力。

由职业定位的定义可知，职业定位不是简单地找一份工作，而是寻找个人满意的职业职位，实现高质量的就业。个人满意的职业职位是指能够较好地符合个人职业晶体类型、价值追求、能力特长、兴趣爱好和个性特征要求的职业职位。

影响职业定位的因素

（1）阶段。处于个人职业生涯发展的不同阶段，个人满意的职业职位是不同的。个人的发展变化过程主要体现在个人价值追求、能力特长、兴趣爱好、性格气质四个方面，这四个方面与职业职位的契合度越高，职业职位的满意度就越高。个人的兴趣爱好与性格气质相对较为稳定，而价值追求与专业技能却会随着职业发展产生较大变化，与个人的职业定位互为因果。

（2）环境。满意的职业职位与个人的生存环境有关，随着生存环境改变而变化。个人具体生存环境主要包含家庭环境和社会环境两个方面。家庭环境变化对个人价值观及可用资源的影响很大，进而对个人职业定位产生很大的影响。社会环境主要指与个人生活密切相关的环境，如城市环境与农村环境，大城市环境与小城镇环境，发达国家与贫穷国家的文化、机会与资源差异，都会影响个人的职业选择。

（3）实践。满意的职业职位应该经过实践检验，而不能仅仅是个人的空想。个人对职业的认识与实践过程，是个人价值追求、能力特长、兴趣爱好、性格气质在职业实践中检验与调整的过程。经过实践洗礼而越发清晰明确、越

发执着的职业方向，就是个人满意的、较为稳定的方向，也就是个人人生的“职业锚”所在。

（4）变化。社会、个人处于不断地发展变化中，不存在永恒不变的理想职业职位，不断强化个人职业定位能力是职业定位的关键。

12.4.2　就业能力

就业能力分为三个方面：发现满意的职业能力——职业寻找能力，获得满意的职业能力——职业获得能力，胜任满意的职业能力——职业胜任能力。就业能力是发现职业需求、获得职业岗位、做好职业工作三方面能力的综合，如图 12-6 所示。

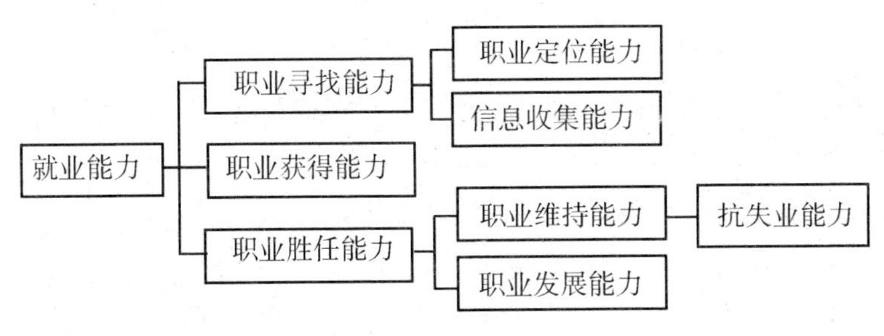

图 12-6　就业能力

就业核心竞争力

就业核心竞争力是在竞争中发展形成的个人优势的就业能力。竞争随处可见，有一个强有力的竞争对手对核心竞争力的提升会有很大的帮助。核心竞争力不可能在对书本的学习中真正地形成，只能在现实的竞争中形成并不断提高。一个强悍、能干的人与一个看似弱小、平庸的人，在职场中的境遇可能相反，前者常被排挤、调动、打压，后者则工作平稳、常常会得到信任及重用。经受住打压的考验与磨砺，前者能够成为一个领袖型的人物。

（1）实力强大是就业核心竞争力的内核。实力包含专业知识技能与综合能力的水平层级、已经拥有的综合资源。综合能力包含语言表达能力、信息处理能力、问题解决能力、人际交往能力、组织管理能力、领导能力等。个人所拥有社会人际关系资源越丰富、能力越强，个人核心竞争力相应也就越强大。积极的态度是要将这种竞争目标放在外部环境，挑战更有能力的对手，不仅个人能力在团队合作中得到锻炼，自己的视野也会更宽。

（2）合作共赢是就业核心竞争力的基础意识。合作共赢意识很重要，共赢强调在追求共同利益的过程中，能够与竞争对手合作，共同促进目标更快更好地实现。所以这种竞争是在目标一致的前提下相互配合，取得双赢结果。

（3）抗挫折能力是就业核心竞争力的重要内容。有竞争就有强弱之分，弱者必须承受得住失败的打击。这次竞争中失败了，并不表示在将来的竞争中也注定会失败；在这方面的竞争中失败了，并不说明事事不如人。

（4）心态良好是就业核心竞争力的重要指标。核心竞争力的良好心态主要体现在效能心态及活动心态方面。能够坦然面对工作中比自己强的人，与之开展良性竞争，对一个人的成长是至关重要的。只有拥有积极健康的心态，才能把这种良性的竞争当成自己每天积极进取的动力和源泉。要敢于竞争，选择放弃的人才是真正的失败者。要把比自己强的人视为自己超越的目标，意识到自己已经落后，认真考虑自己今天应该怎么做、明天应该怎么做，未来才有可能超越。要发掘自己的特质，做到人无我有、人有我新。要选准未来准备超越的领域。

（5）藏拙示弱是保护自己的有效手段。喜欢出风头的人一向是危险的，尤其是在自己尚未发展到足够强大的时候。出风头很容易成为众矢之的。参与竞争时，要学会隐藏自己的锋芒、弱点、真实的意图，因为身处利益纠葛的职场，在利益面前朋友可能变成对手，那些想要和你“推心置腹”的人往往最需要警惕。

12.4.3 高质量就业

高质量就业是找到满意的就业职位、做出满意的职业贡献、在职业中常常获得快乐感受与满意认知的就业。高质量就业可以从两方面来看：对个人而言，高质量就业就是能够最大限度地符合个人价值追求、兴趣爱好、知识能力、性格气质特征，在实现自我价值、获得快乐感受与满意认知的同时，贡献社会、推动社会的文明进步；对社会和国家而言，高质量就业意味着人尽其才、才尽其用、国家富强、社会和谐。

第一，高质量就业是能够较好满足需要的就业。

生存、安全、社交是基本需要，是价值追求的起点，必须首先在工作中得到满足。个人不断发展成熟，产生更高层次的需要，达到较高的需要层级，高质量就业能够满足较高层级的需要。同时，一项工作不仅仅是赚得一份薪水，

而是将自己的天赋贡献给国家和社会。

第二，高质量就业是高度符合兴趣爱好的就业。

现在有两份工作摆在面前：一份工资待遇高，但与自己的兴趣并不吻合；另一份工资待遇低，却是自己喜欢的，你将如何选择？课堂上大多数人会说："我会选择自己喜欢的工作。"面对现实，大多数人的真实想法是：先接受那份待遇高而自己不感兴趣的工作，积累一定的财富后，再去追求自己的兴趣爱好也不迟啊！面对现实，心理的天平会倾斜，尤其是当收入水平高低的差距超出心理承受范围时，大多数人都会失衡。

哈佛大学进行了一项针对 1 500 名哈佛商学院毕业生的研究，追踪他们从 1960 年到 1980 年的事业发展。这些毕业生在一开始就被分成两组：第一组的人说想先赚钱，然后才能做自己想做的事，人数占到总数的 83%，共 1 245 人；第二组的人则先追求他们真正的兴趣，认为以后财源自然会滚滚而来。甘愿冒风险的第二组占 17%，255 人。20 年后，两组共有 101 名百万富翁，1 人属于第一组，100 人属于第二组。

由此可见，兴趣爱好是动力之源，能够充分调动生命的激情和创造性，引领人们走向成功。兴趣爱好可以增强人的职业适应性。兴趣可以促进个人能力发挥，是保证个人职业稳定性与工作满意度的重要因素。广泛的兴趣爱好可以让人适应多变的环境。

第三，高质量就业是顺应个人性格气质特征的就业。

从事的职业与性格相适应，工作起来就得心应手，心情舒畅，职业幸福感就会比较强烈，容易取得成功。相反，若性格特点与从事的职业不相适应，性格就会阻碍工作的顺利开展。工作也影响着性格的形成。例如，一个孩子很胆小，不愿与人交往，后来的工作是教师，需要与人交往，需要维护学生的安全及利益，这样的环境就会使他变得坚强、开朗、豁达。

第四，高质量就业是能够充分发挥个人知识技能水平的就业。

知识结构是指一个人经过专门学习、培训后所拥有的知识体系的构成情况与结合方式。所谓合理的知识结构，就是既有精深的专门知识，又有广博的知识面，具有符合事业发展实际需要的最合理、最优化的知识体系。建立起合理的知识结构，培养科学的思维方式，提高自己的实用技能，是核心竞争力的主要内容。构建合理的知识结构是一种习惯的养成，一次从量变到质变的飞越前的积累。

■ 拓展练习

1. 完成个人职业发展规划。

个人职业发展规划书主要包含引言、认知自我（自我分析）、认知职业（职业分析）、选择职业目标及路径（职业定位）、计划实施、评估调整及结束语七个部分。

2. 填写生涯发展简表。

<table>
<tr><th>序　号</th><th>名　称</th><th colspan="3">内容描述</th><th>备　注</th></tr>
<tr><td>1</td><td>规划名称</td><td colspan="3">人生职业发展规划</td><td></td></tr>
<tr><td>2</td><td>人生目标</td><td colspan="3"></td><td></td></tr>
<tr><td>3</td><td>实现时间</td><td colspan="3"></td><td></td></tr>
<tr><td>4</td><td>职业发展策略</td><td colspan="3"></td><td></td></tr>
<tr><td>5</td><td>职业发展路线</td><td colspan="3"></td><td></td></tr>
<tr><td rowspan="2">6</td><td>阶段</td><td>30 岁</td><td>40 岁</td><td>50 岁</td><td rowspan="2"></td></tr>
<tr><td>职业目标</td><td></td><td></td><td></td></tr>
<tr><td>7</td><td>10 年发展目标</td><td colspan="3"></td><td></td></tr>
<tr><td>8</td><td>职业发展路线</td><td colspan="3"></td><td></td></tr>
<tr><td>9</td><td>计划实施要点</td><td colspan="3"></td><td></td></tr>
<tr><td>10</td><td>评估要点</td><td colspan="3"></td><td></td></tr>
<tr><td>11</td><td>反馈要点</td><td colspan="3"></td><td></td></tr>
</table>

3. 填写大学期间职业发展实施计划简表。

大学生大学阶段职业发展实施计划主要包含三部分内容：职业发展方向、职业发展目标和年度实施计划。

编 号	名 称		内容描述			备 注
1	职业发展方向		a. 就业 b. 创业 c. 考研（留学） d. 其他			
2	职业发展目标					毕业时
3	第一年目标	类别	学习目标	素质目标	职位目标	
		指标				
3-1	计划实施要点	路径				
		行动				
		时间安排				
3-2	评估反馈	评估结论				
		原因				
		反馈要点				
3-3	调整	目标调整				
		计划调整				
		行动调整				
4	第二年目标	类别	学习目标	素质目标	职位目标	
		指标				
		调整项目				
4-1	计划实施要点	路径				
		行动				
		时间安排				
4-2	评估反馈	评估结论				
		原因				
		反馈要点				
4-3	调整	目标调整				
		计划调整				
		行动调整				

【注释】

[1] 里尔登，伦兹，桑普森，等．职业生涯发展与规划［M］．侯志瑾，译．北京：中国人民大学出版社，2010：1.

[2] 里尔登，伦兹，桑普森，等．职业生涯发展与规划［M］．侯志瑾，译．北京：中国人民大学出版社，2010：7-8.

[3] 里尔登，伦兹，桑普森，等．职业生涯发展与规划［M］．侯志瑾，译．北京：中国人民大学出版社，2010：7.

[4] 里尔登，伦兹，桑普森，等．职业生涯发展与规划［M］．侯志瑾，译．北京：中国人民大学出版社，2010：8.

[5] 张文勇．你的职业在哪里［M］．上海：东华大学出版社，2004：21.

13 人际交往

13.1 什么是人际交往

人际交往是一项重要的持续性活动，在很大程度上影响人生的幸福与成功。关于人际交往有不同的观点：有人认为人际交往就是人际沟通[1][2]、人际交往就是人际关系[3]，人际交往包括人与人之间发生的一切互动过程[4]，等等。其实，沟通是人际交往的手段，人际关系是人际交往的目的。人际交往是以建立各种人际关系为目的的社会交往活动。

13.1.1 人际交往及相关概念

人际交往是人与人之间为了建立或维持一定关系进行的双向交流活动。人际交往的基本含义如图 13-1 所示。

人际交往具有四个基本的特征：有明确具体的交往对象；有明确的交往目的；有多种多样的交往方式；无论何种方式的交往，都存在着信息的交换。

交往对象

交往对象可以根据选择性分为不可选择对象与可选择对象。不可选择的交往对象如父母、兄弟姐妹、子女等，不可选择对象与个人具有强制性、天然性的联系，不可选择对象之间的交往是不对等的交往。不可选择对象之外的交往

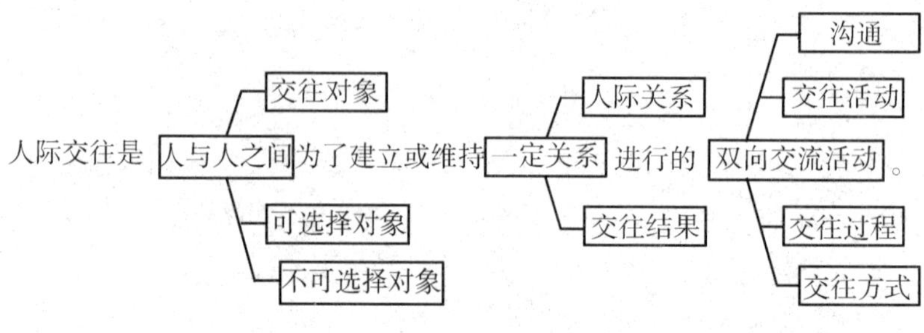

图 13-1　人际交往的基本含义

对象都是可选择对象。除了天然性的血缘联系之外，不可选择交往对象在一定程度上可以成为可选择对象。一个人到了某一学校学习，上课老师一般是不可选择的交往对象，如果因为不愿上该老师的课而转学，老师也是可选择对象，不过选择的代价或成本比较高。在职场中，上级也是一样。可选择对象之间的交往比较自由、随意、自愿，不可选择对象之间的交往有诸多的限制性约束。天然性的血缘关系是最根本的关系，亲人尤其是家庭成员之间的交往有着与普通社会交往不一样的准则。

交往对象也可以根据拟建立的人际关系的类型进行分类。根据可能存在的同学关系、师生关系、战友关系、同事关系、恋爱关系、利益关系、竞争关系、合作关系、敌对关系等可以区分不同的交往对象，针对不同交往对象有着不同的交往需要、交往方式、交往心态、交往技能。

交往目的

人际交往的目的是通过建立并维护一定的社会关系，促使不同层次的需要得到满足。需要的满足往往不是一个人能够完成的，需要通过建立一定的社会关系才能够实现。例如，繁衍后代的需要不是一个人能够满足的，必须通过异性之间建立合法的婚姻关系或其他一些可能不合法但却存在的异性结合关系才能够实现。知识的学习与传播也不是一个人能够完成的，知识与智力只能在人际交往中得到积累和提高。人际交往是思想、情感、态度、信息等多方面的交往，交流思想，一个头脑就有了多种思想；分享快乐，快乐就会加倍；分担忧愁，忧愁就会减半。每个人都是一个独特的生命个体，必然知道一些别的个体所不知、不会的东西，而善于从别人身上学习自己所不知、不会的东西，才能不断进步。

人际交往类型

人际交往的类型可以根据人际关系的类型分类，可以根据交往的方式分类，也可以根据关系的亲疏分类。根据人际交往本身的特征，人际交往的类型可以分为主动交往、被动交往、现实交往、虚拟交往、个人交往、集体交往、社会交往等，如表13-1所示。

表13-1　人际交往类型

分类维度	交往分类	主要特征
态度维度	主动交往	自主、积极、进取、耐挫
	被动交往	被动、消极、躲避、唤起
虚实维度	现实交往	真实、面对面、现实、理性
	虚拟交往	虚幻
群体维度	个人交往	个人之间的交往
	集体交往	个人与集体或组织的交往
	社会交往	个人与社会的交往

人际交往与需要

人际交往的基本目的是满足个人不同层级的需要，但是一些较为原始的需要或欲望的满足，可能只会产生一时的快感，随之而来的可能是漫长的自责与痛苦的认知。

以人生幸福为目的的人际交往是较高层次的人际交往，交往的目的是满足个人升华的、较高层级的需要，需要的满足能够同时产生快乐感受与满意认知。

人生最亲近的关系除了父母关系之外，就是夫妻关系。夫妻关系的建立与维护包含了几乎所有的需要层级，夫妻之间各个层级的需要同时得到满足能够较长久地维持幸福和谐的婚姻关系。但是许多夫妻之间的关系却到了难以为继的地步，其中比较关键的原因是在建立夫妻关系之初，对于夫妻之间较高层级的需要重视不够，也就是对双方价值追求、兴趣爱好、知识水平的一致性或互补性的探索、认知不够。

人际交往的意义

（1）人际交往促进个人成长。封闭自己，就是关闭自己的发展成熟之路。

每个人的社会化进程从出生后就开始了，婴儿的语言的产生与发展从本质上讲就是人际交往的结果。一个人的发展成长过程实际上就是一个不断开放自己、与更广阔领域的人和事的交往过程。处于什么样的环境、接触什么样的人和事，就会形成什么样的人际交往及人际关系。

美国心理学家奥尔波特发现，个性成熟的人，都同别人的关系良好，他们可以很好地理解别人，容忍别人的不足和缺陷，能够对别人表示同情，具有给别人温暖、关怀、亲密和爱的能力。

（2）人际交往促进身心健康。心理学家的研究表明，健康的个性总是与健康的人际交往相伴的，心理健康水平越高，与别人的交往就越积极，越符合社会的期望，与别人的关系也越深刻。大多数心理危机与缺乏正常的人际交往和良好的人际关系有关。

（3）人际交往促进事业成功。很多人把成功的80%以上的贡献归功于情商或人际交往形成的良好的人际关系。事业发展离不开合作。人际交往是合作的基础，不善于人际交往就不善于合作。

（4）人际交往促进人生幸福。每个人不论在学习、生活、工作、休闲健身等各类活动中都离不开人际交往，人际交往的状态与人生幸福密切相关，人际交往能获得较多的快乐感受与满意认知，从而促进人生幸福。

宿舍是大学生人际交往最普通、最常见的场所。在同一个宿舍里，有些人收获快乐，有些人感到压抑甚至遭遇灾难。在融洽的宿舍里生活的大学生，往往欢乐、注重学习与成就、乐于与人交往和帮助别人；那些生活在没有形成友好、合作、融洽的人际关系的宿舍中的大学生，常常出现压抑、敏感、自我防卫、难以合作的特点，情绪的满意程度低。

13.1.2 人际交往模型

人际交往模型是人际交往的过程模型。

为了建立并维持特定的人际关系，一般要经历定向接触、探索认知、确定关系、施行交往四个阶段，分别与感、知、意、行相对应，四个阶段依次相连，组成一个完整的人际交往循环过程，如图13-2所示。

健身是全民运动，各种球类运动、健美运动、散步等受到普遍欢迎。经常一起打球的人称为球友，球友是一种良好的人际关系，建立并维持球友关系的交往过程就是一个人际交往过程，下面根据人际交往模型。具体分析通过人际

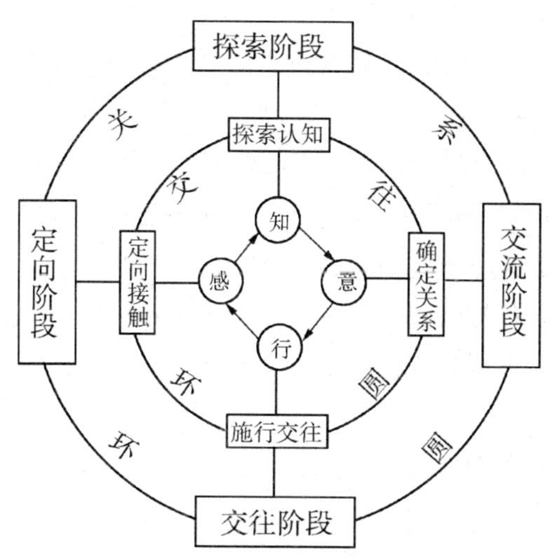

图 13-2　人际交往的感知意行模型

交往模型建立并维持人际关系的过程。

定向接触

明确交往对象、采取各种手段促使双方接触就是定向接触。定向接触从发现目标开始，到形成接触结束。

打球健身是自己的需要，使需要得到满足是开展人际交往的动力。根据自己的球技及能够方便接触到的人群，发现合适的交往对象就是定向。有了明确的方向目标，采取各种合适的手段、方式进行接触就是定向接触。

形成接触是双向的接触，发出接触信息，得到明确的同意接触的反馈信息，进一步确定接触的具体时间、地点，产生实实在在的双向接触。

偶然相遇是许多球友接触的开始，偶然相遇的人很多，能够成为好友的少之又少。成为好友的关键在于形成了有效的双向接触，打开了互相探索认知的大门。

探索认知

球技与运动强度、运动时间对双方而言是否合适成为球友，需要探索认知。一起打球是建立与维持关系的基点，围绕基点进行探索认知是探索认知环节的关键。

有些人通过打球认识了美女或帅哥，放弃打球的初衷，开始了对其他目的的追求。这不是不可以，但可以肯定的是这些人在建立球友关系的交往方面迷

失了目标，是失败的。

探索认知是围绕拟建关系的基点收集信息，为判断是否合适建立并维持关系提供翔实的决策依据。

确定关系

确定关系是进行双向决策，即通过探索认知及充分沟通，达成共识，以双方认可及信任的方式确定形成固定的交往关系。

对于球友而言，什么时间打球、到什么地方打球、费用怎么分担、约定时间不能打球怎么告知等都是确定关系时需要确定的事项。

施行交往

施行交往是按照确定关系时明确的事项进行交往活动。

通过定期打球的活动形成并维持、深化了球友关系，由球友关系可能衍生出其他双方愿意建立的关系。

根据拟建关系的重要性，在人际交往的模型中四个阶段投入的时间、精力、资金是不同的，一些对个人事业成功、人生幸福十分重要的人际关系的建立与维护，需要全身心的投入。消除及阻断一些严重损害事业发展及人生幸福的已有关系，同样需要投入大量的时间、精力、资金。

有益的关系多多益善，有害的关系有不如无。人际交往并不能贪多，人际关系也不是越多越好，区分关系、利害十分重要。

13.1.3 人际交往心理

性格与人际交往

性格在人际交往过程中发挥重要作用。顺性而为，人际交往得心应手，人际关系易于建立并保持，过程快乐、结果满意；逆性而为，人际交往憋屈难受，人际关系不易建立、难以维系，过程痛苦、结果失意。了解自己性格特点，尽可能顺性而为。如果必须进行的人际交往与个人的性格不太符合，就应该分析自己性格的优缺点，通过性格修养，达到塑造性格、改善人际关系的目的。

虽说一个人的性格是比较稳定的，但并不是一成不变的。要想与别人建立良好的人际关系，就要学会在必要时调整自己的行为风格，即塑造完美性格。

心态与人际交往

人生幸福与人际交往有着紧密的关系。人生的许多感受、认知是由交往的

人传递的。传递的快乐感受越多、满意认知越多，人生就越幸福；传递的痛苦感受越多、失意认知越多，人生就越不幸。

在交往过程中，个人的心态在很大程度上能够影响交往的感受与认知。提高心态层级，是促进在人际交往中获得快乐感受与满意认知的重要途径。心态层级越高，在人际交往中越容易收获快乐感受与满意认知。

人际交往效应

人与人相处会形成各种各样的认知印象，进而产生相应的情感及判断，影响交往的过程及人际关系的形成。把握人与人交往的心理规律，有助于排除一些主观心理的干扰，在交往中形成符合实际的人际关系。常见的人际交往心理效应如下：

（1）首因效应：第一次形成的印象对人际认知会产生强烈影响。第一印象不管正确与否，总是最鲜明、最牢固的，往往左右对对方的评价，影响以后的交往。

（2）近因效应：客观上由于最近获得的信息刺激强，给人留下的印象清晰，往往会冲淡过去所获得的有关印象。在人际认知活动中，最近的印象对人的评价起着重要作用。

（3）晕轮效应（光环效应）：人们对他人的认知判断首先是根据个人的好恶得出的，然后再从这个判断推论出其他品质。

（4）刻板效应：对某人或某一类人产生的一种比较固定、类化的看法。

（5）投射效应：以己度人，把自己的感情、意志、特征投射到他人身上并强加于人，是一种认知障碍。比如，心地善良的人会以为别人都是善良的，经常算计别人的人会觉得别人也在算计他。

（6）从众心理：是以多数人的意见为意见、以多数人的行为主导个人行为的心理现象。

人际交往中的人格塑造

不同人格类型的人际交往的特点不同，建立及维持人际关系的方式不同，根据自己特有的人格类型进行有个性的人际交往，是建立、维持良好人际关系的基础。但是一些人格特征过于明显的人在人际交往过程中，会不知不觉地让交往对象产生困扰，有意识地进行适度的调节是成熟及睿智的表现。调节的过程是人格完善、人格塑造的过程。以下几个方面的活动是常见的人格调节、完善的活动。

（1）给活泼加点严肃认真。

活泼的人在人际交往中易与别人打成一片，但有时并不能与人建立良好的人际关系，因为活泼的人说得多、修饰多、细节多、插话多，易冲动、爱夸张、不太务实。在人际交往中给活泼加点严肃认真，有利于建立良好的人际关系，有利于性格修养及人格完善。

1）压缩谈话，减少不必要的细节问题；注意对方发出的沉闷信号，当别人对谈话内容不感兴趣或感到厌烦时，立即停下，把说话的机会留给别人；记住过于夸张有说谎的嫌疑。

2）关注他人，训练自己静静地听别人发言，直到掌握了谈话的内容再加入谈话，做到绝不在别人讲到一半时就插话。

3）认真看好别人的名片，记住别人的信息；对于重要的事要用笔记好。

4）关心身边的人，主动帮忙；不要仅仅满足于有听众，更要有朋友。

5）控制自己，切实做事，考虑好每一件事的代价，不要冲动行事。

（2）给完美型添点自由快乐。

完美的人通过做事能够与人建立值得信赖的可靠关系，但是交往中的情感感受常常使人敬而远之或产生消极情绪。给完美添点自由快乐，有利于建立良好的人际关系，有利于性格修养及人格完善。

1）认识到没有人喜欢阴沉的人，每天多给自己一些笑脸，凡事往好的方面考虑，一旦发现自己在注意消极面时，立即将这种想法赶出脑海。

2）在自己身上找出自己最满意的地方或是自己最满意的事，多想想这些事。

3）时刻提醒自己，你是你，别人是别人，不要把自己的标准强加给别人，世界上不存在完美的事，要学会从实际出发。

（3）给忙碌来点休闲健身。

忙碌的人通过勤奋工作给人以深刻印象，有利于建立稳定的工作关系。但忙碌的人常常在家庭关系、精神及身体状态方面出问题。给忙碌来点休闲健身活动，有利于建立良好的人际关系，有利于性格修养及人格完善。

1）要认识到，没有什么事情需要整天不停地工作。人总是要休息的，不要成为工作狂，更不能要求别人和你一起成为工作狂。多参加一些娱乐活动，放松心情。

2）不要小看跟随者，每个人都有值得自己学习的地方，多听别人的意见，

不要老是支配别人。

3）耐心等待动作比自己慢的人，很多事情不是你一个人就可以完成的，要学会合作。

4）不要老是和别人争论，有些事情对错并不是很重要，敢于承认自己的缺点，学会道歉。

（4）给安稳加点动力。

安稳的人平静如水，在自己熟悉的小圈子能够建立和维持良好的人际关系，但是遇到新情况、面临转折时可能产生适应方面的问题。给安稳加点动力，有利于建立良好的人际关系，有利于性格修养及人格完善。

1）尽量多尝试新鲜事物，培养广泛的兴趣，有些事情看起来不好玩，只有真正参与才能发现其中的乐趣。

2）学会接受生活中的责任，不要得过且过，养成今日的事今日做的习惯。多与人沟通，学会说出自己的感受。

13.1.4　人际交往能力

人际交往原则

没有规矩不成方圆，交往过程也有它的原则。把握与遵循正确的交往原则对于构建良好的人际交往具有重要意义。一般来说，这些原则主要包括平等尊重、真诚待人、理解宽容、互补共进等。

（1）平等尊重。平等与尊重是人与人之间建立感情的基础，也是人际交往的一项基本原则。古人云：爱人者人恒爱之，敬人者人恒敬之。坚持平等、尊重他人，才能建立平等直接的沟通机制，才能形成良好的人际关系。

（2）真诚待人。怀疑、畏惧他人，缺乏信任是影响建立良好人际关系的主要障碍。真诚待人主要表现在：为人处世言行一致、表里如一，只有这样才能建立相互间的信任，即“以诚感人，人亦诚而应”；以诚信为本，说到做到，信守诺言；诚心地鼓励与赞美，以善意的态度来批判劝告，而不是虚伪地恭维与奉承、粗暴地讽刺与攻击。

（3）理解宽容。由于成长环境、个性特征的差异，误会、不理解的产生不可避免，求同存异，不在非原则问题上斤斤计较；学会理解与宽容，能容忍别人的过失和不足；怀着一颗感恩的心来面对生活，以善良的行为去帮助人，宽容人。这不仅有助于扩大交往空间，而且能有效消除人际关系中的矛盾冲

突。

(4) 互补共进。心理学研究表明，以帮助与相互帮助为开端的人际交往更易建立良好的关系。由于经历、性格不同，每个交往的对象都有自己的特点。善于发现别人的优点和长处，见贤思齐、虚心学习；对别人的缺点和不足真诚理解、热情帮助。交往双方应相互关心、相互帮助、相互支持，深化双方感情，满足共同的心理需要，实现双方共同进步。

人际交往礼仪

人际交往的礼仪很多，每个人都是在学习实践中逐步掌握交往礼仪的。

提升个人的综合素质、提升文化知识水平、注重形象及言行举止，能够在大多数交往场合展示个人特有的礼仪风范。参加一些特殊的交往活动之前，一定要补充一些特殊的礼仪要求。

“SOLER（舒乐）”交往技巧：S（sit）代表“坐要面对别人”；O（open）表示“心态自然开放”；L（lean）的意思为“身体微微前倾”；E（eyes）代表“目光接触”；R（relax）表示“放松”。在社交场合，有意识地运用“SOLER”技巧，可以增加给别人的好感，促进交往。

人际交往障碍

人际交往障碍是指各种阻碍正常交往的心理困扰或障碍。常见的人际交往障碍有以下几种：

(1) 交往恐惧。与人交往时，不由自主地感到紧张、害怕，以致手足无措、语无伦次。

(2) 孤僻。有两种情况，一是自命清高，不与人为伍；二是有某种怪癖，使别人无法接纳。

(3) 自傲。常不切实际地高估自己，盛气凌人，使交往对方感到难堪、紧张、窘迫。

(4) 嫉妒。常对他人的长处、成绩心怀不满，乃至在行为上冷嘲热讽，甚至采取不道德行为。

(5) 猜疑。常对他人的言行敏感、多疑、不信任，容易引起心理隔阂。

(6) 敌意。常讨厌、仇视他人，甚至表现出攻击行为。

人际交往障碍常常出现在心态层级较低的情况下，提高心态层级是消除人际交往障碍的有效方法。

人际交往技能

人际交往技能是实现交往目标、维持良好人际关系的技能。人际交往技能主要包含交往选择技能、创建关系技能、沟通技能、维持交往技能、断绝交往技能。

(1) 交往选择技能：根据交往目的选择交往对象、确定交往程度的技能。交往选择技能是最重要的人际交往技能，没有选择、没有目标，看起来热热闹闹，实际上没有实质的交往及有效的人际关系建立，劳而无功。

(2) 创建关系技能：形成实际接触、建立符合需要的人际关系的技能。创建关系技能是最有技术含量、最有难度的技能。

(3) 维持交往技能：按照相互关系的特点进行一定频度的来往以保持已有人际关系的维持、发展的技能。维持交往的方式相对比较固定，普通的问候是礼貌性维持交往的手段，根据关系维持发展的需要进行必要的活动是维持交往的要点。

(4) 断绝交往技能：能够在损失最小的情况下主动采取有效措施阻断有害关系的技能。没有一成不变的关系，当一种关系成为阻碍人生幸福的原因时，就应立即采取必要的措施断绝这种关系。断绝一种对己有害但可能使对方获利的关系需要一定的智慧与能力。

13.2　人际关系

人际关系是在社会生活实践过程中所形成的人与人之间的联系或社会关系。

人际关系是人与人交往关系的总称，包括亲属关系、朋友关系、同学关系、师生关系、雇佣关系、战友关系、同事关系及领导与被领导关系等。

广义的人际关系是指人与人之间存在的一切社会关系，包括民族、宗教、党团、帮派、社会组织等所有以法律或文化、习惯约定、社会伦理等形式确定的各种关系。狭义的人际关系是在有联系的人与人之间形成的各种关系。本书主要讨论的是狭义的人际关系。

13.2.1 人际关系类型

人际关系按照连接的纽带大致可分为四类：亲缘关系、地缘关系、业缘关系、趣缘关系，具体如图 13-3 所示。

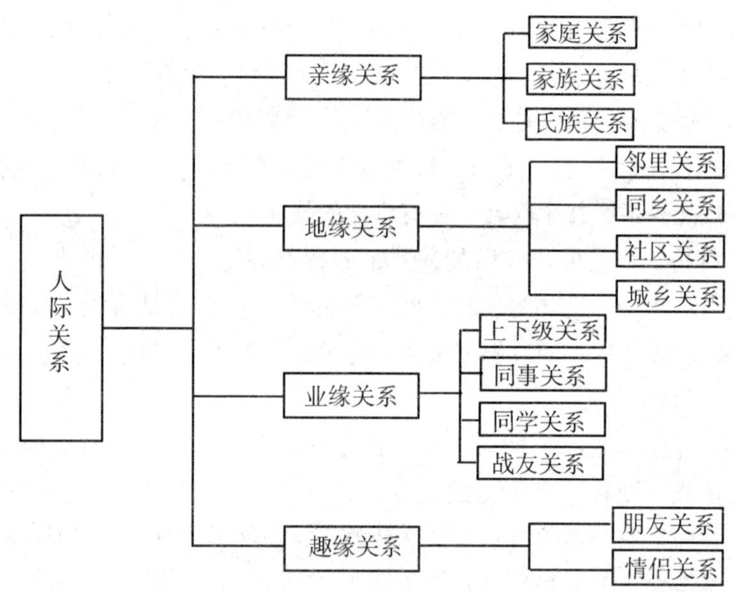

图 13-3 人际关系类型

人际关系按照时间持续性，可以分为永久关系、长期关系、短期关系、临时关系等；按照亲疏，可以分为亲密关系、一般关系、疏远关系等；按照利益相关性，可以分为利益共同体关系、合作关系、竞争关系、无利益关系；按照依从性，可以分为上下级关系、同事关系、监护关系等。

对人际关系进行分类，其目的在于从中发现影响学习、工作、生活等活动的最主要的人际关系因素，有目的、有意识地加强相关方面的交往，为成功及幸福创造良好的人际关系环境。

感知意行与人际关系类型

经过人际交往过程可以形成与感知意行晶体品质对应的四类人际关系：情感类关系、同学类关系、同事类关系、利益类关系。

同学类关系与同事类关系是过程类关系，分别对应求知过程形成的关系与共同做事过程形成的关系。同学类关系并不简单地只是在同一个学校、同一个

班级一起学习形成的关系，而是由于学习或研究共同的知识、信息与技术、技能形成的关系。同学类关系是以追求真理、追求智慧、探索规律为目的形成的人际关系，同学关系的特点带有真善美理想色彩。

同事类关系是一起做事形成的关系。一起做事包含了从正面与反面一起做事，并不是一般意义上的同事。同事类关系是以效率、质量为目标，在展示能力、切磋技艺过程中形成的关系，带有比武竞技的色彩。

情感类关系与利益类关系是结果类关系，分别对应情感需要与利益需要的满足过程形成的关系。

四类关系的交集越大，人际关系越深厚。图 13-4 显示了四类人际关系及其交集的形成。

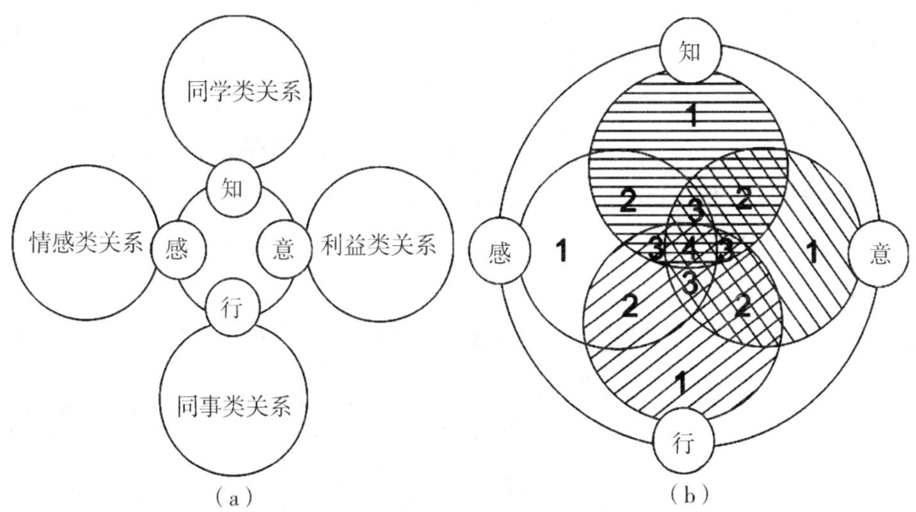

图 13-4　四类感知意行人际关系及其交集的形成

四类人际关系与成熟阶段有一定的对应关系，如表 13-2 所示。

表 13-2　成熟阶段、人际关系及交往特点

成熟阶段	依赖期	独立期	合作期	创发期
主导关系	情感类关系	同学类关系	同事类关系	利益类关系
交往特点	喜欢、好感、亲密、依赖、信任	探索、学习、讨论、争辩、体验	合作、竞争、责任、效率、效果	利害、共赢、博弈、存亡、损益
潜在威胁	易受骗	固执己见	恶性竞争	唯利是图

在不同成熟阶段对应的一个主导的人际关系类型之外，其他关系都在萌芽生长，越是比较早地习得更为成熟阶段的人际交往技能，就越能够收获良好的人际关系。

13.2.2 人际交往的选择

人际关系的利与害

有利的人际交往是通过人际交往能够产生促进身心健康、事业发展、人生幸福的人际交往。有害的人际交往是通过人际交往产生了损害身心健康、事业发展、人生幸福的人际交往。有利的关系多多益善，有害的关系有不如无。人际交往并不是多多益善，人际关系也不是越多越好，区分关系、利害十分重要。有效的人际交往是能够形成并维持有利的人际关系、消除或阻断不利及有害人际关系的人际交往活动。趋利避害是人际交往的基本原则。能否有效区分人际交往的利害是衡量个体成熟程度的重要指标之一。欺熟、欺小、欺老、欺弱都是人际交往之害的表现，诈骗、团体犯罪等都是以人际交往为前提实施的犯罪活动。根据自己的身体及心智成熟程度，能够有效保护自己是一切人际交往的基本前提。

人际关系发展顺序

有效的人际交往是经过利害选择的人际交往。人际交往的利害选择与个人身体及心智成长成熟的程度有关，在成长发育阶段，依靠亲人及社会组织进行选择是可靠的选择。

在个人有能力有机会进行交往选择的时候，要尽可能按照图 13-5 的顺序进行交往选择。

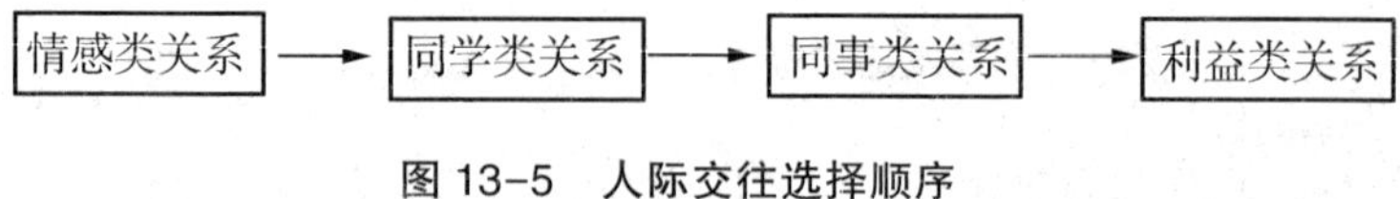

图 13-5 人际交往选择顺序

首先选择建立并维持可靠的情感类关系。可靠情感包含与父母、兄弟姐妹、老师、政府等之间的情感。

其次选择建立并维持同学类关系。同学关系是以知识、真理的共同追求为纽带形成的关系，并不能认为在一个学校就是同学关系或在同一个学校不共同进行学习探索就不是同学关系。目前中学及大学校园里包含了学生的衣食住行及社会人员的共同相处，同学类关系含有较多的真善美理想成分，是学习提高

人际交往技能水平的理想舞台，但因此放松人际交往的警惕性会导致一些学生成为校园悲剧的主角。

然后选择同事类关系。同事类关系是围绕共同做事形成的关系，同事类关系的建立与维持有益于个人技能水平的提高。

最后选择利益类关系。利益关系是最重要也是最难把握的关系，只有在身心智富达到成熟的独立阶段之后，才可以选择建立较重要的利益关系。在可靠情感关系之中，在良好的同学、同事关系之中渐渐融入一些较小的利益交往，是促进成熟、提升建立良好利益关系的有效方法。

中学之前，同学类关系占绝对主导地位。大学阶段，同学类关系的主导地位逐渐降低，同事类关系及利益类关系已经占据较大空间。大学是全面提高人际交往技能的最佳时期。

完成附中的大学人际交往测评，分析个人人际交往现状。

13.2.3　人际关系与需要层级

人际关系的建立与维持与需要层级紧密相关。需要的满足是建立或维持人际关系的根本动力。需要的变化必然引起人际关系的变化。

良好的人际关系能够促进需要的满足，能够促进需要满足之后获得更多的快乐感受与满意认知。

13.2.4　人际交往与人际关系

人际关系是人际交往的目的和结果，人际交往是人际关系形成与维持的手段及途径。

人际关系与人际交往不同，人际交往是一个过程概念，人际交往过程是双向的交流过程，双向的感知意行循环作用过程；人际关系是一个结果概念，是人际交往过程中形成的人与人之间的一种具体的社会关系，是交往双方感知意行晶体品质相关性的体现。

13.3 沟　通

13.3.1 沟通及相关概念

沟通

罗宾斯指出[5]：沟通是意义的传递与理解。无论多伟大的思想，如果不传递给其他人并被其他人理解，都是无意义的。完美的沟通（如果确实存在的话）是想法或思想传递到接受者时，接受者所感知到的心理图像与发送者所发送的完全一样。

沟通是准确发出信息与正确理解信息的过程。

所有的误解都是沟通出现问题的结果，误解往往成为关系破裂或交往失败的导火索，成为事故的原因。1990 年哥伦比亚国家航空公司的一架飞机由于恶劣天气在机场上空盘旋待命，飞行员向交通管制员报告说，他们就在纽约肯尼迪机场附近，而且飞机“燃料供给不足”。管制员总是听到类似的理由，所以并未采取特别的行动。尽管飞行员清楚地知道问题的严重性，却未使用关键术语“燃料告急”——这个术语可以让管制员把他们的飞机排在所有飞机之前降落。机场人员根本没有理解飞行员所面临的真正问题。最终，燃料耗尽的飞机坠毁在距肯尼迪机场 16 英里处，机上 73 人遇难。

沟通类型

沟通的类型，根据沟通的主体可以分为群体或组织之间的沟通、人与人之间的沟通、组织与人的沟通等；根据沟通的方式可以分为口头沟通、书面沟通、非言语沟通等；根据沟通的方向可以分为自上而下的沟通、自下而上的沟通、水平方向的沟通等。

沟通技能

沟通技能是人与人通过交换及确认信息实现正确而全面的相互理解的技能。交换及确认信息是沟通的活动，正确而全面的相互理解是沟通的目的。

在愿意进行沟通的主体之间，如果不掌握良好的沟通技能，常常会事与愿违。沟通的双方通常有着明确的目的与良好的沟通意愿，不愿沟通无法实现正确而全面相互理解。

良好沟通模型

良好的沟通模型如图 13-6 所示。

交换及确认信息是沟通的关键。发出信息、接收信息、反馈理解信息、确认理解信息形成一个信息交换循环。良好的沟通技能一般要经历三个信息交换循环，才能实现双方正确而全面的相互理解。

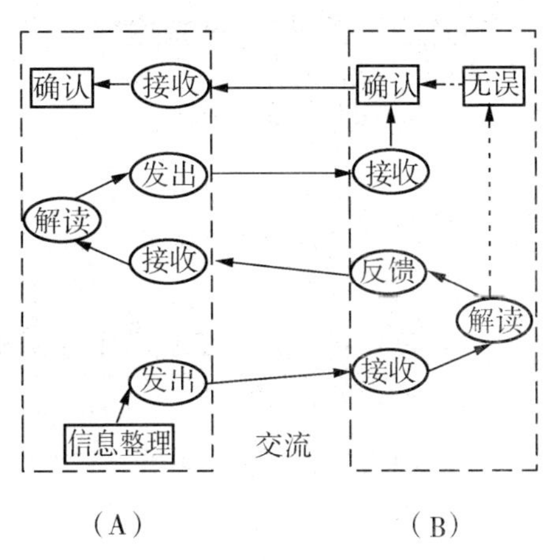

图 13-6　良好沟通模型

13.3.2　沟通方法

（1）明确沟通目的。

明确沟通目的是有效沟通的前提，只有目的明确，才能够选择有效的沟通渠道，才能够采用合适的沟通方法。

明确沟通目的包含明确沟通对象、沟通目标、沟通内容三项内容。要弄清楚沟通对象是个人、组织还是其他群体，是熟人还是陌生人、利益相关者。沟通目标就是期望通过沟通实现的具体任务，沟通内容是实现具体目标需要做的具体沟通事项。

（2）选择沟通渠道。

不同的沟通目的决定了不同的有效沟通渠道。现代的信息沟通及传播途径非常丰富，一个在私密空间沟通交流的内容如果放在大众沟通交流平台可能就是非常不合适的。

（3）进行有效沟通。

进行有效沟通就是按照良好沟通模型进行的沟通。沟通的主导者（一般是信息的发出者）应该经历三个以上的沟通环节：

1）发出正确信息，要求回复。回复一般包含接收回复与结果回复；

2）接收结果回复，评估，发出进一步沟通信息，要求回复；

3）再次接收结果回复，并重复“发出—接收”循环，直到实现沟通目标或确认沟通目标无法实现。

（4）确认沟通结果。

沟通结果的确认方式根据沟通的重要性会有所不同，重要性高的沟通应该采用正式及较为严谨的、无歧义的确认方式。

13.3.3 有效沟通的障碍

很多沟通障碍会阻碍或歪曲有效沟通。罗宾斯指出了多种有效沟通的障碍[6]：

(1) 过滤，接收者只选择自己喜欢的信息；

(2) 选择性知觉：接收者只听自己想听的；

(3) 信息超载：信息超出了处理能力；

(4) 情绪：情绪好坏影响信息的色彩；

(5) 语言：方言及一些特殊含义的语言常常会对不熟悉的人构成沟通障碍；

(6) 沟通恐惧：害怕沟通或紧张焦虑；

(7) 性别差异；

(8) 文化障碍。

由于沟通障碍的存在，完美沟通几乎是不存在的，即使是长期生活在一起的夫妻，也时常存在误解。对于一些重要的事项，必须进行充分沟通。

13.4 网络交往

互联网促使一种全新的人类社会组织和生存模式悄然出现，构建了一个超越时空的巨大的群体——网络群体，网络全球化时代的个人正在聚合为新的社会群体[7]。信息网络将会是未来社会的神经系统，它对整个社会与个人生活的冲击，将远高于传统沟通设备所带来的影响。互联网联结起来的是电脑，其中流动的是信息，开发出来的是资源，但吸引的是电脑前面的人。以互联网为基础的交往，既是通过网络技术直接的互动又是全面地包括了精神文化层面的内在交往。互联网推动着人类活动的科学化、技术化、知识化，改变着人类的价值体系，给人们的生活方式以深刻的影响，改变了某些传统生活习惯和行为方式。新生的网络社会具有不同以往任何社会形态的两面性，它是由国家、民族、社会、个人等众多的“网”环环相扣、错综复杂地交织而成的。随着网络社交网站的兴起，网络交往蓬勃发展，网络交往将缔造人际交往的新模式。网络真正形成一个社会，而不仅仅是一种新媒体、新商务和新的交流方式。未

来每一个人，除了在现实生活中的自己，在网络上都有一个自己的代表。

13.4.1　网络交往的特点

虚拟性

网络交往是以虚拟技术为基础的，人与人之间的交往是以间接交往为主，以符号化为其表现形式，现实社会中的诸多特征，如姓名、性别、年龄、工作单位和社会关系等都被“淡”去了，人的行为也因此具有了“虚拟实在”的特征。这一特点使得人际交往拥有一个有利于弱纽带形成和扩张的交往环境，更适合与陌生人形成弱纽带，有助于社群形成平等的互动模式，使得沟通障碍最小化，并有助于成千上万个弱纽带的扩张，其中有些会发展为强纽带。例如，你可以通过网络聊天“认识”世界各地的上百个网友，这时，你们之间的联系是弱纽带；通过短时间的聊天“接触”，你将其中的一些人列为“好友”，甚至发展到“网恋”，这时弱纽带就扩张为强纽带。

多元性

网络信息的全球交流与共享，使时间和空间失去了意义，使不同的思想观念、价值取向、宗教信仰、风俗习惯和生活方式等的冲突与融合变得可能。

自由性

“网络社会”分散式的网络结构，使其没有中心、没有阶层、没有等级关系，与现实社会中人的交往相比，“网络社会”具有更为广阔的自由空间。

间接性和模糊性

网络交往在互动形式上表现为“人—电脑—人”的间接互动，在交往对象的指向上存在着模糊性。社会互动无论是直接的、面对面的互动，还是间接的、非面对面的互动，其交往的指向性都是明确的。而网络交往的互动是间接的、依靠网络为中介的非面对面的互动，交往的指向性不明确，在虚拟社会交往中网民的真实身份和社会特征难以明确。

亲近性

网络交流使人际关系呈现出“亲近性”，人们可能会使交往更有深度，彼此的交流更接近心灵深处。现实社会中由于双方的社会属性、地理空间、社会环境和情境因素，以及外貌上的个体差异特征，限制了沟通交流的深度，使人们相互倾诉的机会较少。而在网络交流中可能会“淋漓尽致”。

13.4.2 网络交往的类型

根据社交目的或交流话题的不同，目前的社会化网络（社交网站）主要分为四种类型：①娱乐交友型；②物质消费型，涉及各类产品消费、休闲消费、生活百事等活动；③文化消费型，涉及书籍、影视、音乐等；④综合型，话题、活动都比较杂，广泛涉猎个人和社会的各个领域，公共性较强。例如人民网的强国社区以国家话题的交流影响较大，天涯社区是以娱乐、交友和交流为主的综合性社交网站，百度贴吧里话题无所不包。

总的来说，所有社交网站都以休闲娱乐和言论交流为主要特征，最终产物都是帮助个人打造网络关系圈，这个关系圈越来越叠合于网民个人日常的人际关系圈。借助互联网这个社交大平台，网民体验到前所未有的“众”的氛围和集体的力量感。

13.4.3 网络交往的利与弊

在网络特殊的交往环境中，随着网络信息的流动将自己融入“无限”的网络群体中，社会接触范围成倍增大，有助于人们建立新型的社会关系，拓展自己的社会化。在多元价值观念的激荡中，网友们通过学习、交往和借鉴，达到沟通、理解或共识。在高度信息化、自动化的网络社会中，在家办公、网上学校、网上商城、网上医院、网上图书馆以及电子银行等已不再是梦想。网络生活正日益成为人们生活方式的重要组成部分，网络社交已成为现代人类的新型交往方式。这种全新的交往方式正对人类社会传统的交往产生着深刻影响，它改变了人们的思维方式、行为方式与生活方式。

网络交往不仅提供了人际交往的崭新空间与契机，也赋予人际关系新的内涵。不可否认，即时通信工具对人际关系有诸多的正面作用，但它对人际关系的负面影响也不能忽视。网络的虚拟性与匿名性导致了网络上道德感的弱化现象。每个人在网络上的存在都是虚拟的、数字化的、以符号形式出现的，缺少“他人在场”的压力，“快乐原则”支配着个人欲望，日常生活中被压抑的人性中恶的一面会在这种无约束或低约束的状况下得到宣泄。网络社会中的交往主要是以计算机为中介的交流，人机系统高度自动化、精确化而缺少人情味，容易导致人们对现实生活中的他人和社会的幸福漠不关心，容易使人产生精神麻木和道德冷漠的问题，并失去现实感和有效的道德判断力，它使人趋向孤

立、冷漠和非社会化，容易导致人性本身的丧失和异化。

■ 拓展训练

1. 梳理个人的人际关系。

（1）梳理自己目前的人际关系：写出自己重要的关系人、关系类型，评估利弊。

（2）写出自己人际交往的三个优势及一个不足。

（3）回忆并讲述自己经历过的人际交往中的沟通误会，分析其产生原因。

2. 提升沟通技能的拓展。

（1）信息传递游戏：5个人一组，第一个人接收信息，不用语言，通过各种肢体动作传递信息；第二个人根据理解依次向下传递；最后一个人讲出理解的信息，依次反馈，找到信息传递有误的原因。

（2）沟通练习：3人一组。一个人提出沟通要求，监督沟通过程，评估沟通效果；其他两人按照沟通模型进行沟通。

【注释】

[1] 李文霞，任占国，赵传兵．大学生心理健康教育教育［M］．北京：北京师范大学出版社，2013：267.

[2] 王洁，王宁宁，张艳．大学生心理健康［M］．北京：北京师范大学出版社，2013：118.

[3] 郭桂萍，曹洁．大学生心理健康教育［M］．北京：北京师范大学出版社，2013：53.

[4] 张东伟，陈燃，杨明．大学生心理健康教育导论［M］．郑州：河南科学技术出版社，2013：178.

[5] 罗宾斯．组织行为学［M］．孙健敏，李原，付亚和，等，译．北京：中国人民大学出版社，2010：309.

[6] 罗宾斯．组织行为学［M］．孙健敏，李原，付亚和，等，译．北京：中国人民大学出版社，2010：322-329.

[7] 孙翔云，陈英，江奇艳．网络大众论［M］．广州：中山大学出版社，2008：10.

附：大学生人际交往测评

大学生人际交往测评由两部分测试内容组成。第一部分是人际关系行为困扰情况诊断表，检查个人的人际关系是否和谐。第二部分是分项检查表，从大学生人际交往的几个主要方面检查个人人际交往的现状。

一、人际关系行为困扰的诊断表

说明：这部分问卷共30个问题，每个问题选“是”的打“√”，计1分；选“非”的打“×”，计0分。请认真完成，计算得分，然后对照相应得分的解释，检查自己的人际关系是否和谐。

1. 自己的烦恼有口难言。 (　　)
2. 和生人见面感觉不自然。 (　　)
3. 过分羡慕和妒忌别人。 (　　)
4. 与异性交往太少。 (　　)
5. 对连续不断的会谈感到困难。 (　　)
6. 在社交场合感到紧张。 (　　)
7. 时常伤害别人。 (　　)
8. 与异性交往时感觉不自然。 (　　)
9. 与一大群朋友在一起，常感到孤寂或失落。 (　　)
10. 极易受窘。 (　　)
11. 与别人不能和睦相处。 (　　)
12. 不知道与异性相处如何适可而止。 (　　)
13. 当不熟悉的人对自己的倾诉他的生平遭遇以求同情时，自己常感到不自在。 (　　)
14. 担心别人对自己有什么坏印象。 (　　)
15. 总是尽力使别人赏识自己。 (　　)
16. 暗自思慕异性。 (　　)
17. 时常避免表达自己的感受。 (　　)
18. 对自己的仪表（容貌）缺乏信心。 (　　)
19. 讨厌某人或被某人讨厌。 (　　)

20. 瞧不起异性。（　　）
21. 不能专注地倾听。（　　）
22. 自己的烦恼无人可倾诉。（　　）
23. 受别人排斥与冷漠。（　　）
24. 被异性瞧不起。（　　）
25. 不能广泛地听取各种意见、看法。（　　）
26. 自己常因受伤害而暗自伤心。（　　）
27. 在父母的朋友面前不能够交谈自如。（　　）
28. 曾经因为饮酒失过态或误过事。（　　）
29. 没有结交过各行各业的朋友。（　　）
30. 在集体活动中不愿意扮演逗人笑的丑角。（　　）

个人得分：____分

【解释】

0~9分：你在与朋友相处上的困扰较少。你善于交谈，性格比较开朗，主动关心别人，对你周围的朋友都比较好，愿意和他们在一起，他们也都喜欢你，你们相处得不错。而且，你能够从与朋友相处中得到许多乐趣。你的生活是比较充实而且丰富多彩的，你与异性朋友也相处得很好。一句话，你不存在或较少在交友方面的困扰，你善于与朋友相处，人缘很好，获得许多人的好感与赞同。

10~15分：你与朋友相处存在一定程度的困扰。你的人缘很一般，换句话说，你和朋友的关系并不牢固，时好时坏，经常处在一种起伏波动的状态之中。

16~30分：表明你在同朋友相处上困扰较严重。分数超过21分，则表明你的人际关系的行为困扰程度很严重，而且在心理上出现较为明显的障碍。你可能不善于交谈，也可能是一个性格孤僻的人，不开朗，或者有明显的自高自大、讨人嫌的行为。

二、分项检查表

说明：这部分问卷分六个子部分，检查个人的人际交往现状，每一道题都有若干选项，在最符合自己情况的选项对应字母上画圈或打钩，对照每一单项后面的计分方法计算个人得分，查看相应得分的人际交往状况。

（一）亲人

1. 当你有了困难的时候，________。

A. 通常总是感到能够自己解决

B. 立刻向亲人求助

C. 只是当困难确实难以克服时才向亲人求助

2. 你是否向亲人表示自己对于他们的感情或依赖？

A. 经常　　B. 不经常　　C. 从不

3. 你是否经常对亲人说出“讨厌”“烦死人了”之类的话？

A. 从不　　B. 说过　　C. 经常说

4. 你父母经常在家吗？

A. 经常　　B. 不经常　　C. 偶尔

5. 你会经常和父母有亲密的接触，如摸头、拍肩、拍手、互相拥抱吗？

A. 会　　B. 一般会　　C. 偶尔会

6. 你会主动跟父母分享自己的感受吗？

A. 从不　　B. 偶尔　　C. 经常

7. 当家里遇到大事情时，你的亲人会同你商量探讨吗？

A. 从不　　B. 偶尔　　C. 经常

8. 当你在外地生活，你多长时间会给父母打一个电话？

A. 一天　　B. 三天及三天以上

C. 有必要的时候才打（要生活费、遇到困难等）

9. 你主动和你的兄弟姐妹（包括堂兄、表兄）聊天吗？

A. 主动　　B. 被动　　C. 从不

【得分对照表】

1. A-1　B-2　C-3　　2. A-3　B-2　C-1　　3. A-3　B-2　C-1

4. A-3　B-2　C-1　　5. A-3　B-2　C-1　　6. A-1　B-2　C-3

7. A-1　B-2　C-3　　8. A-3　B-2　C-1　　9. A-3　B-2　C-1

个人得分：____分

【解释】

22~27 分：与亲人关系较好，能做到相互沟通，相互理解。

16~21 分：与亲人关系一般，能把自己基本的所想所思传递给亲人，但有时过于独立。

9~15分：与亲人相处较为被动，可以多与亲人进行沟通，多把自己的想法传达给他们。

（二）同学

1. 你的同学拿着较重的行李在校园行走，你会________。

A. 主动帮助同学搬运行李

B. 在同学提出请求时帮助搬运行李

C. 尽量绕开或装作看不见

2. 在你缺钱的时候会不会有同学愿意借钱给你？

A. 很多　B. 有，但不太多　C. 几乎没有

3. 在同学聚会上，你是不是总能成为一群人中的关键人物？

A. 是　B. 不是　C. 有时是

4. 你会不会经常性地采取主动与中学时期的朋友保持联系？

A. 经常会　B. 有时会　C. 不会

5. 与异性同学交往时，我总是觉得________。

A. 不自在　B. 很自然　C. 有点不太自在

6. 对那些学习成绩比你好的同学，你会________。

A. 主动接近他们、向他们学习　B. 羡慕他们　C. 嫉妒他们

7. 对那些异性同学，你________。

A. 只是在十分必要的情况下才会去接近他们

B. 几乎和他们没有交往　C. 能同他们接近，并正常交往

8. 对那些比你差的同学，你会________。

A. 瞧不起他们　B. 和他们尽量少交往　C. 同他们正常交往

9. 对学生干部组织的活动，你会________。

A. 积极参与并发挥作用　B. 尽量不参加

C. 照顾面子或迫于形势而参加

【得分对照表】

1. A-3　B-2　C-1　2. A-3　B-2　C-1　3. A-3　B-1　C-2

4. A-3　B-2　C-1　5. A-1　B-3　C-2　6. A-3　B-2　C-1

7. A-1　B-2　C-3　8. A-1　B-2　C-3　9. A-3　B-1　C-2

个人得分：____分

【解释】

22~27 分：能与同学较好交往，同学关系融洽。

16~21 分：能与同学交往，同学关系一般。

9~15 分：与同学交往存在一定困难。

（三）室友

1. 你对室友的隐私总是________。

A. 很感兴趣，热心传播

B. 从不关心此类事情，甚至想都没想过，即使了解也不告诉旁人

C. 有时感兴趣，传播

2. 若你与室友间发生正面冲突，你怎么处理？

A. 自己主动沟通　　B. 等对方主动沟通

C. 请其他室友调节　　D. 持续冷战

3. 涉及金钱往来问题时，你更倾向于________。

A. 朋友有难，就会鼎力相助，不论金钱多少

B. 看朋友是否可靠来决定金钱数额

C. 看自身能力能否给予帮助

D. 认为室友间应避免金钱往来

4. 涉及寝室空间共享问题，你更倾向于________。

A. 主动让出空间　　B. 协商解决　　C. 决不让步

5. 你认为室友之间最容易在哪方面产生矛盾？

A. 生活习惯　　B. 性格差异　　C. 学习成绩　　D. 社交范围

6. 对于室友身上的优点，我经常会真诚地表达我的赞美。

A. 不符合　　B. 基本不符合　　C. 不能确定　　D. 基本符合

E. 符合

7. 在我情绪不好、工作很忙的时候，室友请求我帮他（她），我________。

A. 找个借口推辞　　B. 表现不耐烦断然拒绝

C. 表示有兴趣，尽力而为

【得分对照表】

1. A−1　B−3　C−2　　2. A−3　B−2　C−2　D−1

3. A−2　B−2　C−3　D−1　　4. A−2　B−3　C−1

5. A−2　B−2　C−1　D−1　　6. A−0　B−1　C−1　D−2　E−3

7. A-2　B-1　C-3

个人得分：____分

【解释】

18~21 分：与室友相处融洽，为自己积累了人生财富。

13~17 分：能与室友和平相处，但有距离感。

6~12 分：与室友相处存在一定问题，需要寻找自己和对方沟通的机会。

（四）朋友

1. 一个交往不是很深入的人请你去玩，你通常会________。

　A. 断然拒绝　　B. 找个借口推辞掉　　C. 欣然应邀

2. 度假期间，你通常的方式是________。

　A. 独自一个人消磨时间

　B. 希望认识一些新朋友，但总是很难做到

　C. 四处结交新朋友，而且很容易做到

3. 闲暇时，你喜欢________。

　A. 待在书房听音乐　　B. 到商店里买东西　　C. 与朋友在一起

4. 某个朋友向你吐露了一件私事，你会________。

　A. 不假思索就把它告诉别人　　B. 守口如瓶

　C. 根据情况决定是否要告诉别人

5. 如果有人依赖于你，你的感觉是________。

　A. 想办法摆脱这种人，避而远之　　B. 没什么感觉

　C. 并不介意，但希望你的朋友有一定的独立性

6. 你对曾在精神上、物质上诸多方面帮助过你的朋友总是________。

　A. 感激在心，永世不忘，并时常向朋友提及此事

　B. 认为朋友间互相帮助是应该的，不必客气

　C. 事过境迁，抛在脑后

7. 对那些异性朋友、同事，我________。

　A. 只是在十分必要的情况下才会去接近他们

　B. 几乎和他们没有交往

　C. 能同他们接近，并正常交往

【得分对照表】

1. A-1　B-2　C-3　　2. A-1　B-2　C-3　　3. A-1　B-2　C-3

4. A-1　B-3　C-2　　5. A-1　B-2　C-3　　6. A-3　B-2　C-1
7. A-2　B-1　C-3

个人得分：____分

【解释】

18~21 分：乐于交朋友。

13~17 分：能够与朋友相处。

7~12 分：不太善于交朋友，朋友过少。

（五）师长

1. 你跟老师在课堂之外有接触吗？

　A. 经常接触　　B. 偶尔接触　　C. 从未接触

2. 当你去找老师盖章或签字，你是不是自始至终一点儿紧张的感觉都没有？

　A. 不紧张　　B. 略感紧张　　C. 很紧张

3. 和老师交往时，我________。

　A. 总是感到不自然　　B. 偶尔感到不自然　　C. 从未感到不自然

4. 我总是想方设法地回避和老师接触。

　A. 是的　　B. 不是的　　C. 不能确定

5. 我与大多数老师都相处得很好。

　A. 是的　　B. 不是的　　C. 不能确定

6. 我很少被老师关注到。

　A. 是的　　B. 不是的　　C. 不能确定

7. 对师长的劝告、批评，我总是________。

　A. 能接受一部分　　B. 难以接受　　C. 乐意接受

【得分对照表】

1. A-3　B-2　C-1　　2. A-3　B-2　C-1　　3. A-1　B-2　C-3
4. A-1　B-3　C-2　　5. A-3　B-1　C-2　　6. A-1　B-3　C-2
7. A-2　B-1　C-3

个人得分：____分

【解释】

18~21 分：与师长关系自然，相处融洽。

13~17 分：能够与师长相处。

7~12 分：与师长相处不自然，未能构建融洽关系。

(六) 陌生人

1. 一位陌生人向你问路，由于路径复杂一时说不清，而且你急着去办事，你会________。

   A. 让他去问远处的一位警察或其他熟悉路的人

   B. 推脱说不认路而迅速离开

   C. 尽量简单地告诉他怎么走

2. 在大众场合发言，对于我来说不是件困难的事。

   A. 是的　　B. 不是的　　C. 不能确定

3. 我常常能够找到与不熟悉的人交谈的共同话题。

   A. 常常能　　B. 有时能　　C. 很难找到

4. 和他人谈话时，我不敢直视他人的目光。

   A. 是的　　B. 不是的　　C. 不能确定

5. 我总是不遗余力地帮助周围的人。

   A. 是的　　B. 不是的　　C. 不能确定

6. 在新环境里我也不会觉得孤单。

   A. 是的　　B. 不是的　　C. 不能确定

7. 在乘坐火车等长途交通工具时，你是否经常与人交谈？

   A. 经常　　B. 从不　　C. 心情好时会交谈

8. 你是否能够迅速融入到陌生的社交圈？

   A. 可以　　B. 不能　　C. 视情况而定

9. 和陌生人（此处指见过但不熟的人）交往中，是你先打招呼还是对方先打招呼？

   A. 对方　　B. 自己　　C. 很少打招呼

10. 当你稳固了自己的朋友圈时，还愿意去结识新朋友吗？

   A. 愿意　　B. 不愿意　　C. 视情况而定

【得分对照表】

1. A-2　B-1　C-3　　2. A-3　B-1　C-2　　3. A-3　B-2　C-1

4. A-1　B-3　C-2　　5. A-3　B-1　C-2　　6. A-3　B-1　C-2

7. A-3　B-1　C-2　　8. A-3　B-1　C-2　　9. A-3　B-2　C-1

10. A-3　B-2　C-1

个人得分：____分

【解释】

25~30 分：乐与陌生人交往，能够较快地适应新环境。

18~24 分：能够与陌生人交往。

10~17 分：不愿意与陌生人交往，不能很快适应新环境。

将以上测试得分填入下面的“大学生人际交往测试结果汇总表”中，根据对比分析结果找出个人人际交往的优势与不足，制订提高人际交往技能、建立良好人际关系的计划措施。

大学生人际交往测试结果汇总表

姓名：______ 班级：______ 学号：______ 年 月 日

测评项目	得　分	基本评价	评价参考		
			好	中	差
人际关系行为			0~9	10~15	16~30
亲人			27~22	21~16	5~9
同学			27~22	21~16	15~9
室友			21~18	17~13	12~6
朋友			21~18	17~13	12~7
师长			21~18	17~13	12~7
陌生人			30~25	24~18	17~10

14 团队合作

团队合作是成熟的象征：能够进行有效的团队合作，是个人成熟发展到第三阶段——合作阶段的主要标志；能够通过团队合作不断取得更大的成效，是成熟到第三阶段——创发阶段的主要标志。

人与人的交往形成了一些共同的目标，就有可能以多种形式组织在一起，形成群队或团队，群队是较为松散结合的组织，团队是较为紧密结合的组织。如果完成某项工作任务时需要多种技能、经验和判断，那么通常由团队来做效果更好[1]。团队通过成员的共同努力能够产生积极的协同作用，团队成员努力的结果使团队绩效远远大于个体绩效之和[2]。合作是个体与个体、群体与群体之间为达到共同目的，彼此互相配合的一种行为。团队合作是组织较为严密的合作。

14.1 群队（群体）及相关概念

一些学者将“group”译为“群体”，在中文习惯中“群体”常常是指具有共同特征的人群或因某种原因而聚合在一起的人群，如大学生群体、观众群体等，与“group”的含义差别较大。为了区分“group”与“team”，用“群队”表示“group”，用团队表示“team”。

14.1.1 群队（群体）

群队的定义

群队（群体）是指为了实现特定的目标，由两个或两个以上相互作用、相互依赖的个体组合而成的集合体[3]。上述群队（群体）的定义实际上包含了较多的汉语中“团队”的成分，与普通的群体概念有所不同，普通群体包含了如参加演唱会的人群、观看体育比赛的观众等，其实“group”翻译为“群队”可能更合适，与“team”（团队）相区别，在团队合作中探讨的群体是按照上述定义形成的“群队”。

群队的分类

群队可以分为两类：①正式群队，目标由组织指定且具有正式的组织结构的群队，如高铁、航班的乘务组等；②非正式群队，除了正式群队之外的所有群队，没有指定目标、没有正式组织结构，是自发形成的群队，如球友、牌友、“驴友”等。根据群队的目标特性，群队又可以分为命令型群队、任务型群队、利益型群队、友谊型群队[4]，其中命令型群队与任务型群队是正式群队，利益型群队、友谊型群队是非正式群队。

大学生群体包含正式群队与非正式群队，广泛存在着命令型群队、任务型群队、利益型群队与友谊型群队。在群队的形成与活动中，大学生渐渐走向成熟。

群队发展阶段模型

有人认为群队的形成发展经历五个阶段[5]：①形成阶段，开始聚合形成群队；②震荡阶段，群队的领导与共识得到明确；③规范阶段，认同感与行为一致，内聚力形成；④执行阶段，精力从人员磨合转到协同完成任务，群队作用得到很好发挥；⑤解体阶段，完成任务或实现目标的临时性群队解散与善后。这称为群队发展五阶段模型。

有明确截止日期的临时群队并不遵循上述模型，而是遵循“间断—平衡”模型[6]：①第一次会议确定发展方向；②第一阶段的群队活动依惯性进行；③第一阶段结束时会发生一次巨大转变，处于群队生命周期的中间阶段；④转

变激起群队内发生重大变革，促使绩效提升；⑤转变之后，群队第二阶段活动依然依惯性进行；⑥群队最后一次会议的特点是显著加快活动速度。

14.1.2　群队结构

工作群队并不是一群乌合之众，工作群队是有结构的，群队结构塑造着群队成员的行为，使人能够理解和预测群队内大部分的沟通行为及群队绩效。群队结构包括角色、规范、地位、规模及内聚力的程度[7]。

（1）角色：每个人在社会中都要扮演多种角色，能够对自己的人生角色有着清晰的理解与恰当的行为是成熟的重要标志之一。角色认同是个人的思想、态度及实际行为与角色保持一致性的度量，角色认同度高，说明对角色的理解与行为较为到位。角色知觉是对一些特定环境中的角色表现的认知，当自己处于特定环境中时会有相应的表现；对某些角色的角色知觉缺乏，可能会造成角色行为表现的混乱与迷茫。角色期待是对每个角色行为的一种期待，角色冲突是个体面对相互之间存在分歧的多种角色期待时，产生的心理冲突。当为个体指定了一种角色时，个体学习这种角色的速度及相应行为的形成是非常迅速的。津巴多的监狱模拟实验，将 24 名大学生分为“看守”与“犯人”，原计划两周的实验，在第六天之后便终止了，原因是原本正常的人在实验中开始出现了与角色相关的病态反应，“看守”与“犯人”已经在身心方面形成了巨大的角色差异。

（2）规范：规范是群队成员共同接受的行为标准。群队规范一旦形成，就成为影响群队成员行为的手段。霍桑的研究表明，情感与群队的力量显著影响个人的行为。从众是在群体的压力下，个体在认知、判断、信念与行为等方面自愿的与群体中的多数人保持一致的现象[8]。从众心理促使个体常常为了保持群队的一致而自己沉默。对规范的破坏会对群队造成伤害。群队规范往往通过形象、行为及目标要求的方式体现。

（3）地位：地位是群队成员之间位置、层级关系的界定。地位的获得主要有三个来源[9]：个体驾驭他人的权利、个体对组织目标的贡献能力、个体的个人特征。

（4）规模：一般来说，7 人左右的群队在采取行动时效率最高。

14.1.3 群队决策

群队决策能够集中群队的智慧，但也必须解决群队的分歧。常见群队决策技术主要有：①互动商讨：面对面接触、沟通，达成一致；②头脑风暴：大家聚在一起激发想法与观念；③名义技术小组：个人首先思考并提出想法，进行交流、澄清、优选；④电子会议：无记名在电子屏幕上及时即兴提出想法与观念，由计算机统计排序优选。

14.2 团队及相关概念

14.2.1 团队

团队（team）是为完成一定的目标任务按照一定规则形成的人的组合，这种组合能够实现优势互补，从而使团队绩效远远大于个体绩效之和。团队的基本含义如图 14-1 所示。

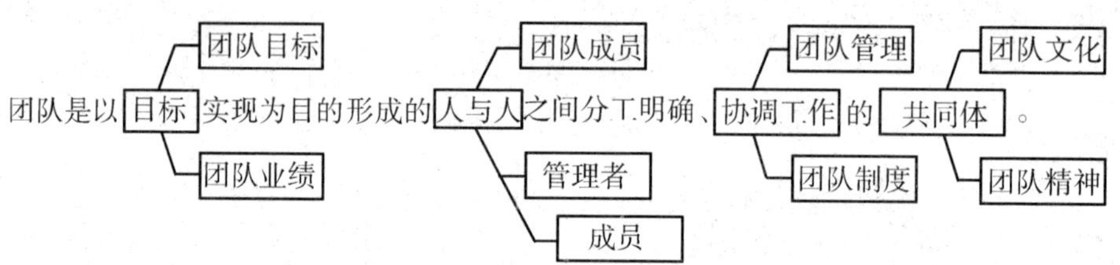

图 14-1 团队的基本含义

团队目标是由团队的组织者确定的目标，是团队存在的理由与基础。目标可能是强制性的，也可能是协商确定的。团队目标得到全体团队成员的高度认可并转化为共同的行动纲领，则是基于团队共同愿景的团队目标。团队任务是根据团队目标确定的具体任务及任务分工。团队业绩是对团队目标任务完成情况的衡量。

团队是一种比较特殊的组织，它具有团队制度、团队文化、团队精神、团队管理等要素。团队制度是维护团队运行的规章制度的总和。团队文化是有关团队的所有制度性与非制度性思想观念、行为举止、形象展示特征的综合。团

队精神是团队在实践过程中形成的特有的精神特质。团队管理是维持团队高效运作、创造有利于成员个性及专长发挥、鼓励成员相互合作、促进团队发展、实现团队目标的管理活动。

团队的作用

团队的力量大于各成员力量的总和。团队的快乐大于各成员快乐的总和。团队能够增进成员快乐感受，使各成员通过互相感染快乐倍增。团队的痛苦小于各成员痛苦的总和。团队能够分担成员的痛苦，使各成员通过互相安慰、鼓励减轻痛苦，常常能够从痛苦中迸发巨大的前进力量。一个人只有融入团队，才能最大限度地实现自己的价值，取得人生成功。

团队与群队

团队是群队的一种更为紧密的组织形式，这种组织形式强调合作的效能大于个体效能之和。用游泳队与足球队可以较好地说明团队与群队的相同与不同。游泳队是群队，足球队是团队，二者的相同之处体现在：都是按照一定的目标任务形成的正式组织；二者的不同在于：游泳队的总体成绩更多的是个体成绩之和，在游泳接力比赛中，个体的成绩发挥之和就是群队的成绩；足球队的成绩不是个体成绩之和，而是团队所有队员协同工作的体现，大于个体之和，一个未经磨合的世界足球明星组成的明星队常常败于一个训练有素的非大牌明星球队。有人总结了工作群队与工作团队的几点不同，如表 14-1 所示。

表 14-1　工作群队与工作团队的不同

比较项目	工作群队	工作团队
目标	共享信息	集体绩效
协同效应	中性（有时消极）	积极
责任	个体责任	个体责任与共同责任
技能	随机的和不同的	优势互补

在幸福心理拓展的讨论中，如果不加说明，一般意义上的团队合作是包含了群队合作与团队合作的较为广泛的团队合作。

14.2.2　团队的形成

团队成员

团队成员是团队所有组成人员的简称。团队成员可多可少，可从 2~25 人不等，理想人数为 3~9。小组是最基本的团队单位，小组的成员如果具有互补性、异质性，可以进行不同观点的讨论，激发有创意或独特的问题解决方式。一般把团队成员中担负主要管理责任的成员称为管理者，因此一个团队主要由管理者与成员组成。

团队关系

团队关系是团队之中各种关系的简称。团队之中主要有六种重要关系：集体与个人的关系、上下级关系、责任与权利的关系、成员之间的合作与竞争关系、绩效与发展的关系、稳定与创新的关系。

管理者、成员与团队形成关系三角，称为团队关系三角，如图 14-2 所示。管理者、成员、团队三者处于团队三角的三个顶点，三条边代表的三种关系：管理者—成员关系，成员—团队关系，团队—管理者关系。任何一条边破裂，团队三角将破裂，维持三种关系的协调平衡是团队管理者的重要职责。

由图 14-2 可以看出：

（1）成员与团队的关系反映了个人与集体的矛盾统一关系。

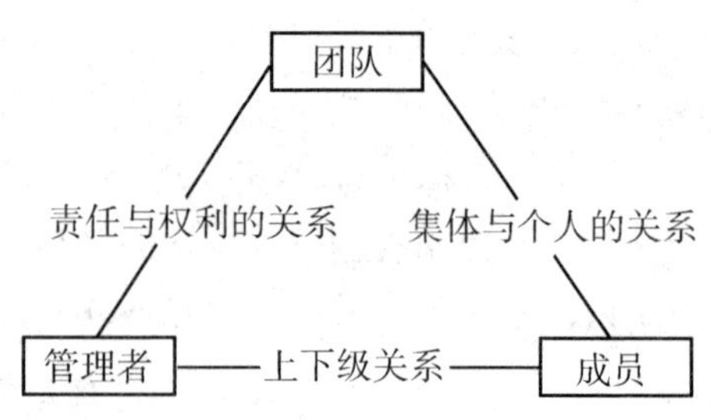

图 14-2　团队的三角关系

团队需要包容个体的不同，努力使之达到与集体的一致。团队的有效性常常需要混合不同的个体，不同的声音带来开放、多样性的同时，不可避免地会产生冲突及竞争。在所有团队成员遵守团队制度、服从上级安排的前提下，激励成员围绕团队共同目标，展现个体的自由和不同。

（2）管理者与成员的关系反映了权威与自主的矛盾统一关系。

管理者与成员的关系是管理与被管理的关系或上下级关系。有效的团队是灵活的，可以在管理者权威和最适合的团队解决方案之间取得平衡。功能完善的团队，成员之间高度地互相信任，管理者在做出某些决定时不必讨论，也不必解释。相反，无效的团队中缺乏信任感，即使管理者做最明白的事情或无关紧要的建议，团队成员往往也要提出疑问。

（3）团队与管理者的关系是一种以绩效为主的责任与权利的综合关系。

有效的团队不是自然形成的，管理者必须提前把团队成员团结在一起。管理者在管理团队过程中与团队成员分担责任和权利，团队会更有效。如果所有

团队成员齐心协力，将取得良好的团队业绩。

（4）成员之间的关系反映合作与竞争的矛盾统一关系。

只有进行良好的团队管理，才能发挥团队作用，同时兼顾当前的业绩和学习发展的关系。管理者不得不在正确的决策和未来的经验积累的代价之间选择。

（5）保持稳定及创新的活力是团队管理的重要内容。

团队的生命力在于持续创新，创新带来改变。如果管理者过分强调团队精神，成员的创新精神必然受到压抑。压抑个性就是压抑创新，没有个性就没有创新。在团队内部，管理者要给员工充分的自由，少说几句“少数服从多数”，要知道，聪明的人在世界上占少数。需要注意的一点是，越聪明的人越倾向个人主义，对于这种情况，管理者要注意有的放矢。

团队的形成基础

成功团队形成的基础是成员个人与团队集体的感知意行晶体品质的融合共生。成员个人的感知意行品质，通过围绕一定目标互相沟通交流，逐渐形成共同的愿景及共同的文化符号，在此基础上形成共同认可的团队管理制度及行为模式，每个成员都清晰地知道自己在团队中的角色及责任目标，能够在感受快乐的同时高效地工作，实现团队的目标。团队形成的感知意行模式如图14-3所示。团队感受是开心快乐、激发活力与创造性的源泉，团队认知是管理的基础，团队意愿是团队目标的体现和团队形成的基础，团队业绩是团队行动效果的体现。

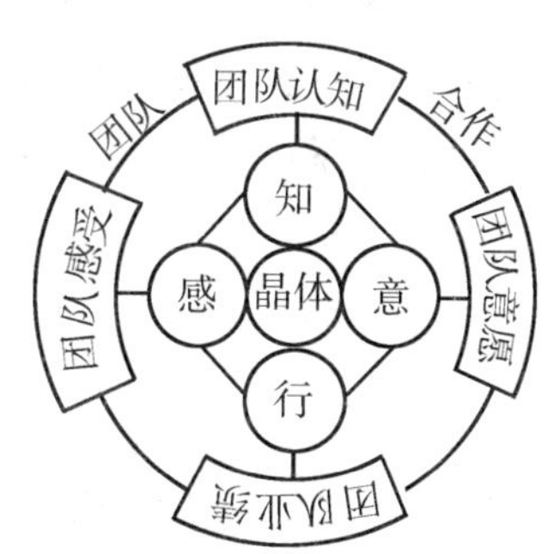

图14-3　团队形成的感知意行模式

高效团队

高效团队是能够围绕共性充分发挥个性、促进目标实现的团队。团队的共性体现在目标、思想、声音、规则、行动等方面的统一。团队成员个性的发挥就是充分利用和发挥团队所有成员的个体优势去做好工作。

在不考虑外界因素的情况下，从团队内部的建设来看，高效团队具有以下特点：①团队人员构成合理，能力、人格气质与团队角色吻合，实现优势互补，减少团队内耗；②规模适度；③具有共同愿景、共同目的；④目标任务清晰；⑤沟通有效；⑥创造性与规则性的统一；⑦实干与学习的统一，高效团队是学习型团队，通过积极学习，提升技能，增强团队的核心竞争力。

所有高效团队都是能够进行良好合作的团队。良好合作的团队是在管理者、成员与团队之间，已经形成了融为一体的体现团队共性的团队精神、团队制度、团队标识等团队文化基因，已经形成了能够不断促进团队业绩提升的管理机制、沟通协调机制的高效团队。良好合作的高效团队是能够充分体现成员个性的团队，是能够充分调动团队及成员的主动性及创造性的团队，是能够在合作中使快乐感受倍增的团队，是能够通过合作使业绩、满意认知倍增的团队。

塑造团队成员

个体成为优秀的团队成员并不是一件很容易的事。要成为一名优秀的团队成员，个体必须学会与别人进行开放而坦诚的沟通，学会面对差异并解决冲突，学会把个人的目标升华为团队的利益[10]。可以通过选拔、培训、奖罚等措施塑造团队成员，但要培养每一个人的团队意识及团队合作技能，例如在学校，培养每一个学生的团队合作技能，是一件很有挑战性的事情，更是很有意义的事情。

14.3　合作、竞争

14.3.1　合作

合作是两个以上的个人或组织为达到共同目的相互配合、采取联合行动的活动方式。合作，是共享的基础，是成功的土壤。合作与帮助不同，帮助是单向的给予，合作是有目的的双向互动。合作的人或组织称为合作方，合作方的个性标识与独立性是合作方单独存在的表现，在合作过程中如果一方丧失了自己的个性与独立性，合作就成为兼并。只有成熟到独立阶段的人才能够具有自主性的合作。处于依赖阶段的人只能够依赖别人的安排进行合作。

合作的基础

合作的基本前提是有共同的利益诉求或共同目的，有共同点就有合作的可能及空间。获取更大利益或减小损失都可以是合作形成的基础。

合作与成熟

合作是成熟的表现。合作过程是一个复杂的利益、情感、思维、行动交织

的过程，能够进行合作是个人心智成熟到合作阶段的基本判据。合作不仅可以在朋友之间进行，在敌人之间也可以进行。与敌人合作需要的心态与智慧层级更高。

合作能够有效地促进成熟。不论是自主性的合作还是别人安排的合作，在合作过程中每个合作方都要考虑自己的个性及独立性，也要考虑通过合作实现什么样的目的、如何实现合作目的等，整个合作过程是对个人心理的全面淬炼，是对个人情感、知识、技能、意愿状况的检验与修炼。

合作的类型

合作可以根据不同的标准进行分类。

根据感知意行的特点可以把合作分为四种：①情感类合作，以情感为纽带进行的合作；②认知类合作，以认知真理、规律为目的的合作，合作学习是最普通、最常见的认知类合作；③利益类合作，以追求共同利益为目的的合作；④行动类合作，以技术操作为特征的合作，足球、篮球、团体操等运动都是行动类合作。利益类合作是核心，情感类合作较容易进行，但是也比较容易迷失。

此外，合作根据其紧密程度可以分为紧密型合作与松散型合作，根据合作方的友好程度可以分为友好合作与敌对合作，根据合作者的关系亲疏可以分为亲友合作、非亲友合作，根据合作的空间距离可以分为近程合作与远程合作，根据合作的现实性与虚拟性可以分为面对面合作与虚拟合作，根据合作目的的持续性可以分为长期合作、短期合作、一次性合作，根据合作是获利还是减损可以分为获利合作、减损合作、复合合作。

根据合作的类型采取适当的合作方式及合作行为，是实现合作目的的重要保证。

合作共赢

合作共赢是通过合作使所有的合作方能够收获适当的利益。

合作共赢是保持长期合作的基本原则。合作如果只有一方获利，其他合作方将退出合作；如果能够使所有合作方获得适当的利益，合作方会产生进一步合作的愿望。

14.3.2　竞争

竞争是两个以上的个人或组织为获取优势地位或资源互相角逐的活动。

竞争具有择优与汰劣的双重作用。就自然界而言，物竞天择、适者生存是不变的自然规律，只有竞争的获胜者才拥有资源占有、交配及繁衍后代的资格。就人类社会而言，竞争具有激发活力、提高效率、选择先进、淘汰落后的作用，是推动社会不断发展进步的不竭动力。就个人而言，竞争具有激发潜能、优化目标、磨砺意志、推动个人发展进步的作用，也有使人萎靡不振、抑郁逃避、崩溃分裂的可能。竞争可能使获胜者骄傲自大，或使某些失败者丧失信心、产生自卑感；竞争的压力可能引起个体情绪的过分紧张和焦虑，有时还会出现怨恨别人超过自己的嫉妒心理。

有竞争，就会有成功和失败。竞争中的失败对于强者而言是迈向下一次成功的开始。

竞争类型

竞争根据竞争性质可以分为良性竞争与恶性竞争，根据竞争环境及条件可以分为公平竞争与不公平竞争，根据竞争发生的场所可以分为内部竞争与外部竞争，根据竞争之后竞争者的处境可以分为生死类竞争与选优类竞争。

竞争常常依据竞争目的分为资源类竞争、权利类竞争、技巧类竞争、思想观念类竞争等。

公平选优类的良性竞争是人与人之间最常见的竞争，是能够极大地促进个人发展成熟、不断进步的竞争。选优类竞争的关键是正确对待失败。失败并不可怕，重要的是要有不甘落后的进取精神。一个人对自己要有客观的、恰如其分的评估，能审时度势，扬长避短，在竞争中充分发挥优势，不断学习，提升自己的能力和心理素质，不断在竞争中超越。

学会感谢自己的竞争对手。正是由于对手的存在，一个人才有了前进的动力，才会不断磨炼意志、提高本领、完善自我；对手之所以能成为对手，说明在他的身上一定有其高超和独特的东西。在漫漫的人生旅途中，每个人都会遇到许多竞争和竞争对手，只有正确对待竞争、对待竞争对手，拥有向对手学习的诚意、赶超对手的勇气，才能在竞争的同时超越自我，实现生理与心理的共同成长。

14.3.3 合作与竞争

合作与竞争密不可分，两者相辅相成。

在合作中存在竞争，在竞争中存在合作。竞争是保持、发展、强化自身的

优势与资源，合作是使用合作方的优势与资源。没有通过竞争形成自己的优势与资源，就不存在与别人合作的资本；没有通过合作形成的更多、更强的优势与资源，就不能在竞争中保持并发展自己的优势与资源。

14.4 团队合作拓展

14.4.1 “意行感知双循环”模型

“意行感知双循环”模型是一种在指导人员辅导下开展团队合作训练的有效模型，其创建的基本依据是感知意行的循环规律及团队形成发展的阶段规律。

“意行感知双循环”主要分为初循环和再循环两个过程：

第一个过程是意行感知初循环，是“扶上马”的过程，包含四个阶段：

（1）立意阶段：做出团队合作的决定及基本规则；

（2）令行阶段：通过命令的方式，要求团队成员完成团队合作的基本动作；

（3）感受体验阶段：产生初步的团队情感、团队情绪，强化积极情绪及情感，消化或惩罚消极情绪；

（4）团队认知阶段：对团队目的、任务的认同，对团队成员能力、个性的认知，对团队分工、团队规则的优化确认。

第二个过程是意行感知再循环，是“策马扬鞭”的过程，包含四个阶段：

（5）同意阶段：形成共同的意愿及团队目的，产生明确的团队目标；

（6）协行阶段：协调行动，激发每个成员的技能特长，优势互补，发挥团队合作的优势，产生团队绩效远远大于个体绩效之和的行动效果；

（7）同感阶段：形成共同的团队情感，产生强烈的团队认同感，使个人的所爱、所需、所适与团队高度融合；

（8）共知阶段：形成有利于团队优势发挥的知识技能互补体系，每个人在团队中找到最适合自己知识技能发挥的位置，使个人所能得以充分施展，并能够为完成更艰难的团队任务提高个人所能。

14.4.2 大学生团队合作

大学阶段是心智发展成熟的重要时期，通过团队合作拓展训练能够有效促进大学生全面发展成熟。

大学生团队合作的方式很多，课堂学习、课外社会实践活动等都可以组成团队，开展团队合作学习及团队合作活动。

在团队合作过程中，大学生的性格、人格及心态能够总体向好的方面发展完善，大学生的知识、技能能够更符合个人、团体及社会发展的需要。因此，要尽可能创造机会，使大学生开展团队合作类的拓展训练对个人及社会产生更大益处。

大学中的团队合作只有发展成功的无尽追求，没有痛苦失败的不尽烦恼。大学中的团队合作是大学生心灵与智慧的碰撞，碰撞出共识的火花，就携手合作前行，实现共识绘出的美丽梦想；碰撞出摩擦的火花，就挥手告别，但却打掉了自身不成熟的毛刺、了解了更广泛的人与社会，不会产生社会上各种团队合作破裂产生的利益纠葛、生存困难及各种难以承受的负担。

大学是人生的分水岭，是否在大学收获了较为充分的团队合作经验，很大程度上决定了人生发展的高度。

大学生团队合作学习实践分析

笔者按照“意行感知双循环”模型，对上千名大一学生的上百个团队进行了团队合作学习的拓展训练实践，取得了良好效果：97.1%的参与者认为团队合作学习的教学改革非常成功，86.3%的学生感到自己的团队合作能力明显提高，75.5%及73.4%的学生感到自己的心理适应能力及与同学交往能力明显提高。具体过程如下：

（1）立意阶段。

做出团队合作学习的决定及基本规则：制定团队合作学习目的及必须完成的目标任务，按照学号尾数组成团队，指定某一学号学生为团队队长，确定队长拥有管理评估成员表现及确定成绩得分的有限权力；通过推荐再产生一名推选队长。

活动结果：全部学生都较好地完成了第一阶段的任务，指定队长都能够克服困难承担相应管理责任。不同专业、不同人员结构使团队的表现有所差异，团队表现开始出现独有的特点。

（2）令行阶段。

通过命令的方式，要求团队成员完成团队合作学习的基本动作：协商确定队名、口号、队徽、团体动作等；每周完成一项与学习内容相关的团队合作学习任务；各队展示团队合作学习成果；进行评估考核。

活动结果：队长的管理能力及队员的主动性开始产生作用，团队业绩开始出现差别，一些有特长的队员崭露头角，优秀队员、优秀团队的示范带动作用出现。

（3）感受体验阶段。

产生初步的团队情感、团队情绪，强化积极情绪及情感，消化或惩罚消极情绪；鼓励团队之间的感情交流，奖励团队优秀成员，培养团队荣誉感，帮助个别交流及合作困难的学生走出困境。

活动结果：团队活动由被动逐渐变为主动，成员交流的频度及深度加大，感情融合度提升，团队荣誉感得到强化。

（4）团队认知阶段。

对团队目的、任务的认同，对团队成员能力、个性的认知，对团队分工、团队规则的优化确认；进一步细化团队管理及任务分工，每个人的特点及能力得到施展，个别综合素质高、能力强的学生成为团队骨干，队长的协调管理作用进入惯性阶段。

活动效果：由于团队成员的个体优势得到确认及发挥，初步形成优势互补的团队合作学习模式，进入团队高效合作阶段。

（5）同意阶段。

形成共同的意愿及团队目的，产生明确的团队目标；能够在团队共同目的的作用下自觉做出个人的贡献，克服困难，实现团队目标。

活动结果：团队共同目的形成，团队意志成为共同行动的意志。

（6）协行阶段。

协调行动，激发每个成员的技能特长，优势互补，发挥团队合作的优势，产生团队绩效远远大于个体绩效之和的行动效果；每个人主动完成自己的工作、承担团队责任，在规定时限做出最好的表现。

活动结果：团队形成优势互补的行动机制，团队绩效明显高于个体绩效之和。

（7）同感阶段。

形成共同的团队情感，产生强烈的团队认同感，使个人的所爱、所需、所适与团队高度融合。

活动效果：团队认同感普遍提高，优秀团队与普通团队差异明显。

（8）共知阶段。

形成有利于团队优势发挥的知识技能互补体系，每个人在团队中找到最适合自己知识技能发挥的位置，使个人所能得以充分施展，并能够为完成更艰难的团队任务提高个人所能。

活动结果：对于不断增加难度的团队任务，团队开始主动合作寻找解决问题、完成任务的方法，在团队成员互相激发的情况下，成员能够主动学习掌握尚未学习掌握的知识技能，努力完成任务，团队合作的优势凸显。

以命令的方式形成团队或群队，以任务的方式开展活动。一开始就明确任务、指定队长及成员，并允许各队再选出一个队长。各队指定队长都能够较好地完成任务，说明角色认同良好。开始阶段队员互相了解较为表面，没有活动的了解都是泛泛的，难以深入；随着任务的开展，在完成任务的过程中队员的了解才逐渐深入。随着团队的进一步磨合，完成任务的难度明显加大，主动性渐渐提高。进入中后期，基本上能够形成一个互动良好的高效团队，团队内部的运行模式基本稳定，每个人的角色相对固定；团队与团队之间的竞争促使团队内部的内聚力进一步加强。

通过拓展活动，每个大学生的团队合作能力都得到了明显提高。在二年级机械制造及自动化专业的大学生开展的团队合作学习的实践中，团队合作学习班级的整体专业水平明显高于普通班级，不少学生在大三继续保持了团队合作学习的优势，获得了多项专利及国家数学建模二等奖的成绩，专业绘图及设计水平明显提高，自主学习及解决专业技术问题能力显著提高。

14.4.3 团队合作拓展训练流程

团队合作拓展训练是促进个人形成团队合作意识及技能的拓展训练活动。

团队合作训练通过设定团队任务、指定团队成员、给出基本的团队管理规则，由团队成员通过合作与竞争产生团队管理者、形成团队共识、分解任务、开展合作，促进任务高质量完成。

团队合作拓展训练流程如图 14-4 所示。

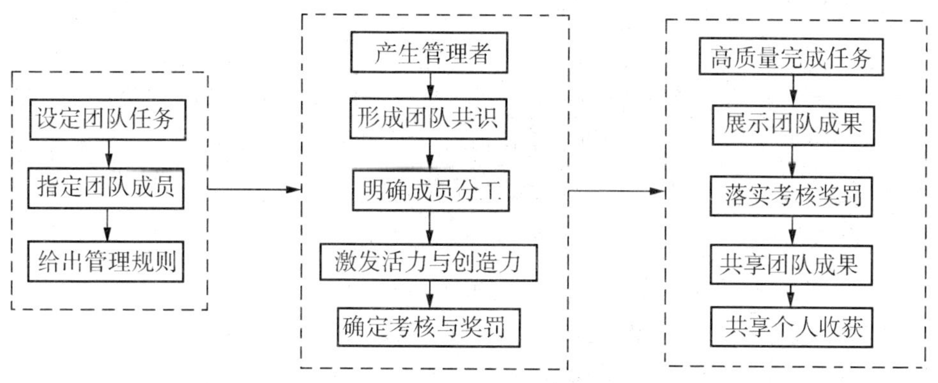

图 14-4　团队合作拓展训练流程

14.4.4　团队合作与心理特征

团队合作能够促进心理成熟，成熟的心理能够提高团队合作的成效。

合作是心理成熟的一个阶段，超越合作阶段的心智成熟状态能够满足一般的团队合作对个人心智的要求。

性格与团队合作

性格对团队合作的成败有着十分重要的影响。如果在团队合作中的角色及任务分工与性格相适应，快乐感受与满意认知就会比较强烈；反之性格可能就会阻碍团队合作，尤其是性格强度较高、调和性较差时，性格的反向作用较强。

人格与团队

人格类型决定了在团队合作中适合的角色，人格跃升或人格塌陷决定了能够在团队合作中发挥作用及采用手段的性质。12 型人格基本类型对团队合作的影响如表 14-2 所示。

表 14-2　12 型人格团队影响

序号	人格类型	个人作用	对应角色
1	成就型	会想方设法把事情做成，克服困难	实干者、推进者
2	完美型	会在工作中不留瑕疵，不断提升自己	实干者、推进者、监督者
3	自我型	自我表现，很有个性，个人主义	实干者、推进者
4	艺术型	特立独行，创新	创新者
5	感情型	感性、友好	协调者、凝聚者
6	和顺型	协助、做事	实干者
7	享乐型	乐观，思维活跃，追求舒服、快乐	创新者、快乐者
8	随意型	随性、自然、创新	创新者
9	利他型	为别人做事尽心尽力，乐于助人	协调者、凝聚者
10	现实型	踏实肯干，喜欢动手，按要求	实干者、评估者
11	理智型	办事严谨周密，目标明确、执着	监督者、实干者、推进者
12	领袖型	组织和指挥	领导者、协调者、凝聚者

心态与团队合作

心态影响团队合作的形成、过程及结果。主动心态能够有效促进团队合作的形成，目标及智慧心态能够有效提高团队合作的效能，满足心态能够促进团队合作的延续、收获团队合作的幸福。心态层级越高，团队成员的合作越充分、合作的效能越高。

情绪与团队合作

在一个团队中，如果多数人情绪饱满，心态积极，就会使人心振奋，成绩斐然；如果有几个消沉萎靡、牢骚不断、乐于散播负面消息的人，那么团队的斗志和战斗力就会急剧下降。因而积极性情绪是带动成员热情的助燃剂，而消极性情绪则是团队合作的巨大障碍。

■ 拓展练习

按照“意行感知双循环”模型进行团队合作学习的拓展练习，填写下表中的拓展项目及团队合作学习的拓展训练任务。

以完成一定学习任务为目的团队合作项目列表

序号	团队合作项目	基本内容	主要标志
1	设定团队任务		
2	确定团队成员		
3	确定管理规则		
4	产生管理者		
5	形成团队共识		
6	明确成员分工		
7	确定考核奖罚		
8	发挥成员作用		
9	完成团队任务		
10	展示团队成果		
11	落实考核奖罚		
12	分享团队成果		
13	共享个人收获		

【注释】

[1] 罗宾斯．组织行为学［M］．孙健敏，李原，付亚和，等，译．北京：中国人民大学出版社，2010：282.

[2] 罗宾斯．组织行为学［M］．孙健敏，李原，付亚和，等，译．北京：中国人民大学出版社，2010：283.

[3] 罗宾斯．组织行为学［M］．孙健敏，李原，付亚和，等，译．北京：中国人民大学出版社，2010：253.

[4] SAYLES L R. "Work Group Behavior and the Organization," in C. Arensburg, et al.（eds）, Research in Industrial Relations［M］. New York：Harper and Row, 1957：131-145.

[5] 罗宾斯．组织行为学［M］．李原，孙健敏，译．北京：中国人民大学出版社，2010：255-284.

[6] 罗宾斯．组织行为学［M］．李原，孙健敏，译．北京：中国人民大学出版社，2010：256.

[7] 罗宾斯．组织行为学 [M]．李原，孙健敏，译．北京：中国人民大学出版社，2010：257-267.

[8] 中国就业培训指导中心，中国心理卫生协会．心理咨询师　基础知识 [M]．北京：民族出版社，2012：168.

[9] FELDMAN R S. Social Psychology [M]. 3rd ed. N J: Prentice Hall, 2001: 464-465.

[10] 罗宾斯．组织行为学 [M]．李原，孙健敏，译．北京：中国人民大学出版社，2010：295.

15　性与幸福

15.1　什么是性

性是性别与性征的简称，根据性别与性征区分，世界上只有男人和女人两种人。

15.1.1　性及相关概念

性

性是自然进化的产物，大自然赋予雌性与雄性不同的性征，两性的吸引与交配成为物种得以延续的基本条件，是性本能的体现。

性本能是人类及动物本能的性需要及满足性需要的本能行动的体现，性欲及性冲动是性本能的表现。“性是生物繁衍的基础。人类正是由于性的特征和性的能力，才有了男女结合，种类才得以延续进化。”[1]人类的性本能实质上已不再是一种纯粹的生物性欲望，而是一种自生理产生并通过各种精神文化的方式表现出来的生命原欲的内在冲动。性文明是整个社会文明的标志[2]，人类的性科学包含了性的生物因素、心理因素、社会因素三个方面[3]。

人是最有灵性的动物，人类的性文化包含了最原始、最野性的基因与最文明、最丰富的内涵。人类社会的性行为虽然有法律法规及社会伦理道德的约束，却依然存在着兽性，甚至是团体的兽性。生活在丰富多彩的人类社会，既要能够在阳光下享受与性相关的家庭、爱情生活的幸福，又要能够在暗夜中防止野兽般野蛮的性侵犯。

性的复杂性及持续性决定了性对人生幸福有着至关重要的影响。良好的性心理、性需要、性行为能够收获甜蜜的爱情、美满的婚姻、幸福的家庭，极大地促进人生幸福；不良的或变态的性心理、性需要、性行为可能产生各种有损爱情、婚姻及正常异性交往的事件甚至产生性犯罪，极大地损害人生幸福，给自己及他人带来痛苦。

与性相关的需要是人生幸福与痛苦的共同源头。图 15-1 揭示了性与幸福的相关概念及其关系，可以梳理出性对幸福与痛苦的影响。

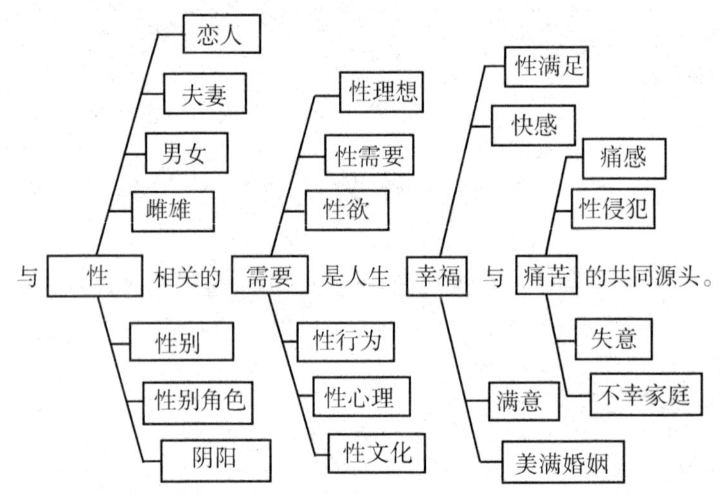

图 15-1　性与幸福的相关概念及其关系

性别与性征

性别对于人类而言主要指男女两性的区别。对于动物而言，性别指动物雌雄的区别。

人的性别区分既有生理功能、外形特征的区分，也有社会性别角色的区分。

性别在生理功能与外形方面的差别通常用性征表示。两性在生殖系统方面的差异是各自性别最根本的标志，称为“第一性征”，又称主性征。同样可以显示两性差异的生殖系统以外的男女身体的区别称为“第二性征”，又称副性征。第一性征在出生时就基本完备了，第二性征要在进入青春期后才出现。

男女生理结构及身体外形的区别随着年龄的增长渐渐明显，伴随生理性征

的区分及从事社会活动的不同，男女心理的差异越来越明显。生殖系统在人体各系统中发育最晚，它的成熟标志着人体生理发育的完成。生殖器官在青春发育期之前发育非常缓慢，在青春发育期的发育速度迅速上升，第二性征出现，男女的体征差异变得非常明显。女性第二性征主要表现为乳房隆起、体毛出现、骨盆变宽和臀部变大等；男性第二性征主要表现为胡须出现、喉结突出、嗓音低沉、体毛明显等。性功能逐渐成熟，性腺的发育成熟使女性出现月经，男性发生遗精。女性的性成熟一般要比男性早两年[4]。

性别角色

性别角色是以性别为标准进行划分的一种社会角色，它决定着一个人的行为模式。

人类社会一般要求男性体现出阳刚之气、女性表现出阴柔之美，常常用太阳与月亮、阳与阴分别代表男性与女性的基本特征。虽然男女性别是由遗传决定的，但性别角色却是从儿童时期受到成人影响、教育的结果。对孩子性别教育的缺失，不利于孩子的健康成长，容易造成孩子性别角色的错位。

心理研究指出，人在3岁左右就有性别意识了，3岁后孩子逐渐意识到“男女有别”并开始以男或女自居，随着慢慢长大，对男和女的着装、行为举止、性格特征会逐渐形成全面认识，也就逐渐形成了心理性别。因此，专家提醒家长，为避免孩子性格发展出现偏差，最好从3岁前就培养孩子的性别意识，如告诉孩子男孩和女孩的差异。

性别角色的区分随着年龄的增长呈现出两头小、中间大的特征，如图15-2所示。年龄很小时性别角色区分不明显，随着年龄慢慢增长，性别角色区分

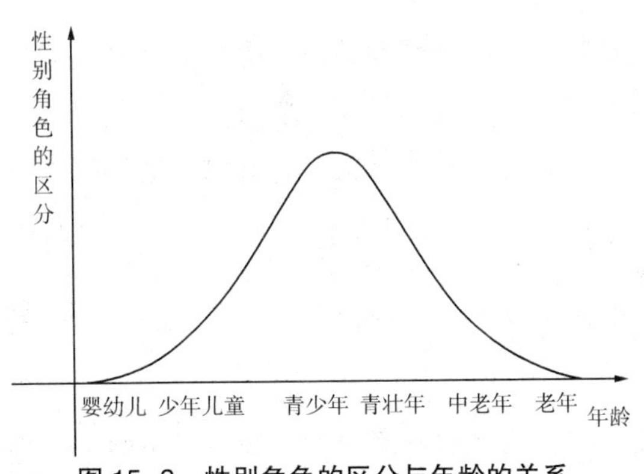

图15-2　性别角色的区分与年龄的关系

越来越明显，在中年达到顶峰，进入老年阶段，性别角色区分渐渐减弱。

传统农耕社会决定了男女社会分工的差异，男性主要从事战争、生产、渔猎等力量型的活动，处于社会的主导地位，女性处于从属地位甚至奴婢地位。原始农耕越落后，女性的地位越低，甚至把女性作为物品或战利品对待。原始部落对战败方女性的野蛮性侵是一种团体兽性的宣泄。由社会分工形成的男尊女卑的男女性别角色，经历了漫长的人类社会的发展过程，至今仍在一些乡村存在。

随着工业文明的兴起及现代以计算机为核心的网络技术的发展，男女平等成为现实。更多的女性进入职场，更多的男性承担家务，是现代社会发展的需要，是对男尊女卑的社会不良传统的改进，社会及男性、女性对此都要有清晰的认知与充分的准备。“女汉子”“伪娘”等社会现象颠覆了关于男女性别角色的一些传统观念。罗伯特在研究职业生涯与家庭角色的关系时指出[5]：不论男女，现在都拼命地想要找出办法，来解决工作—家庭的平衡问题。父亲角色在家庭中开始扩大，母亲还是干得比父亲多。职场上的性别差异在缩小，家庭生活的性别角色也在变化，但是一些最基本的性别角色的差异及分工必须保持。生养哺育子女是女性永恒的性别角色责任及义务，是母性光辉的体现。

性别歧视

性别歧视是对一种性别成员的不平等对待。社会中存在较多的是对女性的性别歧视，也有一些对男性的性别歧视。

性别歧视是由长期社会分工形成的一些传统观念的反映，现阶段不可能消除干净。现代社会的性别歧视在逐渐减少，彻底消除性别歧视需要全社会及每一个人的共同努力。

对待现存的性别歧视，既要理性争取平等权利、合法维权，又要客观分析其存在的现实性，针对其不合理的部分，用行动逐渐改善。

对于一些性别分工明确的职业岗位，不要冠以性别歧视的帽子。

15.1.2　性需要

性需要就是对性的渴望，是与性相关的欲望与需要。性需要从出生开始就以不同的方式表现出来，在青春期之后，集中在性欲及其升华的需要方面，形成了丰富多彩的性文化。狭义的性需要是与性欲有关的对性的渴望，性欲是原始、野性的性需要。

性欲

性欲的产生与两性的生理基础有关：一是性激素、性腺，它们维持两性性欲的基本张力和兴奋性；二是由性兴奋中枢和性感区及传导神经组成的神经系统，它们保证与性相关的及时有效的反应能力。

男性性欲以生殖器为中心向身体四周扩散，女性性欲则从身体四周集中到生殖器。男性解决性需要的方法为渴望性交并且通过射精带来快感。女性则可以通过性幻想、爱抚、接吻和性交等多种方法来满足性需要。

性需要与年龄的关系

性需要伴随青春期而来。青春期的男性和女性身体内的性激素水平逐渐提高，促进性功能趋于成熟，使得性需要日复一日趋于强烈。如果性需要受到压抑，易造成青春期性焦虑。性需要与年龄的基本关系如表 15-1 所示。

表 15-1　性需要与年龄的基本关系

年　龄	男　性	女　性
20~30 岁	处于性需求的巅峰时期，兴奋快，快感强，高潮后容易重新兴奋	处于腼腆、拘谨和害羞的心理状态
31~40 岁	性能力下降，控制性能力增强，能满足女性性需求	冲破心理障碍，懂得如何满足自己以达到性高潮
41~50 岁	性需求降低，性兴奋迟缓，性交经验更丰富，更容易满足女性	性欲增高，性需求达到顶峰
51~60 岁	性需求开始逐步减少	性需求明显减少
61~70 岁	性功能退化，性需求依然有规律地存在	性功能退化，性需求有规律地存在
71 岁以上	性需求减少，仍有少量性生活	性需求减少，仍有少量性生活

性需要的升华与异化

性欲是动物的一种本能欲望，对繁殖下一代有利。大多数动物的性欲只存在于发情期，动物的发情期通常都有季节性（如春季）。在发情期，为争夺交配权在动物之间进行的惨烈战斗，保证了强势与优化基因的延续。人类没有发情期，在任何时候都可以发情以求满足性欲。如果不学会控制性欲，就会导致性犯罪及各种违背社会伦理道德的性行为。

性需要的升华使人幸福。性需要的升华就是与性有关的真、善、美的需要

得到发展与强化。与性相关的美的需要能够净化人的心灵、美化人的仪表、丰富人的生活、激发奋斗热情。

性需要的异化（如过度的、不合理的、变态的性需要）可以使人迷失，使人游离于主流社会之外，甚至陷入灾难的深渊。

性需要的层级

性需要分为欲望、需要、理想三个层次，每个层次有三个级别。层级越高，性需要的发展升华越充分、越文明、越丰富、越多彩；层级越低，性需要越原始、越野蛮、越具有侵犯性。性需要的层级及其主要特点如表15-2所示。

表15-2 性需要层级的基本特征

层次	级别	层级名称	性需要表现	基本行为特点或代表角色
理想	6	爱家	终成眷属	幸福爱侣
	5	爱人	痴情追求	护花使者
	4	爱己	风华盖世	“男神”“女神”
需要	3	克己	稍逊风骚	理工男、博士女
	2	纵己	性需要过强	花心男女
	1	枯萎	性需要枯竭	性压抑、性冷淡，清教徒
欲望	-1	害己	卖淫	妓女、“牛郎”
	-2	损人	性侵	强奸犯、诱奸者、恋童癖
	-3	同毁	性犯罪	损人害己

欲望层次是较低的性需要层次，以原始、野性的动物性欲为其主要特点，是人格发展不充分或发生人格塌陷的结果。需要层次的性需要分为三个级别，是人类普通、正常的性需要。性需要过于克制或过少不是健康的状态，性需要过于放纵也是需要改善的状态，能够适度地克制性需要是较好的状态。理想层级的性需要以爱为特征，爱己、爱人、爱家。促进性需要层级的不断提升是实现婚姻美满、家庭和睦、人生幸福的重要途径。

15.1.3 性行为

性行为指异性或同性间旨在满足性欲和获得性快感而发出的动作和进行的活动。性交指两个雌雄异体的动物之间的生殖器的交配，透过生殖器的接触、

交媾而达到繁衍目的。

性行为的类别

性行为的含义要比性交广泛，一般来说它包括以下几种：

(1) 目的性性行为，就是性交。性交是性行为的直接目的和最高体现。一般而言，性交以后，性需要就得到了满足。

(2) 过程性性行为，主要是性交前后的准备及爱抚行为。性交之前的接吻、抚摸等动作，是为了激发性欲、实行性交。性交后通过一些动作使性欲逐渐消退。

(3) 边缘性性行为，是与性交无关的性行为。边缘性性行为的范围比较广泛，是为了表示爱慕，或者仅仅是爱慕之心的自然流露，而不是为了性交。边缘性性行为有时很隐晦，例如一个眼神、一丝微笑，有时只有心有灵犀的两个人才能感觉到。

一些两性之间的动作可能包含不同的含义。例如拥抱、亲吻，如果是作为性交前的准备，就是过程性性行为；如果只是爱情的自然流露，不以性交为目的，就是边缘性性行为；如果像某些西方国家，把拥抱、亲吻作为一般见面的礼仪，那就同性行为完全无关。

性需要的满足方式及手段、满足过程中的生理及情感体验、满足之后的理性认知是决定幸福与否的关键。两性之间的肢体接触是最容易产生复杂结果的接触。同样的接触方式，在不同的场合可能产生截然不同的结果。例如拥抱，演唱会献花拥抱心中的异性偶像，是一种令人羡慕的幸福；在一些场合拥抱异性同学、同事，可能一笑了之，也可能就会引起各种各样的反应，甚至可能持续发酵；在一些西方国家见面时没有礼节性的拥抱，可能就是失礼。中国传统文化提倡男女授受不亲，虽然限制了男女的正常交往，但也避免了各种可能出现的复杂结果。

现代社会的男女接触非常普遍，与性需要的满足没有紧密的联系，适度的男女接触可以促进和谐关系的建立。但是处于敏感期的青年男女，尤其是有追求者的青年男女，需要把握好男女接触的尺度，保护好自己的切身利益。

15.1.4　性心理

性心理是对性及其相关事物的刺激源产生反应及应对行为的意识活动。性心理是与性相关的各种心理活动，是以性为核心的感知意行晶体的反映。性心理对未来的性需要、性行为、异性交往、恋爱、婚姻及家庭生活等产生明显的影响。

正常的性心理在不同年龄阶段具有不同的特点，一直处于发展成熟及发展变化之中，性心理的变化贯穿人的一生。在性心理发展过程中出现的异常性心理和性行为，可以通过性心理咨询和性心理行为治疗得以解决。

性心理形成模型

性心理的形成是围绕性的刺激，不断经历感知意行循环，促进与性相关的感知意行晶体不断生长发展的过程。性心理形成与发展模型如图 15-3 所示。

性心理的形成过程具有以下几个特点：

（1）性心理的形成发展与个体性生理的发展成熟密切相关。一般而言，性心理的发展成熟滞后于性生理的发育成熟。

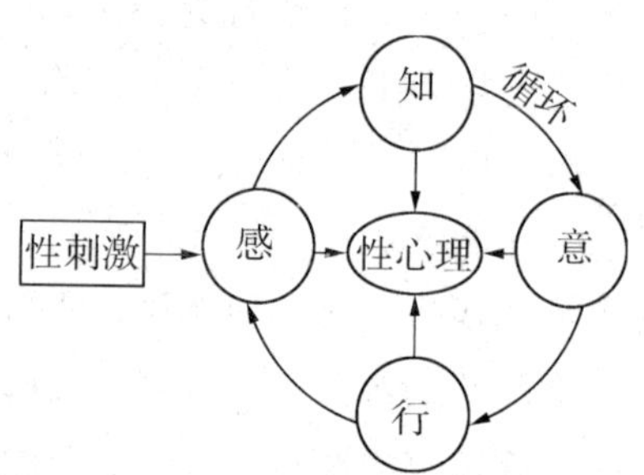

图 15-3　性心理形成与发展模型

（2）性心理的发展成熟受间接的性刺激影响较大。由于性刺激的特殊性，性需要及其满足的方式方法往往不能实际感受及体验，性心理的发展成熟常常是通过间接的途径接收刺激，经历感知意行循环逐步形成的。因此，与性相关的文字及影像制品对性心理的形成发展具有巨大作用。

（3）性心理的发展成熟与实际接收的性刺激有关。实际接触的性刺激对性心理的形成及发展具有催化作用，按照许多社会法律规定及社会伦理要求，异性只有结婚成为夫妻之后才能够进行性交等，有了实际性体验、性行为之后的性心理发展变化才能够真正稳定下来。

（4）性心理的形成与发展受到社会伦理道德及个体原始欲望的交互作用。社会伦理与原始欲望对性心理的影响可以用图 15-4 表示。

社会伦理和原始欲望重合的部分是健康性心理，不重合的部分要么是过于苛刻的社会伦理限制了人性的性需要的合理满足，要么是过于疯狂的性欲望挑战了人类性需要满足的底线。

（5）与性相关的一些突发事件往往会引起性心理的急剧变化。一些超出了个人目前性心理承受能力的强烈性刺激，可能导致正常性心理发展的中断或崩塌。曾经有这样的案例发生：一个美丽的女孩子不经意看到了客人留在家里的成人性交录像，关于社会的一切美好印象突然消失，人类的下流、无耻瞬间

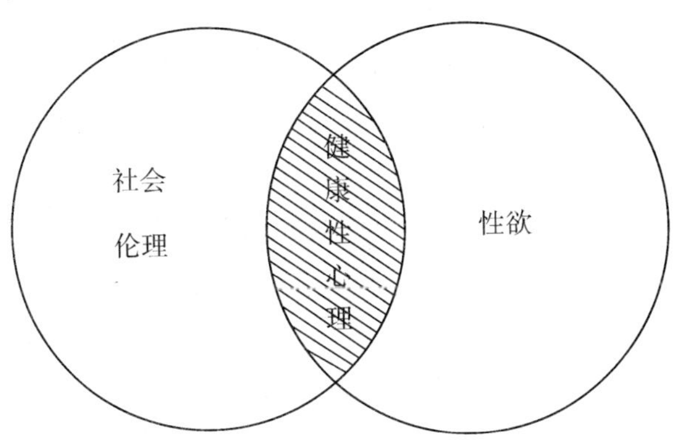

图 15-4　社会伦理、原始欲望与健康性心理之间的关系

充斥了整个头脑，性心理及整个心理的正常发展突然崩塌，父母带着她走遍了各种医院，始终没能医治好她心灵的创伤。性侵等违背个人意愿的性行为常常带来性心理的严重障碍。保护少年儿童不受淫秽视听材料的污染是促进性心理健康发展的客观需要。

青春期性心理

青少年处于身心快速发展的阶段，身体、心理发生着明显的改变，如果不能够妥善处理好青春期的性生理及性心理的矛盾变化，就容易产生一系列的性心理问题及人格方面的缺陷。

青春期性心理发展的主要矛盾有：

（1）性器官和性生理迅速发展与性心理尚未成熟的矛盾。青少年对性器官和性生理过程还充满着好奇感、紧张感、恐惧感；对异性的爱慕还具有生理的本能性和朦胧性的特点，在对性冲动的自制性、对性的审美情趣、性爱的技巧等多方面还存在着知识的盲区。

（2）对恋爱的渴望与对异性心理了解不深的矛盾。青少年不能理解对方的心理需求，在恋爱期间，双方常争吵、生气、产生矛盾，乃至轻生、他杀等恶性事件时有发生。

（3）性的身心需求与社会规范和道德责任的矛盾。校规、社会舆论和大众习俗并不赞成青少年的婚前性行为。恋爱中的男女青年独处时常会产生强烈的相互吸引及相互爱抚、接吻、性交等满足性欲的性行为，但这些行为与他们所接受的传统教育和道德责任相悖，在内心中可能会引发道德焦虑。

对于青春期性心理快速发展中的矛盾，性教育的缺失及教育方式的缺陷十分明显，许多青少年只能通过一些非正常途径获得性知识及性体验，常常会出现对异性排斥及对异性痴迷两种不正常的性心理。化解青春期性心理矛盾的方法很多，以下两种较为常见：

（1）团体活动有益于青春期性心理的健康发展。组织一些青春期男女一起参加的团体活动，在活动中互相帮助、增加了解、建立友谊、彼此尊重，是促进青春期性心理健康发展的有效手段。经常参加体育比赛、文艺演出、担任学生干部、组织班级活动等的学生，一般都不存在青春期性心理问题，性心理的发展成熟比一般人健康。

（2）有关系较为紧密的同性或异性朋友有益于青春期性心理健康发展。朋友的性知识、性经验可以互相补充、帮助，朋友可以促进与异性的正常交往。善于交朋友的人，一般不存在性心理问题。

健康性心理

健康性心理是能够对与性有关的刺激做出恰当反应及应对行为的意识活动。

恰当反应与年龄阶段的性需要相对应。超越了所处的年龄阶段，就不是恰当反应。一些国家对影视作品按照年龄进行分级，主要就是为了避免一些年龄较小、性心理没有成熟到正常理解性需要及性行为的人产生可能的性困扰。

恰当反应是与性别角色相适应的反应。异性同学、同事之间产生亲密接触的反应是不正常反应，夫妻之间没有性生活的欲望同样是不正常反应。

生理完全成熟的成人，健康性心理应该包含：

（1）良好的性别意识。如果阴阳莫辨，就难以实施健全的性行为与获得美满的爱情。

（2）良好的性适应。包括自我性适应与异性适应，即对自己的性征、性欲能够悦纳，与异性能很好相处。

（3）平等的性别观。对待两性一视同仁，没有歧视或偏见，对性愚昧、性偏见及种种谬误有清醒的认识，理解并追求性文明。

（4）享受性生活。能够自然地、高质量地享受性生活。

（5）不沉迷于肉欲，有美好的精神追求。

（6）有良好的家庭观念。

性心理成熟

性心理的成熟可以大致分为依赖期、独立期、合作期、创发期、完善期、超然期六个阶段。六个阶段的基本特点如表 15-3 所示。

表 15-3　性心理成熟六阶段的基本特点

阶段	基本判据	主要特点
依赖期	听话、规矩、服从	依靠亲人、老师、社会获得与性相关的心理教育指导，恋母、恋父、恋师等，容易受骗、受伤害
独立期	叛逆、无畏、担当	以自我满足为中心，自己进行独立探索、体验性刺激的感知意行活动，开始追逐异性、有自慰体验
合作期	宽容、共赢、存异	进行良好异性交往、恋爱，能够比较妥善地处理矛盾，求同存异，找到并维护合作点
创发期	进取、创新、发展	组建家庭、生儿育女，创新夫妻交流方式，为子女提供很好的教育指导
完善期	调整、固化、传承	身心健康，使个人、家庭与社会达到和谐友好，形成良性循环
超然期	天人合一，从心所欲、不逾矩	性心理淡化，回归自然、生活简朴，实现人与自然、人与社会的高度和谐

性需要与人格

性需要与人格有着紧密联系：

（1）不同人格类型的人，性需要内容及表现方式会有很大不同。和顺型与利他型的人，性需要的内容及其表现较为被动、温柔、配合；领袖型与自我型的人，性需要的内容及表现较为主动、狂放、主导。

（2）不同人格强度的人，性需要的强度、内容及表现方式会有不同。人格强度越高，与此人格相应的性需要的强度越高、表现方式越强。理性型与感情型的人格强度越高，其性需要及表现方式的差异越大，在恋爱、家庭方面，两种人格类型的选择及行为会有很大不同。

（3）能够进行良好的人格相邻强化与相对调和的人，性需要及其满足方式具有较好的适应性及调和性。处于不同人格跃升或人格塌陷层级的人，性需要的内容及满足方式会有很大不同。人格跃升是人性抑恶扬善的发展，其对应的性需要层级较高；人格塌陷是人性之恶不受控制得到发展的结果，对应的性需要层级较低。

（4）性需要及其满足状况影响人格的形成。较高的性需要层级有利于良好人格的形成，有利于人格完善。

（5）人格完善可以提升性需要的层级。人格完善的重要任务就是促进人格层级的不断提升，人格层级的提升必然引起性需要层级的提升。性需要随着年龄的增长发生变化，有些人在中年以后可能才会有异样的性需要。人格完善是提升性需要层级、维持家庭幸福、社会和谐的重要工作。

15.2 异性交往

15.2.1 异性效应

许多人可以在异性面前非常愉快地完成那些在同性面前极不情愿完成的任务，有时还表现得十分勇敢、机智，这种现象在社交心理学上被称为“异性效应”。

异性效应是一种普遍存在的心理现象，这种现象是建立在异性相吸引的基础上的。人们一般比较对异性感兴趣，特别是对外表讨人喜欢、言谈举止得体的异性感兴趣，这一点女性也不例外，只不过不如男性表现得那么明显。有时为了引起异性注意，男性还特别喜欢在女性面前表现自己，这也是异性效应在起作用。

当受到异性的鼓励之后，幸福程度就会上升，直接刺激着大脑神经，使大脑处于兴奋状态，做什么事都充满动力，效果也往往不错。有两性共同参加的活动，较之只有同性参加的活动，参加者一般会感到更愉快，干得也更起劲、更出色。这是因为当有异性参加活动时，异性间心理接近的需要得到了满足，因而会使人获得程度不同的愉悦感，并激发起内在的积极性和创造力。男性和女性一起做事、处理问题都会比较顺利。

15.2.2 异性交往恐惧症

异性交往恐惧症是害怕与异性接触的心理现象。

青春期的男女，潜意识中会对异性产生一定的好感。性格过于内向的青少年，容易误认为周围的人都在关注自己，一旦情感上受挫，和异性交流会变得害羞、紧张，产生逃避和恐惧心理。他们不敢与异性目光接触，更不敢与异性

交谈，即使与异性交谈也会面红耳赤、言语不清，一看见异性向自己走来，则全身紧张、流汗。异性交往恐惧症的三种常见类型如表 15-4 所示。

表 15-4　异性交往恐惧症

类　型	特　点	阶　段
赤面恐惧	表现为面红耳赤，异性交谈会面红耳赤、言语不清	14~17 岁的青少年
视线恐惧	表现为目光紧张、竭力回避与异性的目光接触，一看见异性向自己走来，就全身紧张、流汗	
面部表情恐惧	表现为面部肌肉紧张、表现不自然	

异性交往恐惧症的形成与性格有关，调整性格可以改善或消除异性交往恐惧症。异性交往恐惧症的形成与异性接触时的感知意行循环有关，接触太少、感觉不当、认知偏颇、性观念不成熟、行为紧张都可能是造成恐惧的原因，只有通过增加与异性的接触及良好的感知意行循环来解决这个问题。

15.2.3　不正常的异性交往

不正常的异性交往是以互相利用、利益交换等为目的，保持违背社会公德的异性关系的异性交往。

不正常的异性交往在社会中普遍存在，权色交易、色色交易、情人、婚外恋等都是不正常异性交往。不正常异性交往主要有以下几种心理：

（1）补偿心理。有的人因为夫妻分居，寂寞难耐；有的人因为夫妻一方有生理缺陷，生理上得不到满足；有的人夫妻关系不和，因而主动寻找第三者或乐意接受第三者予以补偿，从而形成婚外恋。

（2）享乐心理。有的人因为受性解放思想或者淫秽影视书刊的影响，认为“人生在世，吃喝玩乐”“趁着年轻，及时行乐”，因而滥交。

（3）相悦心理。有的男女因为工作上相互帮助、支持，久而久之，双方均有好感，两情相悦，从而产生办公室恋情。

（4）互利心理。有的人因为工作上的制约关系，互相利用，互相勾结，合伙作案，双方谁也离不开谁。

不正常的异性交往是性需要层级较低的表现，是人格及心态层级不高的表现，是人生价值追求及道德修养需要进一步提高的表现。

15.2.4 异性交往与性心理发展

异性之间的正常交往可起到心理上的互补作用。女性可以从男性那里学到果断、坚定和刚毅的特点，男性可以从女性处补充到细致、体贴和耐心的长处，在交往中异性双方都可以使自己的个性得到不断完善。异性交往可能产生以下作用：

（1）健康的异性交往能够促进心理成熟。健康的异性交往是在互相尊重、互相吸引、互相帮助的状况下进行的异性交往，是基于较高需要层级及较高性需要层级的异性交往。

（2）健康的异性交往能够促进良好人格的形成。异性交往有利于增进异性的相互了解，有助于丰富自身的情感体验，可以扩大社会交往的范围，增强沟通交往能力。异性交往具有一定的偏向作用；在相同条件下人的情感往往会偏向于异性，乐于向对方提供帮助，同时也希望得到异性的理解和接纳。异性交往具有某种抑制作用，男女交往可以抑制某些不良行为习惯，有利于克服不良情绪。

（3）健康的异性交往能够促进健康性心理的形成。只有通过异性交往，才能减轻或消除对异性的神秘感，才能形成与异性进行良好沟通的有效模式，才能获得边缘性的性满足从而释放部分性需要的压力，这一切是促进性心理发展成熟的必不可少的体验。

（4）不当的异性交往可能产生心理障碍。不当的异性交往可能会从生理与心理两个方面带来伤害。生理方面主要是不当性行为造成的身体伤害，心理方面包含了生理伤害带来的心理创伤与社会伦理道德形成的心理压力及负罪感。

15.2.5 异性交往与学习

异性交往对学习有双重影响。

基于较高需要层级及性需要层级的异性交往能够促进学习。异性交往具有激励作用，能够激发和增强欢娱情绪，激励并强化良好行为，有助于促进学习进步、增强上进意识。学习过程中的异性交往能够激发出内在的积极性、主动性和创造性，对于学习、生活及人格的健康发展都十分有益。

基于较低性需要层级的异性交往严重影响学习。较低层级性需要的满足以

性欲满足为主，必然耗费大量时间、精力，严重影响学习。对于性心理尚不成熟的青少年而言，不仅影响学习，还可能导致辍学。

15.2.6　异性交往与工作

工作中的异性交往对工作及人际关系都有双重影响。合理的男女合作可以形成优势互补、提高工作成绩、形成和谐关系。这就是异性效应在工作中的具体体现。工作中不合理的异性交往损害人际关系及工作成绩。不合理的异性交往包含了过于亲密、刻意疏远的异性交往。

15.3　爱情与恋爱

15.3.1　爱情

以升华的性需要为基础的爱情是人类最浪漫、最幸福的情感体验。从“郎骑竹马来，绕床弄青梅”的两小无猜，到“所谓伊人，在水一方”“窈窕淑女，君子好逑”的美好向往，经历“衣带渐宽终不悔，为伊消得人憔悴”的痴情追求，最终实现“执子之手，与子偕老”的洞房花烛、几代同堂，爱情的内涵随着年龄的变化而不断丰富更新，从懵懂无知的异性相吸，经历了烈火干柴般的浓情蜜意，回归到润物无声般的家庭生活，经历三个主要阶段，每一个阶段都会淘汰一批爱情的落伍者。

懂得在不同的年龄阶段完成不同的爱情任务是成熟的表现。

有人说：“爱情的动力和内在本质是男子和女子的性欲，是延伸种属的本能。”[6]性欲是爱情的内容之一，而不是全部。有人认为，爱情是人际吸引最强烈的形式，是身心成熟到一定程度的个体对异性个体产生的带有浪漫色彩的高级情感[7]。爱情的特点主要有：①爱情在异性之间产生，不含同性恋；②爱情是身心发育成熟到一定阶段的情感体验，幼儿没有爱情体验；③爱情是高级情感；④爱情有生理基础，包括性爱因素，不是纯粹的精神依恋；⑤爱情基本倾向是奉献。还有人认为，爱情是男女双方相互依存和性、情互相给予并彼此理解和接纳的过程[8]。

爱情的基本内涵

男女爱情的基本内涵是生物本能、心理需要、依附本能的满足。

爱情的形式

有人通过研究，概括出六种形式的爱情[9]：①浪漫式：初次见面互相吸引，一见钟情；②好朋友式：爱情是一种深情厚谊，是长时间培养出来的；③游戏式；④占有式："如果我怀疑我爱的人跟别人在一起，我的神经就紧张。"⑤实用式：找能满足自己基本需求与实际需要的人；⑥利他式："我宁愿自己吃苦，也不让我爱的人受苦。"

15.3.2 恋爱

恋爱是两个人以婚姻为目的进行的稳定、专一的异性交往。

恋爱是创造和谐美满婚姻的前奏。异性交往、恋爱、结婚是婚姻过程的三个阶段。以恋爱为目的的交往、以结婚为目的的恋爱是社会普遍现象。恋爱基于一定的物质条件和共同的人生理想。恋爱基于各自内心形成的对对方的最真挚的仰慕、爱恋、渴望。恋爱必须是专一的、排他的。恋爱是一个男子与一个女子之间相互爱慕的关系，希望通过结婚建立起共同的家，具有互信、互敬、互谅而又互相支持对方事业的诚意，容不得第三者插足。

恋爱过程

恋爱过程是为满足爱情需要采取行动的过程。爱情需要是在身心成熟到一定阶段才能够产生的一种本能需要，这种本能需要是一种复杂的需要，融合了生理的、心理的、社会的需要属性，性别及个体差异非常大。爱情需要是潜在的、美好的，只有遇到特定的对象才可能产生恋爱的动机，开始恋爱的过程。

恋爱的过程大致可以分为：①发现；②评估；③接触；④互惠；⑤承诺；⑥固化。

恋爱状态

恋爱期的人可能会做的事：①在大庭广众下来一个拥抱或者一个亲吻；②两个人在一张床上睡一晚，但除了抱抱、亲亲什么都不干；③选一天为彼此做一顿饭，然后面对面看着对方吃完；④为对方写日记，不管会不会，哪怕就几个字也好；⑤难过或开心的时候抱着大哭一场；⑥做一次短暂的分离，品尝一下相思的味道；⑦看一部两人都觉得无聊的电影，然后一起走神，将来谈起来都觉得好笑；⑧一定要亲口说一句"我爱你"。

人在恋爱期会有如下的情感：

（1）生理上的性冲动。当对一位异性产生兴趣或爱上某个异性时，希望彼此有身体上的接触。在真实的爱情生活里，这种欲望是永远存在的。性冲动并不单单只是行为，它还包含了许多其他亲密的身体接触，譬如牵手、拥抱等，这种情感会永远都存在爱人的心里。

（2）美丽的感觉。在有爱情的时候，会觉得对方最好看，即使有别的异性比你所爱的对象好看，但对你而言，他（她）才是最好看的，而且是别人无法相比的。

（3）亲爱的感觉。当真正爱上一个人，会有一种很亲切的感觉，他（她）让你觉得很舒服，你可以信任他（她）、依靠他（她）。他（她）像是一个亲密的家人，甚至可以说，比一个家人更亲密，这是亲密加上一种温馨的感觉，就是亲爱的感觉。在爱情国度里，他（她）不会挑剔你的瑕疵，因为他（她）愿意包容你所有的缺点。

（4）羡慕及尊敬的感觉。一个健康的爱情关系，应当有以对方为荣的感觉，会去欣赏对方内在和外在的条件和优点。

（5）赞许的爱情。当相爱的时候，喜欢夸奖对方，而且不仅是欣赏而已，还喜欢对他人夸奖对方，从夸奖对方的热诚之中感到无比的快乐。

（6）受到尊重的自尊。一个健康的爱情关系，可以提高一个人的自尊心。让人感觉到活得更有价值，因为爱情使人觉得自己具有无人可比的独特性，虽然有优点也有缺点，但是独特性使人受到无比的尊重，生命因此而有了价值。

（7）占有欲。爱情是绝对独占的，不能与人分享亲密的男女关系。所以需要以结婚来持续一份爱情，在结婚时彼此相约相许。因此在真实爱情里，互相许诺忠诚是必要的。

（8）行动自由。如果个人有正当的理由，行动的自由一定要受到尊重，才不会破坏两人之间的爱情关系。

（9）深重的同情心。

■ 拓展练习

1. 思考或写出个人与性有关的感知意行晶体特征。

2. 利用“知为克成”模型分析个人性心理的发展成熟状况。

（1）知己：明确个人的年龄与性心理成熟阶段，客观评估自己性需要的层级。

（2）为己：明确自己与性相关的人生目标及近期发展目标，明确自己性需要层级的提升目标及满足的主要途径、方式。

（3）克己：针对个人性需要升华的不足、性心理的不足，从价值追求、兴趣爱好、性格气质、知识技能四个方面提升自己、克服不足。

（4）成己：在每一个性需要发展形成及满足的关键阶段，实现个人的人生价值。在青少年及大学阶段，收获美好的异性交往果实；在恋爱阶段，品尝属于恋人特有的甜蜜爱情；在婚姻家庭关系中，充分享受恩爱夫妻及家庭的天伦之乐。

【注释】

[1] 吴阶平．性医学［M］．北京：科学技术文献出版社，1982：编译前言．

[2] 中国就业培训指导中心，中国心理卫生协会．心理咨询师　基础知识［M］．北京：民族出版社，2012：477.

[3] 中国就业培训指导中心，中国心理卫生协会．心理咨询师　基础知识［M］．北京：民族出版社，2012：475-476.

[4] 中国就业培训指导中心，中国心理卫生协会．心理咨询师　基础知识［M］．北京：民族出版社，2012：251-252.

[5] 里尔登，伦兹，桑普森，等．职业生涯发展与规划［M］．侯志瑾，译．北京：中国人民大学出版社，2010：148.

[6] 瓦西列夫．情爱论［M］．赵永穆，等，译．北京：生活·读书·新知三联书店，1984：1.

[7] 中国就业培训指导中心，中国心理卫生协会．心理咨询师　基础知识［M］．北京：民族出版社，2012：176.

[8] 中国就业培训指导中心，中国心理卫生协会．心理咨询师　基础知识［M］．北京：民族出版社，2012：468.

[9] 中国就业培训指导中心，中国心理卫生协会．心理咨询师　基础知识［M］．北京：民族出版社，2012：177-178.

16 婚姻与家庭

婚姻是一家私人银行，夫妻双方互为账户，存储真爱和默契，提取幸福和快乐，随存随取；家庭则是这家银行里的柜台，通过它，夫妻双方可以把自己的喜怒哀乐尽情地存进对方的账户里，并可随时提取微笑、鼓励、安慰、体贴、温柔等利息。

16.1 什么是婚姻

16.1.1 婚姻

婚姻是男女结成夫妻关系的行为，是家庭成立的基础与标志。男人为女人而婚，女人为自己而嫁。婚姻的本质在于相爱、共同精彩的生活并延续自己的后代。婚姻关系的本质在于它的社会性：依照国家制定的法律、伦理或社会认可的习俗而建立。男女经过婚姻关系而结成夫妇，双方家庭也因此结为亲家。

婚姻动机

婚姻行为决定于婚姻动机。婚姻动机一般有三种：经济、繁衍、爱情（包括性）。有学者认为[1]，上古时期经济第一，繁衍第二，爱情第三；中古时期繁衍第一，经济第二，爱情第三；现代社会爱情第一，繁衍第二，经济第三。

16.1.2 婚姻与恋爱

婚前婚后的差别是一种客观存在，一个成熟的人能够适时调整心态，顺利度过婚前婚后的适应期。一位女士在婚前婚后常有的心态如下：

结婚前：

(1) 男朋友看似很有才华，很聪明；

(2) 男朋友看似很细心，体贴；

(3) 男朋友无时无刻不想着我；

(4) 我很温柔，不乱发脾气；

(5) 我比较任性，喜欢撒娇；

(6) 我对婚姻极度向往。

结婚后：

(1) 原来丈夫是个生活白痴；

(2) 原来结婚后细心体贴也暂停了；

(3) 无时无刻地想？一天能想一回就不错了！

(4) 我并不想脾气暴躁，都是他逼的；

(5) 撒娇？纯属做梦！不被气死就暗自高兴吧！

(6) 如果可以重新来一次，我要好好考虑考虑了。

恋爱期的人总是很甜蜜，家庭期的人则多了一些平凡的感动，会有摩擦，会有矛盾，但婚姻就是两个人互相磨合，经得住平凡的婚姻才能走得持久，经受得住波折的婚姻最后才有稳稳地幸福。

婚姻与恋爱有三大本质不同：

(1) 自觉性。恋爱以感情为主，是纯粹的私人关系，既无权利也无义务；而结了婚的两人共同居住、养育子女，共同受到性对象的约束，需要很强的自觉性。

(2) 责任性。恋爱在一开始就有不稳定性，而婚姻是要负责任的，即使与丈夫怄气，妻子也必须准备晚餐；妻子娘家有病人，丈夫不能不去问候。

(3) 角色性。结婚之后，丈夫和妻子要与众多的人形成社会关系，在每种关系中担当不同的角色，例如女方除了是妻子，还是儿媳、嫂子等，甚至是经理夫人等，只有学会适时转变角色，才能保持内心的平衡。

16.1.3　婚姻与幸福

婚姻与爱情

有人认为婚姻是爱情的坟墓，其实，许多爱情是在婚姻之后进一步发展升华的。中国传统社会媒妁之言的婚姻方式，更是由婚姻开启了爱情之门。印度学者古普塔研究了50对夫妻的爱情变化[2]，发现由爱情结合的夫妻婚后5年，彼此爱的情感开始不断减少；与此形成鲜明对比的是，由父母之命而结合的夫妻，开始爱情水平并不高，婚后慢慢增加，5年后大大超过了因爱情而结合的夫妻。

正确的婚姻心态

（1）互爱合作。幸福不会随着婚姻的到来而自行到来。其实，幸福与婚姻无关。人，独自生活会感到孤独，共同生活又会觉得麻烦。只有在独自生活不感到孤独、共同生活也不觉得麻烦的时候，才可以结婚。如果想随心所欲地生活，就应该一个人。既然想要结婚、和另一个人共同生活，就应该适应对方。

（2）承担责任。如果生了孩子，就需要承担责任，因为子女会模仿父母。如果不想让孩子学到自己的缺点，那就要改变自己。所以，为了实现这个目标，婚姻中的丈夫和妻子应该比没有子女的僧人更加潜心修炼，付出十倍甚至百倍于僧人的努力。

（3）吃亏是福。只有在自身完善的状态下与对方结缘，才会有益于对方。只有自身完善了，才不会心怀过分的期待。正是因为无所期待，也就更容易理解对方、帮助对方。如果怀着占便宜的心态选择配偶，即使百里挑一，做出选择之后，也会后悔自己选错了人。所以，你若想拥有理想的婚姻生活，就不要老是想着占便宜，而是要相信“吃亏是福”。

（4）苦也是福。有时候，你爱的人也爱你是一种幸福，有时候得到自己想要的也是幸福，有时候看着自己的宝宝健康成长、家庭和睦、妻贤子孝更是一种莫大的幸福。一个朋友讲述的故事能够说明婚姻中的清苦也是幸福。

她的幸福无处不在。她说，因为她将婚姻和幸福做了个链接，从一开始，就在心里把自己的婚姻当作幸福的代名词，婚姻里最重要的是幸福的感觉。

说实话，我有点儿妒忌她。都是结婚多年的女人，我已经彻头彻尾地成了一个怨妇，她呢，幸福从每一个细微的毛孔往外冒。她是我的好友，我们同龄，但是她看起来要比我年轻许多，每天都是笑意盈盈的样子。其实，她婚姻的硬件并不好。丈夫是普通工人，当初厂里集资建房的时候，他们因为没钱选了最小的户型。不过还是很幸运的，因为搭上了集资建房的末班车，按当时的市价，他们那点儿钱只够买 40 平方米的房子。她的语气，仿佛占了莫大的便宜似的。后来，厂子破了产，她的丈夫去了一家私营企业做事，不过因为是从头做起，所以薪水明显比不过同辈。论起婚姻的硬件来，我比她强太多，住的房子比她大，老公也还算拿得出手，细想她定是被老公捧在手心里、十指不沾阳春水的小女人，不然，她的幸福从何而来呢？

真实情况却是，她承担了大部分的家务，因为丈夫上班的地方远，每天都是早出晚归。她说，虽然她承担了那么多的家务，不过有时候和丈夫吵架，那个男人可不会让着她，而是理直气壮地和她吵。她绘声绘色地描述丈夫叉着腰和她吵架的场景，我在脑海中闪现出那个男人“寸土必争”的样子来，又想起我和丈夫吵架的时候，每一次都是我占了上风才罢休的，不由得替她打抱不平，一句话脱口而出：“他凭什么呀？你收入比他还高呢，他还这么理直气壮，怎么就不知道让人呢？”她反倒一脸不解地说：“干吗要让啊，我们是平等的夫妻，当然都有说话的权利，能够平等地吵架，也是夫妻幸福的一种表现嘛。”

她的话让我瞠目结舌，不过由此知道了幸福在她眼里有着与众不同的含义。回家做饭是一种幸福，因为有人等着要吃她做的饭；接送小孩放学、上学放学是一种幸福，因为有了更多的时间和孩子在一起；服侍生病的公婆是一种幸福，因为他是那么放心地将自己的父母交给她；大部分时间待在家里是一种幸福，因为他说只要屋子里有她，他的心里就非常安宁。

从理论上来讲，婚姻不幸福的可能性很大，两个完全独立的男女生活在一起，难免猜疑抱怨，既互相依赖又互相伤害。走进婚姻的人，虽然嘴上说着百年好合，其实心里知道幸福是个未知数。聪明的她，却从一开始就认定自己的婚姻会幸福。把幸福当作一种婚姻态度去经营自己的婚姻，然后就会和她一样发现很多幸福，比如说，做饭洗衣是一种幸福，两个人平等地吵架是一种幸福。那天晚上，我和平常一样在灯下等待加班归来的丈夫。当他一脸疲惫地推门进来时，迎接他的不是冷言冷语，而是一杯热茶一条热毛巾。他受宠若惊的表情让我明白，其实以前关于婚姻的种种失望不过是庸人自扰。我终于懂得，其实能够坐在家里等一个人回家也是一种幸福，因为，毕竟还有人值得你去等待。

（5）润物无声。婚姻中的爱情和相恋时的爱情相同也不同。相同的是双方心中给对方很高的地位。不同的是婚姻中的爱情是平淡的和现实的，双方的情感好似涓涓溪流滋润对方心田，更似春雨润物无声。所以婚姻中幸福感是需要用心感受的，而不是像相恋中干柴烈火般地猛烈。婚姻是平淡的，爱情更是需要用心经营的，双方需要在平淡中制造新奇和浪漫，恰似清水为有源头来。

（6）般配互补。幸福是人们对婚姻中情感的心灵感受，也是对生活的一种满足感。婚姻幸福感与不同追求密切相关，有的人为了金钱和名誉，有的人为了门第和地位，有的人为了纯粹的爱情，不同的追求在不同的婚姻中有不同的感受和结果。为了金钱和名誉的人可能好似猎物看见了诱惑，为了满足一时的诱惑而无法永远摆脱羁绊，所以很难体会到幸福。当今社会多是自由恋爱，成年人有自己独立的思想，每个人的感知意行晶体不同，在选择结婚对象时，都有自己的标准：多是选择外貌与自己基本相配、性格互补、拥有同等知识水平、人格相同的异性。经过恋爱阶段的不断磨合，迈入婚姻殿堂。

（7）享所拥有。幸福是不能比较的，幸福的婚姻在于两人的互相理解，从恋爱走向婚姻，更多的是心理的一种变化，从我爱他（她）到我理解体谅他（她），其实甜蜜变得平凡，生活中少了蜜语甜言，多了柴米油盐，却也不乏温馨的感动，多得是平静，经得住平凡方能获得稳稳的幸福。下面的一则小故事说明幸福的婚姻来自好好享受所拥有的，而不是来自比较。

当年辞职时，我以为一年替公司做一两个策划案，再差也好过上班。没想到，好不容易接了一笔活儿，干完却收不到款。在三四个月的时间里，我整天就是出门要账，弄得身心疲惫、痛苦不堪。好在，这笔钱终于还是拿到手了。

想想自己这段时间心情沮丧，常常几天不出门，老婆清晨早起上班，晚上还经常加班到十一二点，却任劳任怨，还不时开导我、鼓励我，我心里真是又愧疚，又感激。这次，该买个礼物慰劳一下老婆了。

买什么礼物好呢？去年春节，我想买个好点的表给她，她嘛，其实很想要，却又劝阻我：“哎哟，手表不就是用来看时间的吗，要那么好干吗，我又不是那种靠坑蒙拐骗捞钱的人，何必花那种冤枉钱。”知道她是舍不得我花钱，却还给我个台阶下。

如今，荷包满满，我要了却心愿，给她个意外惊喜。转了近十家商场，我终于选中了一款女表，888元。虽然，这款手表只是中档而已，但对于我这样的普通工薪一族来说，也算是奢侈了一把。

那天，我想等到睡觉前才拿出这精心挑选的礼物奉献给老婆大人，想象她一定会非常开心。可是，上床后，她却兴致勃勃地说起老乡小田，一个比她小几岁的女孩子："小田今天戴了一款表，说是她老公在香港给买的，你猜多少钱——你肯定猜不到，三万多港元呢！她当时还问我戴的表多少钱，我都不知怎么回答她好。"

老婆接着说："我想好了，以后不戴表，这叫打不过就躲，你说对不对？"见我没吭声，老婆追问一句："你说对不对？"我无力地点点头，方才的兴奋一扫而光，沮丧得只想倒头就睡。

第二天，我回到家，老婆还没睡，她冲着我笑，很诡异的样子。我问她笑什么，她不答话，背着手围着我转，我也跟着她转，不过我是"自转"，她是"公转"。突然，她一下跳起来，搂住我，说："谢谢！"我还是没弄明白怎么回事，她将手伸到我面前，她手上戴着的，正是我买的那块表。"我想通了，别说三万元，几十万上百万元的表也有的是，我哪比得过来……再说，戴上这块表，我不光能看到时间，还能感受到老公对我的爱呢！这块表可是无价的呢。"

一听这话，我顿时心生感动："对，老婆，我们不跟人家比钱，只跟他们比爱！"

幸福是不能拿来比较的。心态其实对于幸福很重要。心态不同，幸福的基本点不同。在婚姻里，对婚姻的良好心态是拥有幸福婚姻的最好状态。其实，幸福不是比较来的，而是在彼此互相理解的心中！

16.2 什么是家庭

16.2.1 家庭

家庭作为一个群体，是社会的细胞，是社会生活的基本单位，是由婚姻关系、血缘关系、收养关系构成的[3]。家庭有广义和狭义之分，狭义的家庭是指一夫一妻制构成的社会单元；广义的家庭则泛指人类进化不同阶段中的各种家庭利益集团，即家族。

从社会角度来说，家庭是最基本的社会单元之一，是人类最基本、最重要

的一种制度和群体形式。从功能来说，家庭是儿童社会化、供养老人、性满足、经济合作的人类亲密关系的基本单位。从关系来说，家庭是由具有婚姻、血缘和收养关系的人们长期居住的共同群体。

家庭功能

家庭具有的主要功能有[4]：经济功能、性的功能、生育功能、抚养与赡养功能、教育功能、感情交流功能、休闲与娱乐功能。

16.2.2　常见家庭关系的处理

夫妻关系

（1）在两个人相处的过程中，可以依恋对方，但是绝对不可过分依赖对方。依恋是一种很亲密的关系，依赖是如果没有照顾就不能独立生存的一种表现形式，依赖是一种很冒险的举动。

（2）多沟通交流。在两性关系的处理中，一定要会懂得把自己的想法说出来，不要总是憋在心里，但是说出来并不代表是抱怨，过多的抱怨只会带来许多的负面情绪，甚至做出一些不理智的决定。

（3）两性之间允许存在差异。由于每个人的性格和思维的能力不一样，在共同经营两人感情的时候，一定要了解两个人的不一样，而且要多尊重彼此的独立性和独特性。

（4）丰富性爱内容。婚后夫妻不一定拘泥于用同一方式或时间地点做爱，而这种改变往往能明显提高性生活兴趣。多数人太专心于性交动作本身，忽略了其他表达性爱的方式，诸如肌肤接触、互相偎依、说悄悄话、拥抱等，这些都可使精神上的爱欲得到一定的满足。

（5）融入对方的朋友圈。每个人都有自己的朋友圈，结婚后，一个人的朋友圈就变成了两个人的朋友圈。既然已经结婚，就应该融入对方的朋友圈，朋友圈能影响到一个人的生活。当带另一半去参加朋友圈聚会时，让大家都认识，让自己的另一半在朋友圈里有一定的吸引力。到对方的朋友圈参加活动时，不能过于拘谨、不参与对方朋友圈的活动，这样只会让另一半难堪。融入对方朋友圈不是一件简单的事情，对方朋友圈未必会认同你的融入。但是不论如何，都应该想办法融入对方的朋友圈。

婆媳关系

婆媳之间总是产生各种矛盾，具体体现在以下几个方面：

（1）生活习惯的矛盾。年轻人喜欢无拘无束的生活，并且生活的规律性比较差，而父辈一般都有良好的生活习惯，而且父母习惯了管理子女的各方面生活，矛盾就自然而然地产生了，两代人之间摩擦就出来了。这个矛盾在两代人住一起的时候更为激烈。

（2）对丈夫的争宠。现在的家庭一般都是独生子女家庭，所以婆婆对自己的儿子绝对是宠爱有加的，从出生到现在都非常照顾，身为儿子的丈夫一般都听母亲的话，或者说对母亲的关爱都是非常感恩的。对于妻子来讲，离开了父母的怀抱，投入另一个男人的怀抱，当然希望丈夫能把自己看成生命中最重要的人。此时矛盾就出来了，当婆媳之间意见不一致的时候，究竟丈夫站在哪边更好呢？不管丈夫站在哪一边，两个女人间的争宠一直会持续下去，矛盾就会一直继续下去，所以对于丈夫的争宠，尽管深爱他的两个女人都是希望他好，但是由于观念不一致，战斗一直也会延续，直到观念达到一致。

（3）对小孩教育的分歧。有了小孩，小孩就是全家人的焦点了。对于孩子的教育和照顾，两代人的思想常常不一致。一般来讲婆婆都是非常宠爱小孩的，并且是希望把所有能做到的、能爱的都给小孩，但是这种爱可能会有溺爱的成分在里面。在小孩的教育方面，媳妇的理念会更多一些，因为媳妇会考虑到小孩的成长问题，也考虑到培养方式的问题。现在很多小孩都要参加很多特长班的学习，家长都是不得不去，不能让孩子落于人后，而婆婆会把过去的理念拿出来，觉得自己家的小孩的教育方式挺好的，自己教育的小孩都成才了，怎么可能自己的教育方式不对。所以这个矛盾也会一直存在。

解决方案如下：

（1）互相理解。对于婆媳之间的矛盾，很多时候都是因为站在自己的立场想问题，而没有站在对方的立场想问题。其实婆婆最大的希望就是儿子幸福，所以，如果媳妇能够站在婆婆的立场想，是绝对可以把矛盾的尖锐性降低的。婆婆最好也能想着媳妇既然嫁给了自己的儿子，那就把她当作自己的亲人，当作亲生的孩子来对待，就会更加和谐一些。

（2）利用好丈夫的资源。丈夫面对自己母亲和爱人之间的矛盾，处理起来还是非常棘手的。这是一门“大学问”。丈夫在处理婆媳关系中，最好还是不要抱着谁对谁错的思想去解决问题，抱着安抚的心情去处理这个问题会更好。要学会处理的方式让双方都开心，尽管很难，但是一定要学会。作为丈夫，要忍受每天的婆媳纷争还不如好好地做好中间调解员。这是丈夫在婚姻中

必不可少的责任。

（3）不要发生正面的冲突。在这个方面，媳妇最好还是要刻意忍让一些，婆婆是长辈，如果当面对着婆婆说了一些不愉快的话，丈夫也是会有意见的。毕竟她是丈夫的母亲，肯定要尊重的。一些矛盾产生之后，冷静一下再想想处理方法，要比正面的冲突更容易解决。

16.2.3　家庭与工作

现代家庭往往需要夫妻双方都工作才能够获得较好的经济收入。现代的职场不再是男人独霸的天下，女性以其特有的气质，在越来越多的职业岗位中展现出与男性相同甚至超越男性的工作能力及工作成效，女老板、女上司、“女汉子”等成为生活与工作中的常态。

女性在家庭中依然承担较多的家务。这种常态必然促使夫妻双方在工作中付出同等的辛苦，在家庭中承担同等的家务。然而，由于女性角色在家庭中的特殊地位及传统习惯的影响，女性往往要比男性承担更多的家务。

工作对家庭产生的压力大于家庭对工作的影响[3]。工作中的职务、职称、业绩、挫折等诸多合作与竞争的结果会通过各种途径传递到家庭，对家庭产生压力。家庭成员总是会克服力所能及的困难去争取或维持一份较好的工作。

实现家庭与工作的和谐需要夫妻双方的共同努力。家庭与工作的博弈，需要夫妻双方的共同智慧与密切合作，能够很好地处理工作与家庭关系的夫妻才是真正幸福的夫妻，其家庭才是真正幸福的家庭。

工作与家庭的和谐没有固定的模式，随着家庭与事业的变化而变化。有文化的夫妻不会放弃自己的核心价值追求，更不会完全依赖对方，但是一定会为了自己所爱的人及老人孩子有所牺牲。这种牺牲换来的是家庭与工作的和谐。

16.2.4　离婚

离婚是常见的婚姻解体方式。婚姻存续期间，夫妻双方在生理、心理、经济、社会等方面不能适应，发展到极致，导致婚姻功能丧失，只能依照法定程序解除婚姻关系。离婚会对家庭及社会产生负面影响，对子女尤其是对未成年子女的影响较大。但是作为一种制度化的婚姻解体的离婚，也是社会发展进步的一个标志，离婚自由是婚姻自由的重要组成部分，也是妇女解放的标志之一。

离婚的常见原因有低龄结婚、未婚先孕、恋爱时间短、家庭有离婚史、婚前性行为、夫妻不平等、性生活不和谐等。

夫妻之间的心理冲突常常是促成离婚的诱因及前奏。引起夫妻心理冲突的主要因素有需要得不到满足、价值观念不一致、自我意识或性格气质不合、夫妻的性差异等。

16.3 提升婚姻幸福感指导

16.3.1 给爱人留些空间

两性的结合是感情、生活的结合，而不是个性、人格的溶解，双方更不是彼此的影子，因此不要追求形影不离。否则，就像不停地吃东西会使人丧失食欲一样，老粘在一起也会使人兴趣索然。

男女之间只有部分共同点，双方有各自的朋友和嗜好，能有更多的话题。

16.3.2 在对事业的共同追求中创造两情相悦

爱情作为一种社会情感，注定要受到社会政治、经济、文化诸多因素的影响，不可能与世隔离、孤芳自赏。爱情是事业的动力，事业是爱情的升华。希望爱人一定要成为强人的人未必有多少，但任何一个对社会有责任感的人，都希望自己的爱人对社会给予关注、有较强的事业心、对事业有不断的追求。

因此，婚后的夫妻整日卿卿我我，把自己封闭在个人家庭的小圈子之中，爱情的温度是难以持久的。有了新的事业目标，夫妻可以在共同价值追求中，不断加深理解、共同克服困难，会给情感上的新的交融带来机会。

16.3.3 增添新的内容，寻找新的乐趣

除了工作、学习和家务以外，应努力为家庭生活增加一些新的内容，创造发展感情的良好环境。例如周末活动，可以选择和培养一项夫妻共同的爱好。这样有利于减少单调乏味的感觉。

16.3.4 为己容，为悦己者容

爱美是人的天性，无论男女皆然。

婚后的夫妇，要防止在刻板、重复的家务和朝夕相处的平淡中让婚前的情调和志向变得荡然无存。要注意修饰，特别是女性成家之后，决不能把对家庭的奉献与牺牲视为自己唯一的人生意义和义务，忽略了更丰富的生活追求，比如一头扎进厨房，扮演“老妈子”的角色，变得无欲无求，或者不修边幅、变得苍老而呆板。到了中年，甚至进入老年之后，由于男女生理上的原因，男子的魅力期比女性持久，这时女性更需要主观的努力，用更深的爱与新的理解，去寻求双方的共同点，重塑自己的风采。谁也不可能红颜常驻，但“先天之美虽有失，人工美则足补偿”，女性得体的淡妆与服饰，加上端庄典雅，仍给人以光彩照人之感。气质虽有“天生丽质”一说，但更在于后天培养。

16.3.5　珍惜暂时的离别

有分开的时候，才有想念对方的时刻。给对方一定距离、一个空间，让其去渴望、去充满柔情地等待。不要惧怕与爱人暂时的别离，只要能正确对待，重视分离期间的信息联系，那么暂时的别离反而会加倍品尝到爱情的甜蜜。俗话说“小别胜新婚”，从心理学上讲，这是由于人为地造成距离使彼此在对方心目中的形象常新常青。从某种意义上说，没有距离就没有自由，没有距离就没有吸引，时空的间隔往往会增加爱的强度。

16.3.6　始终注重夫妻间的情感交流

赞美对方、关注对方，一个赞许的眼神、一丝快慰的微笑、一句温情的表扬，都会给对方带来陶醉。外出归来，或趁对方生日送一件小小的礼物，都会在爱人的心中荡起爱的涟漪；妻子洗衣服，丈夫过去帮一把；丈夫伏案写文章，妻子送上一杯热茶；上下班前后，一声温存的道别和一句亲切的问候，都会使对方感受到自己在你心中的地位，产生一股满足感。

夫妻之间传递信息、表达感情的方式多种多样，看起来似乎微不足道的区区小事，只要能经常地出现在家庭生活中，都能在夫妻之间增添一份柔情、一丝蜜意。特别要注意：有了孩子之后，妻子决不可把丈夫“晾”在一边。

16.3.7　多一些幽默感

善解人意才有可能促进两情相悦。面对纷繁复杂的社会生活和家庭生活中的锅碗瓢勺等琐事，有时确实需要多一些承受困难的勇气和驾驭生活的能力。

家庭中的幽默可以减轻心理上的压力，尤其是夫妻生活中的幽默语言，常常能激起感情上的浪花。因为幽默是坚毅、冷静、智慧、能力的象征，是家庭矛盾的调和剂。世界上的人大多有一种天生的本能：不愿意听到别人对自己的指责。天下没有完美无缺的人，夫妻天长地久永相守，更需要彼此的谅解和宽容。夫妻之间任何一方的主观急躁、埋怨指责，都会使感情趋向平淡与萎缩。

■ 拓展练习

1. 分析练习。

用“欲望→需要→理想”的需要三层次理论及需要增值模型，分析“恋爱—婚姻—家庭”关系中的需要发展、变化特点。

2. 用心态福桶理论分析幸福婚姻的心态特点。

【注释】

[1] 中国就业培训指导中心，中国心理卫生协会．心理咨询师　基础知识[M]．北京：民族出版社，2012：180.

[2] 中国就业培训指导中心，中国心理卫生协会．心理咨询师　基础知识[M]．北京：民族出版社，2012：180.

[3] 中国就业培训指导中心，中国心理卫生协会．心理咨询师　基础知识[M]．北京：民族出版社，2012：184.

[4] 中国就业培训指导中心，中国心理卫生协会．心理咨询师　基础知识[M]．北京：民族出版社，2012：185.

[5] 罗宾斯．组织行为学[M]．孙健敏，李原，付亚和，等，译．北京：中国人民大学出版社，2010：150.

17　创富理财

17.1　什么是创富理财

创富是创造财富，理财是管理财富资源。创富理财是以创造财富收入、促进财富增值为目的的持续性活动。创富包含了创造财富及获得收入两方面内容，理财是对现有财富资源进行科学管理实现保值、增值的活动。

人类社会的发展史是一部通过不断创新技术创造更多财富的历史，是一部不断通过合理有效的资源配置形成有利于解放和发展生产力的社会生产关系的历史。从石器时代走进青铜器时代、铁器时代，而后迈向工业革命、信息技术革命，社会总体财富随着生产力与生产关系的发展不断提升，人类的生存及生活质量不断提高、物质文明与精神文明不断提高，人类在创富理财的过程中不断完善、进化。

人类社会的一切活动及精神文明的发展都以社会财富的积累为基础。国家、集体组织、家庭、个人的几乎所有活动都以创造财富、合理配置和使用财富为中心，以满足广大人民群众不断发展的物质生活与精神生活的需要。国家机器是维持与现有生产关系及经济基础相对应的上层建筑的坚强后盾。

发挥个人的聪明才智创造财富、增值财富，是促进人类社会文明进步的责任，是服务国家、贡献社会的义务。

创富理财极大地影响人生幸福。

17.1.1 财富及相关概念

财富

财富是具有价值的东西，包括自然财富、物质财富、精神财富等。从内容方面看，财富是所有具有货币价值、交换价值或经济效用的财产或资源，包括货币、不动产、所有权、对一些基础设施服务的享受权等。从数量方面看，财富是对一个人或团体的资产的衡量，全体居民财富的总和称为国家或社会的总财富。

货币

货币是用作交易媒介、储藏价值和结算单位的一种工具，是专门在物资与服务交换中充当等价物的特殊商品，是人们的商品价值观的物质附属物和符号附属物。货币包括流通货币和各种储蓄存款。现代经济中的货币只有很小部分以实体通货方式显示，即实际应用的纸币或硬币，大部分交易都使用支票或电子货币。货币区是指流通并使用某一种单一货币的国家或地区。不同的货币区之间在互相兑换货币时需要引入汇率的概念。

金钱或钱是货币的俗称，由于在贝类之后使用的货币大多由金属制成，故称“金钱”。

财富需要

追求财富是人性的体现，是人与生俱来的欲望之一。“富者，人之情性，所不学而俱欲者也”是司马迁在《史记》中对人类财富心理的概述。由财富欲望演绎的人生悲喜剧从古至今一直在不断上演。

财富欲望的升华是需要层级提升的主要内容之一。人的财富需要分为财富欲望、财富需要、财富理想三个层次，每个层次有三个由低到高逐渐上升的级别，形成了 3 层次 9 级别的财富需要层级，如表 17-1 所示。

表 17-1　财富需要层级的基本特征

层次	级别	层级名称	财富需要表现	基本角色
理想	6	成天下	社会财富增值	新行业、新市场的缔造者
	5	成人	双赢、团体需要实现	带动就业的企业家、创业成功者
	4	成己	个人需要实现	成为有钱人、富人

续表

层次	级别	层级名称	财富需要表现	基本角色
需要	3	克己	理性规划	合理创富理财的人
	2	任己	财富需要过强	挣钱狂、消费狂
	1	枯萎	财富需要枯竭	啃老族、身体健康的被救济者
欲望	−1	害己	伤己求财	卖血者、过劳者
	−2	损人	抢掠财富	抢掠者、盗窃者、诈骗者
	−3	害人害己	损人害己	黑社会、吸贩毒者

欲望层次的财富需要具有负面性质，负值越大，表明人往往越是不择手段；处于较低财富需要层级的人，创富理财的动力与能力需要提高；处于理想层次的较高的财富需要，以“成”为特点，成己、成人、成天下，能够在较好满足个人财富需要的同时为他人及社会谋福利。财富需要层级的不断提升及满足是事业成功、人生幸福的标志。

欲望会随着社会地位的改变和收入的增减不断变化。人的基本生活需求很有限，大凡在基本生活需求满足之后仍感到钱不够花的人，都是因为欲望的膨胀大于收入的增加。欲望和收入就像两匹马，优秀的驭手善于控制“欲望之马”的辔头，使其跟随“收入之马”身后缓缓而行；拙劣的驭手则放纵“欲望之马”在前狂奔，使其成为脱缰野马。其结果是，前者虽不富有，却很少为缺钱而恐慌；后者纵然富有，却常常为钱不够花而发愁。

财富理想的发展进无止境。当一个人的财富需要升华为财富理想，把创造财富内化为成己（成就自己）、成人（成就他人）、成天下（造福社会）的价值追求，就能够在不同的阶层、不同的位置，不断地创新、创业或协助他人创业，不断地克服困难把企业做大、做好、做强，超越个人的需要，为人类社会的共同富裕做出崇高的贡献。

17.1.2　财富晶体

每个人都有自己的财富观念、财富行为模式，个人关于财富的所有品质的综合就是个人的财富晶体。财富晶体是以个人内心深处的财富需要为基础，在不断感知、接收财富刺激源、经历无数感知意行循环之后逐渐形成的个人感知意行晶体品质。财富晶体包含了财富心态、财富习惯等所有与财富有关的个人心理与行为特点的感知意行品质。财富晶体决定了一个人能够达到的财富高度。

财富的感知意行模型

财富晶体的形成是个人感知意行循环围绕生存环境中的财富刺激不断生长凝固的结果。财富晶体生成的感知意行模型如图 17-1 所示。

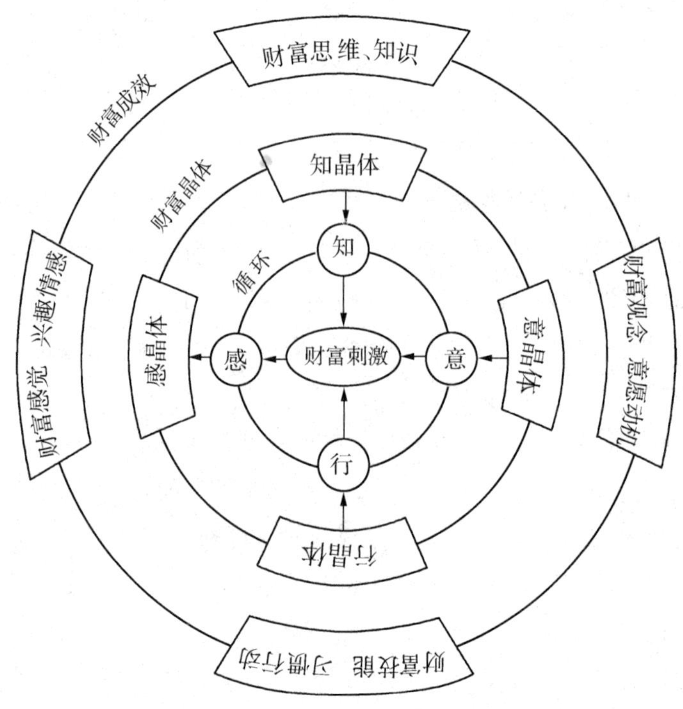

图 17-1 财富感知意行模型

在财富刺激下，经历感知意行循环，个人财富晶核不断生长形成个人的财富晶体。现在的财富晶体是过去所有财富感知意行品质的积累，未来的财富晶体是现在所有与财富相关的感知意行品质的积累。

如果希望将来的财富状况比现在更好，就必须从现在开始，改变已经形成的财富感知意行晶体品质，形成与未来财富状况相适应的新的财富晶体。满足于现在，未来就是过去的延续，过去等于未来；不满足于现状，才能创新，改变等于创新；改变现在，才能改变未来、创造未来。

财富感晶体

财富感晶体就是对创富理财的情感、兴趣、感觉，是财富情感、财富兴

趣、财富感觉等的综合。

（1）财富情感：关于财富的喜怒哀乐、爱恨情仇的感情。

嫌贫爱富、仇富、不为五斗米弯腰、笑贫不笑娼等都是关于财富的情感表达，有着什么样的财富情感就会产生什么样的创富理财行为。财富对自己意味着什么、如何获取财富、如何使用财富是表现财富情感的三个主要方面。

“爱财如命”与“视钱财如粪土”是两种极端的财富情感，“君子爱财，取之有道”是许多人关于如何获取财富的情感选择，“财聚人散、人聚财散”是许多人使用财富的情感选择。

许多通过正常手段致富的有钱人的财富情感往往比普通人深刻，其财富情感包含了人生的几乎所有情感。李嘉诚不睡懒觉，不去娱乐场所，不海吃豪饮，除了打打高尔夫，大部分时间放在创富理财上了。他虽然很富有但生活却很简朴，对自己节俭但对社会、对员工却非常大方，“君子爱财，要取之有道、用之有道”，2010 年 8 月他捐出三分之一家产做慈善。创富理财是实现人生价值、人生大爱的手段。

（2）财富兴趣：关于财富的兴趣。兴趣是吸铁石，能够把注意力和精力吸引过来。投入注意力和精力才有可能把事情做好。对财富的执着兴趣是成功创富理财的助推剂。许多有钱人是有着执着兴趣的人，除了对财富的执着兴趣之外，可能还有其他一些较为执着的兴趣。讨厌、排斥财富的人，很难在财富方面取得成就。

（3）财富感觉：对财富的敏感察觉。很多机遇摆在眼前，一般人感觉不到、看不到，而一些财富感觉发达的人，却能够见常人之所未见，发现商机，成就传奇。中国现在的网络风云人物都是财富感觉很发达的人。

财富知晶体

财富知晶体主要体现关于财富的思维及知识水平。财富知晶体是关于财富、金钱的思维、知识、经验的积累，主要表现为财富思维、财富知识、财富经验。

（1）财富思维。财富思维的高度决定了创富理财的高度。

（2）财富知识。在个人财富知晶体中所讲的财富知识，是个人已经学习掌握的各种关于创富理财的理论知识。财富知识的有效性、正确性决定了创富理财的有效性。知识本身并不能创造财富，只有将知识加以整合，并通过实际的行动，才能达到创造财富、积累财富的目的。“知识就是力量”并不完全正确，知识只是“潜在的”力量。只有经过实践检验正确的、并付诸行动的知识才成为真正的力量。

能够产生力量的知识是“活的知识”，不断学习更新“活的知识”是个人及社会进步的需要，是不断创造更多财富的需要。李嘉诚曾说：“在知识经济时代，如果你有资金，但是缺乏知识，没有最新的信息，无论何种行业，你越拼搏，失败的可能性越大；但是你有知识，没有资金的话，小小的付出就能够有回报，并且很可能达到成功。现在跟数十年前相比，知识和资金在成功的道路上所起的作用完全不同了。”

现代社会，学习已成为人们的一种必需品而非奢侈品。面对日新月异的经济环境变化，唯一持久的竞争优势就是具备比你的竞争对手学习得更快、更好的能力。只有学习能力增强，才能适应变局，才能识透格局，才能打破僵局，才能掌握全局。

财富意晶体

财富意晶体是个人关于财富的观念、意愿、意志及选择的体现，即关于创富理财的意志、意愿、价值观。中国传统社会主张农耕，“重农轻商”，老百姓缺少创富理财的观念。

（1）勤劳致富。勤劳致富不是通过简单的体力劳动致富，而是遵循创富理财的规律通过勤奋工作致富。“勤劳致富”的观念在中国人心中根深蒂固，一般认为通过勤奋的劳动就能富起来。这种理解是财富晶体不成熟的表现。单靠简单体力劳动的勤劳难以致富：简单体力劳动主要是为了产出，从经济学的角度来说，产出取决于生产要素及其组合的方式，生产要素包括劳动、资源、资本、企业家才能、知识，五个要素当中劳动的价值最低，尤其是体力劳动。简单劳动不可能超越其他要素致富。产出是否能够具有价值，需要有人购买，只有完成销售才能实现产出价值，价值的一部分作为工资由劳动者获得。显而易见，靠这一部分工资是无法实现致富梦想的。

（2）一夜暴富。一夜暴富不是健全社会的常态。新兴技术和资本市场相结合产生的神奇的财富反应，已经在中国造就了一大批一夜暴富的富豪。渴望一夜暴富成为了许多人的心态。一夜暴富的盛行会形成整个社会的急功近利和浮躁之风的盛行，会使得一部分人通过不合理的方式来掠夺他人或社会财富，从而使得整个社会的财富分配行为扭曲。

财富长期积累达到一定临界数量，在某一时刻突然发生质变形成的财富剧

增是正常现象。在信息时代，这种积累的过程越来越短，但是这种质变只为那些具备超凡财富晶体品质而又勤奋工作的人而准备。一个人的成长、知识文化的获得与积累，必定要经过一个漫长的过程，必定是持续努力的结果。“不积跬步，无以至千里；不积小流，无以成江海”，只有意识到创富理财是一个聚少成多、循序渐进的过程，从积小钱开始，逐渐提升个人的财富感知意行晶体品质、形成良好的财富习惯，创富的梦想才能越来越近。

（3）能挣会花。能挣会花是一种积极的生活态度，带有创造性且有利于积蓄后劲。能挣会花的理念，在主观上有利于个人发家致富、提高生活品质，在客观上则有利于推动整个经济社会快速发展。如果大把的钱挣到手后，拥有者不是沉醉于“数钱数到手抽筋”，而是在投资扩大再生产的同时，花钱读一些书、欣赏一些文娱表演、远足出游、放眼世界，这样就既可以丰富知识、提高素质，又可以休养生息、陶冶情操，是潜移默化的蓄能充电，是劳动力的再生产，是财富保值增值、不断创造新价值的长久之道。“大部分的理财问题都是由入不敷出引起的，事实就这么简单。解决的方法同样简单：不要过度花费。”[1]

财富行晶体

财富行晶体是各种创富理财技能、习惯的体现。不注意点点滴滴的积累及形成良好理财习惯，总会不时碰到一些财务问题。

（1）理财技能。①储蓄未来财：把收入分成若干份，每月先留存“未来基金”，然后支配其余的收入，并把结余存入“未来基金”账户。②分清“想要”和“必要”：给种种欲望排出“座次”，按照顺序理性地花钱，这是富人与穷人的重要差别之一。

（2）财富习惯。给欲望排出“座次”后，就要计算成本和收益，并据此决策，这样做一次两次并不难，真正困难的是养成这一管理金钱的习惯。养成管理金钱的习惯，远比拥有的钱财数目重要。有什么样的习惯就有什么样的生活。偶然获得了一些财富，并不能改变已经形成的财富习惯，按照一定的思维方式及行为方式做事必然引起与此对应的结果。

有一个富人，认识了一个穷人，发了善心送给穷人一头牛，并对穷人说：“现在送给你一头牛，你用它好好去耕地，明年开春了再给你带点儿种子来，种上粮食，到秋天就再不用过这种穷日子了。”

穷人听了以后满心欢喜，白得了一头牛，就开始耕地，耕了一阵，没有见到明显的改善。原来是人要吃饭，现在多了牛要吃草，他觉得生活负担更重了，心想不如把这牛卖了，换几只羊生小羊，这样拿出去卖，赚钱就会快点儿。换了羊之后，他杀了一只羊吃了，吃完了第二只羊，那小羊羔还没下出来。“这怎么得了，不如把羊卖了，换成鸡，这样鸡下蛋就会快一点儿，拿鸡蛋去卖。”他心想。他就把羊换成了几只鸡，还是照例回家先杀一只鸡。杀了一只杀两只，还剩最后一只的时候，蛋还没下来。这下这个人彻底绝望了，把这只鸡也给卖了，换一壶酒，三杯下肚，万事不愁。到了春天，富人兴冲冲地拿着种子到他家来，发现这个穷朋友坐在屋里，一边喝着酒，一边嚼着咸菜，家里还是家徒四壁，还是得过且过、今朝有酒今朝醉。

要改变目前的财富状况，必须改变目前的财富习惯。只有形成适合自己的创富理财习惯，才能够满足自己创富理财的需要。想的是一回事，做的是另外一回事，不去做永远不可能实现想的那些事。知道加做到才会得到。任何人都应该及早培养创富理财意识，获得创富理财的体验。大学生通过参加勤工助学、评估父母给的零花钱的使用价值等，有利于养成良好的创富理财习惯。

17.1.3　创富与创造价值

创造或发现需要

创富就是创造财富，创造具有使用价值与交换价值的事物。人类的所有创造都不是凭空臆造，都是自然及人类进化发展的产物。所谓创造只不过是应用新发现的原理、规律和新的技术等，制造出了以前不存在的事物，或改进、提高了已有事物的效能。创造财富就是开发新的财富或改进提升现有财富。

财富是有价值的东西，价值是通过使用及交换实现的。一个物品如果始终没有人使用，也没有用来交换或者说没有任何交换价值，那么这个物品就不是财富。

需要是价值实现的基本条件。具有使用价值与交换价值的事物，一定是能够满足某种需要的事物。为了满足需要，人们使用或购买能够满足这种需要的事物。没有需要，就没有价值的实现。创造需要是创造财富的前提，需要的不断发展是新的价值不断发芽生长的温床。新需要的满足意味着新价值实现，意味着新财富的出现。

创造需要包含了更新已有的需要与开发新的需要两个方面。已有需要的更新能够带来新的商机，因为需要满足的群体及市场比较完善，一旦更新，易于

推广普及。例如信息交流需要的更新不断创造着财富的神话。开发新的需要可以从人类、国家、产业、企业、个人等不同层面开展。每个人的新的需要层出不穷，能够把大多数人的类似的新的需要归纳汇总，是一种开发新的需要的有效模式。

创造满足需要的新事物

需要的满足具有变化与递升特点。满足需要的方式多种多样，是不断变化、不断发展提高的，为满足需要的新事物的出现提供了广阔的空间，即创造具有新的使用价值的、具有更高交换价值的事物。

创富促进人生幸福

用创富检验能力，用花钱实现人生价值。创富可以证明一个人的能力，花钱真正体现一个人的价值。

创富是市场经济中个人能力的证明。在市场经济中，创富者不但能准确捕捉易变的需求，还能靠自己、靠组织众人从事最有效的投入和生产。能创富、会创富，是一件非常光荣的事情。

创富者以支配财富的方式显示价值观。许多富人通过支配财富实现了治国、平天下的人生理想：在可以投资的各种诱惑中，利用自己拥有或支配财富的权力，促进一些更有社会价值、更加符合人道和更有利于人与自然和谐的项目和事业的发展；利用自己的支配力和社会影响力，引导自然、健康、高雅的生活方式和情趣，推动社会道德的提升和社会风气的演变，实现生命价值的升华。

17.1.4 利益

创造财富的目的是满足需要，满足个人、家庭及个人所在团体的需要是创富的直接动力。需要的满足必须拥有享受或支配能够满足需要的财富的权利，这种权利是对财富的享受权与支配权。一个人、一个团体、一个国家，从没有财富到逐渐拥有许多财富，就是利益不断积累的结果。

利益是人或团体具有享受权或支配权的所有能够满足需要的事物。财富是有归属的，只有拥有它的人才能够享受或支配财富以满足需要。

利益的分类

由于人的需要是多方面的，因此有多种多样的利益。根据需要类型，利益可以分为经济利益与政治利益、物质利益与精神利益。基于生产关系形成的对物质产品的占有关系，是物质利益，也称为经济利益。根据利益的主体可以对利益做不同的区分，例如，从个人、阶级、集团与社会的角度，可以把利益区分为阶级利益、民族利益、国家利益和个人利益；从整体与局部的角度，可以区分为整体利益和局部利益。根据利益发生的时间可以区分为长远利益和眼前利益等。

利益是动力之源

追求富贵是人的天性。对利益的追求形成人们的动机，成为推动人们活动的动因。历史上各个社会阶级和集团的联合与斗争都与利益有关。现代世界国家之间的联合与斗争同样与利益有关。利益最大化是最主要的行为准则。只有足够成熟的人或集体，才能够理性地权衡利弊，从宏观与微观、长远与眼前、团体与个人等方面系统评估实现综合利益的最大化。

利益的表现形式

经济利益的表现形式多种多样，利润与盈利是最常见的表现形式。通过利润及盈利的积累，实现了大量财富的拥有权与支配权的人，通常被叫作“富人”。富人的判断标准并不是工作能挣多少钱，而是工作停止之后能够支配财富是多少，即停止工作后还能生存的时间，生存的时间越长就越富有。

政治利益的表现形式通常以权力的大小及实质的支配权的形式体现。拥有较大的政治支配权的人，通常被叫作“权贵”。

17.1.5　挣钱

挣钱是获取个人利益的一种方式。

个人通过付出劳动、服务社会、贡献价值获得合法的金钱报酬或财富就是挣钱。在一定程度上挣钱反映个人对社会和国家的贡献。

合法地挣钱、挣合法的钱是最重要的公民美德之一。

工作、挣钱是生活的基础，不工作，生命就会变得空虚，就会变得毫无意义，也不会有乐趣。一个从来就不需要工作挣钱的人，很难完全体验人生的意义。挣钱促进成长。挣钱不仅能养活自己和家人，还能明白生活的道理。用自己的努力和智慧挣来的金钱中，包含着阅历、意志、力量、思维方法、严谨作风和决断能力。通过在挣钱过程中处理各种关系和问题，可以帮助塑造自己的品格、完善自己的个性。挣钱还能带来满足和快乐。

千金难买“经验”。富翁是怎样炼成的？刚开始的时候，他们愿意给人当

学徒，一点一滴地学习经营管理的经验。在学习经验的过程中，他们心中计算的，不是这个月我得了多少钱、下个月我能够得多少钱、这一年我能得多少钱，他们心中计算的是我什么时候可以学到本事，开创一份自己的事业。

社会上有这样的人，他们生活不如意，但又不努力去工作挣钱，成天抱怨国家、社会和他人。在这些人看来，他是社会的一员，就有资格过上好日子，国家和社会有义务帮助他。越是这样想就越不会努力挣钱，成为社会的负担。

当下的“啃老族”由父母辛辛苦苦养大、上学，却不工作挣钱，还得父母资助甚至养活他们，买房、买车、结婚，都得父母掏钱。他们中相当一部分不敬业。不敬业自然无法创造财富，不努力挣钱就得继续“啃老”。这些人已经成为父母的负担，却心安理得。啃老不可能啃一辈子，这些人不努力的话，最终还会成为社会的负担。

17.1.6　理财

理财就是对财富进行有效管理、科学消费和使用、使财富得以保值和增值的活动。理财是一个持续性活动，是一个充满生机与变化的持续性活动，需要每个人根据自己的财富晶体特点及成熟阶段自主探索，形成与个人财富水平及生活方式相适应的理财模式。

理财的误区

（1）理财是有钱人的事，小钱不用打理。我没多少钱，钱挣起来太慢。产生这种想法的原因是不了解钱的脾气：钱是个长跑运动员，是属于耐力型的选手，而且它跑得越后越有劲、速度越快，跟人不一样。钱的数字随时间的积累增长是很吓人的，今天花掉的不是一块钱，是养老金。钱少一样可以理财，所有的百万富翁都是从一块钱开始的。

（2）收入很高，不需要理财。有些“金领”工资很高，工作也很稳定，不必担心买房买车或者是日后的养老问题，因此就觉得自己没有理财的必要。其实理财往往是和收入相辅相成的，收入越高，越需要用合理的理财投资方法打理自己的财产，用来进一步提高自己的生活水平，以及增加自己对风险的抵御能力。

（3）理财就是投资。投资只是理财的一个方面，并非是理财的全部，在理财规划的内容中除了投资计划，还有税务计划、退休计划及遗产计划等。

（4）被从众心理控制。多数人的投资习惯是随大流，看到别人做什么就跟着做什么，或者市场“火”什么就买什么，往往还不清楚其中的状况就选择了投资，投资理财时出现的这种盲目心理，往往会造成资金的损失。

（5）把钱交给理财师帮忙理财就可以了。一般的理财策划并非代客理财，是一个理财师与客户互动的过程，双方需要充分地交流沟通才可以。理财师在投资理财过程中给予客户指导，让客户少走弯路，最终的决定权是由客户掌握，理财规划必须得到客户的授权才能执行。

（6）保险是骗人的。保险作为一种可以提供保障的投资方式，其主要功能是保障，让人们面对意外事件的时候依然有能力解决。

（7）理财可以“一夜致富”。

（8）理财不能有风险。在投资学上风险与报酬是成正比的，可以说哪里存在投资，哪里就有风险。只有正确地进行投资理财规划，才可以在获得较大收益的同时，有效地减少和规避风险。

（9）鸡蛋放在一个或太多个篮子里。“不要把鸡蛋放在同一个篮子里”是理财方面的一句名言，但是如果盲目地追求面面俱到，将鸡蛋放在太多个篮子里，其实也陷入了投资理财的一个误区。前者无法分散风险，后者是投资追踪困难，无法提高投资效益。

（10）没有时间和精力理财。理财需要时间和精力，但这个绝对不是拒绝理财的借口。时间是一笔财富，而对时间的掌握和运用，则是对生命的一种经营。对于事件的管理和理财的原理其实是相通的，在学会“节流”的同时，还要学会“开源”。每天 24 小时对于每个人都是公平的。

17.2 创富理财拓展

17.2.1 创富理财与成熟

财富成熟是最重要、最高层次的成熟。人的成熟主要有身心智富四个方面的成熟，身心智的成熟形成一个稳定的三角形，财富成熟是三角形中心生长的宝石，赋予身心智三角形以意义与价值，形成一个成熟宝石，财富成熟是最有价值的成熟。

财富成熟同样经历依赖期、独立期、合作期、创发期、完善期、超然期六个阶段。六个阶段的基本特点如表 17-2 所示。

表 17-2　财富心理成熟六阶段基本特点

阶　段	基本判据	主要特点
依赖期	听话、规矩、服从	要钱花，依靠亲人、社会获得钱财
独立期	叛逆、无畏、担当	挣钱够花，自己独立探索挣钱理财
合作期	宽容、共赢、存异	合作挣钱，找到并维护合作点，实现合作共赢
创发期	进取、创新、发展	创造财富
完善期	调整、固化、传承	能挣会花，形成良性循环财富链条，家庭和睦，身心健康
超然期	天人合一，从心所欲、不逾矩	共同富裕，回归自然，实现人与自然、人与社会的高度和谐相处

17.2.2　创富理财与职业

职业是创富理财的主要舞台，人职和谐是实现事业成功与人生幸福的基础，个人职业晶体与财富晶体的协调一致是人职和谐的体现。

什么样的行业领域及职业岗位能够满足个人创富理财的需要？通过评估个人的财富晶体与职业晶体的特点，能够较好地实现职业选择与创富理财的和谐。

职业晶体与创富理财的关系如表 17-3 所示。

表 17-3　职业晶体与创富理财关系

创富理财特点	职业类型	职业晶体类型	性格类型	人格类型
创新、高收益、高风险	创造类	1 型-创造型	感性、主动	自我、艺术
开拓、推广、高提成	营销类	2 型-营销型	外向、主动	成就、现实
整合、控制、高产出	企业类	3 型-企业型	主动、理性	成就、现实
管理、增效、高年薪	管理类	4 型-管理型	理性、严谨	完美、现实
研发、改进，较高年薪	技术类	5 型-技术型	理性、内向	现实、严谨
操作、计件薪酬	操作类	6 型-现实型	感性、严谨	现实、理智
办事、计时薪酬	安稳类	7 型-安稳型	被动、内向、感性	和顺、感情
服务、以质量定薪酬	生活类	8 型-生活型	随意、感性	享乐、感情

续表

创富理财特点	职业类型	职业晶体类型	性格类型	人格类型
贡献、工作量薪酬	社会类	9 型-社会型	感性、外向、主动	利他、感情
补遗拾缺、随意薪酬	自由类	10 型-自由型	随意、感性	自我、艺术
创造艺术品，以稀为贵	艺术类	11 型-艺术型	随意、敏感、内向	艺术、自我
研讨、建模，以用为贵	研究类	12 型-研究型	理性、内向、严谨	理智、艺术

职业晶体与个性特征有一定对应关系，不同的职业晶体类型除了在职业舞台实现创富理财的需要之外，对职业之外的创富理财依然有着重要影响。

许多人在职业之外开创了一片新的创富理财的广阔天地，无心插柳柳成荫。但是，不同职业晶体类型的人适合的创富理财项目及方式有着很大不同，违背了自己的天性，可能事与愿违。比如一个安稳型的人去创业、开发新产品、开拓新市场、去承受较大的风险，是很难成功、很难幸福的。一些职业晶体类型适合的理财项目如表 17-4 所示。

表 17-4　职业晶体类型与理财

个性类型	个性特征	建议理财方式
安稳型	胆小谨慎，对新方式一概拒绝尝试，不愿冒风险	储蓄、国债、固定收益类产品为主，收益比较稳定
创造型	勇于尝试新的事物，喜欢冒险，会投资风险较大的品种，内心渴望一夜暴富	股票、房地产投资、黄金、外汇等
严谨型	做事考虑周全而稳妥，不会随意冒风险，承受的风险能力有限	购买固定收益类的产品，如货币基金
随意型	对理财没有明确的目标，喜欢随遇而安，对金钱的态度比较平和，介于激进型和稳健型之间	选择高风险和低风险理财产品各半的理财方式

在选择创富理财项目及方式时，应结合自己的性格、人格及职业晶体类型来选择。

17.2.3　理财的要素

树立正确的理财观念

（1）投资理财不在于时机的好坏，而是越早越好。

（2）理财不只是有钱人的事。不论贫富，理财都是伴随人一生的大事。俗话说："吃不穷，穿不穷，算计不到一世穷。"工薪族与有钱人相比，面临更大的教育、养老、医疗、购房等压力，更需要理好财。对于工薪族来说，工资是有限的，不必要的花钱就不花，等有了一些余钱，就应该想办法让它保值增值，使其收益最大化。

（3）每个人都能理好财。实际上理财是一个日常积累、摸索实践的过程，不需要有什么负担和压力。其实每天付账、缴保费、到银行存取款等，都是理财活动。只要学好理财知识，每个人都能理好财，理财能够帮助自己顺利地累积财富、逐步实现梦想。

（4）理财的目的在于使将来的生活更有保障。善于计划自己的未来需求应该掌握一些理财技能。钱财可以分为三个部分，分别是"应急钱""保命钱""闲钱"。"应急钱"可以按半年至一年的生活费存银行，活期存款、定期存款或者货币基金皆可；"保命钱"可以按三年至五年的生活费，定期存款、国债、商业养老保险皆可，应该是保本不赔、只会多不会少的投资；"闲钱"指五年至十年不用的钱，只有这种钱才可以买股票、买基金、投资房产，或者和朋友合伙做生意。

（5）理财规划是收支平衡的"调节器"。人们通常会面临收支不平衡问题，在人生的各个阶段都会有一些大笔支出，如教育、购房、培育下一代、医疗、养老等，客观上要求人们提早进行理财规划，以免出现入不敷出的情况。理财规划是调节收支平衡的利器，不仅是打理所挣到的钱财，更是用心经营未来的生活。

（6）理财规划是经济生活的"解压器"。面对各种生活成本的不断攀升，若善用理财工具进行理财规划，可有效地缓解生活压力、提高生活质量。"月光族"应增强理财规划意识，养成理财习惯，压缩消费开支，学会从"透支"到"投资"的转变。

（7）理财规划是财富增长的"助推器"。能否进行科学的理财在很大程度上决定了财富收益率的高与低，不同的理财规划往往会产生截然不同的收益。举个例子：小李和小林同年大学毕业，参加工作的时候都只有 24 岁，两人收入水平差不多，每年都只有 2 万元积蓄，假如小李把自己的钱拿去存银行，税后的收益率大约只有 2‰，而小林把自己的钱拿去买理财产品，收益率大约能达到 10‰。当他们都到 60 岁时，小李的总资产为 108 万元，而小林的总资产

为660万元，后者的余额为前者的6倍多。可见，从货币的时间价值上看，理财规划日益成为了财富增长的“助推器”。

（8）理财规划是规避经济风险的“防火墙”。有的人认为只要会赚钱就够了，但会赚钱的人不一定会理财。事实上每个人都有可能遇到财务风险，为了降低风险和实现人生各个阶段目标，应该有一个完善的理财规划。

掌握理财的基础知识

理财分为公司理财、机构理财、个人和家庭理财等。

理财主要包括：现金管理、资产管理、债务管理、风险管理及投资管理五个方面，这五个方面相辅相成。理财的内容与基本特点如表17-5所示。

表17-5　理财内容与基本特点

理财内容	基本特点
现金管理	现金管理是理财的基础
资产管理	资产的有效管理是理财的重心
债务管理	合理的债务管理是达成理财目标的捷径
风险管理	有效的风险管理是理财的命脉
投资管理	投资是理财的要点，是实现财富有效增值的重要手段

理财的五个步骤如表17-6所示。

表17-6　理财的步骤

理财的五个步骤	解释说明	分　类
赚钱——收入	工作收入是以人赚钱，理财收入是以钱赚钱	工作收入包括薪资、佣金、工作奖金等；理财收入包括利息收入、房租收入、股利等
用钱——支出	支出包括个人及家庭由出生至终老的生活支出，投资与信贷运用	衣食住行支出、健身娱乐支出、贷款利息支出、保障型保险保费支出、投资手续费用支出
存钱——资产	当期的收入超过支出时会有储蓄产生，而每期累积下来的储蓄就是资产	紧急预备金、投资、置业

续表

理财的五个步骤	解释说明	分　类
借钱——负债	当现金收入无法支应现金支出时就要借钱	消费负债、投资负债、自用资产负债等
省钱——节约	有所得要缴所得税、出售财产要缴财产税、财产移转要缴赠与税或遗产税	所得税节税规划、财产税节税规划、财产移转节税规划

投资理财不在于时机的好坏，而是越早越好。投资理财不在于金额的多少，而是愿不愿意。

坚持投资理财的原则

“管控自己的开销可以让人们做出与自己生活目标相一致的经济决定。”[2]

（1）坚持量入为出原则——保证基本生活，余钱投资。

（2）坚持经济效益原则——绝对值：利润=收入-成本；相对值：投资收益率=利润/投资额×100%。

（3）坚持安全性原则——组合投资，分散风险，不要把全部鸡蛋放在同一个篮子里，也不要把全部篮子挑在一个肩膀上。

（4）坚持变现原则——天有不测风云。

（5）坚持因人制宜原则——环境、个性、偏好、年龄、职业、经历等因人而异。

（6）坚持终生理财原则——一个人一生不同时期理财的需求不一样，因此必须考虑阶段性和延续性。

（7）坚持快乐理财原则——投资理财的目的是为了生活得更美好、保持快乐的心情和健康的身体。

（8）坚持提高素质原则——增强理财管理能力、资金运筹能力、风险投资意识，充实经济金融知识。

设计好理财计划

理财不应是一时间的冲动，而是一个中长期的规划，需要的是正确的心态和理性的选择，然后就是坚持、再坚持，一旦理财成为一种生活习惯，理财就会成为一件轻松愉快的事情。

设计一个好的理财计划，对于把握自己未来的生活不无裨益。设计理财计划的要点如下：

（1）分析自己的财务状况；

（2）设定合理的理财目标；

（3）评估自己的风险承担能力；

（4）根据收入情况选择理财方式；

（5）根据性格和能力选择理财方式；

（6）根据所处年龄段情况选择理财方式。

17.3 大学生创富理财

大学生创富理财是非常有意义的事情，通过创富理财才能够实实在在地促进自己的财富心态成熟。以下是一些大学生创富理财的拓展活动案例。

第一章 创富篇

一、大学生创富的意义

对于即将步入社会的当代大学生来说，最困难、最现实的就是理财和创富。对于创富我们每个人都有迫切想要达到的目标，每个人心里都有自己的期望，每个大学生都想为自己积累一份步入社会时最重要的一笔财富。学会怎样理财是大学生创富的第一步，也是最为重要的基础。创富的形式可以有多种，可以由自己或者团体通过创富积累社会经验，而且在创富过程中的反思和总结可以为自己就业时提供很大的优势，提高我们的综合素质。创富逐渐成为大学生必备的一项基本技能，也是提高我们社会实践能力的必然要求。

二、团队成员创富经历

小崔主要负责团队市场调研，创富经历也很丰富，摆地摊、暑假工作、家教等，每一项创富都为她增添了很多书本上学不到的东西，开阔了自己的眼界、丰富了自己的社会经验，为自己更大的目标发展提供了契机和基础。

小梁主要负责计划执行，小梁高中时就积累了一定的经验，比如在一些特殊节日卖一些具有特殊意义的商品，掌握了一定的营销知识和技巧。步入大学后，通过对学校生活环境的了解与分析，小梁和四个小伙伴慢慢发现同学们对于学校的一些奶茶店并不那么满意，决定在学校办一个符合同学们口味的饮料

店，但是由于一些硬件条件的限制，并没有找到一个合适的场所，但这并没有打击大家的信心。经过一周的准备我们的宿舍奶茶店已初具模型，接下来开始营业，以在学校摆摊的形式，第一天回应和收益并不错，但由于学校的一些规定，导致不能继续下去，第一次校园创业以失败告终，但从中得到经历和体验是金钱买不来的。

作为团队营销策划的小马，拥有丰富的电子商务专业知识和熟练的电脑方面的技术，是团队的核心，而他也在为自己的、团队的电商目标奋进。与此同时他也在为一些电子商务创业团队做网站，从而提高自己的实际操作能力，不断提升自己。

小舒作为团队的商品采购成员，具有丰富的市场经验和财产的支配能力，这离不开她的在社会实践中、社会的经验积累及相应知识的学习，慢慢提高了自己的综合素质。

小王负责商品销售，自己也开了淘宝网店，大一做过现在已经泛滥了的QQ空间朋友圈代购形式的代理。由于个人对鞋类的喜爱，深入了解了当时的莆田鞋的现状，通过各种渠道联系到厂商，并商定好完善的售前服务及配套的售后退换货政策。在淘宝注册了店铺开始在这个中国最大的电商平台进行鞋类销售。由于政策的变动，以及个人操作原因导致店铺被查违规暂停一段，目前店铺处于冻结状态，也停止了个人代购。这次创富经历，除了给小王带来了每月最低1 000~2 000元的收益，得到更多的是磨炼。在上游厂商与下游的次级代理、消费者间沟通，需要的是技巧和耐心，让年轻浮躁的心得到了磨炼。小王也在服务行业工作过，快餐店服务员的经历是接触社会的第一次尝试。高强度的体力劳动换来基本不对等的收入，产生了对财富的基础认识体验。参与管理西餐厅，又是对社会经历的全新层面进行探索的过程，不只是买进来后卖出去的理念，从源头的成本开始考量，到最终的成品的销售，再至环境氛围的营造、服务的理念质量，必须要求更成熟缜密的内心，这正锻炼了自己。

三、创富心得

我们还年轻，我们要在自己敢想敢做的时候去勇于尝试，不管结果如何，这都是一种经历；团队协作，一个人无论你多么优秀，单靠自己一个人的力量是无法成大事的；做一件事的前提是要足够热爱它，因为只有这样，才能全身心投入进去。处于现在这个阶段，赚钱主要是靠出售我们的时间来换取酬劳，因此，我们更要注重在每一次难得的创富理财的机会去思考、去体味、去感悟，而不仅仅只是盯着究竟赚了多少钱。

创富过程艰辛而又充满挑战。大学生不可以一味为了创造财富而创业创富，重要的是积累沉淀。创业是有了足够多的体验与经历才可以有思路有方向，而且需要等待机遇，并且做好充足准备，厚积薄发才是我们最终的目的。机会是留给有所准备的人，我相信通过对经验积累和失败的不断总结，终有一天我们会取得成功的。

第二章　理财篇

一、大学生理财意义

大学生是一个特殊的群体，在大学时期培养正确的财富观念、养成良好的理财习惯，是大学生社会化的重要内容之一。作为未来投资理财的主体，大学生需要增强投资理财意识、参加一定的投资理财实践，为将来合理、有效地投资理财打下坚实的基础。大学生理财与一般的家庭理财、企业理财不同，它的特点集中在一个“细”字上：财源细，消费项目细，出手细。针对这样的特点，在生活的点点滴滴中实行细致而缜密的理财计划，把有限的资金用在最有价值的地方，也就更有实际意义。投资不是短期的，需要长期的努力。因此，全面地了解当代大学生的投资状况、在全社会提倡健康合理的投资观，对大学生养成良好的投资习惯、树立正确的价值观有着深远的意义。理财不是有钱人的事情。大学生作为一个消费群体，也需要具备一定的理财知识。理财教育不是可有可无，而是越早越好。对大学生进行理财教育，对于个人、家庭、社会、国家都是一件大事，是重中之重。因此，大学生不但要树立正确的世界观、人生观、价值观，更要树立自己的理财观、养成良好的理财习惯、加强自己的理财意识。

二、团队理财观念

大学理财对于大学生来说更多层面上意味着把自己现有的钱财进行合理消费，不该花的钱不花，该花的钱花到有用的地方，使有限的资金发挥出最大的作用，并且培养初步的理财意识。理财是一辈子的事情，而我们大学生理财的目的在于学会赚钱、花钱和管钱，使个人的财务状况处于最佳的运行状态，从而提高生活质量和品位。

我的理财观念是投资未来的必须花、享受现在的选择花、单纯娱乐的少点花、浪费时间精力的不要花。投资未来指的是学习未知的知识、锻炼欠缺的技能、见识陌生的世界、结交比你更优秀的人。因此最好的理财就是投资自己：

增加对身体的投资，让身体始终好用；增加对社交的投资，扩大你的人脉；增加对学习的投资，加强你的自信；增加对旅游的投资，扩大你的见闻；增加对未来的投资，增加你的收益。

三、理财方法

（一）记账与开源节流

记账是大学生理财的核心，通过记账能够发现自己支出中存在的不合理的地方从而改进并且进行开源节流。要记账就要求我们有一个个人详细的账目表，传统的记账簿已经不能满足我们大学生的需求，加之手机移动终端的飞速发展，所以我们选择了手机客户端下载专门的记账软件来进行记账，手机记账软件非常方便，可以随时随地记录我们的花销，符合大学生理财中消费项目繁杂的特点，并且手机记账软件还有报表形成、财务分析等强大的功能，所以我们把手机记账软件的功能发挥得淋漓尽致，大学生记账首要的还是一种意识，所以手机对于我们来说可以是掌上游戏机，也可以是我们记账的利器，关键就要靠自己的意识。我们团队均有手机记账的习惯并且使用时间均超过两年以上，我们团队成员有较强的理财意识。

（二）培养勤工俭学意识

随着中国经济的发展，生活水平不断提高，物质消费也在飞跃发展，对于家庭经济条件不好的同学而言，大学昂贵的学费促使许多学生入学后就开始进行各种勤工俭学，以减轻家庭的经济压力。我们团队中有三人是学院助理团成员，一人是信息中心勤工俭学成员。

（三）编制预算

学会编制预算，可以有效控制消费，避免了盲目跟风和冲动非理性消费，并且培养了我们初步的理财意识。编制预算要求我们充分地了解自己的消费现状及未来消费的预期，建立在记账的基础上，通过编制预算能够进一步锻炼我们的理财意识。

（四）培养初步的理财意识

通过之前的一系列记账及编制预算等过程，我们都在培养自己的初步理财意识，在此基础上，我们会多关注相关的专业理财方法及工具。在我们团队中，每个人均开通有“余额宝”（“支付宝”推出的一种灵活保险的基金）每个月可以把自己闲置的钱财转入“余额宝”，并且每天可查看实时的收益，虽然收益不是太多，但是通过这款产品我们对理财产品有了一定的兴趣并且开始关注其他的理财方案和产品，大学期间我们会不断地尝试专业的理财方法和工具，从而提高自己理财的能力。

四、团队个人花销现状

（一）男生大致消费情况

生活费金额为1500/月：①吃饭为600元，占总花费的百分比为40%；②零食及生活日用品为200元，占总花费的百分比为13%；③电子虚拟消费为200元，占总花费的百分比为13%；④娱乐费用为200元，占总花费的百分比为13%；⑤书籍为100元，占总花费的百分比为6%；⑥交通费用为200元，占总花费的百分比为13%。

（二）女生大致消费情况

生活费金额为大约1200元/月：①吃饭为300元，占总花费的百分比为25%；②零食及生活日用品为200元，占总花费的百分比为17%；③化妆品为300元，占总花费的百分比为25%；④书籍为100元，占总花费的百分比为8%；⑤通信费为100元，占总花费的百分比为8%；⑥交通费用为200元，占总花费的百分比为17%。

第三章　200元创富计划

一、需求分析

（一）环境需求

环境需求主要包括两个方面的原因：一方面是季节性的，天气逐渐变冷；另一方面是环境污染严重，多雾霾天气，影响自身健康。总的概括就是：季节的交替、持续的雾霾天气，使许多同学在外出时选择戴口罩来抵御风寒和减少有毒颗粒物的吸入，使口罩这原本不起眼的小物件逐渐成为冬季热销品。

（二）消费需求

主要通过两个方面来分析，一方面是消费者洞察主观分析；另一方面是通过调查问卷分析。总结两者可以得出消费者的购买需求。简单总结为：有足够的购买力，需求比较强烈，逐渐成为每个人冬季的必需品。

二、市场现状分析

（一）校内现状

校内口罩行业的口罩种类少，可选择性不强，口罩的零售点较少。

（二）校外现状

离学校路途较远，质量不一，没有真正适合我们自己的地方。

（三）网上购物现状

由于口罩相对来说价格不高，如果个人买得不多的话，可能会有邮费，即使没有邮费，选择的也会是比较慢的快递，因为价格比较便宜，这直接影响了快递的速度，它属于虚拟的经营，质量是一个大的问题。

三、产品定位

（一）解决需求

保暖、卫生、安全、时尚。

（二）功能

1. 过滤作用：口罩对进入肺部的空气有一定的过滤作用，在呼吸道传染病流行时、在粉尘等污染的环境中作业时，戴口罩具有非常好的过滤作用。

2. 保暖作用：如果喉部发干，喉部附近缺少润滑的水分，绒毛就会失去传送带的作用，导致病毒进入体内繁殖。另外，戴上口罩后，呼出的水分不会外漏，在喉部与冷空气之间形成一层屏障，起到了为喉部保暖的作用。

3. 防过敏作用：为具有鼻炎及哮喘等疾病的患者提供防护。

（三）针对消费者

畏寒、保暖、特殊需求、时尚。

（四）针对市场的特点

需求量大且需求稳定、有很大的市场空间。

四、商品分析

（一）货源

地域的优势：华南城、郑州小商品城批发市场、B2B平台“阿里巴巴”。

（二）保证质量

口罩的舒适性、贴合度性能良好。口罩的抗菌性、过滤效果比较优良。口罩的图案花色优良。

附：判断口罩贴合度的建议方法是按说明正确戴上口罩后，猛然吸气感受面罩在内凹的同时，脸部及鼻夹处是否有漏气感。

五、市场策略

（一）营销途径

1. QQ空间（人际关系营销）

腾讯QQ空间作为国内第一大社交互动平台，深受广大青年用户的喜爱，

QQ 空间以 QQ 好友为主体，有“说说”“相册”“留言板”等功能，我们会利用 QQ 空间的“说说”在好友之间传播的便利条件发布一些高质量的“说说”来进行图片软文推广。QQ 空间访客大多为自己的好友，我们团队四人可以基于自己的人际关系从而达到高质量营销的目的。

2. 微信、贴吧（网络营销）

微信和贴吧作为新型的营销工具，具有传播速度快、成本低、接受人群广的特点，朋友圈和 QQ 空间类似，可以发布一些高质量的图片软文进行推广，从而达到营销的目的，使得我们出售口罩的消息可以相互推广。通过微信我们也可以接受线上直接预订的订单而进行送货上门。通过在贴吧里发帖和举办相关的活动来达到自己的营销推广目的。

3. 小卡片

我们团队会制作精美的小卡片来分发给有意向购买我们口罩的同学，小卡片上面有我们的基本联系方式并且注明支持送货上门。从而达到我们的硬性推广。

（二）营销策略

1. 推广策略——“贴吧抢楼”免费送口罩活动

出售口罩初期，我们团队会在贴吧里发布主题帖“贴吧抢楼”免费送口罩活动，主题帖回复的 8 楼、28 楼、48 楼、68 楼、88 楼和 100 楼会得到我们送出的口罩一个，贴吧主题帖我们会附链接利用 QQ 空间及朋友圈进行软文图片推广。

2. 推广策略——“最美自己”贴图有奖回馈

所有购买我们出售的口罩的顾客，凡是在 QQ 空间或者微信贴吧微博贴图我们的产品，点赞达到 10 个以上，送一次性口罩一个。点赞达到 32 个以上者购买的此款产品予以免单。本活动要求所发表的图文截图并发至我们，以保证活动的顺利进行。

3. 促销策略——“感恩有你”特色情感营销

11 月 27 日为感恩节，利用这个节日我们会搞一个小型的促销。前期我们会通过 QQ 空间、微信朋友圈等进行推广，主要的营销亮点为感恩节，为身边的他（她）去购买爱心口罩，并且我们会送上最诚挚的祝福。

4. 长久策略——合作共赢策略

前期主要是通过各种渠道来进行营销推广，后期会实施我们长久的策略。我们的长久策略主要亮点在于“合作”。与学校社团（涂鸦社、自行车协会

等）来进行互利共赢的策略，为涂鸦社提供免费的口罩来进行口罩涂鸦，作为赞助商，涂鸦社会适当为我们做广告，从而宣传我们的口罩。我们也可以冬季为自行车协会或其他需要户外运动的社团提供口罩，与社团建立友好稳定的合作关系，逐步达到市场渗透的目的。

（三）实体销售

1. 设摊销售

设摊销售是我们主要的销售渠道，进行设摊销售的前提就是营销能够做到位，赢得更多顾客流量。我们会在中午及晚上摆设摊点，来进行实体销售，摆设摊点会选择固定的地方，我们的销售人员也会根据之前的调查结果有针对性地对购买的顾客科普一些口罩的知识，使我们与顾客建立良好的情感关系。

2. 送货上门

通过我们线上的推广，我们也接受在线的订购并且支持送货上门，推广的渠道仍然是QQ空间、微博微信朋友圈软文图片推广，并且我们针对需要送货上门的顾客提供一次免费“垃圾袋下楼”服务，提高顾客的满意度。

3. 人员分配

小崔负责市场调研，小舒负责商品采购，小马负责销售策略，小梁负责策划执行，小王负责商品出售。

（四）财产规划

（1）准备一个明确支出和收入明细的账目，确保清楚了解每一笔钱的去向，确保利润。

（2）每个人在执行职责时有一个详细的记录，按时上交自己的财务报表。

（3）做到每天一总结，财产利润透明化。

（4）定期对自己的项目做个总结和财产及利润的分析，保证良好的资金运转，做到收益的稳步提升。

六、长远发展

拓展营销团队，开拓商品市场；丰富自己的产品，树立自己的品牌形象；成立自己的营销团队，能越走越远。大家有没有发现一个问题，大学生大的创业不多，但小的却比比皆是，这时需要的是一个真正属于大学生自己的电商平台，为了建立我们自己的电商平台，我们的团队正在努力。

第四章 200 元创富计划具体实施现状

一、前期准备

（一）进货

拿到学院 200 元资金后，我们随即开始实施 200 元创富计划，通过我们实地考察及分析对比，我们选择了物美价廉而且质量又有保证的郑州小商品城批发市场。11 月 25 日中午，我们团队成员乘坐公交下车后步行到达我们预定的地点，开始我们进货流程。我们根据之前市场调查挑选了大学生相对喜欢的口罩花色和材质，并且各个价位我们都有所考虑。经过一个下午的挑选及采购，晚上乘坐公交返回学校。

（二）定价

返校当晚，我们团队对下午的整体花销做了一个详细的总结。根据不同种类口罩的成本及当前相关商品的市场价格，我们制定出了符合我校大学生消费水平的合理售价。

（三）宣传

根据之前的宣传计划，我们相应在 QQ 空间及微信朋友圈发布了我们“暖暖口罩”的图片及近期的销售时间、地点，经过大量同学的查看及互相转发，初步达到了前期宣传的目的，并且为接下来的销售奠定了良好的基础。

二、销售情况（截至 12 月 3 日上交报告）

日　期	活动及总结
11 月 26 日	晚上 8：30~9：00 超市附近　　销量：5 总结：与预期相差甚远，稍受打击，经过反思做出了相应的调整
11 月 27 日	晚上 7：30~9：00 超市附近　　销量：7 总结：销量有所好转，但不是很理想
11 月 28 日	晚上 7：30~9：00 超市附近　　销量：10 总结：销量稳步增长，积累了一些摆摊经验和技巧
11 月 29 日	双休日　销量：0 总结：团队成员个人原因及考虑假期校内同学比较少，未设摊销售
11 月 30 日	双休日　销量：0 总结：团队成员个人原因及考虑到假期校内同学比较少，未设摊销售
12 月 1 日	下雨　销量：0 总结：未考虑到天气原因，没有做出相应调整，未设摊销售

续表

日　期	活动及总结
12月2日	大风　销量：2 总结：吸取教训，做出调整，改为寝室推销并且宣传明日促销活动
12月3日	促销　中午12：00~2：00超市附近 销量：16 总结：结果比较满意，已经渐渐掌握营销技巧及摆摊销售方法和技巧

三、财务账单（截止到12月3日上交报告）

总资金：200元

进货车费每人3元，共计12元　　　　剩余：188元

口罩进货单价：2.5~3.5元

共进货：60个　　　　剩余：8元

发带进货单价：0.25元

共进货：20个　　　　剩余：3元

共计：总投入为197元

“暖暖口罩”对账单（截止到12月3日上交报告）

日　期	销售数量	总收入（元）	成本（元）	利润（元）
11.26	5	40	15	25
11.27	7	56	21	35
11.28	10	80	30	50
11.29	0	0	0	0
11.30	0	0	0	0
12.01	0	0	0	0
12.02	2	10	6	4
12.03	16	80	48	32
共计	40	266	120	146

注：口罩售价单价：7~10元。12月1号开始所有商品进行全场八折活动。

销售时间：8天　　　　销售总收入：266元

销售总成本：120元　　　　销售总利润：146元

四、实际创富经历总结篇

（一）组建团队

系部创富理财比赛结束后，我们由原来单个参赛转为团队协作代表系部参赛，我们团队成员都是经过系部激烈比赛最后胜出的选手，各自都有各自的一套创富和理财看法，带着梦想、带着各自的想法和激情组建了商学系创富理财代表队，期间团队成员一起谋划创富计划，制订营销计划直至最后实际的计划实施，团队成员彼此关系更加密切，想法也在激烈的思想碰撞中得到了升华。感谢这次比赛，能够让我们五个人组建团队，并开始“暖暖口罩”的梦之旅。

（二）思想碰撞

我们五个人各自有各自的创富和理财看法，经过激烈的思想碰撞，各自都收获了很多，也得到了很多。我们“暖暖口罩”团队最终的创富计划敲定经历了四次的方案调整，从最开始的女生饰品到丝袜打底裤、再到指甲油，最后终于定下来我们的创富计划是卖口罩，每走一步我们的思想都在碰撞，都在闪耀出梦想的火花，团队成员各自发挥出了自己的特长，为整个团队提升带来了不可磨灭的贡献。

（三）改变

院半决赛要求我们提出相关的创富计划，我们完成了当时的任务，写出了一份完美的创富计划，进入决赛需要实际操作，真正实际操作后，发现了很多问题并且改变了很多。

进货期间，我们发现除了采购口罩外还可以采购一些女生头花等小物品，丰富了我们的产品种类。第一次实际摆摊出售的时候实际销量与预期相差甚远，让我们切身体会到挣钱不易并且深深地反思自己的想法，我们经历打击后迅速调整状态，找到了问题解决的办法，改变了我们之前好高骛远的目标及一些营销的策略。摆摊期间，面对广大同学，我们改变了以前对于挣钱的一些看法。摆摊期间遇到的下雨、刮风等突发问题，我们没能做出及时的调整，并且改变了我们之前制订的“完美计划”。我们总感觉计划做到了并且感觉计划很完美，但是真正实际操作时，我们发现跟原来预计的有很大不同，也许口罩的销量没有预想的那么好，这次实际的创富理财项目改变了我们团队每个人之前关于创富理财的看法，理想跟现实还有一定的差距，提醒我们要不断的努力。

（四）喜悦

此次完整的创富理财实际操作下来，我们团队的每个人都欣喜地发现原先

我们在桌上讨论的方案真正被我们实施，从之前的开会桌上讨论方案到桌上铺满了我们的商品，再到实际摆摊出售，一步一步让我们体会到了从计划走向具体操作的过程，从中我们体会到了实际操作的喜悦及顾客付款买口罩时的心情。一步一步看着我们的创富理财计划梦想成真并且真正赢利，是我们团队每个人的骄傲。

（五）展望未来

经过此次创富理财的实际项目操作，我们团队每个人都收获了很多，我们会以本次比赛为契机，吸取本次比赛所带给我们的经验、教训及人脉资源，为未来发展做好充足的准备。

附：大学生使用口罩情况调查

1. 冬天您会使用口罩吗？

A. 会　　B. 不会

2. 您会选择哪种类型的口罩？

A. 棉质口罩　　B. 一次性口罩　　C. 3M 口罩

3. 您知道下列关于使用口罩的注意事项吗？

A. 口罩的更换时间　　B. 如何收放　　C. 都不了解

4. 选择口罩的原因？

A. 御寒防风　　B. 美观独特　　C. 雾霾天防护

D. 特殊情况

5. 您会选择哪种方式去买口罩？

A. 网购　　B. 校内购买　　C. 校外购买　　D. 寝室推销

6. 您比较在意口罩的哪些方面？

A. 质量　　B. 价格　　C. 样式　　D. 舒适度

E. 保暖性

7. 您对戴口罩怎么看？

A. 另类　　B. 很正常　　C. 能接受

8. 您对寝室推销生活必需品等持什么态度？

A. 反感　　B. 无所谓　　C. 支持

9. 您对口罩的心理价位是多少？

A. 0~5 元　　B. 5~10 元　　C. 10~20 元　　D. 20 元以上

10. 遇到口罩推销人员时，您更希望他对您讲解哪方面的问题？

A. 产品方面　B. 注意事项

从活动中可以看出，开展创富理财实践对于学习好创富理财知识、形成良好的创富理财品质具有不可替代的作用。许多大学生通过在大学中的创富理财实践成就了自己的创业梦想。

■ 拓展练习

1. 了解个人目前财富晶体状况。

（1）全面梳理最近一年时间自己的钱财来源及花钱状况，回答以下问题：

一年共花了多少钱？挣了多少钱？

为什么花、花在哪些方面了？怎么挣的、靠什么挣的？

花钱的最得意的经历是什么？挣钱的最开心的经历是什么？

花钱的最伤心的经历是什么？挣钱的最辛苦的经历是什么？

将回答的结果进行归纳，自己评估个人的财富晶体特点及财富需要层级，填入下表中的相应位置。

个人财富晶体及财富需要层级特点汇总表

	财富感晶体	财富知晶体	财富意晶体	财富行晶体
财富依赖阶段				
财富独立阶段				
财富合作阶段				
财富创发阶段				
财富完善阶段				
财富超然阶段				

（2）同年龄、阅历相近的人比较，完成下列任务。

1）确定自己财富晶体品质及财富层级在群体中的位置，在以下选项对应的字母打“√”。

a. 最好的前五分之一　　b. 较好的前三分之一

c. 平均水平　　d. 较差　　e. 很差

2）发现别人具有而自己没有的三个以上优势。

3）发现自己具有而别人没有的优势。

4）发现自己的不足。

（3）归纳自己的目前已有财富晶体品质及财富层级要点。

2. 形成良好的创富理财习惯。

（1）制订提高个人财富晶体及财富层级的规划——为己。

（2）努力克服自己现有的影响实现财富梦想的短板，努力形成有利于实现财富梦想的良好财富思维、财富习惯——克己。

（3）积累良好的财富思维、财富习惯，促进个人财富晶体品质与财富层级的跃升，按照跃升的财富思维、财富习惯实现个人的财富梦想，享受与自己价值追求、兴趣爱好、个性气质、知识技能相和谐的富足人生——成己。

【注释】

［1］埃利斯．优秀大学生成长手册［M］．毛乐，何雨珈，刘静焱，等，译．北京：科学出版社，2014：302.

［2］埃利斯．优秀大学生成长手册［M］．毛乐，何雨珈，刘静焱，等，译．北京：科学出版社，2014：309.

18 生活幸福

18.1 什么是生活

18.1.1 生活及相关概念

生活

生活是为满足生命存活、延续、质量提升的需要进行的活动。生活是一个持续性活动，生活活动的时间（包含睡眠，睡眠是以静息为特征的生活活动）超过整个生命时间的三分之二，生活幸福与否在很大程度上决定了人生幸福与否。

广义的生活概念包含了人类的一切活动；一般的生活概念是与学习、工作相对应的以“衣食住行”为主要内容的活动，包含了休闲健身活动；较为狭义的生活概念不包含健身等活动，是与学习、工作、健康并列的人生的四类重要活动，而且是排在首位的活动。生活、学习、工作、健康是人类社会及每个人都必须经历的四类重要活动。

生活的基本含义如图 18-1 所示。

生活需要

生活需要是对一切生活中缺乏因素的渴望。生活是满足生活需要的各种活

动，是对生活必需品的获取。按照生活需要的内容，可以把生活需要分为三类——生命存活需要、延续生命需要、提高生命质量需要，与此相对应的生活活动可以分为衣食住行、婚姻家庭、富贵美好三种类型的活动。按照生活需要的层次，可以把生活需要分为三个层次——基本需要、中级需要、高级需要，基本需要也称低级需要。三个层次的需要依次发展提升，不断丰富。衣食住行的三个需要层次的基本特点如表 18-1 所示。

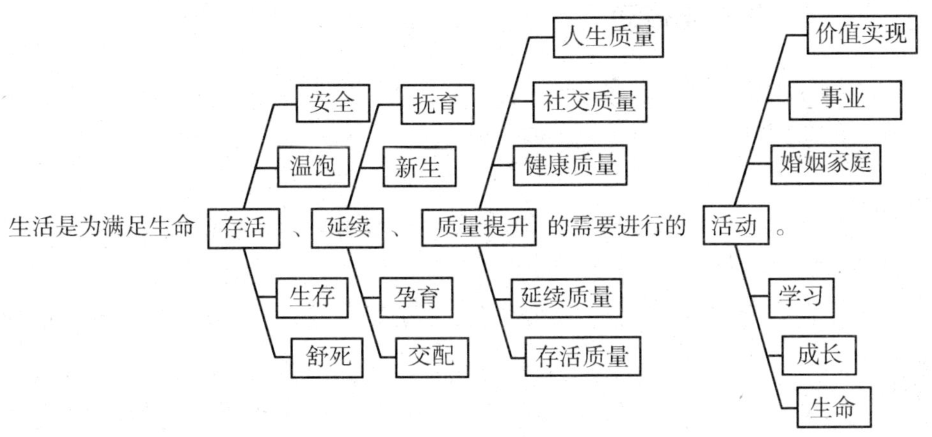

图 18-1　生活的基本含义

表 18-1　衣食住行需要层次的发展特点

	衣	食	住	行
高级层次	身份象征、价值体现	美食、佳酿	与心同居	天地同行
中级层次	舒适、体面	营养、健康	舒适豪华	车行天下
低级层次	保暖、遮羞	充饥、果腹	遮风挡雨	徒步天涯

生活需要的不断增殖、创新及为满足这些需要而进行的发明创造是推动人类文明进步的巨大动力。

生活活动

生活活动是除学习、工作、健康之外的所有活动。生活活动是一个持续性活动，在生活活动中有许多生活事件。生活活动与生活事件构成了三分之二的人生。

从个人角度来讲，个人生活离不开衣食住行四种生活活动。从社会角度而言，衣食住行是非常庞大的产业、非常重要的学习与工作内容，纺织服装行业、饮食餐饮行业、住宅及建筑行业、汽车铁路航空行业等分别对应了人类社会的衣食住行。

婚姻家庭、衣食住行与休闲健身是非常重要的生活活动。婚姻家庭生活已有专门论述，衣食住行暂不讨论，休闲健身类的生活活动对健康、事业发展及人生幸福有着重要影响。

18.1.2 生活幸福的“三好”“三乐”标准

广义的生活幸福就是人生幸福，一般的生活幸福是指在与生活相关的活动中能够较多地收获快乐感受与满意认知。

生活幸福的标志是“好”“乐”。只要能够在生活中经常产生“好”“乐”的感觉及认知就是幸福，由于生活的内容丰富多彩，可以根据生活的主要方面具体概括为“三好”“三乐”。

“三好”：身体好、心态好、习惯好。“三好”是从个体角度对生活幸福的简要概括。

“三乐”：家庭乐、工作乐、朋友乐。“三乐”是从个体一生接触最多的社会组织及社会成员的角度，对接触中获得快乐感觉与满意认知的简要概括。

身体好是所有幸福的基石。身体好的标准是能够根据自己的体质状况，形成维持个体身体健康、身心和谐的有效机制及良好健身习惯。“身体健康”是保持身体功能正常、各项生理指标正常。“身心和谐”是生理功能与心理状态的和谐，是对自己常态的身体内部功能及外在表现的科学认知及悦纳。“有效机制”是对身体状况变化的预警与处置机制。每个人都会生病，小病不治或处置不当，可能酿成大病。对身体的关爱、认知、定期体检、掌握基本的健康技能及应急技能是有效健康机制的主要内容。“良好健身习惯”包含了身、心两个方面，贯穿日常的生活起居、饮食出行、学习工作、休闲娱乐等各个环节。

心态好是播种幸福、收获幸福的重要工具。心态好的主要标准是具有较高的心态层级。

习惯好是把幸福留在身边的巨大“地心引力”。没有习惯好的“地心引力”，幸福将像太空漂浮物一样。

家庭乐是家庭和睦、生活舒适快乐的简称。

工作乐是精神饱满、充满希望、工作顺心、收入满意、事业有成的概括。

朋友乐是人际交往顺利、社交满意、人际关系开心的概括。

18.2　休　闲

休闲是休息与闲暇活动的并称，是身心处于休眠或相对较为放松、安逸的各种活动状态。

休闲是与工作、学习等较为紧张、忙碌的活动状态相对应的一种休息或较为轻松的活动状态。包括睡眠、小憩、静思、散步、娱乐、玩耍等各种活动。

18.2.1　休息

休息是使身心放松的活动或结束某项紧张活动的活动，休息活动的基本状态是静止、放松。睡眠是休息的一种类型，是最完全的休息，中场休息、课间休息等是暂时结束紧张比赛或紧张学习的活动。

休息是最重要的休闲活动，是维护正常生理功能、保持充沛精力的加油站。人如果不能够很好地休息，健康、效能、快乐、幸福都会受到很大损害；人生如果过度休息，则会导致各种功能的萎缩、懒惰、一事无成。

休息的主要类型如表 18-2 所示。

表 18-2　休息的主要类型

休息类型	子　类	适度标志	缺乏标志	过度标志
睡眠	晚间睡眠、午睡、小憩等	精力充沛	精力不支、疲乏	慵懒散漫
阶段休整	休假、旅游等	身心和谐	枯燥难耐	乐不思蜀
休息日休息	周末休息、节假日休息	健康快乐	身心疲惫	心不在焉
间休	课间休息、中场休息、工间休息	身心调适	效能降低	心气涣散

睡眠是高等脊椎动物周期性出现的一种自发的和可逆的静息状态，表现为机体对外界刺激的反应性降低和意识的暂时中断。睡眠是最彻底的休息，是身心能量消耗处于最低水平、以静息为特征的活动状态。人的一生大约有 1/3 的时间是在睡眠中度过的。当人们处于睡眠状态中时，大脑和身体可以得到休息、休整和恢复。睡眠有助于人们日常的工作和学习。科学提高睡眠质量，是

人们正常工作、学习、生活的保障。

18.2.2 闲暇活动

闲暇活动是以休养、怡情、快乐为目的的各种消除身心紧张、疲劳的活动。

工作与闲暇是两个相对的活动。一般而言工作是主活动，闲暇活动是辅助活动，睡眠是与工作与休闲活动状态对应的静息状态或静息活动状态。主活动耗费的时间、精力一般要比辅助活动大，辅助活动过多或过少都是一种不和谐的状态。

闲暇活动并不是固定不变的，一种闲暇活动对大多数人而言是休闲，对于另一部分人就是工作。

18.2.3 休闲的影响

休闲与健康

（1）适度休闲促进健康。休闲主要从身心两个方面促进健康：身体方面，休闲能够使疲劳的身体获得休整，使不协调的操作动作得到调整，使各种生理功能得到恢复，等等；心理方面，休闲能够调节紧张的情绪、消除沮丧、驱散麻木、恢复活力，能够增加快乐感受与满意认知，能够促进良好心态的形成，等等。

（2）不当休闲危害健康。不当休闲包含休闲内容的不当与程度的不当。休闲内容的不当主要是休闲内容及方式的选择不当。例如，脑力劳动的人，如果天天开展打麻将、下围棋等休闲活动，可能由于缺乏运动产生疾病。休闲程度的不当主要是过度休闲，例如休闲上瘾或闲得无聊。休闲上瘾容易导致走火入魔；闲得无聊易于造成没有目标、没有规律的生活状态，破坏良好健康的生物钟。

休闲与事业

休闲是事业发动机的加油站。发动机油料充足时，应该加足马力前进。当油料不足时，必须到加油站加油，才能够获得继续前进的巨大动力。如果没有及时加油，导致油料耗尽，事业之车必然半路抛锚。如果加满了油，依然长时间待在加油站，事业不会前进半步，只能看着别的人不断加油前行，超越自己，取得更大的进步。

休闲与幸福

休闲是幸福的润滑油。没有润滑的幸福是不和谐的幸福、是有摩擦的幸

福。有了休闲的润滑，幸福的轮子就会转得更快、跑得更远，人生的幸福就会更加丰富多彩、更加和谐美满。过多的润滑油不会对幸福轮子的运转做出任何更大的贡献。

18.3　娱乐、健身

18.3.1　娱乐

娱乐是能够获得快乐感觉的放松活动。娱乐是由娱乐性的刺激源引发的反应及应对行为。

娱乐活动

娱乐性的刺激源包含了各种各样能够引发娱乐反应及行为的事项及其组合，如悲剧和喜剧、各种比赛、游戏、音乐和舞蹈等表演和欣赏。

娱乐是一种主动的休闲活动，通常与个人的兴趣爱好、技能特长相联系，能够产生比较多的快乐感受与满意认知。符合兴趣爱好易于获得快乐感受；展示或运用技能特长，常常能够取得成功并赢得赞赏与喝彩，易于获得满意认知。

娱乐的方式可以分为现场参与及非现场参与两类。现场参与、直播、媒体传播等因为娱乐的类型及个人投入程度不同，产生快乐感觉的程度不同，娱乐产生的幸福感受不同。现场参与的娱乐效果更好，产生的快乐感觉更强烈。

娱乐情绪

娱乐的效果可以分为三个情绪状态层次：激扬态、激浸态、激沉态，如表18-3所示。

表18-3　娱乐的三个状态层次

状态层次	基本特征	娱乐活动举例
激扬态	激发、兴奋、快乐、张扬、冲动	现场音乐会、演唱、演出、群体游乐等
激浸态	投入、忘我、专注	棋牌比赛、看电影、看直播、游戏等
激沉态	悲情、感悟、沉思	灾难片、恐怖片、悲情作品等

没有娱乐，人生的快乐会大大减少；过度娱乐，人生的价值将难以实现。

网络娱乐

网络娱乐指一切通过网络进行的娱乐活动。网络游戏是网络娱乐的一种。

网络娱乐的便捷性、私密性、多样性吸引了越来越多的娱乐群体，形成了巨大的网络娱乐产业。网络娱乐在极大丰富人们物质精神生活的同时，也为一些不健康的活动提供了活动的空间，一些心智尚未成熟的人受到一些不健康活动的诱惑，由于缺乏必要的明辨是非能力而误入歧途。

游戏

游戏是一种特殊的娱乐活动。尤其是网络游戏，已经成为一个很大的产业，是一个在许多人的质疑及反对中迅速发展成长的产业。现代社会几乎不存在没有接触过游戏的人。游戏的发展与人的心理有着十分密切的关系。只有能够较好地吸引人的游戏，或者说是能够很好地掌握人的心理的游戏，才能够很好的发展。游戏在带来巨大娱乐的同时，也产生了一大批游戏上瘾的人。游戏上瘾是娱乐过度的体现，是个人心智不成熟的反映。

18.3.2　健身

健身是以促进身体健康、健美为目的进行的身体运动。

竞技与健身不完全是一回事，竞技追求“更高、更快、更强”“胜出”“破纪录”“超极限”等；健身通过各类活动达到强健身体的目的，反对损害身体的“超极限”运动，强调“使身体动起来”。

健身的范围很广阔，体育只是健身的一个方面，健身除了体育项目之外，还有很多内容。

体育运动

体育指的是以身体活动为手段的教育，体育运动是一切通过身体活动传授、练习的相对稳定的身体竞技或展示活动。体育运动对身体健康具有非常重要的积极作用。体育正在成为一个越来越大的产业。

健美活动

健美是人的健康强壮的身体所显现出的审美属性。健美活动是为了达到一定的健美目标进行的身体运动及塑形活动。

健身活动

狭义的健身是一种体育项目，大致分为器械锻炼和非器械锻炼，包括徒手健身操、各类器械、瑜伽等许多在健身房开展的锻炼项目，是许多人用来塑造完美身材的一种锻炼方式。

健身的影响

健身是一项有益的活动，也是极有挑战性和耐久性的活动。观察一下每天能够精力充沛投入工作的人，他们一定有着自己独特有效的休闲健身习惯。例如，日常工作中离不开电脑，电脑对健康的影响已引起人们的关注。据调查，常用电脑的人中，感到眼睛疲劳的占83%，肩酸腰痛的占63.9%，头痛和食欲不振的则占56.1%和54.4%，其他还出现自律神经失调、忧郁症、动脉硬化等。健身能够带来健康的身体和愉悦的心态，能够使人从容面对工作带来的压力和挑战，收获快乐感受与满意认知。

健康是事业发展、人生幸福的基础。健康的身体具有较高的效能，能够产生较高的工作效率及工作质量，促进事业发展；健康的身体能够不断获得舒适、顺畅的感觉，远离疾病及其带来的痛苦，促进人生幸福。不健康的身体具有较低的效能，工作效率及工作质量低下，阻碍事业发展；不健康的身体总有不舒适、难受的感觉，总有疾病的痛苦缠绕，损害人生幸福。

18.4　饮　食

饮食是一切补充生命所需的食物与饮料的活动，饮食文化是与饮食相关的一切制度、行为、礼仪、场馆厅堂建筑及视觉展示等的综合。从饥寒交迫的穷人到锦衣玉食的富人都有着与自己的经济基础及价值追求相应的饮食文化及行为习惯。

18.4.1　饮食与健康

饮食与健康相辅相成。只有饮食健康，才能让身体健康。合理的饮食、充足的营养能提高健康水平，预防多种疾病的发生发展，延长寿命。不合理的饮食所引起的营养过度或不足，都会给健康带来不同程度的危害。饮食过度产生营养过剩会导致肥胖症、糖尿病、胆结石、高血脂、高血压等多种疾病，甚至诱发肿瘤，不仅严重影响健康，而且会使寿命缩短。长期营养不足则可导致营养不良、贫血、多种矿物质及维生素缺乏，人体抗病能力及劳动、工作、学习能力下降。

18.4.2 酗酒与醉酒

酗酒通常与醉酒相伴。酗酒是一种与饮食有关的心理及生理不健康状态，主要特征是对酒精产生一定程度的依赖，个人行为及意识有一定程度的失控，社会、家庭、个人责任有一定程度的缺失。醉酒是一种因为饮酒过量导致较大程度上的意识模糊、行为失常的状态。醉酒时易于发生许多不理智行为，严重影响个人的学习、工作、生活、身体，甚至危害社会、危害他人。醉酒驾车是一种违法行为。

■ 拓展练习

1. 填空。

休闲健身活动可以通过____________________等促进性格修养提升，休闲健身只有符合性格特征才能更好地促进幸福。我的性格类型为________________，比较适合的休闲活动有____________，娱乐活动有________________，健身活动有____________。

休闲健身活动可以通过____________________等促进人格完善。休闲健身活动的随意、适性、怡情、健体的基本特点，决定了在一种比较自然、轻松的状态下进行人与人、人与自然的交往，能够较好地进行人格的相邻强化及相对调和，促进人格完善。休闲健身活动可以丰富人格类型的体验。例如在职场中的领导，在休闲健身活动中可能只是一个普通队员，必须服从队长的指挥才能使团队取得好的成绩，领袖型人格与和顺型的人格特质在工作及休闲活动中得到了体验。我的人格类型为__________________，在休闲健身活动中我体验了______________的人格类型。休闲健身活动可以促进人格升华、防止人格塌陷，因为____________________________。

休闲健身活动对于心态调整具有非常明显的作用。当工作有委屈、不快时，通过唱歌、体育运动等能够较好地排解消极情绪的影响。我在高兴时的分享活动有__________等，我在不开心时的休闲健身排解活动主要有__________________等。休闲健身活动有利于心态层级的提升，因为________________________。

竞争活动能够有效地强化抗压耐挫能力。休闲健身运动中的竞争常常面对失败，不断地从失败中获取进步的力量，在不知不觉中提升了抗压耐挫的品质。我的休闲健身中包含竞争或竞技内容的活动有＿＿＿＿＿＿＿＿＿＿等，在活动中我对输赢＿＿＿（十分在意、比较在意、不太在意），输赢对我的情绪有＿＿＿＿＿＿＿影响。休闲活动能够有效地调节压力、转移挫折情绪，通过＿＿＿＿＿＿＿＿＿等活动，我会非常明显的忘掉不快或放松自己。

2. 根据自己的情况及心理拓展知识技能，培养三个以上的休闲健身习惯。

【注释】

[1] 埃利斯．优秀大学生成长手册［M］．毛乐，何雨珈，刘静焱，等，译．北京：科学出版社，2014：334.

[2] 沃伦，里夫，费斯．会计学［M］．杜兴强，郭剑花，雷宇，译．北京：中国人民大学出版社，2008：2.

19　收获幸福

19.1　幸福规划

幸福规划是按照幸福的规律制订的收获幸福的规划。

19.1.1　幸福规划框图

幸福规划的基本要点如图 19-1 所示。

幸福规划以个人的价值追求为引领，通过评估个人目前的需要层级，以目标、梦想的形式具体表述个人的人生价值追求及核心愿望。

幸福规划以个人目前的状态为起点，通过客观评估个人目前的心态层级及成熟阶段特征，明确个人目前所处阶段及主要任务。

幸福规划强调尊重并注重发挥个人的个性特点，通过客观评估个人的性格特征、人格特征、学习特征及职业晶体类型，找到适合自己个性特征的生活模式、交往模式，找到适合自己的高效学习方法，找到人职和谐的职业发展方向，找到促进个人性格优化、人格完善的拓展模式。

幸福规划以心态层级提升为重点，通过在生活、学习、工作、健身的持续性活动中不断提升需要层级、优化性格、完善人格、提高学习成效、取得工作成绩，形成保持身心健康的良好习惯，促进心态层级的提升。

幸福规划以收获的快乐感受与满意认知的增量为评估标准。

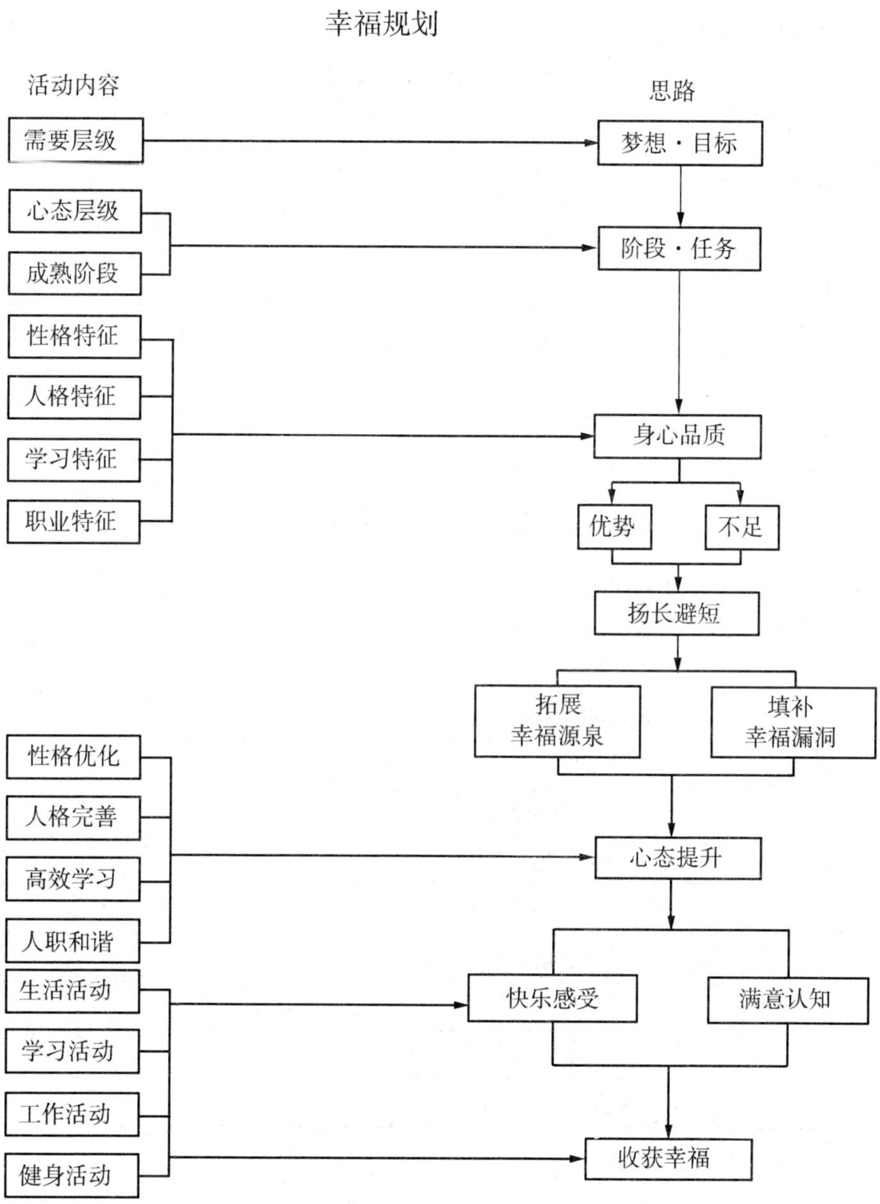

幸福规划

活动内容

思路

需要层级 → 梦想·目标

心态层级
成熟阶段
→ 阶段·任务

性格特征
人格特征
学习特征
职业特征
→ 身心品质

身心品质 → 优势　不足 → 扬长避短 → 拓展幸福源泉　填补幸福漏洞

性格优化
人格完善
高效学习
人职和谐
→ 心态提升

心态提升 → 快乐感受　满意认知

生活活动
学习活动
工作活动
健身活动
→ 快乐感受；→ 收获幸福

快乐感受　满意认知 → 收获幸福

图 19-1　幸福心理规划

19.1.2 幸福规划书目录

幸福规划书目录如表 19-1 所示。

表 19-1 幸福规划书目录

序　号	题目名称	页　码
0	前言	
1	我的人生阶段及任务	
1.1	人生阶段	
1.2	主要任务	
2	我的幸福与成功梦想	
2.1	我的幸福梦想	
2.2	我的事业成功	
3	我的心理评估分析	
3.1	我的性格类型	
3.2	我的人格类型	
3.3	我的学习模式	
3.4	我的职业晶体类型	
3.5	我的心态	
4	幸福心理拓展的目标	
4.1	性格优化目标	
4.2	人格完善目标	
4.3	人职和谐目标	
4.4	心态提升目标	
5	幸福拓展计划	
6	收获平凡的幸福	

19.2 回忆与感恩

每个人都有属于自己的精彩，通过回忆自己的故事，会发现自己的故事中有许多感动、许多快乐、许多幸福。回忆是对美好生活的保存，回忆是生命的一部分，是生命中绽放的花朵。回忆是多姿多彩的，拥抱它，您会品味出不同的心情：回忆快乐的事，带给您的是开心、幸福、满足，愉悦的细节沁在您每一个毛孔里，使得您全身放松，脸上挂起笑容；回忆伤心的事，也许会使您气愤、懊恼、后悔，也会产生走出伤心的释然与幸运。人世间有许多美好的回忆，犹如一串洒满祝福的紫风铃，犹如一只让时光凝住了翅膀的青鸟，犹如一首清纯隽永的抒情散文诗，犹如一个荡漾着朦胧情感的伊甸园。

把自己的基本情况填入表 19-2 中，找出一些对自己影响较大或感触较深的往事，写一篇自己的回忆文章。

表 19-2 个人基本信息

姓名：______ 性别：______

认知项目		主要内容	备 注
姓名			
姓名含义			（取名人）
生日（农历）			（生辰八字）
生日（阳历）			（星座）
我的身体外在特征	仪态、运动、衣着		
	声音、体能、技巧		
	身高、体重、形貌		
我的身体内在特征	血型、血压、心率		
	体质		
	精神特质		
我的小学回忆			

续表

认知项目	主要内容	备　注
我的中学故事		
我的家族故事		
我的个人兴趣爱好		
我的个人价值追求		
我的个人性格特征		
我的主要优势是		
我最怕的是		
我最想成为的人是		

每个人的人生都有属于自己的快乐与磨砺，个人心态决定了人生的色彩。在许多农村还没有幼儿园及舒适的小学，个人虽然还不具备改变环境的能量，但是却可以拥有在艰苦环境中快乐生活的心态。以下是一些学生的童年回忆。

童年的小河

农村的孩子在以前不知道有幼儿园这个名词，到后来在我上中学的时候才有了一些小规模的私人幼儿园，所以也就没有上过幼儿园。所幸母亲是一名小学老师，我学了不少东西。只是我不愿意去学，喜欢去拆卸一些东西，好像每个孩子小时候都是这样，只是每个家长对待这种事情的态度不同，我的家人对我很放纵，只要我不去接触危险物品都不会阻止的。

我的童年是快乐而又幸福的。那时候的我和同龄的孩子一样，是那么的贪玩、调皮。捉迷藏、“过家家”、上山采蘑菇、爬树捣鸟窝、下河摸鱼虾。这些可都是我们小孩最喜欢玩的游戏。特别是下河捉鱼，这是我们最拿手的本领。一有空，我们就呼朋引伴向村边的那条小河奔去。

大伙跑到河边时，连小裤管也顾不上挽起来，就争先恐后地跳进河里去了。其实这条小河严格来讲只是一条小水沟，水不深，只没到膝盖，水清澈见底，但可以看到一小群一小群的小鱼游来游去。我们下水后，就在水里跑来跑去，“扑通扑通”的，水花乱溅，我们乐得哈哈大笑，不久，清澈的水已被我们搞得浑浊不清，甚至连水底的淤泥也翻上来了。

这样一来，那些原本还在逍遥自在游玩的小鱼就被迫把头浮出水面呼吸，而我们呢？一看到那些小鱼，就飞快地伸出小手把它们迅速地从水中抓起来，放进事先就准备好的小塑料桶里。

于是这些可怜又可爱的鱼儿只能乖乖地在桶里游来游去了。

每一次，我们都是采用这种方法，先把鱼儿搞得晕头转向，再来个浑水摸鱼，于是几乎每次都能满载而归。但回到家总免不了挨大人的骂，为什么呢？因为每次捉鱼回来，总搞得浑身上下湿漉漉的，衣服上、脸上甚至头发上都沾上泥，活像一个小泥人。但即使是这样，我们的积极性却丝毫没有挫伤。因为小孩顽皮的天性已占据了我们幼小的心灵。

那条小河，成了我回忆中童年的乐园。

回忆总是美好的，

虽然属于我的童年已离我远去，

但童年那段无忧无虑的时光，

依旧散发着迷人的芬芳。

彩　　虹

在一次科学课时，老师让我们带着小喷壶做彩虹。刚开始我们自己一个人对着一片阳光喷，可我们怎么也做不出彩虹来。老师就说，你们围在一起，一起喷，看看行不行。终于，我们看见了那个彩虹，我们激动地对着旁边的人喷水。过了快乐的一节科学课。

池　　塘

五岁之前，我的家住在一个池塘旁边，那一池碧水承载了我童年中的无数乐趣。

春天，明媚春日下的池水波光粼粼；

夏日，岸边洗衣服的妇女荡起圈圈波纹；

秋天，金黄的落叶荡漾在水面上；

冬日，皑皑的白雪是它最美的衣裳。

就是在这片树荫下，有我童年无数天马行空的想象，有爸爸手中闪烁微光的萤火虫，还有听不完的神奇的睡前故事。

19.3　拓展幸福

幸福密码

1988年4月，美国24岁的霍华德·金森对121名自称非常幸福的人进行调查，其中50人是成功人士，幸福的主要来源是事业的成功，另外71人大多是普通人，有家庭主妇、卖菜的农民、公司小职员，甚至有享受救济的流浪汉。霍华德·金森经过分析得出结论：这个世界上有两种人最幸福，一种是淡泊宁静的平凡人，一种是功成名就的杰出者。二十年后，他回访了这121人，71个普通人除2人去世外，全部选择了非常幸福；而50个成功人士的选项却发生了重大变化：仅9人事业一帆风顺，仍然感到非常幸福，25人感到一般，16人由于事业受挫感到痛苦。这个结果让霍华德·金森陷入深思，最后他总结道：所有靠物质支撑的幸福感都不会长久，都会随着物质的离去而离去，只有心灵的淡定宁静和继而产生的身心愉悦才是幸福的真正源泉。

幸福心理拓展的核心要义就是提高幸福心态，在平凡中拓展幸福，收获平凡的幸福。

困境中的淡定前行——娟娟的故事

在别人眼中娟娟是个非常不幸的姑娘：不知道亲生父母是谁，奶奶收养了被遗弃的她，养父特别穷，兄弟两个穷得连媳妇都娶不上。但是娟娟始终是乐观的，在贫穷、艰难但却温暖的环境中渐渐长大，乐观向上，小学、中学成绩很好，进入了大学。

在大学你看不到娟娟脸上的忧愁，却经常能够在学生活动中看到娟娟活跃的身影、在勤工俭学实践中看到娟娟辛勤的汗水，能够看到娟娟享受着人生的快乐并把这种快乐传递给了奶奶及养父一家人。只是在大二养父去世时才能看到娟娟的深深痛苦，但很快痛苦就被要抚养奶奶的责任所替代，她以超出常人的毅力完成了大学学业，毅然放弃了大中城市的良好生活及工作环境，在家乡的小县城就业，承担起抚养奶奶的责任。

娟娟的行动使她赢得了甜蜜的爱情与幸福的家庭生活，目前娟娟与奶奶、

爱人及孩子幸福地生活在一起，娟娟使奶奶一家的命运发生了根本改变。

在困苦的环境中坚守对知识的渴望，通过知识改变命运的行动感恩亲人、感恩老师同学、感恩社会，是娟娟的幸福心态。

枯燥中的快乐坚守——斌斌的故事

斌斌是一个理工男，1.8米的个子，长得很帅气，但却气定神闲，对自己的专业非常喜欢，把学习当作一件快乐的事，难得有这么清楚自己为什么进入大学的学生。斌斌并不是一个只会一心死读书的理工男，学校的社团活动及勤工助学都有斌斌的身影，难能可贵的是斌斌很快找到了适合自己的学习专业课的方法：通过自学把相关的绘图软件玩得滚瓜烂熟，自学的动力是个人的兴趣爱好，没有人催促。一天，专业课老师发现了斌斌的实力，鼓励斌斌去参加相关竞赛，斌斌微笑着拒绝了。第二年，老师又对斌斌说，比赛是一种交流，是一个对自己水平进行评估的机会，斌斌不好意思再拒绝，就参加了。

第一场比赛100分的题，斌斌只做了50分，因为斌斌满意比赛的概念，只是想着把题目做到完美。第二场比赛斌斌吸取了教训，完成了全部比赛题目。结果令人大吃一惊：斌斌的第二场比赛获得一等奖、第一场比赛获得二等奖，并获得全能奖。斌斌毕业时只投了一份简历，一家世界500强的企业经过面试录用了他，将他分配到了设计部门。

斌斌找到了自己喜欢的方向，平平静静地耕耘，在别人看起来枯燥无味的学习中感受着学习的快乐，最终收获了自己的幸福。斌斌有着较高的学习心态与效能心态。

真诚付出的开心收获——龙龙的故事

龙龙是一个热心公益的大学生。虽然有过在建筑工地打工被欺骗、被欠薪的经历，但依然心地纯真、真诚坦荡。龙龙的学习成绩并不好，只能进入一般的大学学习自己并不了解的专业。完成专业的学习只是龙龙的大学生活的任务之一，龙龙在大学积极组织并参与各种学生活动，不断根据自己的成长状况提升自己的发展目标、挑战自己的成长极限，不仅能够很好地协调老师、学生之间的活动安排，而且能够根据实际情况提出一些合理化建议并付诸实施。大学的四年龙龙各方面的能力得到了全面提升，但是最难能可贵的是龙龙始终保持了一个纯真平和的心态，能够始终如一地按照自己的价值追求及原则做事。

考虑到难度及家庭情况，龙龙大学毕业没有考研究生、公务员，而是应聘到了一家企业做总经理助理。企业一年有7千万左右的营业额，几百名员工，董事长兼总经理是一个年近60的老人，他很快便对龙龙的工作感到很满意，不断加薪、加担子，常常邀请龙龙一同参加一些亲友及较为私人的活动，希望通过感情上的投入使龙龙更好地为企业服务。龙龙对一切都非常感激，工作很快进入了状态，但有时感到企业的工作难度还不如自己在大学开展活动的难度，经过近一年的工作，龙龙感到这家企业虽然很好，但还不是自己追求的目标。在与总经理坦诚交流了自己的想法并得到理解之后，龙龙毅然离开了这家工资及环境都不错的企业，开始了新的应聘之路。龙龙的就业目标非常明确，经历了多次最后一轮的淘汰失败的磨砺，龙龙最后进入了一家国有投资机构。

龙龙在新的单位找到了自己的追求，为企业默默奉献，经常晚上自觉加班把白天的事情整理好、把第二天的事项安排好之后才回去，渐渐养成了习惯，并感到很快乐。有一天晚上10点多，龙龙还在忙着，有人敲门，一位老者笑容可掬地走了进来，与龙龙漫不经心地聊了一会儿天，就告辞了。第二天早上，龙龙被人事总监找去，龙龙被升职加薪了。那位笑容可掬的老者是企业的董事长，龙龙用他质朴、平实的心态为自己赢得了一个美好的未来。龙龙依然在淡定宁静、身心愉悦地工作着。

身边有太多的幸福故事，看着一个个大学生从进入大学时的懵懵懂懂到走向社会收获属于自己的人生幸福与事业发展，我感到由衷的高兴，感到作为教师的幸福与自豪。看到社会上有许多人生活的不是那么幸福，即使他的生活境况比大多数人要好，希望幸福心理拓展能够对人们的幸福起到一些有益的促进作用，使更多的人能够收获平凡的幸福。

19.4　幸福拓展的感悟

幸福心理拓展可以在不同的人群中进行。拓展效果的唯一检验标准是拓展者的心理感受，也就是快乐感受与满意认知是否明显增加。这既需要由拓展者自己感悟，也需要由其他人进行评估。一些大学生拓展者的感悟如下。

小军的感悟

时间飞逝，眨眼间半个学期将要结束，我们这学期的心理课也将要走向尾声。经过这将近半个学期的心理课学习，我学会了很多，也改变了很多，我意识到心理课是多么重要、多么有趣的一门课程。经过不断摸索、学习，在老师的谆谆教导之下，我在大学生心理健康、自我意识、人格发展、学习心理、情绪管理、交往心理、恋爱心理、职业规划、压力管理、生命教育这些方面获得了珍贵的知识宝藏，这对我以后的发展等方面无疑起到了指路明灯的作用。感谢老师这么长时间对我们的教导，以及那些同我一起奋斗拼搏的“梦之队”队友们！

（1）心理课活动一。

还记得当初我们第一次举办心理课活动，老师让我们制作三页幻灯片，一页介绍自己，一页介绍组友，一页介绍小队。当时刚听到这个作业时脑袋都大了，因为我才刚刚学习计算机，电脑都还没有碰过几次，突然让做这样一个任务，对我来说真是一个天大的难题，但也许是有压力就有动力吧，尽管再难做，最终我还是将它做完了，做完后有种解放的感觉，感觉身心舒畅。

这次活动虽然很辛苦也很痛苦，但我真的学到了好多，我当时心里就想这也许是心理老师教学方式的一种吧，并且通过这次活动我初步知道了如何制作幻灯片，这对我来说无疑是一个最大的进步，如果以后再让做幻灯片，我相信我也不会像刚开始那样畏惧、害怕了。最后在这次活动中我还有一个更加巨大的收获就是我对我的队友们有了更深一步的认识，对他们有了更进一步的理解，这对我们以后相处、一起进行心理课活动起到了至关重要的作用，我自己也变得更加外向了，更加主动参与一些活动。

（2）心理课活动二。

第二次活动让我用“六段功”去解释第一印象，这次活动和第一次完全不同，完全超出我的预料，当然，对我来说又是一个大难题。这次课程内容的教学方式的改革再次将我打了个措手不及，俗话说“失败是成功之母”，艰难地完成这次活动后我再次获得了巨大的收获，我不但深刻地理解了“六段功”的意思，而且初步学会了如何使用“六段功”，这使我对课本也有了更多的了解。“感、记、说、用、验、创”这六个字，通过心理老师在课堂上对我们耐心讲解，通过有趣的途径——我们在玩耍中学习，自己亲自动手去用——使我

觉得在这方面我取得了巨大的进步。通过这次活动我发现自己在处理问题的方式和方法上，比以前强了不止一点儿，不像以前那样一遇到问题就不敢实践或者感到头大，而是我可以更加理性地去面对问题，这对我来说是一份宝贵的财富。

(3) 心理课活动三。

这次活动又一次和我预想的是“一个天上一个地下”，如果把每次活动做一次定位，我觉得这次活动直接达到了五星级，因为这次心理老师居然让我们每个队拍一个视频，而且需要我们每个人都要唱首歌，当我接到这个消息时真是百感交集，我当时就诧异心理课居然可以达到这种地步。这次活动与以往大不相同，真是一山更比一山高，特别是这次老师以与以往不同的方式让我们通过活动进行学习。在经历过这次活动后，我深深地对老师感到敬佩。因为我本身就是一个内向的人，如果在以前让我拍视频，我是绝对不会参加的，更不用说还要让我唱歌，这对以前的我来说根本想都不用想。但是这个视频不仅仅关乎我一个人，而是关乎我们整个队伍——“梦之队”，关乎大家的荣誉，在这次活动里我完全挑战了自己的极限，并且挑战成功，这对我来说是一个最大的进步，是我进入大学以来所迈出的最大一步。我对老师这种教学方式深深地感到敬佩。特别是在这次活动中，我们所有队友在一起拍视频时，一起不断地交流，不断地想怎么样拍才好，在这个过程中我不但加深了对队友的认识，而且学会了如何进行团队合作、在团队中扮演一个怎样的角色，这些丰富而宝贵的经验将对我以后生活乃至未来起到至关重要的作用。我自己在这次活动中也获得了前所未有的改变，变得外向了，对我来说是一件最值得高兴的事，希望以后有更多的机会，可以去改变我自己，使自己变得外向。

(4) 心理课活动四。

经过前面几次活动，我自认为接下来不管是什么活动，再难也不会难到哪去，但事情总是出乎我的意料，老师再一次给了我一个“惊喜”，而且这“惊喜”还不是一般大，我对心理老师这次的教学方式感到意外，因为老师竟然让每个队中的成员在一起拍6种不同的表情。对，您没有看错，就是6种！天啊，这不是要我命吗？对我来说这比登天还难，前面我就提到过我是一个内向的人，这次居然让我拍6种表情，这对我来说真是太难了，我对心理老师提出这样的活动、用这种方法使我们去学习、去锻炼，既欣喜，又痛苦，欣喜的是我又一次可以去锻炼我自己，痛苦的是这也太……太那个了吧。结果当然大家

都能想到，我还是拍了，这次巨大的挑战再次打破了我的极限，当然有突破，就会有收获，我在通向外向的道路上又迈出了一大步，当然我也收获了宝贵的经验，自身又有了新的变化。我相信总有一天在不断地积累后我一定可以化量变为质变，使自己变得外向，变得更加成功。这次活动过后，我觉得心理老师这种教学方式极大地改变了我，这种让我边玩边学的模式使我不断取得进步，使我取得巨大改变。

(5) 心理课活动五。

这次活动在我印象中似乎是最后一次了，就在我准备好去再次面对一个困难活动时，意外再次出现了，这次活动居然出奇地简单，完全颠覆了以前的状态，这次居然是拍一个视频，记录日常生活中身边的事，但在我经历过这次活动后才意识到：这次活动虽然表面简单，但是却蕴含着深刻的意义，我再次学到了很多。这次活动结束后我才知道生活中有那么多平凡而又伟大的人，特别是在看过大家拍的视频后我才理解这次活动，心理老师又一次用一种特殊的方式让我学到了很多有用的东西，我最大的收获就是对身边那些平时不怎么注意的人有了更深的认识，同时也引发了我的一些感想，“生容易，活容易，生活不容易”，我觉得自己在对待人和事方面有了更进一步的认识与发现。经过这些活动，我自身取得了极大的改变，而且我对心理课有了更深的认识，自己也收获了好多有用的知识和经验，我的胆量也变得更大了，也变得更加敢于实践了。

(6) 总结。

心理课就要结束了，对我来说有种意犹未尽的感觉，在这半个学期的时间里，我学到了太多太多，一直在老师的带领下不断向前进步，我也收获了许多许多，在心理老师独特的教学方式和幽默的讲课方式中，我不断地克服自己、战胜自己，不断取得进步，对心理课的内容也有了进一步的了解、进一步的认识。一个大学生虽然自我评价日趋完善，但是仍具有不平衡性和片面性，自我评价是否严格、主动、客观、全面，是我们大学生自我意识发展水平的重要标志之一，也是我们大学生心理成熟水平的反映。自我评价的成熟对我们大学生健康发展起着至关重要的作用，自我评价成熟，大学生才能对自己正确的行为感到“问心无愧”，拥有能产生抗拒诽谤的力量，以及对自己不正确行为自律、自觉地“慎独”改正。通过这段时间心理课的学习及参与的众多活动，我认识到我们大学生拥有着多姿多彩的学习生活，这为我们发展自我体验的丰富性提供了十分有利的条件，因而我们的自我体验是既丰富又复杂的。我发现我的自我体验容易受情绪波动的影响，比如情绪好时充满自信，对自我肯定就额外多一些；一旦情绪低落，自卑、内疚的情绪就开始滋生，对自我的否定也相对增多。我发现随着这么长时间的心理学习及各种活动的举行，我的自我控制能力提高了，以前时而自信百倍、情绪高昂，时而自卑内疚、灰心丧气，表现出不稳定性，这种情况虽然还有，但却并不多见了，并且我的独立感和自尊心也增强了，具有了较高的社会理想；很重要的一点是我的自我意识得到了完善。

老子在《道德经》中说："知人者智，自知者明，胜人者力，自胜者强。"另有俗语说："人贵有自知之明。"在活动中我的自我意识不断得到完善，我学会了客观正确地认识自我，通过自己与他人比较，特别是与自己条件相似的人做比较来认识和评价自己；通过他人对自己的态度，即从他人那里得来的反馈信息来认识和评价自我，就像古人说的"以人为镜，可以明得失"；通过反省自己的心理活动和行为来认识和评价自我；变得更加积极参与实践活动。最重要的是经过心理课的学习和参与众多活动，我学会了明确学习的目的和意义，确立恰当的学习目标；培养学习兴趣，激发求职欲望；强化内部学习动机；端正学习态度；掌握适合自己的学习方法；对学习的成功与失败进行积极归因；学会了淡化名利得失、克服虚荣心理，根据自己的实际情况制定科学目标。

小伟的感悟

（1）心理课的印象。

刚上大学的时候，看到课程表中有一门大学生心理健康教育导论，当时心中的第一印象就是，这肯定是一门特别枯燥的课程，直到上了第一节课以后，我的观念才发生了翻天覆地的改变！我被张老师独特教学模式深深地吸引，被张老师幽默的语言深深吸引，我曾以为这就是心理课吸引我的全部！直到现在，也就是这学期快结束，我才深刻地明白，张老师给我们的更多的是一缕阳光，帮助我们照亮黑暗；就像那海上的灯塔，指引我们前进的方向；更像在我们心中埋下一粒希望的种子，让我们自由成长！张老师的课，不止是教给我们心理方面的知识，更多的是教会了我们许多做人的道理，让我们拥有了克服自己缺点的勇气、保持良好习惯的毅力！

（2）上课的方式。

我感觉我们是幸运的一届，因为我们拥有自己独特上课方式。上心理课的时候，我们被分成10个不同的小队，每个不同的小队之间存在竞争关系。正因为我们被分成了不同的小队，所以每个小队的同学之间关系特别的团结，因为我们要为自己的小队争光。正是在这样的环境中，同学们的集体荣誉感才慢慢被发掘。我是第十队——“梦之队”的一员，而我们的老对手就是第一队，记忆中我们和第一队的第一次交锋中处于下风，下课后整个队大家心里都特别的失落。不过还好有队长给我们打气！上课后大家齐心协力，虽然最后没有赢，但是也没有输，打成了平局。正是队友们的集体荣誉感在关键时刻团结一心，激发出自己的潜力！让我们不至于被对方打败！这次活动我们最大的收获不是我们没有输，而是我和队友们学会了团结一心，团结的力量你永远无法估量！

除了分成队以外，每个队又分成了若干个组，每两个人一组，起初其实自己并不理解这样的做法的好处！直到上过几次课以后，我才明白了这其中的道理。在分组之前，每当老师让讨论问题的时候，大家总是你一言、我一言的讨论，大家需要好久才能达成共识。现在每当老师让讨论问题的时候，先在小组里讨论，然后选出比较好的看法，再在队里面讨论，这不仅提高了效率，也不会使个人想法被淹没。就好像一个复杂的仪器，每个部分都在运转，这样才带出了全队的活力。这样也促进了队员之间的友谊，通过对不同问题的看法，加强了队员之间的关系，收获一份友谊！

这样新型的上课模式，不仅仅提高了上课的效率、激发了上课的激情、团结了同学之间的关系，也为今后的教学提供了一个典例，可以让大家借鉴！

（3）讲课内容。

感觉最是值得称赞的就是老师的讲课内容，张老师用自己独特幽默的语言把课本上枯燥乏味的知识讲活了，张老师讲课总是可以把大家讲开心！印象最深的就是张老师自己独特的“学用六段功”和“感知意行”，感觉讲课的最大特点，就是老师不单单讲的是课本上的内容，更多的是教会我们一些人生的道理！张老师最大的优点就是给我们的不仅仅是“鱼”，更多的是“渔”！

依稀还记得，上课的时候，老师让我们用新学的“感知意行”来解释心理。这种边学习边实践的方式，让我们不仅更快地记住了知识，还学会了实践。张老师给我讲课的时候，对于我们提出的不同观点，从来都是给予鼓励。

只要勇于站起来，就是向正确迈进了一大步！正是老师的这种方法，才最大化的开动了同学们的思想发展！

（4）团队活动中的收获。

团队活动是我们收获最多的时候。我参加团队活动，在团队中得到锻炼！

在团队活动中，我的第一个收获就是克服了害羞的心理。那应该是我们第一次团队活动的时候，我们第一次团队的作业，就是起一个队名并且摆一个团队“Pose”，其实高中时我是一个性格内向还害羞的男孩，就是因为害羞所以不敢和女生说话，说话都会脸红的！也是因为害羞的缘故，我摆“Pose”的时候放不开，动作做不到位！这个时候我的队友就出来鼓励我，主动和我聊天，帮我克服害羞腼腆！虽然到了最后，动作也不是很完美，但是至少这是一个好的开始、一个新的起点！因为这是一个团队活动形成我们好习惯的开始！

在团队活动中，我的第二个收获就是养成了自学的能力。也许你会好奇团队活动和自学能力怎么挂钩，那么我就给你慢慢道来！从第三次团队活动以后，我们的作业就开始变成拍视频了！作为当时全队唯一一个有电脑的人，视频后期制作的重任自然就落在了我的身上！可是对在上大学之前很少接触电脑的我来说，对视频的制作根本就是一窍不通！想请教高年级的学长，可是学长们都很忙。在万般无奈之下，我只有寻求百度的帮助了。在百度上，我找到视频制作的视频教程，然后跟着一点儿一点儿学习。在学习过程中我遇到了好多好多问题，也曾经因为学不会难过失落，甚至一度想放弃，可是最后都挺了过来！要感谢队友在我学习期间给我的关怀和鼓励！最后，我终于学会了做视频！可是感觉收获最大并不是我学会了做视频，而是这种自学的精神！进入大学以后，我们的上课方式就已经发生了转变。每次老师上课都要讲 20~30 页的内容，而且讲得很快，所以我们上课的时候并不能把老师讲的所有知识听懂，课后就要很好地自学！然而自学这种良好的习惯，不仅仅只用于学习这一方面，也可以运用在好多好多方面。正是拥有了这种自学的能力，我在课外的时候学会了其他好多东西。中国有一句古话“技多不压身”，所以我用自学学习很多东西，把自己用技能武装起来，较好地适应现在这样一个快节奏的社会！

在团队活动中，我第三个收获就是自信！如果我高中的同学现在见到我，一定不敢相信：原来那一个自卑的男孩去哪了？没错，在团队活动中我收获的第三个良好品行就是拥有了自信！自信对一个人真的很重要！如果一个人自

信，那么他身边就会散发出一种气场！开学之前自己真的很自卑，为自己的成绩自卑，为自己的外貌自卑，感觉自己没有一点存在感，可以说当时的自己特别消极！可是我经过参加团队活动，在团队活动中找到了自己的位置，并且体会到了自己的重要性！就像在第三次团队活动，自己做了全队的视频！也只有在这种团队活动中才能快速的增长自己的信心。感谢自己的队友，给了这样的机会！然后除了自信外，更多的是收获了友谊！

在团队活动中，我第四个收获就是学会了不要骄傲。人就是那么一种多变的生物，自信过多的时候就会产生骄傲！我也是这样，也因为自信心过强而产生了骄傲！记得那是第五次团队活动时，因为第三次、第四次做的视频比对手好，所以也渐渐产生了骄傲的念头。可是第五次团队活动犹如当头棒喝，把我从自己的虚荣中唤醒！这次要感谢我的对手，谢谢他们的打击，让我可以清醒过来，没有变成一个骄傲自大的人！也要感谢我的队友对我的安慰，让我没有在这次打击中颓废，而是让我变成了一个自信、谦虚的人！感谢对手教会了我不骄傲，教会了我谦虚！

（5）心理课总结。

一个学期的大学心理课，我最大的收获就是学会了认识自己、发展自己。心理老师与别的老师教书方式不同，每节课都让我们动手，让我们自己去体验，老师先给我们分好组，在每节课上都会给我们布置作业，所谓的作业不是用手去抄写，而是每组围绕着给定课题去收集资料完成作品、拍视频，这样不仅让我们很快就学会了这堂课的内容，而且培养了我们团结合作的精神，让我们交了更多好朋友，让同学互相更加了解，所以心理老师的课我是最喜欢的，每次上课，同学们都聚精会神，瞪大眼睛去听讲，上课气氛更不用说了，那真是龙腾虎跃、积极发言。

通过幸福心理拓展我的三个最大的感触分别是我学到许多知识，例如在高中时我与女生说话总不敢看对方，感觉不好意思，其实这就是一种心理不成熟、不健康的一种表现，当时我就很少与异性说过话，感觉我和异性说话就有一种喜欢的意思，从学了心理健康这门课之后，我学会敢与异性说话了，因为与异性说话有一种喜悦感是正常的，要学会大胆与异性说话，要表现得大大咧咧、不卑不亢。

以前我很自卑，感觉自己干啥都不如别人，但自从学了心理健康这门课后，我学会了正确认识自己、正确看待自己，我干什么事都充满信心、充满喜悦，能够很快去判断，此心理健康对我们来说绝对是重要的。

在高中时我总有一种压抑的感觉，感觉自己活得很累很累，只想着把自己的学习搞上去，但经过努力学习不见提高反而退步了，从那之后一直就产生一种压抑感，让我感觉到每天都很累。但到了大学，由心理老师带我们学了心理健康这门课后，我的压抑感渐渐流走，在大学里我学会了学习，学会了开开心心地学习。

每个人或多或少都存在着心理问题，我有非常严重的拖延症，做事不到关键时刻不会有意识地去做。而我也在这门课中找到了解决方案，可以向别人寻求帮助，听取建议，同时可以把任务分成比较容易的小块，化整为零，告诉自己其实每一个小部分都很容易完成。意识到自己的拖延是完全没有必要的，把拖延的原因一条条写出来，一条条克服，最后开始做事。

这个学期的心理健康课使我学会了如何与人共处，如何接受爱、报答爱，如何谈恋爱，如何去爱别人；也懂得了怎么样尊敬父母，怎么样怀有一颗感恩的心，怎样站在别人的角度看待他人；生活中学会宽容，学会和家人朋友换位思考，理解体谅他人。虽然本学期的心理课结束了，但心理知识对于我的帮助却是长远的，甚至是一生的。我希望学校多开展这样的课程，让每一个学生解决生活的困惑，真正确立人生的目标。亲爱的老师，您辛苦了，感谢您！

感谢老师，感谢队友！陪我走过了一段迷茫的大一！谢谢你们！扬帆起航！加油！

参考文献

[1] 弗洛伊德. 性学三论　爱情心理学 [M]. 林克明，译. 西安：太白文艺出版社，2004.

[2] 朗斯塔夫. 神经科学 [M]. 韩济生，王韵，王晓民，等，译. 北京：科学出版社，2006.

[3] CARR A. 积极心理学：有关幸福和人类优势的科学 [M]. 丁丹，译. 2 版. 北京：中国轻工业出版社，2013.

[4] 王滟明. 在哈佛听积极心理学 [M]. 北京：中国华侨出版社，2012.

[5] 伯恩斯. 积极心理治疗案例幸福、治愈与提升 [M]. 高隽，译. 北京：中国轻工业出版社，2012.

[6] 中国就业培训指导中心，中国心理卫生协会. 心理咨询师　基础知识 [M]. 2 版. 北京：民族出版社，2012.

[7] PAVLOV. The Work of the Digestive Glands, trans. Thompson (London: Charles Griffin, 1902) [J]. The Special Issue of American Psychologist, 1997 (September): 933-972.

[8] 罗宾斯. 组织行为学 [M]. 孙健敏，李原，付亚和，等，译. 北京：中国人民大学出版社，2010.

[9] ENGEL G L. The need for a new medical model: A challenge for biomedicine [J]. Science, 1977, 196: 129-136.

[10] 王书荃. 学校心理健康教育概论 [M]. 北京：华夏出版社，2005.

[11] 段鑫星，赵玲. 大学生心理健康教育 [M]. 北京：科学出版社，2005.

[12] 俞国良. 心理健康教育（教师用书） [M]. 北京：高等教育出版社，2005.

[13] 中国就业培训技术指导中心，中国心理卫生协会. 心理咨询师国家职业资格培训教材 [M]. 北京：民族出版社，2012.

[14] 傅世侠，罗玲玲. 科学创造方法论 [M]. 北京：中国经济出版社，2000.
[15] HEAVEN P C. Adolescent health：The role of individual differences [M]. London：Routledge，1996：1-17.
[16] IRWIN，C E，BURG S J. America's adolescents：Where have we been，are we going? [J]. Journal of Adolescent Health，2002，31：91-121.
[17] PLANCHREL B，BOLOGNIN M，HALFON O. Coping strategies in early and mid-adolescence：Differences according to age and gender in a community sample. [J]. European Psychologist，1998，3 (3)：192-201.
[18] 刘惠军. 中学生自我概念与心理健康的关系研究 [J]. 中国临床心理学，2000，8 (1)：48-50.
[19] 张文勇. 你的职业在哪里 [M]. 上海：东华大学出版社，2004.
[20] 马斯洛. 动机与人格 [M]. 许金声，程朝翔，译. 北京：华夏出版社，1987.
[21] 麦克莱伦. 青年黑格尔派与马克思 [M]. 夏威仪，译. 北京：商务印书馆，1982.
[22] 黑格尔. 精神现象学 上 [M]. 贺麟，王玖兴，译. 北京：商务印书馆，1983.
[23] 司退斯. 黑格尔 [M]. 廖惠和，宋祖良，译. 北京：中国社会科学出版社，1989.
[24] 弗洛伊德. 文明及其缺憾 [M]. 傅雅芳，郝冬瑾，译. 合肥：安徽文艺出版社，1987.
[25] 龙燕. 弗洛伊德的人格理论 [J]. 科教文汇，2006，(1)：127-128.
[26] 帕尔默. 九型人格 [M]. 徐扬，译. 北京：华夏出版社，2013.
[27] 李文霞，任占国，赵传兵. 大学生心理健康教育 [M]. 北京：北京师范大学出版社，2013.
[28] SCHERER K R. What are emotions? And how can they be measured? [J]. Social Science Information，2005，44：693-727.
[29] EKMAN P，LEVENSON R W，FRIESEN W V. Autonomic nervous system activity distinguishes between emotions [J]. Science，1983，221：1 208-1 210.
[30] LOVHEIM H. A new three-dimensional model for emotions and monoamine

neurotransmitters [J]. Med Hypotheses, 2011. Epub ahead of print. doi: 10. 1016/j. mehy. 2011. 11. 016 PMID 22153577.

[31] KRINGELBACH M L, O'DOHERTY J O, ROLLS E T, et al. Activation of the human orbitofrontal cortex to a liquid food stimulus is correlated with its subjective pleasantness [J]. Cerebral Cortex, 2003 , 13: 1 064-1 071.

[32] DRAKE R A. Effects of gaze manipulation on aesthetic judgments: Hemisphere priming of affect [J]. Acta Psychologica, 1987: 91-99.

[33] MERCKELBACH H, VAN-OPPEN P. Effects of gaze manipulation on subjective evaluation of neutral and phobia-relevant stimuli: A comment on Drake's (1987) Effects of gaze manipulation on aesthetic judgments: Hemisphere priming of affect [J]. Acta Psychologica, 1989: 147-151.

[34] HARMON-JONES E, VAUGHN-SCOTT K, MOHR S, et al. The effect of manipulated sympathy and anger on left and right frontal cortical activity [J]. Emotion, 2004: 95-101.

[35] LAZARUS R S. Thoughts on the relations between emotion and cognition [J]. American Psychologist, 1982, 37.

[36] SOLOMON R L. The opponent-process theory of motivation: The costs of pleasure and the benefits of pain [J]. American Psychologist, 1980, 35: 691-712.

[37] STEVEN H. Classification of Emotions [M]. [S. I.] [s. n.]. 2012.

[38] STEPHANIE B, BIRD G, MOLL J, et al. Development during Adolescence of the Neural Processing of Social Emotion [J]. Journal of Cognitive Neuroscience. 2009: September, 21 (9).

[39] 余展飞，谢铜华，林香玲. 学习困难的心理原因和有效纠治 [M]. 北京：中国医药科技出版社，2000.

[40] 欧阳文珍. 嫉妒心理及其内隐性研究 [J]. 心理科学，2000，23 (4): 446-449.

[41] 王洁，王宁宁，张艳. 大学生心理健康 [M]. 北京：北京师范大学出版社，2013.

[42] 陈书凯. 挫折是生活给您的一份礼物 [M]. 哈尔滨：哈尔滨出版社，2009.

[43] 阿德勒. 超越自卑 [M]. 黄光国，译. 南昌：江西人民出版社，2011.
[44] NAVARRETE L A. Melancholy in the millennium：A study of depression among adolescentswithand without learning disabilities [J]. The High School Journal，1999，82 (3)：137-149.
[45] 雷雳. 学习不良少年的心理健康状况 [J]. 心理发展与教育，1997，(1)：49-53.
[46] 俞国良，辛自强，罗晓路. 学习不良儿童孤独感、同伴接受性的特点及其与家庭功能的关系 [J]. 心理学报，2000，32 (1)：59-64.
[47] Tur-Kaspa H. The socioemotional adjustment of adolescents with LD in the kibbutz during high school transition periods [J]. Journal of Learning Disabilities，2002，35 (1)：87-96.
[48] WENZ G M，SIPERSTEIN G N. Students with learning problems at risk in middle school：Stress，social support，and adjustment [J]. Exceptional Children，1998，65 (1)：91-100.
[49] 里尔登，伦兹，桑普森，等. 职业生涯发展与规划 [M]. 侯志瑾，译. 北京：中国人民大学出版社，2010.
[50] 郭桂萍，曹洁. 大学生心理健康教育 [M]. 2 版. 北京：北京师范大学出版社，2013.
[51] 张东伟，陈燃，杨明. 大学生心理健康教育导论 [M]. 郑州：河南科学技术出版社，2013.
[52] 孙翔云，陈英，江奇艳. 网络大众论 [M]. 广州：中山大学出版社，2008.
[53] SAYLES L R. "Work Group Behavior and the Organization" in C. Arensburg，et al. (eds)，Research in Industrial Relations [M]. New York：Harper and Row，1957.
[54] FELDMANR S. Social Psychology [M]. 3rd ed. N J：Prentice Hall，2001.
[55] 吴阶平. 性医学 [M]. 北京：科学技术文献出版社，1982.
[56] 瓦西列夫. 情爱论 [M]. 赵永穆，范国恩，陈行慧，译. 北京：生活·读书·新知三联书店，1984.
[57] 埃利斯. 优秀大学生成长手册 [M]. 毛乐，何雨珈，刘静焱，等，译，北京：科学出版社，2014.

［58］沃伦，里夫，费斯. 会计学［M］. 21 版. 杜兴强，郭剑花，雷宇，译. 北京：中国人民大学出版社，2008.

［59］赵川林，吴兆方. 大学生心理健康［M］. 北京：经济科学出版社，2010.

［60］刘鲁蓉. 大学生心理卫生［M］. 北京：科学出版社，2010.

［61］钟志宏，李金萍. 大学生心理健康教程［M］. 2 版. 武汉：武汉大学出版社，2008.

后　记

在33年的大学执教生涯中，我接触了成千上万的学生，从开始能够清晰记住每一个学生的名字及音容笑貌，到现在很难记住上课班级的学生姓名，岁月在每个人的身上留下了不可逆转的痕迹。

然而，于我而言始终不变的是：不断从走向社会学生的发展进步中，探寻、积累学生成长成才的规律，及时补充、更新教学内容及教学方法。可喜的是，这种补充、更新虽然有些特立独行，但却十分受学生欢迎，学生走向社会之后的发展进步结果，证明了补充、更新的效果及必要性。看着一批批学生从大学走向社会，将大学所学的知识技能在工作中应用提高、创造财富，将大学生活熏陶而来的良好的综合素质展现在社会、促进社会的文明进步之中，我感到非常高兴。看到毕业多年的学生回到校园，并把社会所需要的新知识、新技术反馈到大学的知识技能教育之中，将社会需要的综合素质及能力反馈到大学的社团活动及社会实践之中，我发自内心地表示感谢。

1998年的高考扩招带来了中国高等教育的深刻变化，其中大学毕业生由“计划分配”转变为“自主择业”是最重要的转变之一。从那时起，我便开始关注大学生的培养与就业问题。2002年由于工作需要，我开始从事大学生就业指导及管理服务工作，更多地接触了毕业生及在校生，看到了许多毕业生走向社会之后的迷茫及无助，看到了许多大学新生及在校生的迷茫与无助，政府、学校、用人单位乃至全社会不断为大学毕业生就业创造有利的政策环境及市场环境，但是大学生及大学毕业生的就业及心理健康问题有增无减。

中国的大学生就业指导理论研究及实践探索，在2000年之后得到迅猛的发展，初步形成了具有中国特色的大学生就业指导理论与实践体系，在在校大学生及毕业生中得到了广泛普及。由于经济社会的发展状况的制约，中国大学毕业生就业难的问题，并没有随着就业指导的开展得到解决，就业难的困扰给已经踏入社会的大学毕业生及在校生带来了越来越多的心理困扰，心理健康辅导成为大学一项重要的管理服务工作，大学生心理健康教育提上了大学教育的日程。

中国大学生的心理健康教育刚刚起步，自主的理论研究及实践探索很少，照搬照抄西方相关理论的情况较为常见。西方的心理学理论有其科学合理的方面，也存在明显的水土不服。通过理论研究与实践探索，推动具有中国特色的心理健康教育理论与实践体系的建立，是一项十分有意义的工作。我和我的同事进行了积极的理论研究与实践探索，将幸福心理拓展与大学生心理健康教育有机结合，在一定数量的学生中进行了教学实践，取得良好效果之后，在较大范围进一步试点，不断完善、改进，初步建立了一套适合中国国情的心理健康教育及幸福心理拓展的理论与实践体系，在上千名学生的教学及拓展实践中取得了超出预期的良好效果，经过提炼、总结，形成了《幸福心理拓展》一书。

《幸福心理拓展》是大学生心理健康的升华。大学生心理健康课程的立足点常常是解决大学生的心理困扰、心理障碍、心理疾病，但是真正有心理障碍的大学生只占大学生人数的3%左右，而且心理障碍或心理疾病很难通过心理健康课程的理论讲解得到解决。《幸福心理拓展》将整个大学生的心理成长成熟作为立足点，确定了“防治心理疾病、强化心理健康、拓展幸福心态”的内容体系构建思路，将大学生心理健康的基本内容融入这一体系之中，将重点放在健康心理向幸福心理的拓展方面，创新、构建了一系列便于测评、拓展的心理拓展模型及测评工具，为量化评估拓展效果提供了基本依据。

两年来的课程教学实践及幸福拓展训练取得了非常好的效果，对上千名学生的问卷分析表明：感到很满意及满意的学生达到94.5%；通过课程学习及拓展训练，在原有基础上更加积极主动的学生为79.5%，更加乐观的学生为67.1%，困扰减少的学生为46.6%，更加勤奋的学生为45.2%，更加懂得感恩的学生为42.5%，更加宽容的学生为39.7%，不再那么有压力的学生为37.0%，不再那么害羞的学生为31.5%；一半以上学生的团队合作能力（84.9%）、人际交往能力（68.5%）、自我认知能力（60.3%）、心理适应能力（60.3%）、自主学习能力（54.8%）得到了明显提升；同学们印象最深的内容分别是幸福与成功（67.1%）、自我意识（63.0%）、情绪管理（57.5%）、人际交往（57.5%）、团队合作（57.5%）；全部同学对心理课程内容及教学方式的改革感到满意，其中认为最成功的方面分别是学生参与（86.3%）、汇报展示会（82.2%）、团队合作学习（76.7%）、气氛调节（50.3%）。

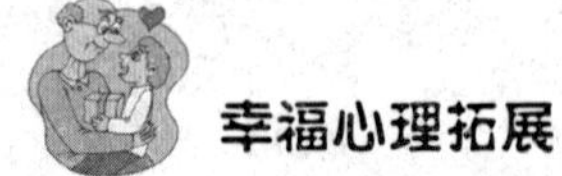

《幸福心理拓展》虽然源于大学生心理健康教育课程，但其内容却包含了过去、现在、未来三个方面，覆盖了生活、学习、工作、健康四种类型的所有活动。一些拓展训练内容在毕业多年的职场人士中同样取得了良好的效果，对于提升工作的幸福感、家庭生活的幸福感、健康活动的幸福感、休闲娱乐的幸福感产生了明显的效果，对于许多不健康心态的转变与提升产生了明显的效果。

创新常常是不完美的，创新产品的不足常常是在用户的使用过程中得到不断改进的，创新产品的质量常常是通过用户不断得到提高的，感谢读者的参与，感谢读者的改进建议。我们将真诚地与读者一起，为幸福心理拓展做出更多的努力。

张文勇

2015. 01. 07

致　谢

《幸福心理拓展》一书的出版得到了许多人的帮助，在此致以诚挚的谢意。感谢河南科学技术出版社的李喜婷总编辑及李肖胜副总编辑对本书出版给予的支持及建议，感谢出版社的编辑及工作人员的辛勤工作。《幸福心理拓展》是集体智慧的结晶，除了作者张文勇、陈亚维、轩信飞、张烨、任小瑞之外，许多同事及学生为本书的材料收集、数据分析、图表制作、文字整理花费了大量心血。他们是：鲁磊、李晓亮、陈岩、谢聪、丁小玥、胡艺潇、孙梦磊、赵星、包航星、陈明凯、陈晓燕、王杰、吴霜、王振民、梁华瑞、申玉洁、陶佩航、宁柏铭、申佳宁、刘自洋、王洲逸、张春明、张东东、张孔、魏鹿安、陈磊、陈浩、陈晓军、黄华伟、黄壮、韩佑波、彭颖、金瑶赛、孙琼琼、冯良敏、刘孟锡、刘亚楼等，在此表示衷心的感谢。还有数以千计的大学生参与了心理拓展活动，正是由于他们的努力才有了《幸福心理拓展》的一切成果，在此一并表示感谢。《幸福心理拓展》一书参考了许多作者的相关书籍及一些人的人生故事，在此表示诚挚的感谢。感谢亲人及同事为我们营造了良好的创作氛围及环境，使我们能够坚持完成本书的创作。感谢所有阅读本书的读者，感谢所有对本书提出宝贵意见的读者。